創学研究 I

——信仰学とは何か

創学研究所 編

発刊の辞

松岡幹夫
創学研究所所長

本書『創学研究Ⅰ』は、二〇一九年四月に設立された創学研究所の今日に至るまでの活動の足跡を記録したものです。「創学」とは「創価信仰学」の略称であり、創価学会の信仰の学のことを指しています。創価学会には「教学」という信仰の学があるではないか――そう思う方も少なくないでしょう。たしかにそうなのですが、我々が掲げる学は学会の教学を基礎としながら現代の学問全般までを視野に収めています。

現代の学問は、およそ西洋文明に由来しています。キリスト教、ユダヤ教、イスラームは早くから現代の学問の土台となった西洋の哲学や科学と接触し、それらを取り込みながら「神学」という現代人に開かれた学知を形成してきました。ところが、創価学会が基礎に置く日蓮教学においては、伝統仏教の学問や儒学等との接触は深くても、西洋由来の諸学問に対しては、歴史的に縁遠く、創価学会が世界各国に広がった今、ようやく本格的な関係が始まりつつある状況です。

ここに至って我々は、自らの信仰に照らして現代の学問の限界を見極めつつもそれを肯定的に意義づけ、世界に向けて発信すべき段階を迎えています。とはいえ、まったく未開の分野に足を踏み入れるわけではありません。創価学会の牧口常三郎初代会長、戸田城聖第二代会長、池田大作第三代会長の三代会長は、すでにさまざまな学問を仏法の立場から包摂し、信仰学的な言論戦の先陣を切っています。我々の研究所は、その継承発展を期して設立されたものです。

さて、キリスト教には、教義学とキリスト教思想という二つの学の形態が見られます。教義学は教会の教理であり、教団全体で共有するものです。これに対し、キリスト教思想は教義学の外側にあり、そこでは個人がより普遍的な言語で宗教論や信仰論などを試論的に展開しています。後者の代表例として、プロテスタントの場合ではF・シュライアマハーの『宗教論』やK・バルトの『ローマ書講解』が挙げられるでしょう。

個人の試論であるキリスト教思想は、正式な教会の教義ではありません。しかし、教会に対して、一つの議論を提供することにはなります。時代と共に歩む「生きた宗教」には、不断の教義の再構成や展開が常に求められています。優れた哲学や思想の考え方を取り込んだキリスト教思想は、個々人の主張であるにもかかわらず、時代の変化に対応した教会の教義の見直しに際し、質の高い選択肢を用意したと言えるでしょう。

今、我々創学研究所は、このキリスト教思想のような役割の一分を、創価学会の中において果たしていければと考えています。創価学会には、学会教学とともに「創価思想」と呼ばれる領域が存在します。創価大学で推進されている創立者・池田大作先生の思想研究などは、教学の外側にある創価思想として理解できます。我々の創価信仰学も、そうした創価思想の一つのあり方として認識されるように、研究員一同、努力を重ねてまいる所存です。

もっとも、創価思想の領域にあるとは言っても、創価信仰学は神学的な研究を行うところに特徴があります。例えば、人間学や教育思想の分野で池田先生を論ずるときには、研究者が池田先生と向き合い、先生を客観的な研究対象として扱います。これは、学問的な創価思想と言えるでしょう。一方、我々の場合は、池田先生と同じ側に立ち、池田先生の考え方に従って学問的な客観性を取り入れていきます。これが、神学的、信仰学的な創価思想と称するゆえんです。創価信仰学は、創価学会の教学の外側にありますが、学問的な創価思想よりも教学に近い位置にあると思っています。

本書の発刊にあたり、我々は、創価信仰学が池田先生から出発する学問であることを明確に宣言します。創価学会員は、創価三代の学会精神を体現した池田先生を「永遠の師匠」と仰ぎ、何事も池田先生の指導から出発する信仰生活を送っています。もちろん、日蓮大聖人の仏法が根本ですが、あくまで池田先生の指導を通して大聖人の仏法を学び、実践し、現実生活の上でその正しさを証明しているのです。ところが反面、創価学会の信仰の言語的な表現においては、池田先生の教えから出発する言論がなかなか難しい状況にありました。背景には、六十年以上にわたって宗門（日蓮正宗）と共に歩んだ歴史の桎梏（しっこく）があり、また池田先生にカリスマ的支配者のレッテルを貼って学会を攻撃する一部の社会的勢力の存在がありました。そうしたことから、池田先生を師匠として生き抜く創価学会員の信心をストレートに思想化することは、長らくタブー視される傾向にあったと言えます。我々も、その中にあって煩悶してきました。

しかしながら、信仰の学を掲げる以上、我々はこのタブーを取り払い、創価学会の中心に池田先生を据える言論に挑戦します。我々の信ずるところでは、地球上で仏教を創始したのはむろん釈尊ですが、釈尊が指し示した「法」を具現して仏教を完成させたのは日蓮大聖人です。この仏教の展開は、何のためにあったのか。ひとえに全人類の救済、世界平和の実現のためです。では、妙法を現実に世界に広宣流布し、人類救済という仏教の存在目的を果たしつつある人は誰でしょうか。それは創価三代の師弟であり、池田先生との師弟不二の道を歩む創価学会員です。このように、救済史という観点から仏教を捉え直したとき、中心にあるのは創価の師弟であり、とりわけ仏教の世界宗教化を現実のものとした池田先生に他ならないことがわかります。

してみれば、仏教のあらゆる歴史は、二十世紀の日本に出現して人類救済を成就しゆく池田先生の行動に帰結すると言っても過言ではありません。池田先生の生涯とテキストの中には仏教のすべてがあります。また、仏法はこの世界の実相であり、宇宙の根本法です。それゆえ、全世界史が、究極的には全宇宙の歴史が、池田先生の歴史に包摂されるとも言えます。二十一世紀も二十年を過ぎ、創価学会が世界百九十二カ国・地域に広がった今、いよいよこの刮目すべき宗教的事実を普遍的な言語に翻訳する作業に着手すべきではないでしょうか。

仏法の師弟は深くて厳しく、学問の道は広くて果てしがないものです。創価信仰学という挑戦が成功するか失敗するかは、いまだ未知数と言わねばなりません。読者各位には、我々の取り組みへのご理解、ご支援とともに、可能であれば建設的なご助言とご指摘をいただきたく、心よりお願いを申し上げます。ただ、創価学会の信仰から離れた、世俗的あるいは純粋に学問的な立場からの批判に関しては、もとより議論のカテゴリーが異なるものとして応答いたしません。あらかじめご承知おきください。

創価学会の重要な教学に「十界互具」という教理があります。「十界」とは、生命の状態、境涯を地獄界・餓鬼界・畜生界・修羅界・人界・天界・声聞界・縁覚界・菩薩界・仏界の十種類に分類したものです。法華経の考え方に従えば、この十界は固定化された別々の生命の境涯ではなく、地獄界などの九界の衆生にも仏界が具わり、成仏した仏にも他の九界の境涯が具わっています。十界の各界がその他の各界を具えるのであり、これを「十界互具」と言います。この「境涯論」としての十界互具論は、創価学会の成仏論（宿命転換・人間革命）の理論的根拠となっています。

そして、この十界互具論は、生命の境涯論にとどまらず「存在論」的な意味合いも持っています。日蓮大聖人は『一代聖教大意』の中で、法華経の十界互具説を明かして「自力も定めて自力にあらず。十界の一切衆生を具する自なるが故に」「他力も定めて他力にあらず。他仏も我ら凡夫の自ら具せるが故に」（新三四五頁・全四〇三頁）とご教示されています。ここには、自己と他者が存在論的に不可分であることが十界互具として示されているのです。

境涯論的な十界互具論は、自己変革的な信仰実践につながります。では、存在論的な十界互具論は、いかなる実践を導くのでしょうか。それは、まさしく師弟不二の実践です。我々にとって、池田先生の世界は容易に近づけないほどの高みにあります。一民間人の立場でありながら、国境や文化、人種の壁を超えて地球の隅々にまで仏教の完成形である日蓮仏法を弘め、世界中の苦しむ民衆に生きる勇気と希望を与え、各国の名だたるリーダーや知性を仏法の人間主義の下で統合し、悪しき政治権力や宗教的権威による度重なる迫害にも打ち勝ち、現代文明の危機を乗り越える膨大な智慧の著作を世に送ってきた——それが、池田先生という稀有(けう)の仏法者です。ありとあらゆる不可能を可能にしてきた、その壮絶で不可思議な法戦の歴史は、誰の追随も許しません。しかし、学会員として、一人の弟子として、この入りがたき先生の世界に入っていかねばならない。そこに、すなわち今の自分とはかけ離れた偉大な師を求めてやまない弟子の信心の一念に、師弟不二という一つの「逆説(Paradox)」が起こります。これが、我が生命に具わる池田先生の生命が顕現する、という存在論的な十界互具の出来事なのです。

我々の実践の指針は、ここに明らかとなります。私自身は、とても池田先生のようにはなれません。しかし、生命は十界互具にして自由自在であり、広宣流布に向かう師弟不二の信心があるところ、私のような者でも池田先生と一体で存在しています。日々己心の池田先生と対話し、信心の究極においては我が身が池田先生となって働き、書き、語ることができます。自身の非力を嘆くのみでは、師弟不二の弟子とは言えません。創価三代の会長の死身弘法の戦いの末席に加えさせていただき、池田先生が直接には携わらなかった学術の分野で、十界互具の妙法を唱えつつ池田先生の生命を我が生命に涌現(ゆげん)

し、先生の代理となって研究に邁進（まいしん）する決意を、この場を借りて表明いたします。創価信仰学の探究は一種の研究活動ですが、その究極的動機としては信仰活動、すなわち学会活動なのです。

なお、本書の言論に関する一切の責任は、言うまでもなく創学研究所に帰するものです。この点のご理解を読者の皆さまにお願い申し上げ、拙文ながら発刊の辞とさせていただきます。

二〇二一年十一月十八日　創学研究所にて

凡例

一、日蓮遺文の引用について、学術的には立正大学日蓮教学研究所編『昭和定本　日蓮聖人遺文』（身延山久遠寺、一九五二年）に準拠するのが通例であるが、本書はその内容を鑑み、創価学会版の『日蓮大聖人御書全集　新版』（二〇二一年）を用い、その引用箇所には（新〇〇頁）とページ数とともに記した。また、『日蓮大聖人御書全集』（堀日亨編、一九五二年）のページ数も（全〇〇頁）と付記した。

一、外国語の引用文献については原典名を略し、代表的な邦訳のみ記した。

一、引用文は原則として出典元の表記に従ったが、読み易さを考慮し、旧漢字を常用漢字に、旧仮名遣いを現代仮名遣いに改めたところがある。また、編集の判断でふりがなを加えた箇所もある。

一、引用文の内容を補う際は＝の下に記した。

創学研究Ⅰ——信仰学とは何か　目次

第4章「理性と信仰」をめぐる研究会（上）　252

第1部　新型コロナウイルスと宗教

装幀 阿部照子(テルズオフィス)
本文レイアウト 安藤聡
図表作成 株式会社クリエイティブメッセンジャー
編集協力 前原政之、中野千尋
写真提供 創学研究所

各章の解説

三浦健一（創学研究所研究員）

第1章「創学研究所開所式」から

二〇一九年四月一日の研究所設立に先立ち、同年三月十二日に創学研究所の開所式が行われました。各界から創学研究所の設立目的にご賛同いただいた二十人近い来賓の方々が参加され、盛大に挙行されました。本章では開所式から、作家で同志社大学客員教授の佐藤優氏、公益財団法人東洋哲学研究所代表理事・所長である桐ケ谷章氏の来賓祝辞、並びに、創学研究所の松岡幹夫所長による所長挨拶を掲載します。

　松岡所長は所長挨拶において、創学研究所が創価学会の信仰の学を探究する場であると語り、研究活動を通した社会貢献を行っていく決意を表明しました。また、同所長は、一九七三年に創価大学で行われた「スコラ哲学と現代文明」と題する池田大作先生の講演を紹介し、学問と神学を結びつけようとしたスコラ哲学が現代文明の礎（いしずえ）となった歴史について触れました。そして、池田先生が現代において、スコラ哲学の役割を担い得る思想運動が日蓮仏法を基盤に興隆することを展望した点を語り、民衆の声から出発した新しい思想体系の確立こそ、創学研究所に課せられた使命であると強調しました。

　続いて桐ケ谷氏は東洋哲学研究所の設立意義とその後の歩みを振り返られながら、生命尊厳の哲学を時代精神、世界精神として定着させるという池田先生による「七つの鐘」の展望について言及されました。また創価学会が世界宗教として飛躍するためには創価学会の信仰を外部に開いていくことが重要であると指摘され、信仰と理性の統合を目指す創学研究所への期待を語られました。

佐藤氏は祝辞において、キリスト教神学の立場から創価信仰学の「信仰の基点」が日蓮大聖人と池田先生にあることの意義を論じられ、世界宗教となったキリスト教やイスラム教との共通点について言及されました。またキリスト教が中世以降、理性の無謬（むびゅう）性、万能性を前提とする啓蒙主義に苦しめられた歴史を紹介されました。佐藤氏は神学が近代合理主義の影響を受けたことで、現在の宗教学につながる流れが生まれた点について触れられながら、信仰を実証可能な歴史の中に還元しようとする歴史学、文献学の本質が無神論や不可知論にあることを語られました。さらに、創価学会の内外における「ポスト・池田時代」を論じる動きに対して憂慮を表明され、キリスト教においてナチスドイツが「ポスト・キリスト」的な発想により、ヒトラーという新たな権威を生み出した経験から、創学研究所が向き合わなければならない課題についても指摘されました。最後に、宗教的信念に基づいて政治活動を行うことは決して否定されるものではないと主張され、行き過ぎた政教分離は民主主義の価値を下げてしまう可能性があることも述べられました。

第2章　論文「創価信仰学の基礎」（松岡幹夫）

創学研究所は信仰と理性の統合を目的に掲げ、創価信仰学を探究する研究機関として二〇一九年四月一日に設立されました。創価学会の三代会長は生命尊厳の哲学を時代精神、世界精神にすることを展望され、価値論（牧口常三郎先生）、生命論（戸田城聖先生）、人間主義（池田大作先生）など、日蓮仏法を現代の諸学問を包摂した創価学会の信仰の学として展開し、世に問いました。創学研究所はこの三代会長の確立された信仰と理性を統合する創価信仰学を継承、発展することを目的に活動しています。

第二章では松岡幹夫所長による「創価信仰学の基礎」と題する論文と要約を掲載します。本論は創価学会の信仰を持たない人たちにも理解できるように、現代の学問的パラダイムに即しながら、創価信仰学の基礎を説明した内容になっています。そのため、学会員の方々にとっては耳慣れない言葉もいくつか見受けられるかもしれません。しかし、その内容は創価学会の信仰を前提としており、「創価学会会憲」に示された学会精神に基づき、三代会長の確立された創価信仰学を十項目に整理、体系化したものです。

また、創価信仰学は三代会長の歩みを継承し、その中でも池田先生の言説を土台として思考します。そのため、すべての原理に根拠となる「池田先生のことば」を付記し、解説を施しています。この点も、一般的な学術論文とは趣が異なります。

本論で示された十項目は解釈論の五項目（根源的事実・信仰的中断・自在の論理・民衆の救済史・基点からの歴史）、実践論の五項目（法の具現・宗教の進化・信仰の証明学・逆説的ヒューマニズム・共感的多一主義）に大別され、特に最初の三項目（根源的事実・信仰的中断・自在の論理）は創価信仰学の中心的な基礎です。

十項目は内容的に重なるところもありますが、本来言葉では表現できず、無限の意味を持った信仰の真理を説明するには、一つの言葉の意味を別の言葉で言い換えるパラフレーズの技法が重要になります。このため、本論文はパラフレーズを意図的に用いて執筆されています。

これまで創価信仰学の基礎について研究員の間で議論を積み重ね、検討を行ってきました。その過程で、創学研究所の活動にご賛同いただいた有識者の方々にご意見もいただきました。本論は創価信仰学の方法論を初めて公の場に問う論文です。今後も信仰学のさらなる深化に向けて、研究員一同取り組んでまいります。

第3章「啓蒙主義と宗教」研究会

二〇一九年九月六日、創学研究所の主催で「御書根本」をテーマとした第一回「啓蒙主義と宗教」研究会を開催しました。作家で同志社大学客員教授の佐藤優氏をはじめ、松岡幹夫所長、創学研究所研究員を含む十三人が参加し、午前と午後の二部構成で挙行されました。

第一部では、松岡所長が創価信仰学の概要について説明した後、創学研究所の蔦木栄一、山岡政紀両研究員による論文発表が行われ、佐藤優氏がコメントを述べられました。第二部では松岡所長による論文発表、佐藤氏のコメント、最後に参加者全員で総合討論が行われました。研究会全体を通して、創価学会の信仰の基盤になっている日蓮大聖人の御書について闊達な議論が交わされました。

蔦木研究員は論文「池田先生の著作に見る『御書根本』について」で、創価学会の根本規範である「創価学会会憲」の英訳において、日蓮大聖人の御書が「base（信仰の基盤）」と表現されていることを示しながら、御書根本の姿勢が世界各国の創価学会に共通している点を明らかにしています。また御書根本に関する池田先生の指導を引用しつつ、今後の研究課題として「根本」という概念の深化を提示しています。

また山岡研究員は論文「御書根本と信仰体験――『新・人間革命』に描かれる地涌の菩薩たち――」において、池田先生の主張する人間主義が小説『新・人間革命』において、現実に生きている人間の姿として展開されている点に注目しています。また各章の登場人物を「概要、山本伸一との関わり、引用御書・関連する仏法用語」の三項目から整理するなど、法華経に描かれた地涌の菩薩の具現として小説『新・人間革命』の登場人物を捉える救済史的な視座を示しています。

第4章「理性と信仰」をめぐる研究会

二〇二〇年六月三十日、コロナ禍を考慮し、オンラインによる創学研究所主催「理性と信仰」をめぐる研究会を開催しました。日本思想史・倫理学が専門の東京大学名誉教授の黒住真氏、作家で同志社大学客員教授の佐藤優氏を講師として迎え、松岡幹夫所長をはじめ、創学研究所研究員も参加し、挙行されました。研究会では「理性と信仰」をめぐって闊達な議論が交わされ、後半には質疑応答の時間も設けられました。質疑応答では創学研究所を代表して山岡政紀研究員が質問を行いました。

冒頭、松岡所長は仏教史上初の世界宗教化を進めている創価学会こそ、啓蒙主義に対して確固たる信仰学を確立し、応答していかなければならないと指摘しました。また新型コロナウイルスの世界的流行に対して、「立正安国」を掲げる創価学会は信仰的次元(立正)、社会的次元(安国)の両面から貢献を行っており、どちらの側面も欠かすことができないと強調しました。そして、自身の半生を振り返り、信仰と理性の葛藤を乗り越え、創価信仰学を志すに至った経緯を明らかにしました。

黒住氏は、もともとプロテスタントの信仰を持ちながらも、カトリックや東洋の諸思想から影響を受けたご自身の信仰の足跡について述懐されました。またコロナ禍により、都市への一極集中、金儲けを最優先にする資本主義の歪みが明らかになったのではないかと指摘されました。後半部分では、カトリック教徒で哲学者の岩下壮一や、プロテスタント神学者のエルンスト・トレルチなどの思想家を紹介され、信仰と理性のあり方を論じることの重要性について提起されました。

佐藤氏は、コロナ禍はクライシス(crisis)とリスク(risk)の狭間にある「クライシス以上、リスク未満」の危機であるとした上で、ウイルスの側から見た「with human being」という発想の転換も大事であると語られました。さらに一人一人が宗教者としてどうコロナ禍にコミットメントしていくのかが問われていると指摘されました。また、同志社大学神学部で受けた信仰を基盤とした学びを振り返られ、山岡研究員による創価学会学術部や創価大学における信仰と理性のあり方に関する質問に対し、信仰こそが学問を深める原動力であると述べられました。

第5章　対談「仏教哲学と信仰」（末木文美士氏×松岡幹夫）

二〇一九年十一月四日、東京大学名誉教授で仏教学が専門の末木文美士氏と松岡幹夫所長による対談企画を開催しました。

冒頭、末木氏から創学研究所と創価学会の関係性、宗門事件が創価学会に与えた影響について問題提起がなされました。松岡所長からは自らが創価学会とは独立した僧侶の立場を持っていることや、創学研究所における言論の責任は研究所に帰属していることについて説明がありました。また、創価学会が宗門からの独立を契機として、伝統仏教とのつながりや、世界布教に向けた新しい仏教の展開を考える転換期を迎えたとの認識を示しました。

その後、議論は仏教の縁起観へと移り、末木氏は縁起は広い意味での関係性を説いた教えであり、自然と人間の関係など、幅広く応用可能なものであると述べられました。松岡所長は原始仏教に見られる時間的な次元に限定された縁起観のみを正しい解釈とし、大乗仏教が教える空間的な次元をも包摂した縁起観を否定することはできないと指摘しました。末木氏は仏教史上の自らの位置付けをはっきりとさせた上で、それぞれの立場を尊重した議論が重要であると応じました。

後半、末木氏が法華経における菩薩の自覚の重要性について言及され、松岡所長は創価学会員が法華経に登場する「地涌の菩薩」という自覚で信仰に励んでいることを指摘しました。また、一念三千や十界互具の教義を紹介しながら、我々が迷える凡夫なのか人々を救う菩薩なのかは、瞬間の一念で定まるのではないかとの見解を示すなど、種々の意見が交わされました。

終盤には戸田先生の「獄中の悟達（ごだつ）」や宗教学との向き合い方について議論が進み、末木氏からは目に見えない冥の領域、松岡所長からは信仰者にしか語り得ない領域があるとの共通理解が示され、宗教学や文献学に対して、信仰学的な宗教理解の必要性が提起されました。

第6章　インタビュー「世界宗教と創価信仰学」（市川裕氏）

二〇二一年一月十九日、東京大学名誉教授でユダヤ教の研究が専門の市川裕氏に、創学研究所の蔦木栄一研究員がオンラインでインタビューを行いました。

蔦木研究員は冒頭、創価学会の生きた信仰の実感を一般向けに言語化する創価信仰学の役割について言及し、創価学会側から信仰の内在的論理を積極的に発信することが重要であるとの意見を述べました。市川氏は同研究員に応じる形で、プロテスタントがルターを基点としてプロテスタント神学を構築していった歴史を紐解かれ、創価学会においても、池田先生を基点とする創価信仰学が構築されることへの期待を語られました。さらに、現在行われている創価学会に関する研究のあり方について、市川氏から創価学会の思想や哲学を論じる信仰学的研究が極めて少ないとの問題意識も示されました。

また市川氏は池田先生が多数残されている有識者との対談集を通して、日蓮仏法の思想性を明らかにするための比較思想研究がもっと行われるべきではないかと提起され、宗教間対話の前提には強い信仰的な基礎がなければならないと指摘されました。さらに、創学研究所などが基盤となり、信仰者同士が英知を結集して創価信仰学の確立に向けて取り組むことが重要であるとも述べられました。

市川氏はインタビューを通じて、創価信仰学、並びに、創学研究所について大きな期待を寄せ、今後の研究の糧（かて）となる視座を数多く提示してくださいました。

第7章　書評「佐藤優著『池田大作研究』」

同志社大学客員教授で作家の佐藤優氏が二〇二〇年に発刊した『池田大作研究　世界宗教への道を追う』について、創学研究所として書評を執筆しました。担当執筆者は山岡政紀研究員です。

まず、佐藤氏による池田大作研究のキーワードとして、「内在的論理」と「オシント」(Open Source Intelligence)の二点を取り上げています。「内在的論理」とは異宗派間の翻訳原理であり、佐藤氏が神学に精通していることを前提に、キリスト教内部におけるこの翻訳作業を他宗教である仏教宗派の創価学会に応用していることを指摘しています。また元外交官であった佐藤氏が、「オシント」と呼ばれる公開情報を基にした諜報活動の手法を池田大作研究に応用していることについて、時間と空間を超えて普遍性を持ち得る公開情報に依拠することの重要性に言及しています。「オシント」の対極には「ヒュミント」(Human Intelligence)と呼ばれる手法があり、人間の個人的な関係を前提とするスパイ活動は「ヒュミント」に相当します。しかし、人間諜報とも呼ばれる「ヒュミント」には情報の不正確さがつきまといます。本評では佐藤氏が外交官としての経験を通して、「オシント」の重要性を実感された点を指摘しつつ、二〇一四年に創価大学で行われた佐藤氏の講演を振り返ります。佐藤氏は講演の中で、創立者である池田先生に直接会ったことのない創価大学生に対して、時間と空間を超えた「オシント」を通じて師弟関係を結んだイエスとパウロの話を紹介し、直接会ったことのない人とも師弟関係を結ぶことができると語りかけました。

また本評では佐藤氏が全編を通して、創価学会の信仰における師弟観や、宗門からの独立などの歴史的出来事を、イエスとパウロの時間を超えた師弟の出会い、キリスト教のユダヤ教からの独立といった、キリスト教のアナロジーとして理解していることを明らかにしています。そして、創価学会の内在的論理を神学者として信仰学的に受容し、外部に発信している佐藤氏の取り組みについて、大きな共感を表明しています。

第1章 「創学研究所開所式」から

1 挨拶

松岡幹夫
創学研究所所長

皆さま、こんにちは。お忙しいところ、お集まりいただき、ありがとうございます。このたび、新たな活動拠点となる研究所をスタートさせていただくことになりました。研究所の名前は「創学研究所」と言います。「創学」とは創価学会の創と学問の学と書きます。創価学会の信仰の学を探究する場として、広く社会に貢献できるよう力を尽くしてまいります。

この開所式にあたり、私の胸に刻まれた言葉があります。それは、「知者は惑わず仁者は憂えず　勇者は懼(おそ)れず」という論語の有名な一節です。かつて池田大作先生は、中国の曲阜(きょくふ)師範大学より名誉教授の称号を受けられた際、謝辞の中でこの一節を引用され、師を誹謗する悪と断固戦う弟子の道を教えてくださいました。私も、先生に育てていただいた者の一人として、微力ではございますが、惑わず、憂えず、恐れず、師匠の偉業の宣揚のため、まっすぐに戦っていく決意です。

さて、本日は、大変にご多忙な中、作家の佐藤優氏、創価学会より関係者の皆さま、公益財団法人東洋哲学研究所より桐ケ谷章所長をはじめとする皆さま、そして青年僧侶改革同盟から代表の方々のご出席を賜り、衷心より厚く御礼を申し上げます。本当にありがとうございます。

この研究所は個人的な色彩が強いため、当初、特に開所式などは行わないつもりでした。しかしながら、私が今日にいたるまでの間、何かと助けられ、お世話になった方々が数多くおられます。せめてその主な方々だけでもお招きして感謝の意を伝えたいと思いました。そして、今後の一層の精進を誓う場として、ささやかながら開所式を行わせていただく次第です。

はじめに、研究所の構成についてご説明いたします。基本的には、私松岡が個人で活動を行います。ただし、関係者の方々から助言をいただく場として運営会議を設け、そこで決められた方針に従って研究所の活動を進めてまいります。また、非常勤の研究員として、創価大学教授の山岡政紀さん、東洋哲学研究所研究事業部副部長・委嘱研究員の蔦木栄一さん、東日本国際大学准教授の三浦健一さんに加わっていただくことになりました。

以上の構成で、研究所をスタートしてまいります。皆さまのご理解とご支援のほどを、どうかよろしくお願い申し上げます。

次に、本日、ここに発足した創学研究所は、基本理念として「信仰と知性の統合」を掲げることにしました。創価学会が宗教団体であるにもかかわらず、「学会」と称しているのはなぜか。それは信仰と知性の統合を目指すからである、と私自身は理解しています。思い起こせば、一九七三年、創価大学創立者の池田大作先生は、同大学で「スコラ哲学と現代文明」と題する講演を行われました。要旨をまとめると次のようになります。

——キリスト教は、布教時代に教父哲学として教義を体系化して信仰を確立した。その発展の時期を過ぎて安定期に入ると、その教義を深化する必要が生じ、学問と神学を関連づけようとするスコラ哲学が生まれた。それは中世暗黒時代の象徴などではなく、新しい文化を創造する営みであり、そこからパリ、オックスフォード、ケンブリッジなど学問の中心地となる大学が生まれた。今、閉塞した現代文明に代わる新しい時代を切り開くには、新しい大学が必要である。すなわち、「現代の、いい意味でのスコラ哲学の興隆」(『池田大作全集』第一巻、三九〇頁)がなければならない。今こそ「真実の宗教を基盤とし、真実の信仰を核として、そこにあらゆる学問も、理性、感情、欲望、衝動等も統合し、正しく位置づけた、新しい人間復興の哲学が要請される」(同前、三九〇〜三九一頁)——。

以上が、講演の内容です。ここに示されているように、まさに今日、世界に広がりゆく創価学会は、日蓮仏法の信仰によって現代の科学技術文明を再生し、最先端の学問を人間のために正しく活用する、人間主義の思想運動を展開しています。その中で、当創学研究所も「信仰と知性の統合」という根本テーマに取り組み、創価学会が総体として進める新時代の文明創出の一助となるべく努力していきたいと念願しています。日々着実に前進していきたいと思います。

ここで、研究所の具体的な活動について述べさせていただきます。まず出版事業です。私が今まで行ってきた創価学会研究の蓄積を書籍化し、『創価学会の思想的研究』と題して上下二分冊で公刊したいと考えています。二〇一九年度に上巻、二〇二〇年度に下巻の発刊を目指して頑張ってまいります（編集部注：上巻は二〇二〇年九月、下巻は二〇二〇年十二月に発刊された）。併せて、近い将来、「創価学会の信仰から出発する学問研究」という当研究所の理念に賛同してくださる方々が増えてきたときには、『創学研究』と題する書籍を定期的に刊行できればと望んでおります。

さらに、研究会の開催を、年に二回ほど予定しております。テーマは「啓蒙主義と宗教」です。ご承知のとおり、近代

開所式で挨拶する松岡幹夫所長（2019年3月12日）

ヨーロッパで起こった啓蒙主義は理性の活用による人類の進歩を唱えました。その合理主義は科学技術の飛躍的な発展をもたらし、私たちの文明の揺るがぬ基盤になっています。その中で、宗教は徐々に社会の周辺に追いやられ、かつて持っていた輝かしい権威を失いました。

とはいえ、近代的な合理主義も行き詰まり、徐々にではありますが、宗教に再び光が当たりつつあります。そこで求められているのは、近代の理性を否定することではなく、むしろそれを包み込み、生かしていくような宗教性です。そうした宗教性を社会に向けて発信するには、いかなる知的作業が必要なのか。私が、最も参考にしたいと思っているのはキリスト教の対応です。

近代の理性と数百年にわたって対決し、苦闘してきた結果が今日のキリスト教神学に他なりません。この点、私どもは謙虚にその足跡に学び、仏教信仰と知性の統合をはかっていくべきではないかと考えます。本日、ご出席いただいた佐藤優さんは当代随一の論客ですが、同時に優れた神学者でもあられます。佐藤さんには当研究所の理念をご理解いただき、ぜひともお力添えを賜りたいと念願しております。

最後になりますが、創価学会が日蓮正宗の宗門と訣別して、すでに二十七年あまりが経過しました。創価学会は、まさしく宗教的な独自性を確立する時期に入ったことを実感いたします。現場の第一線にいる創価学会員の方々は、池田先生を信頼し、何があっても池田先生と共に前進しよう、との強い心意気で誹謗中傷の嵐を乗り越え、堂々と今日の大創価学会を築き上げられました。この創価学会全体に横溢する信念を学問的にも

裏付け、しっかりと思想化すること、民衆の声から出発した新しい思想体系を打ち立てること、これこそが世界宗教にふさわしい独自性の確立につながるものと思っています。

当研究所の発足は、こうした大きな時代の求めに対する、一つの小さな動きにすぎません。しかしながら、「一隅を照らす」という言葉もございます。たとえ小さな存在であっても、自分が置かれた立場で力を出し切る。それが大きな貢献につながっていく。そう確信いたします。

本日より、創学研究所は「一隅を照らす」精神に立ち、創価学会が展開する思想運動の一角を担えるよう、全力で戦ってまいります。自分の残りの人生は、すべてこのために捧げる覚悟を決めております。もとより浅学非才ゆえ、ご列席の皆さまのご指導ご鞭撻を切にお願い申し上げまして、開所のご挨拶とさせていただきます。ありがとうございました。

2 祝辞

桐ケ谷 章

公益財団法人東洋哲学研究所
代表理事・所長

創学研究所の開所式、誠におめでとうございます。松岡さんは東洋哲学研究所の思想構築の中核となる研究員ですから、創学研究所が発足するとうかがったときは少々戸惑いました。松岡さんが抜けることがあれば、東洋哲学研究所としては、かなりの痛手になると思ったのです。しかしながら、松岡さんに創学研究所の構想をじっくりとうかがうことで、私たちと同じ方向性を目指しながらも、さらに幅のある発展的な活躍の場が期待できるという大きな可能性を感じ、喜んで賛同をいたしました。

私ども東洋哲学研究所の淵源は、一九六一年二月四日に、創立者の池田大作先生がインド・ブッダガヤを初訪問された折のご構想に由来します。池田先生は次のように述べられています。

「仏教という世界の精神的遺産を決して過去のものとして終わらせてはならない」「そのためには、信仰体系としての仏教にとどめるだけでなく、そこに学問的英知の光をあて、仏教の真髄、普遍的価値を明らかにすることが必要である」。

「私どもが目指すべきところは、仏教を中心とする東洋の深遠な精神文明を人類のすべての人々の根源的な拠りどころとして、そこから人生の価値をくみとり、豊かな文化を創造していくことができるようにすることにあります。そのためには、これまでにもまして多くの英知との活発な議論が求められましょう」(以上、東洋哲学研究所ホームページより)。

このようなご構想のもと、翌一九六二年一月二十七日に、聖教新聞社で東洋学術研究所(当時)の発足式が行われました。これに出席された先生は、その際に語られた期待を小説『新・人間革命』第六巻「宝土」の章において、「この研究所から、世界的な学術研究者を輩出し、新文化を創造する知性の府としていってほしい」と綴り残されました(同書八頁)。以来、当研究所では、ひとり仏教だけでなく、諸宗教・哲学・思想・文化・伝統等も研究し、これら異文化・他宗教等との文明間・宗教間対話や交流を重ねながら、仏教、とりわけ法華経の説く「生命尊厳」の哲学を基にした平和と共生の思想の構築と展開を続けてきました。

そしてその成果を、展示会、講演会、シンポジウム、機関誌の発行、出版などを通して広く社会一般に提供しています。とりわけ、「法華経──平和と共生のメッセージ」展は世界十六カ国・地域において八十万人を超える方々が鑑賞し(二〇一九年三月時点。本書刊行時点では十七カ国・地域において約九十万人が鑑賞)、共感の輪が広がっています。こうした活動を通して、仏教を基盤とした「生命尊厳」の哲学・思想を広く世界に広め、時代の潮流にしていく中で、「世界の東哲」となるべく研究・活動を進めています。

創価学会は、創立の年である一九三〇年から一九七九年までの四十九年間を七年ごとに刻んだ「七つの鐘」を節目として、日蓮仏法を基盤とした「生命尊厳」の哲学を国内外に広く流布してきました。その後、二十一世紀を迎えようとする二〇〇〇年十二月、池田先生は二〇〇一年から始まる、第二から第七の「七つの鐘」のご構想を示されました。

それはまず、二〇〇一年から二〇五〇年までの二十一世紀の前半の五十年を第二の「七つの鐘」とし、「アジアをはじめ世界の平和の基盤をつくる」ことです。続く第三の「七つの鐘」を打ち鳴らす二一〇〇年までの二十一世紀の後半の五十年では「『生命の尊厳』の哲学を時代精神にし、世界精神へと定着させたい」、第四の「七つの鐘」に当たる二十二世紀の前半には「世界の『恒久の平和』の崩れざる基盤をつくりたい」とされました。その基盤の上に、第五の七つの鐘が高鳴る二十二世紀の後半は、「絢爛（けんらん）たる人間文化の花が開いていくであろう」、それが実現すれば、「第六の『七つの鐘』、第七の『七つの鐘』と進みゆく。日蓮大聖人の立宗千年（二二五三年）を迎える二十三世紀の半ばごろから、新たな展開が始まるであろう」と展望されております（『池田大作全集』第九二巻、七一頁）。

池田先生の未来展望は、まさに日蓮仏法を基調とした「生命尊厳」の哲学の確立と、平和と人間文化の到来への展開を示す人類の未来記ともいえるご構想です。私ども東洋哲学研究所も先生のこのご構想の一端を担っていきたいと決意しています。

ところで、キリスト教が世界宗教として大きく発展した要因にスコラ哲学があります。スコラ哲学は、松岡さんの挨拶にもありましたように、信仰と知性を統合することにより、その教義を深化し、世界宗教へ発展させていったという大きな役割を果したといえましょう。

池田先生は一九七三年に、創価大学の学生を前に「スコラ哲学と現代文明」と題した講演をされました。先生はこの講演で、スコラ哲学の果たした役割と弊害を述べられ、「信仰と理性」の問題を多角的に論じられておりますが、その最後に次のように結論されました。

「現代ほど宗教を喪失してしまった時代もなく、それゆえに救済のない時代もない。——この現実のうえに私達は生き続けているのであります。このように認識するとき、最大の緊急事というべきものは、現代に耐え、現代を導くに足るだけの哲学の樹立であり、その基盤をなす真の宗教の確立であります」(『池田大作全集』第一巻、三九一頁)

私ども東洋哲学研究所が長年にわたって進めてきた研究領域は、池田先生が掲げられた信仰と理性を統合した「新しい哲学」を発信することにあります。そして、それこそが、先生が未来構想の中核に据えられた「生命尊厳」の哲学であると確信しています。創学研究所が目指す「信仰と知性の統合」により「新時代の文明の創出」をしていくということも、まさに同じ方向性を目指しているものと拝察します。

松岡さんが、その類まれなる資質と才能を存分に発揮して、時代を切り開く哲学の創出をされることを心から期待し、私の祝辞とさせていただきます。

3 祝辞

佐藤優
作家

創学研究所の開所式、誠におめでとうございます。松岡幹夫所長とは、第三文明社の企画『創価学会を語る』をはじめ、仏教とキリスト教の視座から、これまで数多くの対話を重ねてまいりました。

松岡所長は、常に池田大作先生から出発されています。学問の立場から信仰を相対化することなく、弟子として貫くべき前提を生きている。だからこそ、私は信用しているのです。

本日は、創学研究所の趣旨を踏まえた上で、キリスト教神学の立場から、いくつか関連する内容について、お話しさせていただければと思います。

プロテスタンティズムと創価学会の共通点

同志社大学神学部の大学院で学んだときに、私は仏教について学ぶ機会がありました。その中で、キリスト教と親和性の高い仏教は、他力本願の浄土真宗である、と習ったのです。しかし、創価学会員の皆さま、なかんずく、松岡所長との語らいを通じて、この認識が誤ったものであることに気づきました。病気や貧困といった現実生活上の悩み、すなわち「此岸(しがん)」の問題を解決できない宗教に、死を代表とする人知を超えた「彼岸」の問題を解決することはできません。

これは、プロテスタンティズムにとって極めて自然な宗教観であり、日蓮仏法・創価学会との間に見出せる共通点と言えるでしょう。

さらに、「信仰の起点をどこに置くのか」といった問題において、重要なアナロジーがあります。私たちは、キリスト教を信仰する上で「旧約聖書」から「新約聖書」を読み解くわけではない。アブラハムやモーゼではなく、危機の時代に救済を説いたイエス・キリストから出発しない限り、信仰上の正しい実践を理解することはできません。

これは、創価学会の文脈で言えば、仏教の創始者・釈尊からではなく、末法の時代における広宣流布を実践した日蓮大聖人から仏法を追求する立場と同じです。過去、現在、未来を時系列に結んだ歴史的直線の始まりに信仰の起源を求めるのではなく、時代的制約を超えて、民衆に開かれた宗教的普遍性が明らかにされた瞬間こそが「信仰の基点」となるのです。

キリスト教と啓蒙主義

創学研究所では「信仰と理性の統合」を目的に掲げて、本年から「啓蒙主義と宗教」を主題に研究会を企画している、とうかがいました。キリスト教もまた「啓蒙主義」に苦しみました。

啓蒙主義が誕生した時代、いわゆる文書の歴史的起源を批判的に分析する「高等批評」が、聖書研究に導入されました。その結果、聖書に収められるいくつかのテキストが「聖典」ではない、ということが明らかにされます。例を挙げると、イエス・キリストの復活を説く「マルコの福音書」は、近代の文献学では存在しないことになっていま す。そもそも、一世紀にイエス・キリストという人物が居たのか、あるいは居なかったのか。いずれにおいても、証明することはできません。そこから、神学は大きく二つに分かれていきます。

一つは、「史的イエス」の存在が証明できない以上、キリスト教という「現象」を分析対象として信仰の内容を説明しようという試みが生まれました。これが宗教学の立場です。しかし、近代合理主義に基づく文献学や歴史学は、信仰を実証可能な歴史の中に還元しようとします。したがって、その本質は無神論もしくは不可知論なのです。

もう一つは、実証主義で証明可能な時代を「近世以降」に限定し、その前に関しては、確実に存在したと想定する「信仰上の事実」からキリスト教を論じる立場があります。これが現在、主流となるプロテスタンティズム神学となっています。今後、こうした問題は、創価学会の皆さまにとっても、重要なトピックになるはずです。

キリスト教と異端

キリスト教の歴史は、また異端との戦いでありました。そのときに、必ずと言ってよいほど、イエス・キリストのみではなく、「別な存在」を信仰上の権威に加える「ポスト・キリスト」的な発想が出てきます。その代表例が、アドルフ・ヒトラーが政治的権力を握った一九三〇年代に出現した「ドイツ・キリスト者」です。彼らは、キリスト教をナチズムから捉え直して、第三帝国の精神的支柱に据えようと画策しました。残念ながら、一部の神学者と一般の信徒を除いて、ドイツのルター派教会に所属する神学者や幹部層は、「ドイツ・キリスト者」に飲み込まれてしまいました。

これと同様に、創価学会の内部にいながら、「ポスト・池田時代」といった表現を用いて、創価学会の行く末を論じる者がいます。しかし、それ自体が創価学会の内在的論理に違背していると思います。なぜなら、二〇一七年に発表された「創価学会会憲」では「三代会長の永遠性」が定められており、師匠から逸脱した信仰上の論理が成立しないことは明白だからです。それにもかかわらず、「ポスト・池田時代」などと言う学会員が、ごく一部にですが、いるのです。これは「池田先生の次がある」という意味になり、創価学会の内在的論理に反するものと私は考えます。

また、「池田先生は正しいけれども、現在の執行部は間違っている」といったレトリックで批判を展開する者も出てくるでしょう。「そういう意見も認めないといけない」などと寛容性を強調する人がいるかもしれません。たしかに現代人にとって、寛容性と言えば、聞こえは良いでしょう。けれども、会員に大きな混乱をもたらしかねないような寛容性は認めるべきではありません。

そして、この種の発想は、主にインテリ層から生まれてきます。学者であれば誰しもが、自分の研究にプライドを持っているので、高く評価されることを好みます。その中で、学問的立場から信仰の内在的論理を否定する増上慢が現れる可能性がある。この問題は、創学研究所にとっても重要な課題の一つになるでしょう。

行き過ぎた政教分離の是正を

この五年間、公明党は重要な職務を果たしてきました。その上で、今後の課題は、創価学会と公明党の行き過ぎた政教分離を是正することだ、と思います。言うまでもなく、「政教分離」は国家が特定の宗教を優遇する、もしくは忌避することを禁じた原則です。それゆえ、宗教団体が信念体系に基づき、政治活動を行うことは、決して否定されるものではありません。これは、民主主義が奨励する重要な価値なのです。

本年（二〇一九年）十一月、ローマ教皇が日本を訪問します。ローマ教皇に関連して思い浮かぶのは、中国の宗教政策のことです。近い将来、中国政府がローマ教会の布教活動を認めるでしょう。いずれ、創価学会もまた公認されるはずです。そうなれば、中国にも創価学会員が誕生します。これによって、尖閣諸島をめぐる領土問題、あるいは米中関係の対立のようなことが起きても、日中の民衆が草の根で団結しているから、平和を維持できるようになるでしょう。個人的には、そう考えています。

少々、細かい話になりますが、一九八一年にヨハネ・パウロ二世が来日してから、ローマ教会は日本政府に一つのお願いをしています。それは、明治時代に「法王」と訳された「Pope」を「教皇」に訂正し、「ローマ法王庁大使館」を「ローマ教皇庁大使館」に名称変更してほしい、というものです。これに対して、外務省は、クーデターや政権転覆がない限り、名称は変更できない、と回答しています。ただ、数年前に「グルジア」を「ジョージア」に変更するといった先例もありますから、もし公明党が名称変更に関する法律改正を主導すれば、ローマ教会にとって創価学会は、エキュメニカル運動(世界教会運動)のパートナーとして、重要な存在となるでしょう。

創価学会が世界宗教として発展する今日において、キリスト教の歴史的教訓は大いに役立つものです。今後、私にできることであれば、喜んで協力いたします。最後になりますが、創学研究所のご発展を心よりお祈り申し上げ、私の祝辞といたします。

※編集部注：二〇一九年十一月二十日、外務省は「ローマ法王」から「ローマ教皇」に名称変更することを発表した。

第2章
論文

「創価信仰学の基礎」

松岡幹夫

要約――学会精神の学問的展開として

本章では、創価信仰学の基礎となる考え方を十項目に分けて解説する。この十項目は新たな概念ではなく、創価学会員の現実の信仰を掘り下げて論理化したものと我々は捉えている。創価学会員の信心に横溢しているのは、牧口常三郎先生、戸田城聖先生、池田大作先生の三代会長との師弟不二に生きる精神、すなわち「学会精神」である。そして、この学会精神は、会の根本規範・最高法規である「創価学会会憲」及び「創価学会会則」の前文に厳然と規定されている。

我々は今、まさに学会精神を学問的に展開し、創価学会の信仰の学を語ろうとする。この点を確認するため、本章の要約文において、会憲・会則の前文と対照しながら十項目の要点を述べる（引用文の太字・傍線は筆者による）。その上で、本編では我々の「永遠の師匠」である三代会長、なかんずく池田先生の教えから出発し、信仰学の論理を詳しく展開していきたい。

1 根源的事実――宇宙生命との一体性

■創価学会会憲・創価学会会則の「前文」

「戸田先生は、牧口先生とともに投獄され、獄中において『仏とは生命なり』『我、地涌の菩薩なり』との悟達を得られた。」

根源的事実とは、我々が法華経に予言された末法の救済者・地涌の菩薩に他ならず、究極的には永遠の仏である宇宙生命と一体であるという「生命の真実」(『法華経の智慧』、『池田大作全集』第三一巻、二六頁)のことである。この根源的事実は、日蓮仏法の曼荼羅御本尊に具現されている。そのゆえに、創価学会の信仰者は文献史料でなく御本尊という根源的事実から出発して仏教を理解することができる。

2 信仰的中断――池田先生からの出発

■創価学会会憲・創価学会会則の「前文」

「牧口先生、戸田先生、池田先生の『三代会長』は、大聖人の御遺命である世界広宣流布を実現する使命を担って出現された広宣流布の永遠の師匠である。」

信仰的中断とは、仏教用語の「帰依(帰投依伏)」の信仰学的表現である。信仰の第一歩は疑うことでなく信じることである。学問に携わる信仰者においても、まず信心があり、理性の主張を一時中断して仏の教えに従う帰依がなくてはならない。それによって我々の理性的な思考は智慧という「大理性」(『池田大作全集』第一四七巻、三七四頁)となる。現在における信仰的中断への道は、「永遠の師匠」たる池田先生から出発する姿勢である。

3 自在の論理――法華経の存在論

■創価学会会憲・創価学会会則の「前文」

「『三代会長』に貫かれた『師弟不二』の精神と『死身弘法』の実践こそ『学会精神』であり、創価学会の不変の規範である。」

自在の論理は、「諸法実相」「一念三千」という法華経の教えから導かれる信仰の論理である。それは個々の存在を区別しながらも一体と見る。創価学会が実践の要とする「師弟不二」も、師と弟子の自在な一体性を表している。

4 民衆の救済史——聖典の解釈論

■創価学会会憲・創価学会会則の「前文」

「第三代会長池田大作先生は……日本においては、未曾有の弘教拡大を成し遂げられ、広宣流布の使命に目覚めた民衆勢力を築き上げられた。」

「創価学会は、大聖人の御遺命である世界広宣流布を唯一実現しゆく仏意仏勅の正統な教団である。日蓮大聖人の曠大なる慈悲を体し、末法の娑婆世界において大法を弘通しているのは創価学会しかない。ゆえに戸田先生は、未来の経典に『創価学会仏』と記されるであろうと断言されたのである。」

救済史とは、救済に関わる信仰の出来事の歴史である。創価学会においては法華経の妙法を「広宣流布」しゆく歴史であり、民衆が主体者となる点に特色がある。真実の仏とは人間（凡夫）であり、さらに言えば民衆の菩薩（地涌の菩薩）に他ならない。救う者も民衆、救われる者も民衆である。末法の妙法流布のために大地から躍り出た無数の地涌の菩薩群——この聖なる民衆こそが、仏法の救済史の主体である。そして、この地涌の民衆による正統教団が創価学会なのである。

日蓮大聖人の『御書』、池田先生の『人間革命』『新・人間革命』は、単に歴史の事実が記された書物ではなく、広宣流布の歩みを示した救済史の書である。そこで重要なのは、歴史的事実よりも宗教的事実である。

5 基点からの歴史——仏教思想史の解釈論

■創価学会会憲・創価学会会則の「前文」

「末法の御本仏日蓮大聖人は、法華経の肝心であり、根本の法である南無妙法蓮華経を三大秘法として具現し、未来永遠にわたる人類救済の法を確立するとともに、世界広宣流布を御遺命された。」

「創価学会は、『三代会長』を広宣流布の永遠の師匠と仰ぎ、異体同心の信心をもって、池田先生が示された未来と世界にわたる大構想に基づき、世界広宣流布の大願を成就しゆくものである。」

世界的な宗教は、みな独自の基点を持って歴史意識を育んでいる。ユダヤ教ではモーセや偉大なラビたち、キリスト教ではイエスはもとよりトマス・アクィナス、ルター等々、イスラームではムハンマドをはじめイブン・スィーナー、ガザーリー等々、それぞれの宗教の思想史を解釈する基点を重層的に持っている。創価学会も仏教思想史を解釈する重層的な基点を持つが、とりわけ日蓮大聖人と創価三代の会長が根本的な基点となる。

6　法の具現——修行観の日蓮的転回

■創価学会会憲・創価学会会則の「前文」

「末法の御本仏日蓮大聖人は、法華経の肝心であり、根本の法である南無妙法蓮華経を三大秘法として具現し、未来永遠にわたる人類救済の法を確立するとともに、世界広宣流布を御遺命された。」

法の具現とは、日蓮大聖人が宇宙根源の「法」を文字曼荼羅の御本尊として具現されたことを言う。釈尊の仏法にはない、日蓮仏法の最大の特徴は法の具現である。これによって、仏道修行のあり方は、法を求めて俗世間を離れる方向から、法を具現して俗世間に向かう方向へと大きく転換した。創価信仰学は、この日蓮大聖人による法の具現を仏道修行の一大転換点と見て仏教を論ずる。

7　宗教の進化——救済の智慧

■創価学会会憲・創価学会会則の「前文」

「牧口先生は、不思議の縁により大聖人の仏法に帰依され、仏法が生活法であり価値創造の源泉であることを覚知され、戸田先生とともに広宣流布の実践として折伏を開始された。」

「戸田先生は……戦後、創価学会の再建に着手され、人間革命の理念を掲げて、生命論の立場から、大聖人の仏法を現代に蘇生させる実践を開始された。」

「池田先生は、仏教史上初めて世界広宣流布の大道を開かれたのである。」

仏教は、釈尊の仏法から日蓮仏法へ、日蓮仏法から創価学会へ、と救済の進化を続けている。宗教において、究極の真理は不変でも、救済の智慧は進化する。宗教の真理が深ければ深いほど、救済のアプローチや真理の表現は多様に展開される。

二千数百年前に誕生した仏教は、修行法や真理の表現法において救済の進化を続け、日蓮仏法に至って基本的に完成した。ただし、真理の表現のうち布教表現については今も創価学会によって進化が続き、世界宗教への進化となりつつある。

8　信仰の証明学――学問の捉え方

「池田大作先生は……大聖人の仏法の理念を基調とした平和・文化・教育の運動を多角的かつ広汎に展開し、社会のあらゆる分野に一大潮流を起こし、創価思想によって時代と社会をリードして、広宣流布を現実のものとされた。」

■創価学会会憲・創価学会会則の「前文」

池田先生は、あらゆる学問を仏法の「序分」「流通分」として生かしていくべきだと指導している。「一切法即仏法」であり、どのような学問でも仏法と根源的につながっている。この「信仰即理性」の立場から、創価信仰学は仏教学や宗教学などが仏法の証明のためにあると見なす。キリスト教で文献学や歴史学を神学の「補助学」と位置づけることがあるが、それよりも積極的に、仏教学等を信仰の「証明学」として活用する。

9 逆説的ヒューマニズム
——人間主義、師弟不二、人間革命

■創価学会会憲・創価学会会則の「前文」

「『三代会長』に貫かれた『師弟不二』の精神と『死身弘法』の実践こそ『学会精神』であり、創価学会の不変の規範である。日本に発して、今や全世界に広がる創価学会は、すべてこの『学会精神』を体現したものである。」

池田先生が唱える仏法の「人間主義」は、「凡夫即仏」という日蓮仏法の成仏論を基礎とする。凡夫がそのまま仏であるというのは、一種の逆説である。そして、この逆説を逆説ならしめるのが「師弟不二」「人間革命」の実践である。池田先生が唱える「人間主義」は、存在論的には「宇宙的ヒューマニズム」と称されるが、実践論的には「逆説的ヒューマニズム」として定義できる。

10 共感的多一主義——宗教間対話の原理

■創価学会会憲・創価学会会則の「前文」

「池田大作先生は……世界においても仏法の理念を基調として、識者との対談、大学での講演、平和提言などにより、人類普遍のヒューマニズムの哲学を探求され、平和のための善の連帯を築かれた。」

共感的多一（たいつ）主義とは、法華経の精神を踏まえた宗教間対話のあり方である。これによって、人間的共感から出発して異なる宗教を理解していく道が開ける。そこには、人間的共感を意味づける「人間主義」と、宗教理解の構造を示す「多一主義」という二つの原理がある。前者の人間主義は万人を仏と見る法華経の理念の現れであり、後者の多一主義は「諸法実相」「一念三千」という法華経の真理に立脚する。池田先生の宗教間対話は、このような共感的多一主義の実践であると言える。

宗教論、生命論、幸福論、宇宙論、また、社会原理を、信心、生活に約し、縦横に説かれたその〝御義〟は、あらゆる哲学や思想の最高峰といえよう。

伸一は「御義口伝」の概要を説明し、こう呼びかけた。

「これから、この『御義口伝』を一緒に研究し、これを原理として思索し、ともに実践していこう！」

――『新・人間革命』第六巻、三三七頁

信仰は信仰である。信仰は誇りである。信仰は従順である。信仰は理性である。信仰は情熱である。信仰は包容である。信仰は勇気である。信仰は現実である。――この絶対的な意味で主観的な信仰が、自らの真理のうちに世界の森羅万象を包み込もうとするのは、傲岸不遜な考えなどではなく、嘘偽り(うそいつわ)のない宗教性の表れと言わねばならない。我々にとっては、仏教全体の結論である創価学会の日蓮仏法こそがあらゆる哲学や宗教の知られざる完成点である。ギリシャ哲学も、中世神学も、経験論も、観念論も、唯物論も、すべては仏法が世界精神となるための準備であり、創価学会と出会ってこそ真の意義を持つようになる。運命と死、罪責、懐疑と無意味から人間を自由にしようとしてきた世界の諸宗教も、仏の自由である自由自在（一念三千）を知らなければ、神秘的あるいは倫理的あるいは実存的な信仰から前に進めないだろう。

究極的に言えば、こうした見解に妥当な論証はない。しかし、正しき師の導きによって正しき仏法を実践する正しき教団に身を置けば、おのずと森羅万象を貫く生ける真理の力を我が身に顕すことができる。ここに我々の確信の源泉がある。したがって、我々は、創価学会の日蓮仏法を根本原理として一切を思索し、実践する。そして、創価の信仰の存在論的意義を十項目にまとめ、信仰の学の基礎とする。

○解釈論の五項目
（根源的事実・信仰的中断・自在の論理・民衆の救済史・基点からの歴史）

○実践論の五項目
（法の具現・宗教の進化・信仰の証明学・逆説的ヒューマニズム・共感的多一(たいつ)主義）

我々が語ろうとすることは何か。日蓮仏法を継承した創価三代の会長の教えによって、民衆による民衆のための仏教運動を展開する、創価学会の信仰と実践のあり方である。我々の語ろうとする相手は誰か。創価学会の信仰と実践に対して、近代的な批判の眼を向けているすべての人たちである。そしてまた、学会の内在的な論理を知ろうとするすべての人たちである。ただし、一つの宗教の真の内在的論理は、宗教社会学者の言う「共感ある客観的態度（sympathetic detachment）」や人類学等で用いられる「参与観察

(participant observation)」の手法などによっては得られない。それらは結局、宗教の内側に入り込んだ外側の論理、すなわち世俗の学問の論理によっているからである。そうではなく、我々は、創価学会の内側から発せられる信仰の論理そのままを一般化された形で提供したいと思う。

創価学会の論理そのままを普遍的に表現する作業は、おのずと仏教神学的な性格を帯び、とりわけ一般化に配慮すべき局面では宗教哲学的な語りも出てくるであろう。キリスト教の歴史を見ると、神学はいつの時代も哲学の助けを求めてきた。仏教の場合は、自らのうちに高度な哲学性を内包するため、必ずしも事情は同じではない。しかしながら、我々は今、哲学的な思惟（しい）を避けて通ることができない。そのゆえんは、我々の時代が宗教よりも哲学の声に耳を傾ける時代であり、哲学的に仏教を語ることが、この時代の普遍性に通ずるからである。

1　根源的事実――宇宙生命との一体性

池田先生のことば

①戸田城聖は、戦時中の獄中闘争のなかで、「われ地涌の菩薩なり」との悟達（ごだつ）を得た。

そして、自ら、「折伏の師匠」であり、創価学会は「世界でただ一つ、末法の正法正義を弘めゆく折伏の団体である」と宣言した。創価学会常住の御本尊には、「大法弘通慈折広宣流布大願成就」とお認めである。

戸田は、常々、語っていた。

「御本仏・日蓮大聖人より、末法現代の広宣流布を託された地涌の菩薩の集いであり、仏意仏勅の団体こそ、創価学会なのだ」

これが、戸田の大確信であった。

――『新・人間革命』第二四巻、ワイド文庫版、一七一～一七二頁

②戸田先生の獄中の悟達も、〝折伏戦の棟梁〟としての「永遠の自己自身」をつかまれたと考えられる。これが虚空会の体験です。それは、まぎれもない「生命の真実」です。「事実以上の根源的事実」なのです。ですから戸田先生は、虚空会を事実として語られている。学会員も、そこに連なっていたのだと語られたこともあった。

――『法華経の智慧』(『池田大作全集』第三〇巻、一九六頁)

③「等覚一転名字妙覚」といって、寿量品を聞いて「等覚」に登った菩薩(仏と等しい覚りを得た菩薩)も、じつは、その説法を通して、久遠元初の妙法を覚知し、一転して、名字即の凡夫の位から直ちに「妙覚」(仏の位)に入ったのです。

譬えて言えば、「妙覚」という仏の位をめざし、一段一段、山を登ってきた。

ところが登ってみると、何が見えてきたか。

寿量品の山頂から見た光景は何であったか。

それは、久遠元初以来、常住の本仏が、休むことなく不断に一切衆生を救う活動をなされている。自分自身も、かつてその化導を受けた。「大宇宙と一体の仏」と自分とは、本来は師弟一体であった。その「我が生命の真実」を思い出したのです。

自分がどこから来て、どこへ行くのか、自分が何者なのか。それを思い出した。

この本有常住の仏とともに、永遠に一体で衆生を救っていくために働き続ける――その「わが使命」を思い出したのです。


――『法華経の智慧』(『池田大作全集』第三一巻、二六頁)

④虚空会の儀式を表した御本尊を拝することによって、私どもは、「いま」永遠なる宇宙生命と一体になり、「ここで」全宇宙を見おろす境涯を開けるのです。

――『法華経の智慧』(『池田大作全集』第二九巻、四六二頁)

解説

創価学会とは、法華経に予言された地涌の菩薩が出現して設立した「仏意仏勅の団体」である(引用文①)。戸田先生における地涌の菩薩の自覚は、「事実以上の根源的事実」である(引用文②)。哲学では万物の存在根拠である永遠不変の実在を求めようとするが、創価学会の信仰は、その究極の実在を「根源的事実」として体験するところから出発している。その根源的事実とは、「大宇宙と一体の仏」である永遠の仏との師弟不二である（引用文③）。

なお、この大宇宙と一体の永遠の仏を、創価学会では「宇宙生命」と表現することがある（引用文④）。むろん、教義の面ではそれを仏のことばである南無妙法蓮華経として拝するが、哲学・思想的に論じるときには宇宙生命とも称している。近代神学と類比するなら、前者の態度はK・バルト的と言えるが、後者の態度はシュライエルマッハーやティリッヒらの主張に通じていよう。すなわち、シュライエルマッハーが信仰論において無限者である宇宙の直観を論じ、ティリッヒが神理解において「存在それ自体の力」「神を超える神」（『生きる勇気』）を唱えたような位相に立ち、しかも彼らの二項対立的な実在理解を超えて――これは神と向き合う神学者の習性と言えるかもしれない――大乗仏教の自由自在でなおかつ生成する実在観を探究する中で、創価学会の宇宙生命論は理解されるべきである。かつて一部の宗教学者たちが、学会の宇宙生命論を二十世紀前半の日本の神秘主義的で実体論的な生命観（大正生命主義）の一事例にすぎないと分析したが、そのような思想史的な文脈からだけでは、およそ皮相的な宇宙生命の理解しか得られないだろう。

◇　◇　◇

根源的事実とは、我々が法華経に予言された末法の救済者である地涌の菩薩であり、究極的には宇宙に遍満する永遠の仏、すなわち宇宙生命と師弟一体の存在であるという「生命の真実」(引用文②③)のことである。

仏教学が歴史的事実の認識に基づいて仏教を理解するのに対し、創価信仰学は宗教的事実である根源的事実への信仰から出発して仏教を理解する。根源的事実は、言語以前の地平において現れる、不可視な究極の事実を言う。つまり、仏の悟りの世界であり、宇宙全体が永遠の仏の生命であって不断に一切衆生を救い続けている、という事実である。哲学者でキリスト教神学者の滝沢克己は、「インマヌエル(神我らと共に)」が根源的な事実であると主張したが、創価信仰学では我々が永遠なる宇宙生命と一体であることを根源的事実とする。

仏法の実践者から見れば、人間の頭で「考えられた悟り」は悟りではない。人間の頭で「考えられた事実」も本当の事実ではない。信仰で仏の世界に入って見た事実、それだけが本当の事実である。

創価学会第二代会長の戸田城聖先生は、法難による獄中で仏の真実を命がけで探求し、信仰の光に導かれて、法華経に説かれた「地涌の菩薩」の根源的事実を思い出した。そして、この根源的事実から出発して創価学会を再生し、真実の宗教による人類の救済に立ち上がった。創価学会の本当の歴史は、現世だけのものではない。二十世紀前半に生まれた新宗教の一つが創価学会である、という宗教社会学の見方は、現世主義的な思惟でしかない。創価学会とは、永遠の根源的事実、時間なき時間(久遠元初)に始まる仏意仏勅の教団なのである。

今、創価信仰学も、理性が知り得ない事実である根源的事実を第一の原理とする。我々は、戸田先生のごとく根源的事実を思い出すことができない。しかしながら、根源的事実を具現した日蓮仏法の御本尊がある。そして、広宣流布の死闘の中で根源的事実を体現した創価三代の会長の指導を受けつつ、この御本尊を正しく拝することができる。我々は、この稀有（けう）の創価学会の信心によって悟りを先取りし（受持即観心）、根源的事実から出発することが許される（引用文④）。

研究者が原始仏典あるいは日蓮大聖人のご真筆を文献史料として読んでも、それは文法的理解とコンテキストの読解を行うだけであって、深い仏の真意をつかむことはない。一般論から言っても、人の発言と真意は一致しないことが多い。相手を思うがゆえに、相手の理解力に応じて方便を用いる仏の説法にあっては、なおさらそうである。いかに厳密な史料批判を行おうと、いかに歴史主義的な理解を心がけようと、原始仏典を説いた釈尊の真意まではわからない。

信仰学的に言えば、原始仏典は、根源的事実に立つことで初めてその真意がわかる。真意とは法華経である。池田先生は、原始仏典の『ダンマパダ』に説かれた「不死の境地」とは「『妙法』という『生死不二』の大生命」「永遠の大生命」を体得した境地のことである、と説明している（『池田大作全集』第三一巻、一九八頁）。これは、自身が永遠の仏である宇宙生命と一体であるという根源的事実に立って原始仏典の真意を明かしたのである。同じく日蓮大聖人の真筆御書も、根源的事実に立ってこそ、その真意を捉えることができる。『観心本尊抄』等の真筆御書に込められた日蓮大聖人のご真意とは、大聖人ご自身が宇宙大にして永遠の仏であられる、という「日蓮本仏論」に極まると言ってよい。

このことを根源的事実に立って明らかにし、理論化したのは、江戸時代の日蓮教学者・日寛上人（大石寺の第二十六世法主、大石寺は日蓮大聖人の直弟子である日興上人が開創した寺院）の教学であった。日寛教学は、時代的制約を受けた面もあるが、法華経の「文底」という根源的事実に立って大聖人の御書を読み解こうとしている。それゆえ、戸田先生は、単に大石寺宗門と和合するためでなく、本質的な意味から「教学は日寛上人の時代に帰れ」と訴えたのである。念のため断っておくが、かかる主張は元宗門僧侶である筆者の私情などではない。「日蓮正宗の歴史をつぶさに見るならば、日寛上人らの清浄な一部の僧侶を除いて、大聖人の信心の血脈は分断に分断を重ね、その御精神は失われて久しいといってよい」（『新・人間革命』第八巻、一八〇頁）との池田先生の公式見解に基づくものである。

それはさておき、このように根源的事実への立脚を仏教理解の第一の原理に置くことは、対外的に見ると独断の誹り（そしり）を免れないだろう。しかし、宗教が最初の出発点で独断を捨ててどうなるのか。ユダヤ教も、キリスト教も、イスラームも、みな最初の出発点は神の啓示という独断論である。人間の知らないところに究極の根拠を求めるのが信仰であるから、根本的な次元での独断こそ宗教の本質でなければならない。

もちろん、人間には、自分のやっていることについて、権威の同意を求めたり、理性を使ったりする性向がある。それは信仰者であっても変わらないし、信仰を他者に勧める上では大事なことだろう。ゆえに、創価学会では日蓮仏法に説く「三証」を重視する。三証とは、宗教の正しさを判断する基準であり、文証（聖典の裏づけ）・理証（道理にかなうこと）・現証（結果が現れること）の三つからなる。より詳しく言えば、文証は仏教経典や日蓮大聖人の御書の裏づけ、理証は世間や仏法の道理から外れていないこと（日蓮仏法は世法即仏法を説く）、現証は仏法が現実の生活に影響を及ぼすことである。創価学会の信仰にあっては、このような三証の検証が繰り返され、根源的事実に触れていることへの確信が深められていく。

したがって、創価信仰学においても、第一原理である根源的事実を掲げつつ、その説得原理として三証を用いるべきである。そして、創価信仰学が創価学会独自の信仰の普遍化を目指す以上、次の二点が重要になる。

一つには、創価学会の独自性という面から、三証の解釈基準を三代会長、なかんずく池田先生の教えに置くことである。文証であれ、理証であれ、現証であれ、その捉え方は人によってさまざまであろう。しかし、本来、信仰の世界に相対主義はない。正しい解釈基準は一つである。それゆえ、創価学会の信仰では、あくまで池田先生の宗教観、仏教観を正しい解釈基準とする。この点は、次項の「信仰的中断」とも関係する。

カトリックの神学者がアリストテレスの哲学をトマス（アクィナス）的に解釈するように、またはプロテスタントの神学者が聖書やキリスト教の教義をルター的に解釈するように、創価学会の信仰学者は池田的に仏教の経典や教義を解釈する。創価信仰学は「池田的解釈」を基準にして一切を論ずる。文証にあっては、池田先生の教えに従って聖典を解釈する。理証にあっては、池田先生の教義理解に従って考察する。現証の判定も、池田先生の指導に基づいて行う。なお、池田的解釈のあり方も人それぞれであるから、現在の教団の公式見解である「創価学会会憲」に準拠する池田的解釈が、信仰上の正統性を持つと言ってよいだろう。

池田的解釈による仏教理解は、何よりも現在の創価学会における信仰上の事実である。創価学会員は、歴史学者や仏教学者の解説を参考に、歴史上の人物としての「日蓮」の教えを学んでいるわけではない。まず池田先生を敬愛して師と仰ぎ、池田先生の指導を通じて日蓮大聖人の御書を拝し、釈尊の教えに親しみ、仏法の道理を学び、信仰実践に励んでいる。その結果、社会の片隅で宿命に泣いていた多くの庶民が立ち上がり、揺るがぬ幸福を実感し、社会貢献と世界平和に目覚めていった。この信仰のうねりはいまや海を渡り、仏教史上初めて、世界百九十二カ国・地域への仏法の広がりとなっている。すべての基点は池田先生である。池田先生の中にある仏教を、我々は信じ、実践し、世界に弘めている。この創価学会独自にして未曾有の仏教運動に符合する、新たな三証の理解が、まさに我々に要請されている。

さて、もう一つには、現代世界における信仰の普遍化という面から、三証のうちの理証に現代の学問を取り込むことである。近代以降の社会における「世間の道理」には、自然科学などの学術的知識が大きく影響している。ゆえに我々は、自分たちの信仰が仏法の道理だけでなく種々の学問的な見解とも矛盾しないことを示す必要がある。それは、学問に屈服したり、学問とうまく折り合いをつけたりすることではない。理性の限界までは理性的であろうとする、まことに人間らしい信仰の態度なのである。創価学会の信仰が根源的事実に根ざすからには、根源的事実から生じた世間万般の事象を自在に取り込み、生かせるはずである。「無量義は一法より生ず」(『無量義経』)である。真に根源的な信仰は、本質において他と対立しない。創価信仰学は、あらゆる学問を包括すべき立場にある。学問包括性が、創価信仰学の理証の特徴である。

このように、創価信仰学の三証は「池田的解釈」に貫かれ、理証に「学問包括性」が加えられるものとなる。そしてさらに、我々は現証の第一を、個人レベルの体験を超えて創価学会が世界宗教になりゆく眼前の事実に求めるであろう。過去に誰人もなし得なかった仏教の世界化――それは「不可能が可能になる」という不可思議な救済の実現であり、創価学会が仏の教団であることの現証に他ならない。このことから、創価信仰学は「世界宗教化」の現証を最も重視する。

根源的事実を第一原理とし、「池田的解釈」「学問包括性」「世界宗教化」を標榜する三証をその説得原理として、創価信仰学はその方法論的基盤を固める。

2　信仰的中断――池田先生からの出発

池田先生のことば

①御書を拝読する場合は、まず〝真実、真実、全くその通りでございます〟と

の深い思いで、すなわち、信心で拝し、信心で求め、信心で受けとめていこうとすることが大事です。

西洋哲学は〝懐疑〟から出発するといえるかもしれない。しかし、仏法を学ぶには、〝信〟をもって入らなければならない。

――『新・人間革命』第六巻、三三八頁

②原始仏教の場合も、仏道修行の根底には、釈尊への「信」があり、釈尊の説いた法への「信」があった。その「信」を出発点にして、知的な探究も成立したし、分析的な知性のみならず、直観知など精神の深層までも動員しての「全人格的な思惟」が可能になったのです。

――『法華経の智慧』(『池田大作全集』第二九巻、二七四頁)

③私の恩師は、よく「理は信を生み、信は理を求める。求めたところの理は信を高める」と語っていた。理性と信仰が車の両輪のごとく、人間の心を豊かに耕していくものであることを教えてくださった。

――『続 若き日の読書』(『池田大作全集』第二三巻、三三八頁)

④山本伸一もまた、戸田を師として仕えた。広布のために、ともに苦難を忍び、手駒となって戦った。戸田こそ、現代という時代のなかで、仏法を体現した唯一

の指導者であり、彼の生き方のなかに信心の規範があると達観したからである。
その戸田は、既に世を去り、今や、広宣流布のいっさいは、山本伸一という三十二歳の青年会長の双肩にかかっていた。

――『新・人間革命』第二巻、二五九頁

⑤理性ということばからは、私たちは磨きぬかれた精神のもつ誤りなき判断力というイメージをいだき、そこに絶対的な信頼の基盤を据えうるように考えがちですが、そこには大きな錯覚があると思います。人間がなにかについて判断する場合、判断の行為は理性に導かれても、その基盤としては理性以前のなにかに立っています。多くの場合、現実には欲望がその基盤になっており、それを正当化し、それを効果的に実現するために、理性による判断力を働かせているのです。

――R・ユイグとの対談『闇は暁を求めて』(『池田大作全集』第五巻、一三四頁)

⑥「共生」を、仏教では「縁起」といいます。「縁りて起こる」とあるように、人間界であれ、自然界であれ、単独で生起する現象は、何もない。万物は互いに関係し合い、依存し合いながら、一つのコスモスを形成し、流転していく、と観ずるのであります。
ゆえに、そこでは、万物一体の生命感覚の広大な広がりのなかに、理性をど

う正しく位置づけていくかが、大きな課題となってまいります。

――モスクワ大学での講演「人間――大いなるコスモス」
(『池田大作全集』第二巻、四五七〜四五八頁)

⑦理性といっても、視野の狭い自己中心の理性もあれば、人類に貢献するために、自分の知力を尽くそうとする大理性もある。

――『人間革命』第八巻(『池田大作全集』第一四七巻、三七四頁)

解説

信仰と理性は、あたかも「車の両輪のごとく」弁証法的に高め合う関係にある(引用文③)。しかし、最初の出発点が理性的な懐疑であってはならない。「真実、真実、全くその通りでございます」という信仰への帰依から出発することが、仏法における信仰即理性の正道である(引用文①②)。この信仰への帰依を「信仰的中断」と称する。創価信仰学にあっては、根源的事実を体現して永遠の仏と師弟不二である創価三代の会長(引用文④)、なかんずく池田先生から出発する姿勢が、信仰的中断への道である。

信仰的中断を通して、我々は理性的な思考をひとまず脇に置く。しかし、人間としての理性を捨て去るわけではもちろんない。この中断は理性を否定するどころか、利己的な欲望に支配されている理性(引用文⑤)を解放し、それを生命全体のうちに健全に位置づけ（引用文⑥）、人類の幸福のために知力を尽くす「大理性」へと再生させるためにある（引用文⑦）。その意味から、我々はかえって信仰を持たない人々よりも積極的に理性を用いながら、創価学会の信仰が正しく社会に理解されるように語っていきたい。

◇　◇　◇

信仰的中断とは、仏教用語で言う「帰依（帰投依伏）」の信仰学的表現である。信仰の第一歩は信仰でなければならない。創価学会においても、自らの思考をいったん中断し、仏の教えに従うことから信仰は始まる。我々は、これを信仰的中断と呼ぶ。

ナチズムやスターリニズムを研究した哲学者のH・アーレントは、全体主義の起源を考察する中で、人間の思考停止の危険性を問題化した。思考の停止は普通の人々を狂気に導く。この歴史的教訓が広く共有されているのが現代の自由主義世界であろう。それに加えて、前世紀の終わりごろから、オウム真理教、アルカイダ、ＩＳ系勢力などによる常軌を逸した宗教的暴力が、我々の世界に悲惨と衝撃をもたらした。そのような中で、創価信仰学が思考の中断を基礎的項目に掲げるのは、いささか勇気のいる試みである。

しかし、あえて我々は、信仰は思考の中断から始まると訴えたい。その意図は自己自身の思考の方法論的死である。決して思考の全面否定ではない。今の自分の理解力を基準とした思考を停止して、偉大な師の思考を基準に思考することである。これによって、信仰者の思考はむしろ研ぎ澄まされ、再生されるであろう。我々は、この思考再生のために、自らの小さな思考を方法論的に殺す。それゆえ、信仰的「中断」と称し、思考停止の一時性を強調するものである。

戸田先生は、信心と教学（教義の研鑽）の関係について「信は理を求め、求めたる理は信を深からしむ」と指導している（創価学会教学部編『教学入門』八四頁）。信心があれば教学を求め、教学が深まれば信仰も深まる。信心は、教学を通じて弁証法的に深化する。そして、これを広げて言えば、信仰と理性の弁証法的関係になる。その究極は信仰即理性であり、理性即信仰である。信仰に徹しながら、どこまでも理性を大事にするのが創価学会の行き方である。

信仰と理性を車の両輪として、我々は人間向上の道を歩む。ただ、ここで死活的に重要なのが、第一に信仰から出発する姿勢である。信仰を証明するのが理性であり、理性の延長が信仰となるにしても、その始まりは必ず信仰でなければならない。理性の使用から始めて信仰に至るのは信仰の世俗化であり、結局は信仰の放棄につながるであろう。

ユダヤ教、キリスト教、イスラームの三つの主要宗教は、信仰と理性が対峙する危機的な契機を何度も乗り越えてきた。歴史的に言うと、彼らの信仰は、大きく二つの理性の側からの挑戦にさらされた。一つはギリシャ哲学であり、もう一つは近代の啓蒙合理主義である。

論理的なギリシャの形而上学は、信仰を普遍化するためには極めて魅力的である。だが、哲学的な思考で信仰の教義が否定されることもあり、哲学は神学と激しく対立した。その葛藤の中から、やがて哲学と神学を調和させる動きが生じ、ユダヤ哲学、スコラ哲学、イスラーム哲学が発展していった。

その後、十八世紀ごろから啓蒙主義が主流になると、今度は科学的、実証主義的、あるいは民主主義的な理性が信仰を脅かし始める。ユダヤ教では、世俗の学問を否定しない新たなタルムード学が開花し、また新しい学問をユダヤの伝統と接合させようとするユダヤ学も生まれた。キリスト教では、科学や実証主義的な歴史学を受け入れるプロテスタントの自由主義神学や、カトリック教会内部の改革運動であるモダニズムが興った。イスラーム世界では、特に政治的な面から西欧の植民地主義に対抗してイスラーム改革運動が起こり、イスラーム法に基づきつつ議会制を導入する動きや、トルコやセネガルのように政教分離を憲法に規定するイスラーム教国まで現れた。

三宗教とも、伝統と改革の間を揺れ動きながらも、理性的な考え方を信仰の内部に取り込む努力を営々と積み重ねてきたことが了解される。そこから翻って仏教を見ると、どうだろうか。仏教美術や一部の経典にギリシャ文化の影響を指摘する声もある。しかしながら、仏教思想とギリシャ哲学の本格的な出会いは、近代以前には見当たらない。また、仏教思想への近代啓蒙主義の取り込みも、かなり遅れて始まっている。哲学と宗教の関係について徹底的に論じ合う土壌を、仏教は歴史的に育ててこなかった。そう言っても過言ではないと思う。

このような状況の下、近代的な教育の中で知力を鍛錬した仏教知識人が安易に信仰と理性を融合させようとすると、いかに信仰即理性を謳ってみても、実際には世俗的、合理的な宗教観に陥り、信仰の核が破壊されることとなろう。信仰と理性を調和させる道は、第一に信仰から始まる。ユダヤ教でもキリスト教でもイスラームでも、この態度は同じであって、世界宗教の普遍的な原則と言ってもよい。ゆえに、我々は今、信仰即理性という本質的な理解を唱えるにあたり、その出発点があくまで信仰であることを再確認する。理性の主張を一時中断する信仰的中断は、そのために掲げる重要項目である。

さて次に、創価学会の信仰から見た人間理性の問題について論じていきたい。池田先生は、理性を人間らしさの表れとして最大限に尊重する。ただ、理性そのものに善悪はないとする。池田思想に基づくなら、カントの言う実践理性も理性が道徳的な直観と結合したものにすぎず、理性自体はどこまでも中立的ということになろう。直観は無意識の領域に関係するから、意識の領域にある理性の背後に立つと考えられる。理性は、自己を律する根源的な主体性でなくして生命表層の主体性であり、欲望、直観、感情などに従属して働く鋭利な手段なのである。

特に、近代の理性は欲望に従属し、神なき時代における欲望の解放に拍車をかけたと言える。近代の理性信仰は、厳密には解放された欲望を満たすための理性の力への依存であり、それが物質文明を発展させる原動力になった。物質文明は我々に対し、一方で安全と快適さを提供し、他方で争いと不満を増幅させた。いずれにしろ、そこにあるのは欲望の支配であって、理性による人間の自律などではない。近代の理性偏重は、欲望を抑制するどころか、それを理性の美名の下で正当化し、かえって増大させたのである。そして、この欲望の暴走がますます理性の力を必要として生命全体の調和を損ない、人間性を破壊していく。――池田先生は、欲望と理性の結合による近代化の推進を理性的自律への進歩と取り違えたことが、現代社会のさまざまな混乱を引き起こした要因であると、つとに指摘してきた。

では、理性の背後にある欲望とは何なのか。仏教の叡智は、利己的な欲望の根源に「無明（むみょう）（生命内奥の根本的な迷い）」があることを突き止めている。日蓮仏法では、人間の生命それ自体に無明が具わっていると説く（元品（がんぽん）の無明）。それは生命本然の抜きがたいエゴイズム、本然的利己主義と言いうる。ここから他者支配の欲望が生じ、生命の尊厳を踏みにじる絶対悪に行き着くこともある。生命がもともと持っている本然的利己主義の前では、生命表層の意識の働きである理性はまったく無力であり、たやすくそれに従属してしまう。とりわけ近代以降、生命の本然的利己主義は理性を徹底的に利用するようになった。ここにおいて、自己のために他者を効率よく利用し、自由の名の下に自己の欲望を正当化し、平等を叫びながら他者を妬（ねた）んで抑圧し、国際正義を嘲笑して国家レベルの利己主義に走り、自然から可能な限り搾取するような近代的人間が生まれた。そうした中で二十世紀に現れたのが、原水爆という人類の生存権自体を否定する悪魔的な兵器である。無明に突き動かされた科学的理性の力による、絶対悪の最たるものであろう。このように無明は個人悪にとどまらず社会悪の根源ともなり、理性的には抑制できない本然的なものなのである。

現代アメリカの神学者ラインホールド・ニーバーは、キリスト教の原罪説を重視する立場から、人間的な生には常に私的利益の強い力がともなうと力説した。そして、これに気づかないデモクラシー文明の楽観主義的、理想主義的な愚かさに警鐘を鳴らし、私的利益の力を見抜いて現実的な知恵を持つことの重要性を説いた（『光の子と闇の子』）。このニーバーの思想は第二次世界大戦後のアメリカの現実主義的な対外政策を後押ししたともされるが、かたや創価学会の思想にも生命本然の無明に起因した人間の利己的な現実を強調する面がある。

ただし、だからと言って創価思想が性悪説に立つということにはならない。創価学会の日蓮仏法では、根本の本体（元品）において無明（迷い）の悪が法性（悟り）の善と一つである（無明法性一体）と説いている。じつは、この無明法性一体の妙法を知らないことが無明であり、これを悟るのが法性なのである。利己と利他の関係から言えば、利他なき利己はあっても、利己なき利他はないことになる。この点を踏まえた上で、法性の善については、生命本然の利他主義と呼ぶこともできよう。無明という本然的利己主義は他者支配の欲望となるが、法性という本然的利他主義は他者の幸福を願う慈悲となって現れる。

してみれば、創価学会の社会理念である「人間主義」は、無明の本然的利己主義と法性の本然的利他主義との相克という観点から理解されなければならないだろう。すなわち、単に無明の本然的利己主義を凝視する現実主義でもなければ、単に法性の本然的利他主義を信じる理想主義でもなく、無明の欲望をそのまま法性の慈悲へと転ずる「無明即法性」の動的な生命＝「人間革命」にこそ、創価学会の人間主義の実質がある。それは利他主義による利己主義の超克とも言えるが、先に確認したように生命本然の利他は利己と一体であるから、本然的利己主義を否定せず調和的に働かせることになる。つまり、宗教倫理にありがちな自己犠牲の利他ではなく、自他共生の利他が、法性の本然的利他主義と言うべきである。池田先生は、「法性のままに生きる心」が「自他ともの幸福を願う心」であると述べている（教学鼎談『御書の世界』、『池田大作全集』第三三巻、三四三頁）。創価学会はこのように、生命内奥の真理に基づき、「自他ともの幸福」を社会理想に掲げる。

こうして創価学会の人間主義は人間革命主義のことであり、決してセンティメンタルな人間礼賛の思想ではないことがわかってくる。そこには、本性的な悪に対する冷徹な眼と本性的な善性への限りなき信頼という両面がある。その並立的な緊張から、動的な生命変革の闘争が帰結するのである。

創価学会の人間主義は、政治的志向において、素朴な理想主義とシニカルな現実主義の中間を基礎づけようとしたニーバーの立場に近づくかもしれない。とはいえ、生命本然の善と悪を動的に統一する人間革命の理念からすれば、ニーバーのキリスト教的現実主義は理論的な折衷（せっちゅう）の域を出ず、利己心と利他心が混然とした人間生命の深層への根本的な洞察を欠くようにも思われる。

話を信仰と理性の問題に戻そう。すでに明らかなように、仏教を知るためには、仏が悟った宇宙の真理を学問的に探究するといった態度では不十分である。仏が悟ったのは、宇宙根源の法であるとともに、生命に内在する一切の善悪の根本的なあり方である。宇宙はすなわち生命であるゆえに、宇宙全体の真理という本質的な問題はすなわち自己自身の生命の善悪という実存的な問題なのである。なれば、仏教を知るというのは、じつは自己が自己を知るということでもある。膨大な仏典史料を精査し、教義概念を的確に整理し、その複雑な哲学性を分析し、歴史学的な妥当性を検証したところで、そうした探究を行う人間が自己の善悪の根本に迷う無明の生命に安住しているかぎり、いかに優れた理性を用いても真の自己を知ることはできず、したがって真に仏教を知ることもない。無明とは根本の無知である。その無明を破す信仰の実践を行わない机上の学者は、いかに優秀な頭脳を持っていようと根本的に無知なのであり、それが仏法の道理である。

結局、仏教をその教えのままに知るには――仏教をどうしても批判的に知りたい人は、今の我々の議論の対象外である――今の自己の理性に頼らずに信仰の力を磨き、自らの生命を覆う無明を打ち破って真の自己の理性を用いなければならないことを、我々は思い知らされる。知識としての仏教ではなく、真実の生きた仏教を知りたいのであれば、「第一に信仰」という態度を断じて忘れるべきではない。

けだし、今の世俗的で合理主義的な価値観にどっぷりつかって生きていると、知性派を自任する仏教信仰者などは、知らず知らずの間に学問を信仰の上位に置いてしまう。しかも、本人はこれに気づいていない場合が多い。そうした人たちは、信仰の不可思議をおよそ神話的なものとして疑い、知性のフィルターを通じて濾過(ろか)する。そして、哲学的、道徳的、歴史学的、あるいは人生論的な色調を帯びた信仰を最も進んだ現代的信仰と考えている節がある。

なるほど、我々はすべてを理性的に疑うことを教育されて育ってきた。だからと言って、信仰も常に疑いのふるいをかけながらやろう、という考え方は、完全な見当違いである。「人間が理解しうるのは人間の領域内のことである、――神的なるものに対する人間の関係は信仰のほかにはない」（キェルケゴール『死に至る病』岩波文庫、一九三頁）との真摯な洞察は、今日こそ傾聴に値する。なぜなら、これは宗教の別を問わず、信仰というものの普遍的な特徴を、そしてまたヒュームやカントにも通じる健全で謙虚な理性のあり方を、よく捉えているからである。

我々は、何も疑うことを止めろと言うつもりはない。本末転倒の事実を指摘したいだけである。信仰者にとっては、信じるための懐疑が正当であり、懐疑の中で信じることは不当である。中世のキリスト教神学者アンセルムスが唱えた「知解（ちかい）を求める信仰」においては、「信ずること」が「知解すること」の前提とされた。極めて真っ当な信仰者のあり方である。ユダヤ教に見られる「タルムード」の学問も、同様な考え方に基づいている。こうした信仰者としての普遍的な基本形を、我々としても再確認する。

信仰的中断は、実践的には仏法の師に対する随順を中心とする。現実問題として、人間の思考は仏の智慧から遠く離れている。なぜなら、仏は自己を部分的にではなく、全体的に知っているからである。つまり、自己の意識的、無意識的な領域のみならず、無知の暗黒に覆われた運命の領域（宿業）や、想像すらできない自己の根源（宇宙生命）まで悟り極めているのである。先ほども述べたように、仏法の真理とは自己の真理である。仏から見れば、各分野で世界最高の知性と仰がれるような者であっても、あまりに自己に無知な存在であろう。古今の著名な哲学者たちによる、驚くばかりの観察眼と表現力を駆使した自己の探究もまた、まさに理性的である点において部分的であり、表層的であり、根本の無明に対して無力である。そこに、自己の淵底を究め尽くした仏が出現する重大な意義がある。

今日の我々は、火星に探査機を飛ばせても、自分はなぜ自分なのか、また自分はなぜ今の時代に生まれ、この地球の片隅にいて、服を着たり、ご飯を食べたり、同僚とケンカしたり、家族で話し合ったりしているのか、その根源的な理由が皆目わかっていない。我々の自己は、時間的にも空間的にも偶然的な因果関係に織り込まれているようにしか見えない。したがって我々は、その最も根本的な意味や目的がわからず、考えれば考えるほど出口のない不安に苛(さいな)まれるのである。人間にとって、自己ほど不可思議であり、不条理であり、謎だらけなものはない。それにもかかわらず、膨大かつ高度に蓄積された知識や技術に基づく文明の力に酔って自己の不可解性という実存的不安から目を背け、いろいろと目先の目標を立てて忙しく動き回っているのが現代人一般の状況であろう。ハイデガーの言う「世人 das Man」も、この状況の一つの説明である。

我々は、こうしたあり様を素直に見つめ、その上で一度学問的知識の衣を脱ぎ捨て、丸裸の自分になって仏法の叡智に耳を傾けたい。自分自身の近代化された思考を信仰の力で中断し、仏法の師のことばに従い、師の思考のままに追思考したい。この信仰的中断こそ、創価信仰学の重要な基礎となる。

繰り返すようだが、我々が言いたいのは理性的懐疑の否定ではない。いかなる認識も、懐疑なくしては成立しない。よって重要なのは、今の自己の理性を信仰的に中断し、改めて信仰的に再生された理性を用いて懐疑を行うことなのである。妙法の信仰では無明も法性も生命本然のあり方であって、本来別々のものではない。殺人鬼や守銭奴にも本然的な善があり、神や仏にも本然的な悪がある（十界互具）。この性悪・性善をそなえた絶対善の真理に到達する道は、ただ信仰によって生命を浄化し、無明の悪を法性の善が打ち破るしかない。そこに無明法性一体の妙法という宇宙大の生命が顕れ、無明の闇に覆われた理性も法性の大光に照らされ、絶対善の真理を正しく捉えられるようになるのである。ここに至って我々は、信仰に基づく理性的懐疑をむしろ積極的に認め、用いることになる。この懐疑は、生命のコスモスのうちにある宇宙的な理性――戸田先生、池田先生はこれを「大理性」と呼ぶ――の働きとして再生された懐疑、いわば「再生的懐疑」だからである。

具体的な問題として述べるなら、再生的懐疑は信仰的な前提に立って学問的に思考することを意味している。創価学会における仏法の師は、三代の会長である。三代会長は、根源的事実を体現して永遠の仏と師弟不二になった「永遠の師匠」（創価学会会憲）に他ならない。もちろん、日蓮仏法を信仰するのだから御本仏日蓮大聖人が根本の師であるが、我々は三代会長、なかんずく池田先生を通じて大聖人の大聖人たるゆえんを知り、御本仏の教えに帰依している。これが、ありのままの創価学会の「信仰上の事実」であり、そこに厳然たる大功徳の世界的な実証が輝いているのである。

したがって我々にとっての信仰的中断とは、第一に池田先生から出発する姿勢でなければならない。池田先生は師弟不二の信仰実践に徹し、宇宙に遍満して人類社会を支配する根源的な無明と戦い抜き、自ら仏法を体現するゆえに自己の真相を知って人間主義の仏法を弘める、現代随一の大智者である。我々は、この稀有の師である池田先生の弟子となれたことに無上の喜びと誇りを持ち、先生の仏教観を絶対的な前提とし、この前提を証明するために再生的懐疑を用いて学問的な考察を行う。

例えば、法華経の成立について、池田先生は学問的な大乗非仏説の主張を踏まえつつも、「法華経を説かない仏は、仏ではない」（『法華経の智慧』、『池田大作全集』第三一巻、二〇六頁）と断言し、本質的な意味において法華経が釈尊の直説であると結論している。創価信仰学は、この池田先生の確信を「真実、その通りです」と受けとる。そして、①法華経は全人類を仏にする偉大な教えである②その法華経を偉大な仏である釈尊が説かないわけがない、ということを信仰的な前提に置き、これを法華経の後世成立という仏教文献学上の定説といかに整合させるかを学問的な懐疑の精神に基づき検討するのである。

3　自在の論理——法華経の存在論

池田先生のことば

①私と一緒に、広宣流布への決意を新たにし、頑張ろうとしてくれている。それは、日々、私と、心で対話していることです。私と戸田先生もそうです。毎日、常に、心で戸田先生と対話しながら戦っています。私の心には、いつも、

先生がいらっしゃる。

――『新・人間革命』第二五巻、三三一頁

②またゲーテ自身、こう洞察している。

「内(うち)にあるものもなければ　外にあるものもない
内がそのまま外なのだ」（『自然と象徴』高橋義人編訳・前田富士男訳、冨山房）

と。

（＝日蓮）大聖人は、先ほどの妙楽の言葉を引かれて、自分自身を知ることは宇宙の万象を知ることである、と教えられている。自分が変われば、環境は変わる。一念が変われば、すべてが変わる。一念三千です。ゲーテの真意はともあれ、一念三千とは〝内がそのまま外なのだ〟ということなのです。

――『法華経の智慧』（『池田大作全集』第二九巻、四七三～四七四頁）

③かつての他力依存が人間の責任の過小評価であるとすれば、近代の自力依存は人間の能力の過信であり、エゴの肥大化であります。袋小路の現代文明は、自力と他力の一方へ偏重するのではなく、今や「第三の道」を模索しているといえるのではないでしょうか。

その点「自力も定めて自力にあらず」（「一代聖教大意」御書四〇三頁）「他力も定めて他力に非ず」（同頁）と精妙に説く大乗仏教の視点には、重要な示唆が含まれていると思います。そこでは二つの力が融合し、両々相まって絶妙のバランスをとっていくことが慫慂（さそい勧める）されているからであります。

――ハーバード大学での講演「21世紀文明と大乗仏教」
（『池田大作全集』第二巻、四二六～四二七頁）

④核心となる釈尊直説の思想が、（＝法華経）編纂当時の時代状況、思想状況に応じて、一つの形をとったと考えられます。

　時代が釈尊の思想を希求し、釈尊の思想が、時代を感じて出現してきた。「感応道交」（仏と衆生が互いに通じあうこと）です。普遍的な思想とは、そういうものです。真実の思想の生命力と言ってもいい。形態は新たになったとしても、時代状況のなかでは、それが、より、その思想の「真実」を表しているのです。その意味では、私は、（＝法華経が釈尊の）直説か（＝後世の）創作かと問われれば、直説だと言いたい。

――『法華経の智慧』（『池田大作全集』第二九巻、八五頁）

解説

池田先生は、日々、心の中で亡き恩師の戸田先生と対話しながら仏法流布の指揮を執っている（引用文①）。心の対話と言っても、単なる心情論的な意味からではない。真には存在論的な意味がある。「一念三千とは〝内がそのまま外なのだ〟ということ」（引用文②）と池田先生が述べるように、法華経の哲学は「内なる自己がそのまま外なる他者である」という自由自在な存在の論理を有する。自他を区別しながらも区別しない、自力と他力が融合する（引用文③）、そのような「無区別の区別」に立った自在の論理こそが、法華経の存在論の核心となる。それは、時を隔てた師と弟子の感応によって師の直説が蘇り経典になるという宗教的事実（引用文④）を説明する根本論理でもある。

◇　◇　◇

我々は、御本尊という宇宙の根源的事実から出発し、仏法の師のことばを理性の信仰的中断によって受け止め、これを信仰的前提に置いて学問的に思考する。その際、我々が用いる存在の論理が「自在の論理」である。仏教の「智慧」は、自在の論理に立つと言ってよい。

仏の生命はまことに自由自在であり、不可思議である。その存在自体を人間理性の及ぶ範囲で論理化することはできない。我々にできるのは、仏の悟りを信仰によって先取りし、仏の「自在の論理」をただ信じ、用いることである。「縁起」「空」「中道」など、仏教の基本教理からは、どこまでも固定的な見方を排した自在な存在論が導かれよう。

自在の論理は、「無区別の区別」を特徴とする。固定的な区別観から離れ、固定的な無区別観からも離れ、区別するも区別しないも自在とする。哲学的な存在論では、「自己／他者」という二項対立の図式で思考する傾向が強く、自己の存在が融解して他者の存在と溶け合う、といった流動的な自己への視座が、あまり見受けられなかった。哲学的な存在論は、およそ「区別の論理」に立つ。これに対し、法華経の哲学は区別を認めて区別を排する自在の論理を高唱する。自己と他者は、二として区別されながらも区別されない（自他不二）。森羅万象の区別相は、そのまま究極の実在として無区別である（諸法実相）。

したがって、我々創価信仰学は、区別の論理に立つ哲学等の学問的な存在論に準じるのではなく、ひとえに法華経の存在論である無区別の区別、自在の論理に立脚する。それによって、学問を否定するのではなく、学問を大きく包み込み、学問本来の働きを生かすことを目指したい。自在の論理は、まさに自在であるゆえに、学問的な区別の論理を用いることができる。自在の論理が仏にしかわからないことであるにしても（随自意）、現代人を教化する方便として哲学と同じ論理の俎上に載せて議論することは重要である（随他意）。

ただし、問題は学問の側が、この自在の論理をどう受け取るかであろう。どこまでも区別にこだわる学問の方法でこれを推し量ると、種々の誤解を生じることになる。典型的なものは、仏教は近代の「アトム的個人」の立場を否定する関係主義や全体論だ、といった学問的な理解であろう。この種の誤解は、仏教の「縁起」「無我」「空」などを単に無区別的な存在論と見ることから起きる。すなわち、「区別」と「無区別」を概念的に立て分けた上で、仏教は「無区別」の側の宗教だと規定するのである。いわゆるポストモダン的な思考も、この陥穽（かんせい）に落ちることが多い。彼らは、「区別できない」という点にこだわることで、新たな次元の〈区別〉を設けてしまっている。

このように、あらゆる区別を否定する教えさえも区別して概念化してしまうのが、学問の宿命である。学問的な思考は、どうしても概念的な区別から離れられない。哲学者の西田幾多郎が、仏教の影響を受けて「絶対無の場所」を唱えたのは有名だが、概念の区別がすべての哲学の立場から仏教の真髄を表現するのは、そもそも無理があったと言える。だからであろう。本来、自由自在なはずの仏法の真理を哲学的な概念に置き換えた結果、彼の「絶対無」の哲学は一元的な発出論として批判を浴びたのである。もっとも、仏教の内部でも、華厳(けごん)思想のように発出論的なニュアンスが濃いものがあり、あらゆる区別から自由自在になる自在の論理の構築が、いかに困難なものかを物語っていよう。

創価信仰学が立脚する仏法の真理は、日蓮仏法である。その理論的な根拠は天台教学の円融三諦や一念三千であり、龍樹の徹底的な否定の哲学をさらに精緻に展開した法門である。天台教学は、仏教史を貫く自由自在の真理の表現を集大成したものであり、ここに初めて一切の概念的な区別を離れた論理が可能になったと言ってよい。

池田先生は、「天台大師といえば、単に中国仏教界のみならず、インド・中国・日本の三国をつうじて『法華経』の研究者として、歴史上この人物の右に出る者はいないといってよい。それほど深く、かつ幅広く『法華経』を中心に仏法を解明した」(『続 私の仏教観』、『池田大作全集』第一二巻、五二二頁)と述べるなど、天台教学を仏教思想史上の頂点に位置づけている。師である池田先生のこの洞察に対し、我々は信仰的中断を行い、池田先生の見解を自らの見解として追思考する。その中で、仏教学や宗教学、哲学等の知見を参照しながら考察を進めるが、あくまで池田先生の見解の正しさを証明するためである。天台の一念三千、そしてこれを事実の上で展開した日蓮仏法にこそ完全無欠な自在の論理がある、との結論は、我々の中ではすでに決定している。

さて、ここまで区別と無区別を〈区別〉してしまう問題を取り上げたが、仏教史の解明をめぐる学問的な議論においては、もっと素朴に自在の論理を無視した説が横行している。史実に関する歴史学的な論争ゆえに、信仰の論理を考慮することがないのも致し方ないことだが、現代の日蓮信仰者の中には、世俗的な価値観や知的な関心から、こうした歴史学的な仏教史観を受け入れ、教団の見解に疑念を抱いたり、教義上の重要な信念を修正しようとしたりする動きもある。これは創価学会の関係者でなく他の日蓮系の研究者などを念頭に置いた話なのだが、潜在的な危険性という点で、我々にとっても無縁な問題ではなかろう。

そこで、一例として大乗経典の作者に関する研究の状況を見ておきたい。概念の区別を用いて思考する仏教学では、師の釈尊と弟子の経典制作者を、時代も場所も異なる別々の存在と捉える。そこから大乗非仏説が生ずるわけだが、法華経の存在論である自在の論理から見ると、様相は異なってくる。そこでは、師と弟子が相対しながらも生命の奥底からの感応によって通じ合い（師弟感応）、師弟は二であって二でない関係となる（師弟不二）。仏法の師弟は、「無区別の区別」として自在に存在している。そして、ここでさらに「主観の自在性」が導かれる。

究極の根源的事実においては、単なる師の説はなく、単なる弟子の説もなく、師弟共同の説ということもない。ただ自他に自在な主観の力が経典を創出する。経典の真の作者は「自在主観」である。自在主観の力は、個人の自力と仏の他力が相即する「自他力」である。時を隔てた師と弟子の関係であっても、師の生命と弟子の生命がその宇宙的な本源において深く感応するならば、二つの心のまま一つの心となって、経典は編まれていく。仏説とは自在主観の自他力による説法である。ゆえに、いつ誰が説いても仏の他力と一体の自力であれば仏説と言える。新たな聖典の創出も、そこで可能となる。自在主観の自他力による説法は、歴史的事実を超えた宗教的事実と言うしかないものだが、似たような聖典理解がキリスト教神学でも見られる。福音書記者の記した聖書を神の霊感によるものとするプロテスタント正統主義の霊感説は、我々から見れば、作者の自在主観に迫ろうとするものに他ならない。

また、ある経典が仏説であるかどうかを判定すべき主体も自在主観と言わねばならない。日蓮大聖人は、今日では中国制作説がある無量義経を仏説であると判定された。この認識の主体は大聖人の自在主観であり、その自他力ゆえに釈尊自身が同経を仏説と認定したことに等しい、と我々は受け止める。ちなみに、同様なことが、創価学会における日蓮大聖人の御書の選定についても言えるだろう。池田先生は、『御義口伝』『百六箇抄』『本因妙抄』など文献学的には偽書説が強い相伝書の本文を、すべて真実かつ究極の日蓮大聖人の法門であると断じた。特に、『御義口伝』については、広宣流布を実現する創価学会の出現を待ちつつ秘されてきたとまで述べている（『御義口伝講義』序講）。こうした見解は、池田先生が自在主観の自他力によって下したものである。だから、そこには池田先生の大確信という自力的な面とともに、日蓮大聖人ご自身による決定という他力的な面もある。「個人の主観」という一般的な観念、とりわけ「個人」を極度に限定する近代の思考法から自由にならない限り、こうした仏教の真実は見えてこない。もっとも、宗教の世界では、これが決して荒唐無稽な話とはならないだろう。実際、聖典判定者の自在主観という我々の考え方は、誤りうる人の手による聖書は啓示自体ではないが、読者に聖霊がはたらくときに聖書が神のことばになる、とするプロテスタントの新正統主義の霊感説に一脈通じているかもしれない。

要するに、創価信仰学において、聖典の作者は自在主観であり、聖典の判定者もまた自在主観なのである。そして、この二つは別々のものではないから、作者の自在主観と判定者の自在主観が同時的であるときに聖典が聖典として我々の前に姿を現すと言うべきである。我々の信仰にあっては、作者の自在主観ゆえに「聖典が仏のことばである」ということと、判定者の自在主観ゆえに「聖典が仏のことばになる」ということとが、不可思議に並立している。そして我々は、現代における聖典の判定者である池田先生を師とし、仏のことばを信ずる立場から歴史的文献的な知識を求め、どこまでも聖典の作者の自在主観に迫る一方で、御本尊を拝して仏の生命に感応することで我々自身の自在主観をも開き顕していくのである。以上のような理解が、恐らく信仰学的な聖典論の基礎となるであろう。

けだし、学問的に仏教聖典を研究することは、仏教を仏教以外の世俗的な方法論で理解しようとする試みである。文献学や考古学は、歴史上の人間存在の活動を可視的な範囲に、しかもテクストや遺跡等の中に見出される範囲に限定しようとする。そうして史料的調査の対象となった人間存在は、もはや具体的な人間存在ではない。いわんや、不可視的で史料にも現れない、仏の宇宙的にして自在な主観の活動が捉えられることなどは決してないのである。仏というリアリティは自由自在であり、対象から距離をおく学問の認識方法によっては十分に把握できない。対象に帰依する信仰の認識方法によってのみ、それは可能となる。もちろん、我々がこの信仰的認識の任に十分堪えうるわけではないが、仏教史上の聖賢が教えた存在に関する教義を論理的に定式化することならできる。それが、ここに言う自在の論理なのである。

本項を閉じるにあたって、まだ補足的に論じなければならないことがある。先ほど我々は、自在主観の力が経典を生み出すと述べた。しかしながら、この見解は、歴史上の釈尊の直説が後の時代に蘇って法華経になったとする池田先生の見解（引用文④）と、どう結びつくのか。この課題が、いまだ残されている。

我々はここで、「代筆」という観点を導入する。およそ聖典は神仏のことばの代筆という性格を帯びている。仏教経典も例外ではない。経典に代筆的な性格があるのは、諸経典の冒頭に「如是我聞」（是の如きを我聞きき）と記されることからも明らかであろう。経典は、仏弟子が釈尊の直説を代筆する精神で制作されている。代筆、代作と言うと現代社会では悪いイメージが先行しがちだが、宗教的世界の深みにおいては正統な伝承の行為である。ただし、代筆と言っても、仏のことばをそのまま記録するわけではない。書写経典が作られた時代には、師の釈尊は現前せず、その教えも断片的にしか伝わっていなかっただろう。それでも経典制作者たちは釈尊という仏の本質に迫ろうと修行や教義研鑽に励んだ。大乗経典の成立には、瞑想の中で釈尊と出会い、その説法を聴聞する観仏体験も関係したと見られている。法華経の寿量品には、亡くなった釈尊が衆生の「心懐恋慕(しんえれんぼ)」の一念に応じて出現し、法を説くとも示されている。

そのようにして師である釈尊と弟子である経典制作者の心が深く通じ合ったとき、師の主観は弟子の主観となり、弟子の主観は師の主観となって自在主観の自他力が生じ、師弟一体で経典が生み出されていったのではないだろうか。ここに、釈尊直説の代筆でありながら、自在主観に立った弟子の時代的表現でもあるという経典の二義性が明らかになる。仏と衆生の感応を通じ、釈尊の直説が時代状況の中で形態を新たにして出現したのが法華経である、との池田先生の見方は、経典の代筆性と時代性という二義性を鋭く洞察したものであろう。二義性とはいえ、代筆の精神から時代的表現が生まれるのだから、代筆性こそ第一義的であるとも指摘できる。

かかる二義性は、当然、日蓮大聖人の御書についても当てはまる。それが最も顕著なのは相伝書であろう。例えば、日蓮大聖人の法華経講義を日興上人が筆録した『御義口伝』がある。師の直説が弟子の代筆という形でまとめられたのであるが、他方で室町時代が初見となる同書の写本には「無作三身」「当家」といった語が使われるなど、後代のものと思われる表現も散見される。つまり、この口伝書は代筆性と時代性に支えられているわけである。その時代性の観点から、文献学的には『御義口伝』の日興筆録説に疑義が出されているが、それは我々にとって本質的な問題ではない。どの時代の誰が執筆者であろうと、極限まで師の真意に迫った弟子には師弟の感応があり、自在主観の自他力が働き、師の直説の代筆という聖典創出の役割を果たし得るからである。重要なのは代筆性である。

付言すると、日蓮仏法において、代筆という行為は肯定的に捉えられている。日蓮大聖人は門下である四条金吾や日永、日秀、日弁のために代筆されているし、大聖人に代わって高弟の日興上人や日朗が代筆した御書も存する。日蓮仏法の実践の核は師弟不二であり、信仰に徹した代筆は不二の心の現れとも言いうる。師弟不二の心で書くことが、日蓮仏法における代筆の意義ではなかろうか。そして、この師弟不二の代筆は、師弟の共作でも弟子の創作でもなく、ただ師の直説の表現でなくてはならない。師弟不二の心は、師の教えに弟子が従うことから始まる。起点は師の教えであるから、師弟不二の代筆も師の直説の表現となる。もちろん、弟子による新たな展開もそこにあるのが師弟不二の妙と言えよう。しかし弟子の側の新展開も、師の教えから出発する点において、また深い次元では師弟一体の意義において、やはり師の直説の範囲を出ないのである。この点を見失えば、師弟不二の代筆は弟子の個人的な創作に陥って破綻する。日蓮大聖人に仮託した偽書はそのような類を指すものと、我々は考えたい。

以上、我々は、代筆性を第一義とする仏典の二義性、及び師弟不二の代筆が師の直説の表現となることを確認した次第である。それらを踏まえ、さらに読者の理解に資するため、現代の例に即しても代筆の意義を考えておこう。現代社会では、巨大な組織のリーダーに多くの優秀なスタッフがついており、その中にスピーチライターのような存在がいたりする。社会的影響力の大きさから言っても、トップリーダーの言説はあらゆる専門的な見地から吟味され、洗練されなければならず、おのずから集合知的な性格を持たざるを得ない。

それでも、その言説の思想的核心がリーダーその人のものであることは言うまでもないだろう。アメリカのケネディ元大統領のスピーチライターであったセオドア・C・ソレンセンは「ケネディの分身」と呼ばれ、ケネディの大統領就任演説の草稿を書いたと言われる。その中の有名な一節「国家があなたのために何をするかではなく、あなたが国家のために何ができるかを問うてほしい」は今に伝わる名言となっているが、それは核心部分においてケネディ自身の政治観だったに違いない。ライターのソレンセンは、それに文学的な格調を与えたにすぎないようにも思われる。

このように、代筆者の役割は、本人の精神と思想が正しく伝わるよう細心の配慮をめぐらせ、そこに種々の専門的な技術を施すところにある。先に言及した日蓮仏法の相伝書に関しても、日蓮大聖人の直説を理論的に肉付けするという代筆者の意識が執筆する側にあっただろう。師の直説を弟子たちが整備、展開したものが日蓮仏法の相伝書であるとすれば、我々は、これを日蓮大聖人その方の御著作と拝する。

そもそも池田先生の思考から出発する我々は、『御義口伝』の法門が仏教の究極であることから考察を始めなければならない。そしてその限り、御本仏日蓮大聖人の存在なくして『御義口伝』のような極説中の極説が説き示されることはあり得ない。ゆえに、この口伝書は代筆者を用いて著された大聖人の直説である。これが信仰学的な結論となる。

また、純粋に教義的な面から言っても、仏が代筆者を用いるのは自然なことかもしれない。万物を自己とする一念三千の仏には、自分個人の作品へのこだわりがない。「宇宙即我」にして自由自在の仏は、もはや単なる一個人ではないからである。したがって、誰の力も借りずに自分一人で言論を展開するよりも、むしろ多種多様な能力を持ったさまざまな他者に自己の思想を語らしめるほうが、仏の自在な活動によりふさわしいとも言えるのである。

4 民衆の救済史――聖典の解釈論

池田先生のことば

①彼は、胸の中で、青年たちに語りかけた。

〝さあ、共に出発しよう！　命ある限り戦おう！　第二の「七つの鐘」を高らかに打ち鳴らしながら、威風堂々と進むのだ〟

彼の眼(まなこ)に、「第三の千年」の旭日(きょくじつ)を浴びて、澎湃(ほうはい)と、世界の大空へ飛翔しゆく、創価の凜々しき若鷲たちの勇姿が広がった。

それは、広宣流布の大誓願に生き抜く、地涌の菩薩の大陣列であった。

――『新・人間革命』第三〇巻下、四三六～四三七頁

②戸田城聖は、無名の民衆に地涌の使命を自覚せしめ、七十五万世帯の達成をもって、六万恒河沙(ごうがしゃ)の地涌の菩薩の出現を、現実のものとしゆく原理を示した。それは、法華経の予言の実現であり、日蓮大聖人の御精神の継承の証明といってよい。

山本伸一が、今、その師の後を受け、創価学会の会長として、なすべき戦いもまた、この地涌の義を世界に実現することにあった。

一人ひとりの胸中に打ち立てられた地涌の使命の自覚――それは、自身の存在に最も深く根源的な意味を与え、価値を創造し、悲哀の宿命をも光輝満つ使命へと転じ、わが生命を変えゆく人間革命の回転軸にほかならない。

そして、その使命を果たしゆく時、一人の人間における偉大な人間革命がなされ、やがて、一国の宿命の転換をも可能にするのである。

伸一の脳裏に、愛する同志の顔が、次々と浮かんでは消えていった。皆、不思議なる使命をもって、宇宙のいずこからともなく集い来(きた)った地涌の仏子であり、人間革命の大ドラマを演じゆくヒーローであり、ヒロインたちだ。

〝この同志と共に、新しき広宣流布の幕を開こう!〟

――『人間革命』第一二巻(『池田大作全集』第一四九巻、五八六頁)

解説

人間はどこから来てどこへ行くのか。――この根源的な問いに対し、池田先生は、

「宇宙のいずこからともなく集い来った地涌の仏子」（引用文②）という言葉で回答を与えている。「地涌の仏子」とは地涌の菩薩のことであり、法華経で釈尊から滅後の仏法流布のために大地から呼び出された、数え切れないほどの大菩薩群のことである。学会の確信によれば、全創価学会員が、否、真実には全人類が、この世界に崩れぬ幸福の城を建設するために宇宙から集い来た仏の使者＝地涌の菩薩なのである。

ここから、創価学会にとっての救済の歴史、すなわち救済史の観念が導き出される。キリスト教が「神の救済史」を説くのに対し、創価学会は「民衆（地涌の菩薩）の救済史」を歩んでいる。

救済史と言うと、極めて特殊な時間論と受け取られがちである。だが、現代社会で常用される西暦や一週間の曜日なども、じつはキリスト教的救済史の時間論からきている。救済史は、現実に我々の生活様式に浸透している。ゆえに、キリスト教的な救済史と対比して創価学会の救済史を論ずることは、一般的にも意義あることと言わねばならない。

  ◇

救済史とは、キリスト教神学の用語である。キリスト教において、罪人たる人間の救済は神の計画であり、創造、堕落、救いと続く救済の歴史が考えられている。

神による世界創造やマリアの処女懐胎、イエスの復活などの聖書の記述は現実の歴史ではない、とする合理主義的な考え方が支配的になった近代以降、神学界では、神の出来事の歴史（Geschichte）を史学的な歴史（Historie）から区別する救済史（Heilsgeschichte）が、聖書解釈の原理として用いられる傾向にある。二十世紀のプロテスタント神学において、R・ブルトマンは聖書の神話性を認めつつ史学的な歴史を超えた実存の世界を追求したが、O・クルマンやK・バルトは歴史の枠組みを広げて出来事の歴史を救済史的に理解しようとしたとされる。

救済という言葉は複雑な概念であって、宗教によって意味が異なる。また、救済史という概念も、先に述べたクルマンとバルトでは解釈が異なるなど、キリスト教内部でさえ一様ではない。仏教には仏教の救済の様式があるが、循環論的な世界観を持つためか、歴史の意識はさほど強くない。その中で、日蓮大聖人の仏法は、「末法」の歴史意識と人類救済の強烈な使命感に満ちている。そして、日蓮仏法を奉ずる創価学会には、釈尊による救済の開始、日蓮大聖人による救済方法の完成、創価学会による救済の実現、という救済史的な自覚がある。

創価学会では、人間が仏菩薩によって救われる者でありながら、自ら仏菩薩となって他者を救う者でもある、という点を強調する。この「救われる者から救う者へ」の自覚が民衆の間に伝播しながら、仏法の救済史は織りなされていく。日蓮仏法において、真実の仏とは人間（凡夫）であり、さらに言えば民衆の菩薩（地涌の菩薩）に他ならない。救う者も民衆、救われる者も民衆である。地涌の菩薩という聖なる民衆こそが、仏法の救済史の主体である。

今、宇宙に広がる地涌の菩薩たちは地球に集い来て創価学会を生み出した（引用文①②）。学会は、民衆の団体にして仏の教団である。三代会長の指導の下、全学会員が仏法の救済史の主役なのである。

それゆえ、創価学会の信仰上の聖典と言うべき法華経、日蓮大聖人の御書、三代会長の著作は、いずれも救済史的に読まれるべきである。これらの内容は、まったくの神話でもなければ、まったくの史学的な対象でもない。中心的主題は永遠にして不二なる仏法の師弟による衆生救済であり、そのいわば先史学的な現実が史学的な事実を舞台として記述され、論じられている。そうした意味で、事の本質は、あくまで救済史的に理解されなければならないと考える。

池田先生の著作である小説『人間革命』『新・人間革命』には、創価学会の救済史が厳然と綴られている。『人間革命』が「創価学会の精神の正史」（「小説『人間革命』収録にあたって」、『池田大作全集』第一四四巻、五頁）とされるゆえんである。この両書は、創価学会の歴史的事実を通した信仰指導の書にとどまらない。また、広く人間の生き方を説いた書として読むのもよいが、それだけでは周辺的な意義にとどまる。その核心的なテーマは、地涌の民衆の仏法流布による人類救済であり、まさに民衆の救済史が文学的に投影された作品だからである。

そして、前項で経典の時代性を確認したように、救済史の書も一つの聖典として時代的表現による変化がありうることを記しておきたい。聖典は生きている。それゆえに、時代状況の中で変化することもあれば、一部の文言が変わる可能性もあろう。しかし、その変化の中でこそ、聖典はその真実を語り続けることができるのである。といっても、こうした時代的表現がのちの弟子たちの手に委ねられるときには、そこに異見が入り込む余地もないとは言えない。その場合、学会が仏勅の正統教団であるとの大前提のもとで、御仏意による是正が必ずなされることを信ずべきであろう。

さて、救済史は信仰の出来事の歴史であるが、そこで問題になるのが現実の歴史との関係である。法華経の説法の舞台が「二処三会（にしょさんえ）」であるように、仏法による救済史は、非歴史的な生命世界（虚空会）と歴史的な現実世界（前霊鷲山会（ぜんりょうじゅせんえ）・後（ご）霊鷲山会）を横断する。ゆえに、我々が語る救済史も、決して現実の歴史から離れてあるわけではない。偉大な仏法者たちが体験した不可思議な出来事も、それ自体は時空の世界で起き、その極めて特殊な〈事実〉は口承や伝説、寓話等を通じて史学的にも把握されうる。救済史と現実の歴史の関係は、日蓮仏法においても明確にされる必要がある。

創価信仰学は、現実の歴史である個人の生涯や社会の歴史などの世界史――ここでは神学上の議論に準じて世界史と呼ぶ――を救済史の「影」の歴史と見る。日蓮大聖人の教えに「仏法は体のごとし、世間はかげのごとし。体曲がれば影ななめなり」（新一三四六頁・全九九二頁）とある。仏法による救済の歴史は仏法そのもの＝「体」の歴史であり、それに従う「影」の歴史が世界史である。こう言ってもよいだろう。法華経の「諸法実相」の世界観の上からも、救済史（実相）に世界史（諸法）が従う関係が帰結する。

キリスト教神学でも、およそ世界史は救済史に随伴するものとされている。だが、それは両者の質的な違いを前提としている。我々の場合は、むしろ両者の関係を「体と影」のアナロジーから不可分なものと捉え、その一体性を強調する。ゆえに、世界史が救済史に寄り添い、前者が後者を助ける関係を思い描く。

仏法を弘める者を、現実の人々や自然が守り、社会が動いて手助けする。このことを、日蓮仏法では諸天善神の加護、仏菩薩の守護、瑞相（前兆）などと表現する。これは、「影」の世界史が「体」の救済史を助ける姿であるとも言えよう。第二次世界大戦で日本が敗れた後、創価学会の再建に立ち上がった戸田先生は、アメリカの占領統治によって本当の信教の自由が実現したこと、また飛行機の普及などで交通の便が発達したことの不思議さを察知し、広宣流布（仏法の流布）の大進展は間違いないと語ったという。世界史が救済史を助けるとは、具体的にはこのようなことである。

ところで、学問的な歴史研究の立場から、御書や創価学会の著作に現れる救済史的記述の事実性を疑い、批判する言説を目にすることがある。代表的な例として、「末法」の時期をめぐる問題を取り上げたい。

御書の記述に従うと、日蓮大聖人は、釈尊の入滅後の仏法流布のあり方が「正法」（仏法が正しく弘められていく時代）「像法」（仏法が形骸化していく時代）「末法」（仏法が乱れ、救済力を失う時代）と推移するという「三時」説を用いた。そして、釈尊入滅を紀元前九四九年とし、正法、像法を千年ずつとする説を取って、ご自身は仏滅後二千年を過ぎた末法に出現し、悪世の人々の生命の重病を治す妙法の大良薬を説き弘めるのだと宣言された。

したがって、創価学会員にとって、日蓮大聖人は紛れもなく末法という危機の時代の救済者であり、真には「末法の御本仏」である。ところが、近現代の仏教学者が史料や遺跡の精査等を通じて得た成果に照らすと、実際の釈尊の入滅年代は大聖人当時の仏教界の常識よりも数百年遅くなるという。そして、これを大聖人の末法算定方法にあてはめたとき、大聖人は末法の前段階である「像法」時代に出現したことになる。そこで、あたかもイエス・キリストの復活の事実性を自由主義神学者が否定したように、日蓮大聖人の末法出現の事実性を学問好きの日蓮信仰者がいぶかしがるという状況が生じているのである。

創価信仰学の立場から見ると、こうした学問的な日蓮批判は、世界史に救済史を従わせようとする動きであり、主従逆転、本末転倒の思考と言うほかない。日蓮大聖人が末法の世に出現された御本仏であることは、創価学会の救済史における中心的な出来事であって、史実に先立つ宗教的事実である。この宗教的事実は、伝承等に表れる点で超歴史的ではないが、さりとて一般の史学的な歴史にも属さない。すなわち、それ自体は科学的実証的検証の対象とならず、ただ信仰によって近づくしかない。仏に対する認識の根拠は仏のみであり(唯仏与仏)、信仰とは仏に従う行為である。創価信仰学は、あえてこの神学的な循環論法を用いる。仏の出来事としての宗教的事実に迫れず、一般的史実の把握ですら可変的で蓋然(がいぜん)性の範囲にとどまる時々の仏教学研究の成果を、我々の信仰の修正基準とすることはない。

もっとも、我々は、その時代の仏教研究が真摯な学問的努力によって突き止めた史実をむやみに否定することもない。むしろ、それを最大限に尊重したい。ただし、「影」

の世界史が「体」の救済史を助けるという文脈において、世界史に属する史実を重視し、尊重する。

日蓮大聖人御出現の時代が末法か否か、という件の問題について言えば、最も注目すべきは、大聖人が生きた時代の日本の仏教界が末法の世を自覚していた、という史実であろう。この史実は、日蓮大聖人による末法の仏法の確立を助ける働きを持っている。つまり、世界史が救済史を助ける姿である。また、近現代の仏教学の成果が日蓮大聖人における末法の年代の誤認を摘示している、という状況も一つの史実である。我々は、それをも世界史が救済史を助ける姿ではないかと考える。なぜならば、仏教学が大聖人の御書の歴史認識に学問的な矛盾を突きつけるという世俗的な事態は、かえって御書を救済史的に読む重要性を我々信仰者に気づかせてくれるからである。これはつまり、仏説と世俗説との弁証法的緊張が我々を究極的な真理に導くという意味で、世界史が救済史を助けているわけである。不可思議な仏法（妙法）の力は、反対者をも味方（善知識）に変える。我々は、この法華経の真理を忘れることはない。

5　基点からの歴史——仏教思想史の解釈論

池田先生のことば

①私の基準は、御書であり、それを実際に身で読まれ、実践されてきた戸田先

生です。

——『新・人間革命』第二五巻、三三二頁

②私（＝戸田先生）は、昭和二十一年（一九四六年）正月、総本山の坊で四人の幹部を相手に、法華経の講義から始めた。

それというのも、戦時中の、あの弾圧で、教学の未熟さから、同志の退転という煮え湯をのまされたからだ。法華経の講義をもって、強い信心の骨格をつくろうという、私の方針が間違っていたとは、どうしても思えない。方針は正しかったが、大聖人の仏法を理解させることにおいて、私は誤りを犯したようだ。

大聖人の仏法の根本義を明かした「御義口伝」をもとにして講義したつもりであったが、受講者は、なかなか理解しなかった。そこで天台の『摩訶止観』の精密な論理を借りて話すと、よくわかる。いきおい受講者が理解したものは、大聖人の法華経ではなくて、いつの間にか天台流の臭味（しゅうみ）のある法華経になってしまったのだ。

——『人間革命』第四巻（『池田大作全集』第一四五巻、四二〇頁）

解説

世界的な宗教は、みな独自の基点を持って歴史意識を育んでいる。ユダヤ教ではモーセや偉大なラビたち、キリスト教ではイエスはもとよりトマス・アクィナス、ルター等々、イスラームではムハンマドをはじめイブン・スィーナー、ガザーリー等々、それぞれの宗教の思想史を解釈する基点を重層的に持っている。創価学会も仏教思想史を解釈する重層的な基点を持つが、とりわけ日蓮大聖人と創価三代の会長が根本的な基点となる（引用文①②）。前者は真理の根本基点であり、後者は智慧の根本基点である。この二つの根本基点を忘れ、ただ歴史学的に仏教の知識を求めたり、天台智顗(ちぎ)等の他の偉大な仏教者を根本基点にしたりすると、いつしか創価学会の信仰から外れた仏教観に陥ってしまうであろう。

◇ ◇ ◇

前項の「民衆の救済史」は、創価信仰学における聖典の解釈論であった。では、仏教思想の歴史的な展開を、創価信仰学ではどう解釈するのか。通常、宗教の思想形成は歴史的に考察される。すなわち、過去の思想から現在の思想へと、時系列的にその形成過程が語られる。ところが、創価信仰学では、現在の池田先生の思想を基点として過去の仏教思想を解釈していく。創価信仰学の方法論である「池田的解釈」「池田先生からの出発」は、仏教学者や歴史学者のように「過去から現在へ」と仏教の歴史的な歩みを概観するのではなく、「現在から過去へ」の流れで仏教史を捉え直す。現在の池田先生を自宗教の基点として、それ以前の仏教の歩みを意味づける。いわば「基点からの歴史」を考えるのが、創価信仰学の立場である。これは救済史に内包されているとも言えるが、仏教思想史の解釈論として独立して扱う。

「基点からの歴史」は、何も創価信仰学に特有な考え方ではない。優れた独自性を持った宗教には必ず自らの信仰的基点がある。それぞれの基点から過去の聖典を読み直し、そこで新たな意味づけを行っている。

例えば、キリスト教の神学には、新約聖書のキリストの立場から旧約聖書の人物や出来事を解釈する「予型論」がある。旧約聖書でモーセが掲げた「青銅の蛇」は、十字架にあげられたキリストの予型（前兆）である、というように、キリストの教えを信仰の基点として、後代の新約の側から前代の旧約を解釈する。「基点からの歴史」の地平に立つことが、キリスト教の旧約聖書解釈法である。

また、イスラームは、ユダヤ教・キリスト教と同じ神を仰ぐ宗教だが、自分たちの聖典であるクルアーンに、ユダヤ教の聖書（旧約）、キリスト教の聖書（新約）以上の信頼性を置く。ゆえに、後からできたクルアーンを信仰的基点として、前からあった旧約聖書や新約聖書を解釈している。やはり「基点からの歴史」が、イスラームの聖書解釈法である。

ここでさらに言うなら、そもそも創価学会が信ずる日蓮仏法そのものが、いくつもの「基点からの歴史」を重層的に織り込みながら形成されている。すなわち、初期仏教を基点にそれ以前のバラモン教を意味づけ、大乗仏教を基点にそれ以前の初期仏教を意味づけ、天台仏教を基点にそれ以前の大乗仏教を意味づけ、日蓮仏法を基点にそれ以前の天台仏教を意味づける、といったように、重層的な「基点からの歴史」が日蓮仏法の宗教的独自性を担保している。そこにおいて、初期仏教の縁起の理法は大乗の「空」の思想的予型であり、大乗の「空」は天台仏教の一念三千の思想的予型であり、天台の一念三千は日蓮仏法の御本尊の説明的予型であり、法華経に説かれる地涌の菩薩は日蓮大聖人が末法に出現される予型である、と言うこともできよう。

このような、日蓮大聖人を根本的な基点とする仏教史観に、さらに創価学会という基点、煎じつめれば池田先生という基点を加え、この二つを根本基点とするのが創価信仰学の仏教史観なのである。日蓮大聖人は釈尊に始まる仏法の完成者として、真理の解釈における根本基点となる。しかし、世界広宣流布を推進する仏法の実現者は創価三代の会長、なかんずく池田先生である。今現在にあって、仏法流布の智慧における根本基点は、池田先生でなくして誰なのか。

以上のことから、創価信仰学では仏教思想史の解釈にあたって、日蓮大聖人、創価三代の会長なかんずく池田先生、という二つの根本基点に立ち、重層的な「基点からの歴史」を構想する。

純歴史的に見れば、創価学会は、日蓮大聖人の高弟であった日興上人の門流の一派・日蓮正宗（富士大石寺門流）の信徒団体として出発し、のちに正宗宗門と訣別した在家教団ということになろう。しかしながら、創価学会独自の信仰から見た歴史は違う。教義面を言えば、仏意仏勅の教団としての創価学会の教学は真実には戸田先生の悟達から始まったと言ってよく、宗門の教義から派生したものではない。むしろ逆に、創価学会の教学こそが日蓮仏法の正統な原型であり、日寛上人の教学などの宗門教学は、学会教学の思想的な予型として準備されたものとなる。日寛上人のいわゆる「文底教学」から、池田先生の人間主義の仏法が生まれたのではない。反対に、人間主義の仏法が説かれる予兆として「文底教学」が整備されたのである。

池田先生のことば

①「極端な話になるかもしれませんが、釈尊の仏法並びに天台の法門を、テレビに譬えて言うならば、法華経以前の釈尊の仏法は、テレビを構成する一つ一つの部品といえます。

そして、テレビの組み立て方を示し、全体像を明らかにしたのが法華経です。さらに、テレビがどんなものかを、理論的に体系づけたのが、天台の法門といえます。

それに対して、日蓮大聖人は、テレビ自体を残されたことになる。それが御本尊に当たります。もったいない譬えですが、私どもが御本尊を持(たも)ったということは、既に完成した立派なテレビを手に入れたことになります。部品を組み立てたりしなくとも、理論はわからなくとも、すぐに見ることができる。

しかし、テレビを見るためには、スイッチを入れ、チャンネルを合わせなければならない。それが、御本尊への信心であり、仏道修行です。具体的な実践で言えば、唱題と折伏です。それによって、即座に、希望の画像を楽しむことができる。これが、『直達正観(じきたつしょうかん)』の原理です」

——『新・人間革命』第二四巻、三六五〜三六六頁

②末法の御本仏である日蓮大聖人が、一切衆生のために、宇宙、生命の根本法である南無妙法蓮華経を曼荼羅に具現されたのが御本尊である。大聖人は、文永十年(一二七三年)四月、佐渡流罪中に認められた「観心本尊抄」のなかで「一閻浮提第一の本尊此の国に立つ可し」(御書二五四頁)と宣言されている。創価学会は、その御本尊への絶対の確信を原動力として、広宣流布を推進してきた。

——『新・人間革命』第二九巻、一八五頁

解説

仏が悟った「法」は、宇宙全体を貫く根源の生命的リズムであり、我々にとって、どこまでも信じがたく理解しがたいものである。釈尊の仏法の主たる意義は、この不可思議な「法」を言語的に説明し、人を悟りの方向に向けさせることにあった。これに対し、日蓮仏法の主たる意義は、「法」それ自体を可視的に具現化し、人を悟りの中で生活させることにある。日蓮大聖人は、宇宙根源の生命的リズムが「南無妙法蓮華経」であることを発見し、さらに「法」それ自体を文字曼荼羅の御本尊に具現された(引用文②)。御本尊は、「法」の可視的な具現であるとともに、我々の本来の生命を映し出す「鏡」でもある。御本尊という「法の鏡」があれば、我々自身も信仰の力で即座に悟りを具現し、まさに悟りの中で生きることができる(引用文①)。

釈尊の仏法から日蓮仏法への転換において、不可視的な「法」を求めて困難な修行に励むという達人的な仏道修行は、御本尊という可視的な「法」を素直に受持して悟りの中で生きるという民衆的な仏道修行へと、劇的に変貌したのである。

法の具現とは、仏教に説かれる法それ自体が、具体的な形を取って信仰の対象となることを言う。創価学会の信仰では、日蓮大聖人が曼荼羅の御本尊を顕示されたことをもって、法が具現され、根本的な信仰の対象が定められたとする。

仏教各派における仏像等の本尊は、種々の仏を具現するが、仏を仏ならしめた根本の原因、すなわち仏因としての法を具現していない。法の具現は、仏教史上、日蓮大聖人によって初めて成し遂げられ、これによって仏教実践のあり方がコペルニクス的な転回を迎えた。この意義はのちに説明するとして、まずは池田先生の仏教観を信仰的前提に置いて仏教史を概観する。

仏教を創始した歴史上の釈尊の真意は、自らが師とした「永遠の仏」即「永遠の妙法」である宇宙生命の実在を指し示して皆を仏にしようとすることであった。だが、今世で初めて成仏した個人の仏（始成正覚の仏）として教えを説いたため、「永遠の仏」そのものを説くことはなく、したがって「永遠の妙法」そのものも説かなかった。要するに、永遠の実在（宇宙生命）を示唆するにとどまったと言える。

釈尊の入滅後、師匠の釈尊を頼れなくなった弟子たちは、ひとまず釈尊の定めた戒法を中心に教団の統一と維持をはかる。しかし、その保守的な姿勢は永遠の実在を教えて人々を救おうとした釈尊の人間愛の心から外れて形式主義に陥り、法の探究（アビダルマ）においても観念論的な傾向が強かった。その一方で、釈尊の永遠性を追求する動きから、釈尊の前世物語である「ジャータカ」や仏塔の崇拝が生まれ、超越的な仏を説く大乗経典が成立した。大乗経典では、「永遠の仏」が「阿弥陀如来」「毘盧遮那仏（びるしゃなぶつ）」「大日如来」などとさまざまに表現された。とはいえ、それらは「永遠の仏」の一面一面を捉えたにすぎず、また人間の現実からも乖離していた。

こうして、初期教団も、大乗経典も、人間の救済という釈尊の原点を見失い、永遠の実在の探究は偏ったものになっていた。その中で、仏教学では初期大乗経典に位置づけられる法華経だけが、釈尊という人間に即して正しく永遠の実在を捉えようとした。方便品では現実に即して真理を捉え（諸法実相）、続いて万人の成仏を保証し（二乗作仏・女人成仏・悪人成仏）、寿量品では人間・釈尊が永遠に近い昔（五百塵点劫）から仏であり（久遠実成）、かつまた菩薩でもあったことが説き明かされた。

しかしながら、ここでも、釈尊という個人の立場に即した永遠の開示だった点に問題が残る。個人としての仏は、「ある時点で仏になった」とする立場である。その存在は時間の中にあり、始まりを果てしなく昔まで遡（さかのぼ）っても永遠とはならない。強いて言っても、「永遠の仏」を志向する「永遠性の仏」（『法華経の智慧』、『池田大作全集』第三一巻、二二八頁）を示すにとどまる。

これに対し、日蓮大聖人は、本来「ありのまま」の姿、平凡な民衆の一人として仏であられた。怒りや欲望、苦しみに支配された人間は現実「そのまま」の姿であるが、その生命の汚れを仏道修行で磨き払えば、やがて「ありのまま」の宇宙の大生命が我が身に顕現する。日蓮大聖人は、この本来「ありのまま」の宇宙生命の顕現者であられた。それはもはや個人の仏というより、存在のままの仏であられた。してみれば、日蓮大聖人は、宇宙的次元の仏なのである。宇宙には始めもなければ終わりもない。宇宙的次元の仏こそ、個人を超えて「永遠の仏」と異なるところがない。大聖人は、まさしく「永遠の仏」の体現者として、「永遠の妙法」を説き示し、さらにそれを具現された。

「宇宙生命に〝人〟の側面と〝法〟の側面があり、それが一体なのです」（『法華経の智慧』、『池田大作全集』第三〇巻、二四七頁）という池田先生の教えは、創価学会の根本的な教義・信条である。永遠の実在である宇宙生命には「人」の側面と「法」の側面がある。両者は一体、日蓮仏法の用語で言えば「人法一箇」である。日蓮大聖人は「永遠の仏」の体現者であり、宇宙生命の「人」の側面である。だからこそ、自らの生命を御本尊として顕し、宇宙生命の「法」の側面である「永遠の妙法」を具現できたのである。

法の具現について、もう少し詳しく述べておきたい。日蓮大聖人による法の具現に先立って、その教義的基盤を整えたのは、中国隋代の天台大師智顗であった。天台大師は、法華経が暗示する「永遠の仏」即「永遠の妙法」の実在を突き止め、空・仮・中の円融三諦を説き、一念三千の観法を明かした。日蓮大聖人は、これを教義面の基礎に置いて法華経に秘された永遠の実在が南無妙法蓮華経であると宣言された。そして、この妙法の音律を唱えること（唱題）を弘め、次に妙法を御本尊として具現することで信仰対象を定め、最後に、この法の具現を人間の世界に定着させること（広宣流布）を弟子に遺命されたと拝される。

しかして、大聖人滅後七百年が経過して創価学会が出現し、第三代会長の池田先生の指揮において、妙法の音律は地球上の隅々に響き渡り、法の具現である御本尊は世界中に流布され、法の具現を人間世界に定着させる妙法の組織も盤石に整えられた。そうした意味から、日蓮大聖人が成し遂げられた法の具現は、創価学会、とりわけ池田先生の出現を待って完結したと言うこともできよう。

ともあれ、日蓮大聖人が仏因である法を具現されたことにより、仏教の実践はそれ以前とはまったく違った方向性を持つことになった。言うなれば、修行観の日蓮的転回が起きた。このことは、一般的にはほとんど知られていないが、創価学会独自の信仰を理解する重大な鍵となる。

日蓮大聖人が出現されるまで、法は仏教者の目指すべき永遠の目的であり、「法を求める」が基本的な修行のあり方であった。そのため、どうしても人間の現実から離れる傾向が生じ、観念論的になったり、権威主義的になったり、形式主義的になったりする嫌いがあった。例えば、法華経の寿量品では「娑婆即寂光」として現実の聖性が説かれるが、一方で「生も死もない（無有生死）」という死生観が示されるなど、現実離れした性格も残している。法を求める立場の釈尊の仏法は、どうしても現実から離れる傾向を帯びざるを得ない。師弟関係においても、「法を求める師弟」として法そのものは現実の彼方に見がちである。

ところが、日蓮仏法は、「法を求める」を超えて「法を具現する」の立場に立った。ここに、従来とは逆の修行の方向性が開けてくる。そこでの師弟は、もはや「法を求める師弟」にとどまらず、「法を具現する師弟」となる。そして、これによって我々は、正しき師への随順が法そのものへの帰命となる立場を得ると言えよう。「革命は死なり。われらの死は、妙法への帰命なり」(『新・人間革命』第一五巻、六八頁)と、若き日の池田先生は戸田先生に仕える決意を日記につづっている。「仏教は『法』の宗教なのに、創価学会が『師弟』ばかり強調するのはおかしい」と言う人がいるが、そうした疑問が起きるのは日蓮仏法が法の具現を可能にしたことに無知だからかもしれない。

法の具現である御本尊を信仰対象とし、この御本尊に帰依する勤行・唱題は、仏教一般の修行と同じ「法を求める」の方向性である。ただ、それは我々が法それ自体に直に触れ、法と瞬間瞬間に一体化し、それでいて人間の現実のままであるという、「法を具現する」の方向性と同時的である。

信仰者の前で、法はすでに御本尊に具現している。現実を離れた彼岸的な世界を体験しなくても「今、ここ」にある。そして、我々の「ありのまま」の生命も法であるから、御本尊を「鏡」として我が生命を磨けば、我々自身が法を具現できる。御本尊への信心修行とは、ただ目の前に具現された法と向き合うことではない。御本尊を鏡として自分自身の「ありのまま」の生命を映し出し、自らが法を具現することである。また、その法の具現の先駆者を仏法の師と仰ぎ、師弟の道に徹することは、そのまま法を根本とする仏道修行になる。

山登りは、頂上を目指すだけでなく、頂上から麓まで下りて初めて完結する。法が具現するまでは、譬えて言えば、山の頂上を目指すばかりで頂上から麓に下りることがなかったようなものである。完結した山登りに類比される仏道修行は、法の具現によって初めて可能になったと言わねばならない。

こうして、「法を求める」がそのまま「法を具現する」となる修行が、日蓮仏法の勤行・唱題である。「法を具現する」の面において、現実の人間を軽視しない、否、現実の人間の無限の可能性を信じ、現実の人間の師を根本とし、現実の人間を目的とする宗教が生まれる。宗教の世界に閉じこもることなく、現実社会の諸問題に力強く立ち向かう日蓮仏法のダイナミズムは、かかる修行観の日蓮的転回に起因しているのである。

7 宗教の進化——救済の智慧

池田先生のことば

①人生の目的——それは、幸福。
人生の願望——それは、平和。

その幸福と平和に向かって、歴史は展開されていかねばならない。

人間は、その確かなる軌道の法則を、追求する生き物である。科学も、政治も、社会も、宗教も、目的はこの一点にあらねばならない。

――『新・人間革命』第一巻、一五頁

②その大生命（編集部注：「永遠の妙法」即「永遠の本仏」の実在）が、凡夫である「人間」に顕現するという事実です。ここに、生きた法華経がある。この一点を、どう表現し、どう多くの人々に開いていくか。ここに全仏教史の歩みがあり、進歩があったと言ってよい。

――『法華経の智慧』（『池田大作全集』第三一巻、二〇六頁）

解説

ここでは、創価学会という宗教の目的と手段について論ずる。創価学会が掲げる「人間主義」の宗教観にあっては、宗教の目的が人生の目的と一致する。その目的とは「幸福」と「平和」である（引用文①）。アリストテレスの哲学と同じく、創価の信仰では幸福を自足的な目的と考える。ただし、その最高の形態（絶対的幸福）が人間の生活において実現する点、理性の活動よりも生命全体の力（生命力）を強調する点などが特徴的である。また、創価学会が理想とする平和は、人間生命の根底からの変革（宿命転換、人間革命）によって成し遂げられる平和（立正安国）であって、制度や機構、あるいは政治的・軍事的な覇権によって生まれる平和とは、もとより次元を異にする。

そして、このような幸福と平和を実現する方法として、仏教では人間生命に宇宙生命を顕現するための修行法や真理の表現法が二千数百年にわたって進歩し続けてきたと、創価学会では見る（引用文②）。すなわち、方法論の上での宗教の進化、平たく言えば救済の智慧の進化を展望するのである。

◇　◇　◇

宗教が説く真理は不変でなくてはならない。だが、その真理に至る実践や真理の表現、要するに救済の仕方においては進化があって当然である。宗教の真理が深ければ深いほど、救済のアプローチや真理の表現は多様に展開される。ここに、真理の探究史は救済の進化となる。救済の進化は、力ある、生きた宗教の証明となろう。進化とは、環境やそれ自身の内部の発達によって変化することを言うが、ここでは進歩の意味も含めて論ずる。

仏教史を振り返っても、真理である法が無立場の立場、自由自在という意味で一貫性を保ちながら、救済の智慧に関してはさまざまに進化発展を遂げてきたことがうかがえる。釈尊は、永遠の実在である宇宙生命を自己自身のうちに開き顕し、不死の境地を得た最初の先覚者であった。これ以後、釈尊が法にして真の自己でもあるとした永遠の実在を、どう表現し、どう人々を釈尊と同じ不死の境地に立たせるか、という課題が生じた。仏教史における救済の進化が、ここから始まる。大別すると、それには修行法の進化と表現の進化がある。

修行法の進化は、戒（戒律を守る）・定（心を静める）・慧（真実を知る）の三学を基本とし、仏教史の多様な展開の中で種々の変容を見せた。創価信仰学としては、池田先生（三代会長）→日蓮大聖人→伝教大師→天台大師→大乗仏教→初期仏教という重層的な「基点からの歴史」を確認した上で、改めて修行法の進化を見ていくことが基本となる。

釈尊滅後の初期教団は、教団の維持をはかるために、三学のうちの戒律をことさらに重視したという。それによって民衆救済という釈尊の精神から離れ、権威主義化した面が否めなかった。こうした点への批判が高まると、いわゆる部派仏教への分裂が生じた。十八派とも二十派ともされる部派仏教は、教義論（アビダルマ）に力を注ぎ、内部抗争を繰り返す中で世俗社会から離れ、やはり釈尊の精神を見失っていく。

そこに大乗仏教が興起し、民衆救済の菩薩行を強調するようになった。大乗仏教では、経典ごとに三学を別々に説いたりするが、三学の相互影響を考え、戒律も自利だけでなく利他を掲げるもの（菩薩戒）となっている。要するに、初期仏教や部派仏教と比べて、より全体的な観点に立ち、民衆救済を目指す修行法へと進化している。

なかでも、法華経は三学のすべてを具え、この法華経の所説に基づき「一念三千」の観法（止観）を確立したのが、中国隋代の天台大師智顗であった。仏教用語の「止観」は三学のうちの禅定（止）と智慧（観）にあたるが、天台の止観には戒定慧の三学がすべて具わることになる。ゆえに、日本の伝教大師最澄は、「虚空不動戒、虚空不動定、虚空不動慧の三学倶に伝うるを名づけて妙法と曰う」（『伝教大師全集』第一巻、三七〇頁。書き下しは筆者）とする立場から止観の一念三千を理戒とし、事戒についても罰則等を定めた具足戒は不要であり、心構えを重んずる大乗の菩薩戒でよいとした。

本来、戒・定・慧の三学は、戒律によって身心の乱れを防ぎ、禅定によって心を整え、そうして得た清らかな生命で法を観る智慧を開発するためにある。目的は智慧の獲得であって、戒律はその手段にすぎない。にもかかわらず、煩瑣な戒律の遵守が実際の修行の上では大きな負担となり、それが仏教を一般社会から遠ざけ、出家と在家の差別観を生み出し、権威主義の温床にもなっていた。そうした弊害の克服という意味で、天台の止観行は修行法に大きな進化をもたらしたと言える。

しかしながら、そこにも問題はあった。止観の瞑想で捉えようとする一念三千の理とは、一瞬の心に宇宙の一切が具わるという不可思議な境地である。わかろうとしてもわからないのが不可思議境だから、これを知るのは達人的であり、民衆には縁遠い修行と考えざるを得ない。ましてや修行の能力（機根）が劣るとされる末法の人々にとって、現実に成仏するための修行には到底ならないだろう。

それゆえ、十三世紀の日本に生を受けた日蓮大聖人は、末法の時代を生きる自覚において、人々を救済する新たな修行法を確立された。天台大師が不可思議境と称して縦横無尽な理論を展開したのは、自らが悟った宇宙永遠の実在を説明するために他ならない。日蓮大聖人は、この永遠の実在を理論でなく事実として我々の前に示された。それが南無妙法蓮華経の御本尊である。日蓮仏法の修行者においては、天台の言う不可思議境が御本尊として可視化、事実化され、実存している。いわゆる「事の一念三千」の御本尊であり、法の具現である。

法の具現は、修行者が法を観る智慧を持てなくても法と一体化することを可能にする。

つかみようがない不可思議な法を観る智慧を求めるのではなく、すでに「具体」となった法をただ信じ受ければよくなったのである。「以信代慧（信を以て慧に代う）」が、日蓮仏法の修行の肝要である。三学の目的である智慧の獲得は信仰の強さに置き換えられ、ただ御本尊を信じる心が強ければ三学一体で成仏が適う修行法が整えられた。日蓮仏法の教学で言えば、「本門の本尊（定）」が安置された「本門の戒壇（戒）」において「本門の題目（慧）」を唱える、という三大秘法の修行が確立されたわけである。

いまや仏道修行の普遍的な規範である三学は究極まで簡素化され、仏教的な文脈における「信仰のみ」の修行法が完成した。法の探究の終着点が法の具現である以上、修行法の進化もここに極まる。仏教の修行法の進化は日蓮仏法で極点に達し、基本的に完成したものと我々は見る。

次に、表現の進化に移る。仏が悟った不可思議な永遠の実在を人々にどう伝えるか。——ここに、二千数百年に及ぶ仏教史の苦悩があったと言っても過言ではない。教義面から見ると、永遠の実在の表現は、法の面と仏の面から行われてきた。順番に論ずる。

法の表現史の本質的な流れを、創価信仰学の原理である「基点からの歴史」から、ひも解いてみたい（現代の学者の仏教史概説に従って述べるのでも、仏教界の常識的な仏教史観に則って述べるわけでもない）。釈尊が説き示した「縁起の理法」は、数百年を経た後、大乗仏教に至って「空」と表現された。そして、この空の思想が登場してからさらに数百年後、中国大乗仏教の論師・天台大師が法を「円融三諦」「一念三千」として理論的に表現した。天台の著作について、池田先生は「三千年に近い仏教思想の全体のなかでも、理論的には最も高度な内容をもっている」(『続 私の仏教観』、『池田大作全集』第一二巻、五三三頁)と評している。そしてそのような見解に立ち、例えば歴史家A・トインビーとの対談において「仏法の認識論の根幹をなすもの」として三諦論をとり上げ、詳しく説明を施している(『池田大作全集』第三巻、五三〇~五三一頁)。この背景には、天台教学を法の表現の究極と見る先生の信仰学的態度があると言ってよい。それは決して一般仏教学的な知識に基づく結論ではなく、したがって仏教学的に批判すべきものでもない。信仰者としての池田先生は、とりわけ天台の一念三千論を法の表現の進化の頂点と見ている。日蓮大聖人は、さらに事実の上で「一念三千」を表現したとも言えるが(事の一念三千)、これは法の具現であって、もはや表現の領域を超えていよう。以上のことから、仏教史における法の表現の進化は、天台の「一念三千」で極まったものと、創価信仰学では捉える。

では、仏の表現の進化についてはどうだろうか。創価信仰学の立場からは、これも主に大乗仏教が進化を推し進めてきたと言える。前項で述べたように、阿弥陀仏や大日如来など大乗の諸経典に説かれる仏は「永遠の仏」の超越的な一面を表現しており、直線的でないにせよ、仏の表現の進化をもたらしている。そして、法華経において真実の円満な仏、すなわち現実の人間釈尊に即した超越の仏(久遠実成の釈尊、「内在即超越」の仏)が説き明かされたのである。仏の表現の完成形が、ここに見られる。

ただし、久遠実成の釈尊は、個人の時間性の中にあるため、まだ真の永遠性を獲得したとは言えない。これを解決し、個人を超えた宇宙的な仏の次元を表現したのが、日蓮仏法の「久遠元初自受用身」である。久遠元初とは無始無終であり、自受用身とは宇宙的な自由を楽しむ仏身を言う。まさしく「永遠の仏」であり、永遠の実在を仏の面から完全に表現したものである。仏の表現における進化は、ここで真に完成する。

久遠元初自受用身は、大石寺二十六世法主の日寛上人が、『御義口伝』『本因妙抄』『百六箇抄』等の日蓮仏法の相伝書を基に提唱した教学用語である。近現代の多くの日蓮研究者たちは、この久遠元初自受用身の思想を、後世の日寛上人が中世の天台本覚思想の影響を受けて創作したものとし、根拠とされた相伝書も文献学的に日蓮の説とは言えないと論じている。

これに関して、我々信仰学者は違った位相から考える。我々の出発点は、文献史料ではない。戸田先生が法難の渦中で思い出し、池田先生が実践的に示してきた不可思議な永遠の位相、宇宙の根源的事実、すなわち日蓮仏法の御本尊である。我々は、御本尊を根本に仏法の真実を捉えた師の池田先生のことばの前で、信仰的に自分自身の思考を中断する。

その池田先生は、御本尊という根源的事実への信仰に根ざした直観から、先の相伝書の数々がまさに日蓮仏法の奥義であるとした。なかんずく『御義口伝』について「あらゆる思想、哲学の最高峰であり、日蓮大聖人の仏法の生命観、宗教観、宇宙観などの原理が、あますところなく説かれている」（『新・人間革命』第六巻、三三一頁）と論断している。それが信仰的直観に基づく池田先生の思考なのである。

我々も、この先生の思考を追思考しながら、『御義口伝』を日蓮仏法の最重要書と位置づける。すでに第三項で論じたように、いかなる時代にどのような経緯で成立したにせよ、師の日蓮大聖人と日興上人をはじめ弟子たちの間に実現する「自在主観」によって『御義口伝』が生まれたものと信じて疑わない。

すると、近世の日寛上人も、御本尊という根源的事実から出発して一念三千という自在主観の世界に入り、『御義口伝』等の相伝書の文々句々に大聖人の究極の教えを拝し、それを自説の根拠に置いたことが見えてくるだろう。してみれば、日寛教学はむしろ相伝書の奥義に立脚するからこそ、徹底的に日蓮大聖人のご真意に忠実なのである。こうして我々は、仏の表現における進化が、日寛教学を含む日蓮教学の中で完成したと結論する。

ところで、以上に述べたように法の面と仏の面における表現の進化が完結するところ、永遠の実在それ自体を表現する地平もまた現れてくる。法の表現の極限である一念三千と、仏の表現の極限である久遠元初自受用身は、どちらも永遠の実在である宇宙の大生命のことに他ならない。一念三千は即ち自受用身であり、自受用身は即ち一念三千である。これを「人法体一（人法一箇）」と称し、永遠の実在それ自体の表現を樹立したのは、やはり日寛上人であった。日寛上人の教学には、法の表現史と仏の表現史における智慧の進化の集大成がある。

ここまでの考察をまとめたい。仏教における救済の進化には、修行法の進化と表現の進化がある。そして、両者ともに日蓮仏法において進化が完結することが確認される。

もっとも、表現の進化の完結は理論的な次元にあり、実践的な次元にまでは及んでいない。すなわち、永遠の実在の理論的表現は日蓮仏法で完成したものの、それを実社会に弘めるための表現の進化、つまり布教表現の進化は決して完成していない。というよりも、現実が変化し続ける以上、布教表現の進化は続くのだから、この進化には終わりがないはずである。生きた宗教であれば、布教表現の進化は終わりなき課題である。

ゆえに、日蓮仏法の正統教団として、ほぼ救済の進化の極点にある創価学会も、布教表現の進化の歩みを止めることはない。初代会長の牧口先生の大善生活論に始まり、戸田先生の宇宙生命論、人間革命論、池田先生の人間主義など、完成された仏法の救済原理を現代に展開する救済の智慧は、泉のごとく涌き出て人類社会を裨益する力となっている。創価信仰学もこれに準じ、布教表現の進化に向けて考究を続けなければならない。

なお、最後の項で詳述するが、創価信仰学における他宗教との関わり方を少しく述べておく。特に宗教間対話の推進は、宗教の進化をはかる重要な取り組みとなるからである。布教表現の不断の進化を目指す上で、創価信仰学が他宗教から学ぶべき点は多々ある。

「一代聖教は法華なり」（新三四六頁・全四〇四頁）というのが、日蓮大聖人の経典理解の究極である。これを敷衍すれば、他宗教もまた法華経となる。仏法の深き眼で見れば「一切法は皆これ仏法」（新七一二頁・全五六三頁）であり、他宗教の思想に限らず、人類史上に現れたあらゆる思想は妙法に流入し、また妙法から出生している。古今東西の善論はすべて法華経の部分観であり、また法華経である。

したがって妙法を信ずる人は、仏の智慧である自在の論理に立ち、他宗教の優れた教えを法華経の新たな説明として用い、自在に生かしていける。我々も、自分たちと異なる他宗教の人々との対話で、他宗教の教えに即して法華経を語ることができる。それによって、自分たちが気づかなかった救済の智慧を発見し、布教表現を豊かに進化させていけるだろう。このことは、創価信仰学が仏教の進化という枠組みを超えて、広く宗教の進化という枠組みに参画することを意味する。

そこでは、さらに、世俗的な諸問題を他宗教とともに解決しようとする姿勢も芽生えてくる。戦争の抑止、核廃絶、地球環境の保護、異文化理解、人権の啓発等々、各宗教が協力して取り組むべき人道的な課題はじつに多い。池田先生は、この点を早くから重視していた。そして、国際的な提言（SGI提言）の中で、初代会長の牧口先生が若き日に唱えた国家間の「人道的競争」を踏まえ、宗教の人道的競争を提唱した。つまり、宗教の人道的進化を望んだのである。

宗教の救済の進化が救済史の出来事であるのに対し、宗教の人道的進化は世界史の出来事に属する。両者は異なる次元にあるが、別々のものでもない。すでに論じたとおり、日蓮仏法において世界史は救済史を助ける関係にある。ゆえに、救済の進化には必ず人道的進化がともなう。創価学会が仏教としての進化を続けることは、すなわち宗教として普遍的に進化することであり、世界宗教化への道を歩むことなのである。

8 信仰の証明学――学問の捉え方

池田先生のことば

①南無妙法蓮華経とは、生命の根本法であります。それに対して、カントやヘーゲルの哲学、またはソクラテス、プラトン、アリストテレス、孔子、孟子、マルクス等のいっさいの思想家、哲学者の説いた哲理というものは、いわばその一部分を示しているにすぎないといえます。

みずみずしい緑の枝葉の広がりも、深く大地に根差した一根を離れてはありえません。同じように、あらゆる思想、哲学も、南無妙法蓮華経という生命の究極の『一法』、すなわち大聖人の仏法に立脚してこそ、真の人間の幸福を実現しゆくものとして開花するのであります。また、それをなすのが、諸君の使命であると申し上げておきたい。

――『新・人間革命』第二巻、二九六頁

②唯心思想は空諦の一部分を説いたものといえますし、唯物主義は仮諦の一部分を説いたにすぎません。実存主義もまた、中諦の一部分の哲理にすぎない。しかも、その三諦は別々であり、あくまでも爾前経の域を出ません。

ゆえに、生命の本質的解明なきその哲学、思想は、全世界の民衆を納得させ、救済していくものとはなりえないのであります。この唯心、唯物、実存の各思想・哲学を包含し、また、それらを指導しきっていく中道の哲学、中道思想こそ、日蓮大聖人の仏法であると、私は声を大にして訴えたいのであります。

――『新・人間革命』第一一巻、二八六〜二八七頁

③もちろん、仏の悟った根源の法は「言語道断・心行所滅」(『摩訶止観』)で、言葉や理性の働きで把握し尽くせるものではありません。しかし、言葉や理性がおよぶ範囲では、その働きを最大に尊重していくのが仏法の立場です。仏の悟りは理性がおよぶところではないとしても、少なくともその悟りは理性に敵対し、理性的批判を拒絶するものではないのです。

――『法華経の智慧』(『池田大作全集』第二九巻、二七八頁)

解説

宗教は、理性的動物として特徴づけられる人間が、理性を超えた実在を信仰するという現象である。そのため、信仰と理性の関係は、宗教にとって常に重大なテーマであり続けた。世界的な諸宗教は、それぞれの人間観に違いがあっても、およそ信仰と理性が互いを高め合う弁証法的な関係を支持している。創価学会もまた、信仰と理性の逆説的一致である「信仰即理性」の立場をとる(第二項「信仰的中断」を参照)。

もっとも、信仰と理性が互いを高め合うと言っても、その基盤は信仰の側にある。

自分たちの信仰の中に理性を位置づけるからこそ、信仰と理性の循環が始まるのである。この点は、いかなる宗教も同じであろう。池田先生が仏法と哲学の関係を「根」と「枝葉」に譬えているのは、この意に他ならない（引用文①）。

創価学会は、日蓮仏法の信仰の中に理性を取り入れ、一切の哲学や思想を意義づけようとする。と言っても、哲学・思想に対して宗教の相対的な優位性を誇るわけではない。哲学などを「枝葉」に譬えたのは一種のアナロジーであって、真理そのものの説明ではない。そうした表現は布教の智慧であるから、固定的に解釈すべきではない。

元来、信仰の真理というものは、相対的な優劣や高低を超えたところにある。それは一様にして多様であり、一義的に表現できないものである。引用文②において、池田先生がさまざまな哲学・思想に対して「中道の哲学」の全体性を強調したのも、仏法がいかなる概念でも規定できない自由自在の真理であることを述べたと考えられる。そして、この真理の無限の包括性を知れば、西洋哲学の一切を自家薬籠中のものにできる。精神を存在の根源と見る唯心論は自由自在の真理の精神的側面（空諦）の一部に光を当て、物質を根本的実在と考える唯物論は自由自在の真理の物質的側面（仮諦）の一部を強調し、人間生命の中核をなす自己の主体性を追究する実存主義は自由自在の真理の中道的側面（中諦）の一部に近づくことが、ありありと見えてくる。要するに、仏法者である池田先生は、中道にして自由自在なる「無立場の立場」に立つがゆえに、一切の哲学・思想を真に「開花」させ（引用文①）、また「包含」して生かすべきだ（引用文②）、と主張したのである。

我々は、こうした池田先生の見解を踏まえ、信仰学的な学問論の構築を目指す。すなわち、哲学をはじめとする諸々の学問を、仏法を助け、また仏法の真理の多様性を証明するための「証明学」として重視する。「言葉や理性が及ぶ範囲では、その働きを最大に尊重していくのが仏法の立場」（引用文③）であるゆえに、理性の限界内では信仰と理性の一致を説明することが信仰の証明学の課題となろう。

また、創価の信仰の証明のために学問を探究することは、学問自体の根源に迫り、その真の開花をもたらすことにもなる（引用文①）。そのように捉えながら、我々は学問の発展のためにも学術的な活動に参画していきたい。

◇　◇　◇

「信仰と理性」は、古来、宗教・哲学上の大きなテーマであった。第二項で述べたように、創価信仰学の立場は「信仰即理性」である。この「即」の実践的意義は、逆説的一致にある。創価学会の信仰者は、信仰に徹すれば徹するほど理性を求め、理性を求めれば求めるほど信仰に徹する。カトリックはプロテスタントよりも理性を重視し、プロテスタントはカトリックよりも信仰を重視するように見えるが、自由自在という「無立場の立場」をとる創価信仰学には一切の偏りがない。信仰を重視することは、すなわち理性を重視することである。

「信仰と理性」という問題はまた、宗教的真理と学問的見解の対立という問題でもある。

世界の主要な宗教のうちで、近代的な学問の洗礼を最も強く受けたのは西欧のキリスト教であり、なかんずくプロテスタントであった。西欧近代のプロテスタント神学者たちは、宗教的真理の絶対性と学問の相対性の間を行ったり来たりしながら、両者の調停に苦悩していた。大まかに言うと、学問の側から宗教的真理に架橋しようとする立場（自由主義神学）と、宗教的真理の側から学問の意義を補助的役割に限定しようとする立場（正統主義・新正統主義の神学）が見られる。

しかしながら、我々の目の前には仏の智慧の論理、すなわち一切の区別にとらわれない「自在の論理」がある。仏が見た世界は、森羅万象が自由自在の真理（妙法）そのものである。そこでは、宗教的真理と学問的真理の対立も一つの区別へのとらわれであって、強いて調停する必要はない。本来、両者は対立のままで一致している。存在の世界のみならず、真理の世界にあっても、仏法は「自在の論理」を唱えている。それは、ただ妙法のままに生きる人生の中で全生命的に覚知する以外になく、理性の能力だけで到達できる論理ではない。

信仰と学問の両極を揺れ動いた近代の神学者たちも、その思考の奥底、生命究極の次元では妙法の「自在の論理」を探し求めていたというのが、我々の信仰上の見識である。またそれゆえに、一方で近代神学の〈人間中心主義〉を糾弾したバルトから刺激を受け、他方では宗教史学的にキリスト教の絶対性を追求したE・トレルチに学ぶ、といった複眼的な学的態度が、我々には求められている。

一つ言い添えておくと、二十世紀のプロテスタント神学者・トレルチについては、一元的な信仰世界と多元的な歴史世界の間で思考に沈潜(ちんせん)し、最も自在的な立場に近づいていたように思われる。だが、基本的には信仰よりも歴史の側に軸足を置いたという観が強い。と言うのも、彼は現在の個人の歴史構成的な決断によって歴史の相対主義を乗り越えようとしたが(現在的文化総合)、そこに個人の決断を導く信仰の師の姿は感じ取れないからである。要するに、「学問から信仰へ」はあっても、「信仰から学問へ」は見られないように思われる。

結局、仏教の「自在の論理」によらない限り、信仰と学問のいかなる調停も偏ったものとならざるを得ないだろう。近代神学が振り子のように信仰と学問の間を揺れ動いたのも、その論理に究極的な自在性がないからである。対するに創価信仰学にあっては、信仰と学問が共存するにとどまらず、どこまでも自在的に一致するものでなければならない。これはもちろん宗教的な独断に属する見解であるが、信仰の師とする池田先生の思想に基づき、我々が信仰と学問の循環的な探究を通して得た熟慮の上の独断である。

今、我々は妙法の実践者として「自在の論理」を身に体し、「信仰即理性」「仏法即学問」への挑戦を開始する。そこにおいて、諸学問は仏法の現れであり、仏法の証明のために存在する。仏法者が行う学問研究は、少なくとも内面的信念において信仰の「証明学」でなければならない。創価の信仰学者は、この信念を公然と掲げながら、学問的な議論に積極的に参画する。

ナチスに抵抗したプロテスタント神学者のD・ボンヘッファーは、「究極のもの」と「究極以前のもの」との区別を強調した。生きた人間にとって、彼岸にある「究極のもの」は此岸（しがん）にある「究極以前のもの」を通じてのみ接近できる。だから、信仰者は究極のために究極以前にとどまらなければならない。——こういった考え方である。信仰の前で、学問は「究極以前のもの」として相対化されるが、それにもかかわらず重要な意義を持つとされている。

この点、我々の立脚点である「自在の論理」は、もっと根底的な次元で学問を肯定すると言わねばならない。ボンヘッファーの言葉を借りて説明するなら、我々は「究極以前のもの（諸法）がすなわち究極のもの（実相）である」という真理観に立っている。それゆえ、「諸法」である究極以前の学問の真理を、「実相」である究極の妙法の真理の多様な現れと見る。我々にとって、学問とは仏法に至る道ではなく、そのまま仏法なのである。優れた学問上の成果が、それぞれに仏法の証明であり、仏法の流布を助ける働きをする。

しかし、そこで重要なのはまず両者を立て分けることだろう。仏法こそ「究極のもの」であり、学問は「究極以前のもの」である。学問の方法では「究極のもの」のすべてはつかめない。このけじめを忘れて安易に「仏法即学問」を唱えれば、次第に学問崇拝に陥り、極まるところは信仰の否定にまで行き着くだろう。忘れてはならないのは、フォイエルバッハやマルクスによる過激な宗教批判が、無神論や懐疑主義からではなく、ヘーゲル、D・シュトラウス、B・バウアーといった自由主義神学の流れに関わる中で形成されていったという歴史の教訓である。

さて、創価信仰学が関わる主な学問分野には仏教学、宗教学、歴史学、思想史学などが考えられる。なかでも、仏教学との関係は重要であろう。キリスト教神学は宗教学を補助学として用いる傾向にあるが、創価信仰学は仏教学を信仰の証明学として活用する。仏教学において、学問的な見解は刻々と変化する。一つの説が否定され、正反対の説に置き換えられることもある。だが、それでも創価信仰学は、種々の学問的成果を生かそうとする。なぜなら、それらの最良のものの中に、優れた方法と知見を通して捉えた、真の実在の表現があると考えるからである。

仏の智慧が実在をそれとの一体化において捉えるのに対し(如実知見)、人間の理性は実在を二項対立的な思考で——我々から見れば、ポストモダンの「脱構築」も新たな二項対立的思考である——一面に偏って捉えてしまう。そこで我々は、あくまで類比的ではあるが、前者を全体観、後者を部分観と規定する。全体観とはあらゆる偏りから自由なこと(無分別、中道)、部分観とは偏りのうちの一つということ(分別、執着)である。部分観と言っても、決して実在に触れないわけではない。ただ、偏って触れているという意味から部分観と称するわけである。

こうした理解の前提に立つと、学問的な対立はどこまでも部分観と部分観の対立であり、学問的な進歩は結局のところ部分観の発展にとどまると言わなければならない。そして、そうした部分観のせめぎ合いをすべて全体観の上から包括し、大いに生かしていくのが信仰即理性の働きであり、我々の目指す証明学の立場なのである。

ここで、仏教学の知識が仏法の部分観となる理由について、仏教学自体の認識の限界という面からも、少し細かく検討しよう。大きな論点は二つある。

第一に、史実という観点から見れば、仏教学の知識はどこまで行っても「蓋然性」

にとどまる、ということである。仏教学は、十九世紀半ばごろ、インド学、中国学、チベット・モンゴル学を統合して生まれた、西洋近代の学問である。一つのモデルとなったのは、十八世紀の啓蒙主義の影響を受けたキリスト教の聖書学であった。これは、文献学的なテクスト批判の方法論に基づき、聖書を批判的に読むことを認める神学である。そこで行われたのが、いわゆる「史的イエス」の探究であった。

研究者たちは、厳密なテクスト批評を行いながら、救済者でなく一人の歴史的人物としてのイエスの実像に迫ろうとした。だが、その結果は、イエスの実在すら客観的には実証できない、という惨憺たるものだったという。そこで二十世紀に入ると、福音書の史実性を認めず、イエスに関する伝承は史実とは別の利害関心から編集されたものだ、とする様式史研究が主流になってくる。様式史研究はH・グンケルが旧約聖書の研究に用いた方法であり、これを新約研究に取り入れたのがR・ブルトマンであった。ブルトマンの言う様式とは福音書に記された伝承の類型であり、様式と関連する原始教会の「生活の座（Sitz im Leben）」を考察しながら、聖書として成文化される前の伝承の歴史を解明しようとする。要するに、史的イエスの再構成や純粋な聖書の摘出は不可能であるとの認識の下で、伝承史の解明という新たな課題に取り組んだわけである。

では、仏教学はどうであるか。二十一世紀の今日に至っても、なお「史的ブッダ」や「史的大乗仏教」などを追い求めている現状にあるのではないか。キリスト教神学の「史的イエス」研究は様式史的研究に展開していったが、仏教学の世界では、いまだに史的事実へのこだわりが強くある。初期仏教研究では「史的ブッダ」（「人間ブッダ」）への接近が目指され、大乗仏教研究では経典伝承の歴史にとどまらずに大乗仏教の起源を突き止めようとする傾向が見られる。

また、日蓮研究の分野でも、遺文の文献学的研究による「史的日蓮」の再現というテーマが王道の座を譲らず、伝承史的に重要な相伝書の類は史的日蓮と無関係なものとして軽視されてきた。真筆遺文が数多く残っていると言っても、それらが各門流の「生活の座」において意図的に選別されながら伝承された可能性すら――例えば、『富士一跡門徒存知事』に、かの五老僧が日蓮大聖人の御書を軽視して紙として再利用したり焼却したりした、などの報告が見られるように――あり得ない話とは言えない。本来、真筆遺文に基づく史的日蓮の解明にあたっても、伝承史的な考慮は不可欠なのである。

右に指摘したさまざまな問題の根っこは、実証的に考究された「史実」に対する蓋然性の意識が仏教研究者の間で広く共有されていない、という点に求められよう。中世日本の日蓮大聖人の時代でさえ、史実（「史実としての思想」を含む）の復元は極めて困難である。大聖人の場合はご真筆の御書が多数現存するが、失われたご真筆もそれ以上にあると思われるため、歴史上の人物の言説としての日蓮思想を完全に把握することは不可能に近い。古代インドの仏教教団の思想状況に至っては、言うまでもなかろう。

さらに、そもそも仏典は信仰や伝道のために書かれたものであって、歴史記録として用いるにはふさわしくないという問題もある。この点を考えても、仏教研究者は、歴史的な出来事について蓋然性の探究しかできないことを思い知らねばならない。

結論的に、文献学的であれ、考古学的であれ、あるいは様式史的なアプローチを用いたとしても、仏教研究者が主張する「史実」が蓋然性の枠を出ないことは、まったく自明の理である。我々が仏教学を信仰の証明学として用いると言うときにも、あくまで蓋然性の範囲内での証明を意味している。人間の社会では蓋然性の高さが説得力を持つと言えるが、そのことと史実の確定とは別問題なのである。

次に、第二の論点として、仏教学者が駆使する理性は人間の生命における一側面であるとの認識が、創価学会の信仰にはある。大乗の唯識思想が示唆するように、人間の意識は生命の表層にあり、さらに深い次元に広大な無意識の領域がある。学問的な理性は意識の働きであるから、生命の表層的な主体性にとどまる。

先の蓋然性の話で言えば、仏教学者が蓋然性の極限で一つの仏教的な史実をほぼ解明できたとしても、そのことが宗教的事実の把握となるわけではない。仏から見て、それは表層的な主体性の働きであり、依然として宗教的事実の部分的認識である。生命の奥底から生ずる智慧の力によらなければ、宗教的事実の全体をつかむことはできない。これが、創価学会の仏教的な認識論である。

ただし、我々は決して理性の力を軽視しない。否、むしろこよなく重視する。信仰により、智慧の光で理性を再生させ、その力を最大限に発揮させようとする。

仏の智慧は、生命内奥の根源にある「法」から発せられる。生命の根源的な主体性が智慧である。この主体性は理性的主体の根源であるから、理性を本来あるべき姿で使用する。ここにおいて、理性の働きは、理性を超えた宗教的事実を誤りなく推測できるようになるだろう。智慧が理性を健全化するのである。

したがって、信仰の人、すなわち智慧ある人は、仏教学の合理的な仮説の蓋然性を、理性で証明できない究極の実在を証明する方向に仕向けることができる。仏教学の学説自体は、理性という生命表層の主体性が捉えた産物として、宗教的事実の部分的認識でしかない。しかし、それを根源的主体性である智慧が用いることで、様相は一変する。つまり、理性が捉えた宗教的事実の部分的認識が、そのまま宗教的事実の全体性を反映するようになるのである。

それは身体と影の関係に類比的である。影は、それだけを見れば、何を意味するのかがわからない。だが、影の元となる人物に光を照らしてその身体を知れば、影のさまざまな特徴が何を意味しているのかがわかってくる。そのように、我々は智慧の光で理性を照らし、目まぐるしく提示される仏教学の知識が、すべて仏法（身体）の何らかの証明（影）であることを知り、自在に活用したいと思う。例えば、仏教学の常識である大乗経典の後世成立説ですら、そこに智慧の光を当てれば、経典の真の作者が「自在主観」に他ならないことを映し出し、証明する知的作業となるであろう。

以上、仏法の全体観が学問の部分観を生かし、信仰の証明学を志向することを論じた。信仰の証明学は、信仰の絶対性が学問の相対性の次元に降りるところに成立する。したがって、その見解も相対的である。創価信仰学は、信仰で得た智慧の力で、一つの蓋然性、部分観としての証明学をその都度構築する。そして、その都度の部分観ゆえに、不断に修正がなされ、重要な訂正がなされる場合もありうる。ただし、信仰の基盤が揺らぐような修正は、仏法の全体観への背反であるから、証明学としてあり得ないのは当然のことである。
具体的な例を示そう。池田先生は『法華経の智慧』の中で法華経の成立についてさまざまに言及しているが、その中に次のような発言が見られる。

「釈尊は、自分の死後の人々の幸福を考えたとき、『いかにすべきか』と悩んだと思う。そして結論として、釈尊は、自分の死後は、自分自身を仏にしてくれた『釈尊の師匠』である『永遠の妙法』そのものを師匠として修行せよと弟子に教えたのではないだろうか。（中略）
その〝遺言〟を晩年、折にふれて釈尊は語った。それが後に、現在のような『法華経』としてまとめられたのではないだろうか」（『池田大作全集』第三一巻、一三七～一三八頁）

一切衆生を仏にする法華経を釈尊が説かないわけがない――これは、仏法者としての池田先生の揺るがぬ信念である。仏教鼎談『私の仏教観』では、「極端にいえば、もし釈尊が、一切衆生を仏の悟りに入らしめる法華経を説かないままで終わったとすれば、釈尊の一生は失敗であったといわざるをえない」（『池田大作全集』第一二巻、三五五頁）とまで語っている。御書に「法華経を説き給わずば、仏慳貪（けんどん）の失（とが）あり」（『唱法華題目抄』、新二二頁・全一五頁）と示されるように、究極の教えを自分だけが知って他に説かない無慈悲な仏など存在しないと、池田先生は確信している。このような確信は論理的というより信仰的なものであるから、学問的考察の対象とはならない。しかし、これが池田先生の法華経成立論の出発点となる。懐疑ではなく信仰から始める信仰学的な探究姿勢が、ここにある。そして、このような信仰的前提に立った後、先生は証明学の領域において考察を行う。そこでは、いわゆる大乗非仏説に再生的懐疑が向けられる。現存する梵文法華経写本の成立が釈尊滅後であるとすれば、釈尊自身が説いた法華経とどのような関係にあるのか。例えば、釈尊が後世への遺言の意味で語ったことばが核となり、のちに法華経としてまとめられたのではないか。そのような推察が出てくる。実際、『法華経の智慧』のある箇所では、原始仏典の『ダンマパダ』で釈尊が「不死の境地」を見たと語っているあたりに法華経寿量品の原型があるのではないか、といった議論が行われている（『池田大作全集』第三一巻、二〇五頁）。

池田先生の法華経成立論は、信仰の上で提起された一つの学問的な仮説と言える。仮説である以上、今後の研究の進展によっては修正が迫られる場合もあろう。しかし、「釈尊が法華経を説かないわけがない」という信仰上の確信だけは、どんなことがあっても揺らがない。池田先生の仏教史論は、信仰の証明のために行われる。信仰は不変である。ただ、「言語や理性がおよぶ範囲」における信仰の証明としては多様なあり方が考えられるから、証明学的には可変的と言わねばならない。そうして信仰の証明学は、不変の世界と可変の世界をつなぐのである。

ちなみに言えば、信仰の証明学は、日本の中世に生きた日蓮大聖人においても見出すことができる。例えば、末法の法華経の行者という大聖人の御自覚は不変なる信仰の真理に属する。しかしながら、『周書異記』に記された釈尊の仏滅年代や『大集経』の五五百歳説を採用されたのは、当時の仏教理解の範囲内での理性的な検討であって、証明学的な見解と考えられる。したがって、この点に関しては、今後とも議論の余地がありうると思われる。

9 逆説的ヒューマニズム――人間主義、師弟不二、人間革命

池田先生のことば

①伸一は、東濃文化会館に向かうため、車に乗ると、すぐに、「この道の歌」の歌詞を取り出し、同乗した峯子に言った。

「まだ、推敲したいんだよ」

車が走りだすと、歌を録音したカセットテープをかけてもらった。そして、しばらく考え込んだあと、顔を上げた。

「やはり直そう。三番の結びである『ああ中部中部　諸天舞う』のところが、ずっと気になっていたんだ。『諸天舞う』では、主体である私たちの在り方を示すものではなく、受動的なものになってしまっている。大事なことは、私たちの祈りで、一念で、諸天を舞わせていくことであり、動かしていくことだ。

大聖人は、頭（こうべ）を振れば髪が揺れ、心の働きによって身が動くなどの譬えをあげて、『教主釈尊をうごかし奉れば・ゆるがぬ草木やあるべき・さわがぬ水

やあるべき』（御書一一八七頁）と言われている。『教主釈尊』すなわち御本尊は、大宇宙の根源の法である妙法の当体だ。その御本尊に祈っていくならば、大宇宙をも動かしていける。だから、『諸天舞う』は、『諸天舞え』にしよう」

――『新・人間革命』第二八巻、一六三～一六四頁

②菩薩ということは、完成（仏果）ではなく、未完成（仏因）である。未完成でありながら、完成（仏果）の境涯を体に漲らせている。否、完成（仏果）の境涯を法楽しながら、しかもさらに先へ、さらに高みへ、さらに多くの人々の救済へと行動している。未完成の完成です。

――『法華経の智慧』（『池田大作全集』第三〇巻、一四九頁）

③「等覚一転名字妙覚」といって、寿量品を聞いて「等覚」に登った菩薩（仏と等しい覚りを得た菩薩）も、じつは、その説法を通して、久遠元初の妙法を覚知し、一転して、名字即の凡夫の位から直ちに「妙覚」（仏の位）に入ったのです。

譬えて言えば、「妙覚」という仏の位を目指し、一段一段、山を登ってきたところが登ってみると、何が見えてきたか。

寿量品の山頂から見た光景は何であったか。

それは、久遠元初以来、常住の本仏が、休むことなく不断に一切衆生を救う活動をなされている。自分自身も、かつてその化導を受けた。「大宇宙と一体

の仏」と自分とは、本来は師弟一体であった。その「我が生命の真実」を思い出したのです。

——『法華経の智慧』（『池田大作全集』第三一巻、二六頁）

解説

キリスト教の宗教哲学では、神の啓示の逆説性を説く。神は、人間の思惟によって知ることができないが、神の側が人間にその絶対他者性を知らせ、逆説として両者の間に関係が結ばれる。そこに、一つの逆説的なヒューマニズムの可能性が芽生える。ヒューマニズムと言っても、信仰と理性を対立的に見て理性の側に人間の普遍的本質を考える西洋のルネッサンス以降のヒューマニズムの系譜に連なるものではない。キリスト教的なヒューマニズムにおいて、根源的主体性は絶対神の側にあり、人間は信仰によってのみ、関係できない神と関係して逆説的に尊厳性を獲得できると言えよう。

では、仏教的なヒューマニズムはどうだろうか。仏教は、人間の側に根源的主体性（法性、仏性）を認めている。ただそれだけに、概して「超越」を自覚する契機に乏しく、超越者と人間の間の逆説的なヒューマニズムが成り立ちにくい思想的土壌があった。ところが、創価学会の信仰の中核には「宇宙生命」という超越的な絶対者がある。創価学会には、師弟関係を信仰の根幹に置きながら、この超越的絶対者と人間が向き合い、関係していく逆説的ヒューマニズムがある。日蓮仏法の「凡夫即仏」も、創価学会では師弟の道において実践的に捉えられている。

絶対神を宇宙の外部に見るキリスト教的な思惟に従えば、宇宙生命は真の超越者と言えないだろう。しかし、創価学会では、「生命」が「内部／外部」といった二項対立的見方で捉えられない自由自在な究極的真理、根源的実在、要するに仏教の「法」に他ならないと見る。ゆえに、創価学会が論ずる宇宙生命とは、宇宙の内でも外でもない究極の超越者を指す点に注意を要する。しかもその上で、我々一人一人の生命が本来、この宇宙生命と一体だとするのが、池田先生の言う「人間主義」の教義的根拠なのである。

すると、ここから見えてくるのは、人間が超越者と同じく根源的主体性を担い立つような逆説的ヒューマニズムであろう。宇宙生命は超越者として、人間が思惟できないものである。しかし、同時に人間の生命も「未完成の完成」（引用文②）として、思惟を超えた超越的な何かである。ゆえに、人間が信仰によって根源的主体性を顕現するならば、「大宇宙をも動かしていける」（引用文①）とする。創価の信仰者にとって、「超越」とは敬虔な信仰の対象でありながら、それでいて極めて身近な存在でもある。ひたすら追い求めてきた超越の世界が、じつは自分の足下にあったことに気づく。――これが「等覚一転名字妙覚」（引用文③）とも説明される日蓮仏法の成仏観である。超越者（師）と人間（弟子）とは、二でありながら不二である（師弟不二）。

このように、創価の信仰における逆説的ヒューマニズムは、超越者と人間がともに根源的主体性を持つところに最大の特色がある。それは師弟不二の実践から生まれるヒューマニズムである。創価学会で言う「人間革命」も、師弟不二の逆説の実践を通じて人間を絶対的に信頼する思想であると言えよう。

ここで付言すると、右のような意味から、創価信仰学では、他の生物と区別される人間の尊厳性の根拠を「師弟不二の実践可能性」に置きたい。人間以外の生物も、根源的主体性を潜在的に具えている（仏性）。だが、宗教を信じてそれを発動し、宇宙生命との師弟不二を実践するという現実的可能性を持つのは人間のみである。我々は、あらゆる生物に究極の尊厳性を認めながらも、この現実的可能性において人間の特別な尊厳性を考える。

しかも、人間は集団で信仰する。たとえ健常な精神を持たない人間であっても、周囲の人々と一体で師弟不二の実践に入っていける。人類の一員である限り、誰人たりとも師弟不二の実践可能性を有するものと、我々は信ずる。

◇　◇　◇

逆説的ヒューマニズムは、日蓮仏法で言われる「凡夫即極」「凡夫即仏」を普遍的に説明するための原理である。また、創価学会が強調する「人間主義」「師弟不二」「人間革命」の核心にあるものの宗教哲学的な表現である。

近代日本を代表する哲学者とされる西田幾多郎は、宗教を論じた晩年の論文（「場所的論理と宗教的世界観」）の中で、絶対に外なる超越者が絶対に内なる内在者である、という逆説に宗教の本質を認めた。また、超越をどの方向に見るかによって、宗教の逆説の性格が異なってくると考えた。西田によれば、キリスト教は、超越（神）を自己にとって外的・上昇的な方向に見る「超越的内在」の立場であり、仏教は、超越（仏）を自己の内的・基底的な方向に見る「内在的超越」の立場である。

だが、しかし、仏教の信仰においても、キリスト教的な「超越的内在」の逆説を見出すことはできる。それがはっきりわかるのは、創価学会の信仰である。

強いて特徴づけるならば、釈尊の仏法の信仰は内観である。自己から出発し、生活を律し（戒）、心を静め（定）、真の自己である宇宙を内観する（慧）。人間に内在する超越者の信仰であり、自己を中心に置き、内在的超越の逆説を説いている。

一方、末法の正統仏教である日蓮仏法の信仰は情熱である。宇宙生命から出発し、宇宙から託された使命を忘れず（戒）、瞬間瞬間に宇宙と交流し（定）、宇宙のリズムに合致して人類を救う（慧）。宇宙の超越者が人間に内在しゆく信仰であり、他者を意識し、超越的内在の逆説を教えている。

その信仰の情熱は果てしなく、常識的に考えればできないことを行おうとし、人間のままで人間を超えたものを求めてやまない。日蓮仏法には超越者が内在しゆく逆説があり、強烈なダイナミズムがある。もちろん、日蓮仏法は釈尊の仏法から展開したものであるから、仏教一般の内観、内在的超越の逆説も有している。だが、それとともに強い信仰的情熱、超越的内在の方向性があることによって、他の仏教と比べると信仰のダイナミズムが際立つのである。

そこには、超越者の命令があり、現世を裁く真理がある。したがって、日蓮仏法の信仰には、超越的な神の人間化（イエス・キリスト）とその救済を信じるキリスト教の信仰を想起させるところがある。そうした観点から、ここでキリスト教信仰における逆説の意義に触れておきたい。キリスト教において、「逆説（Paradox）」という概念は古い歴史を持つ。理性的な神学では消極的に扱われたと言えるが、逆説の積極的な意義を論じた思想家もいた。代表的な人物は、十九世紀デンマークの哲学者、神学者S・キルケゴールである。キルケゴールは、キリスト教信仰の宗教哲学的な普遍化を試み、信仰の逆説を強調した哲学者として知られる。キルケゴールによれば、神は「絶対的に異なるもの」であり、人間の思惟によって知ることができない。知ることができないものとは関係もできない。ところが、神の側が人間にその絶対他者性を知らせるならば、そこに関係が成立する。この関係は、人間にとって関係できないものと関係することであるから逆説である。つまり、人間と神は逆説的関係にあるとする。

創価学会が信仰する日蓮仏法にも、このような人間と超越者との逆説的関係が見出せる。日蓮仏法の超越者は根源の師である「宇宙生命」の南無妙法蓮華経如来（『御義口伝』、新一〇四八頁・全七五二頁）であり、現実にはその具現である文字曼荼羅の御本尊である。宇宙生命は不可思議な「永遠の仏」であり、御本尊も宇宙の秘術であって、到底人間の思慮の及ぶところではない。この点、人間と超越者は断絶している。「存在の断絶」ではなく「智慧の断絶」が、そこにはある。我々にとって御本尊は、知ることのできない「絶対的に異なるもの」として現れる。そこに信仰が起きる。バルトが言うように、信仰とは「知らないこと」（『ローマ書講解』）である。

しかしながら、我々は、この御本尊を信仰して宇宙生命と一体不二になれる。キリスト教のように、超越者からの一方的な働きかけで関係が結ばれ、人間が救われるということではない。日蓮仏法には内観（観心）という内在的超越の方向性もあり、超越者からの働きかけ（他力、超越的内在）と人間からの働きかけ（自力、内在的超越）とが融合して救いが生じるのである。それは、根源の師である宇宙生命（南無妙法蓮華経如来、久遠元初自受用身）と弟子である我々が御本尊において出会い、超越者と真の自己が働き合い、師弟が異なったまま一体になる、という「師弟不二」の現実化に他ならない。日寛上人は、御本尊を受持することは久遠元初自受用身と我々衆生が師弟不二になる儀式である、と説明している（『観心本尊抄文段』、創価学会版『日寛上人文段集』四八八頁）。キルケゴールは神の啓示の逆説性を説いたが、我々は師弟不二の逆説性を唱える。

この師弟不二の信仰では、超越者から与えられる「救い」と真の自己の「自覚」が同時的である。超越者の力で新しい人間になることは真の自己を思い出して超越者になることであり、キルケゴール的な再生とソクラテス的な想起が信仰の瞬間において合致する。我々はここに、新たな逆説を見る。すなわち、「人間のままの超越者」（菩薩仏、未完成の完成）という逆説である。

そして、ここから一つのヒューマニズムが帰結するだろう。すなわち、「人間は仏であって仏ではない」と定式化しうる逆説のヒューマニズムである。我々人間は、師の仏と一体でありながら、しかも弟子として仏の立場ではない。この逆説を支えているのは、師弟不二の実践である。ゆえに、これを「師弟不二のヒューマニズム」と呼ぶことができる。創価信仰学では、宗教哲学的に「逆説的ヒューマニズム」と表現したい。創価学会が掲げる「人間革命」の実践理念は、この逆説的ヒューマニズムを基盤とする。

根源の師との師弟不二に生き、人間のままの超越者という逆説を実現した仏法者は、宇宙生命の体現者である。そこから、この体現者が師となって人間を導くという師弟の関係が現れる。日蓮大聖人は、宇宙生命の体現者として人類のために御本尊を顕された。御本尊は大聖人の御生命であり、根源の師である南無妙法蓮華経如来であり、宇宙生命そのものであられる。ただし、人間の師がいなければ、この御本尊の甚深の意義も、またその正しき実践法もわからない。また、真実の師弟不二の生き方もわからない。現実的には、偉大な人間の師と師弟不二となる以外に、御本尊との師弟不二の信心は成り立たないのである。それゆえ、我々は、不可能の壁を破って大聖人の御遺命たる世界広布の道を切り開いた池田先生を中心に、今を生きる仏法者の模範を示した創価三代の会長を永遠の師匠と仰ぎ、御本尊を根本に日々の信仰実践に励んでいる。今日において、世界広布の大指導者である池田先生との師弟不二を離れて御本尊との師弟不二はなく、それゆえにまた日蓮大聖人との師弟不二もない。

思うに、師である三代会長と弟子である我々には歴然たる生命境涯の差がある。しかし、師は弟子に師弟不二を求めている。我々弟子は、その言葉を信仰的中断で受け止め、葛藤し、跳躍する。その死に物狂いの実践の中に師弟不二の逆説が起こり、そのまま御本尊との師弟不二になっていく。それはすなわち、宇宙生命との師弟不二なのである。

なお、ここで注意すべきは、宇宙生命の体現者たる師は、本質的には弟子の立場にあるということである。師とは、悟りを成就した人であり、作為の立場にあり、個別性を強調し、威厳がある。それに対し、弟子は民衆であり、自然の立場にあり、宇宙性があり、裸の人間である。してみれば、宇宙生命それ自体は、じつは自然の宇宙性に生きる民衆である弟子の側にある。師は、むしろ弟子の偉大さを示す崇高な手段として威厳を持つ。そう言っても過言ではない。師はまことの弟子であってこそ師である。聖人は真に民衆であってこそ聖人である。日蓮仏法の教学では「等覚一転名字妙覚」とされ、創価思想では「人間のための宗教」とも言われるが、これが逆説的ヒューマニズムの究極と言ってよい。

釈尊は「法」の弟子として人間の仏になり、日蓮大聖人は法華経寿量品の教主・釈尊の真の弟子（地涌の菩薩）として根本の仏（本因妙の仏）であられる。牧口先生は日蓮大聖人の真の弟子として創価の師であり、戸田先生は牧口先生の真の弟子として折伏の師であり、池田先生は戸田先生の真の弟子として人類の師である。創価三代の会長は、我々の「永遠の師匠」（創価学会会憲）であり、「永遠の仏」（宇宙生命）と一体の「永遠の弟子」でもあろう。今、我々も池田先生の真の弟子として、救われる者でなく救う者の立場に立たねばならない。

人間のままの超越者は、宇宙のままの超越者である。それは、もはや大宇宙に包まれた受動的な存在ではない。大宇宙を自在に動かす究極の主体者である。宗教は、この人間の尊厳性を教え、この人間に奉仕するためにある。宗教は、超越の高みを教えながら、大地に生きる人間に奉仕する。それが「人間のための宗教」という逆説なのである。

な逆説が含意されている。

そこには、「宗教は人間の幸福のためにある」という諸宗教が共有可能な見解とともに、「人間が宗教のために生きることは、宗教が人間に奉仕することである」という革命的な逆説が含意されている。

日蓮仏法には、人間が仏に帰依しながら、実には仏が人間に従属するのだ、とする信仰がある。日蓮大聖人は『諸法実相抄』の中で「『本仏』というは凡夫なり、『迹仏』というは仏なり」（新一七八九頁・全一三五九頁）と仰せられている（当文に対する史料批判は、我々信仰学者にとって本質的な問題ではない）。「超越者あっての人間」が宗教一般の見方とすれば、日蓮仏法は「人間あっての超越者」という見方である。受け容れられ得ない人間が超越者に受け容れられていることがキリスト教的な逆説であるとすれば、受け容れられ得ない人間が超越者を受け容れていることが日蓮仏法の逆説である。それはもはや、超越者と人間との逆説的な出会いや一致、といった宗教哲学的な地平を超えたところにあろう。いわば「逆説を超えた逆説」であって、よくよく考えれば前代未聞の宗教性と言うしかない。しかし、これこそが池田先生の唱える宗教的な人間主義、すなわち「人間のための宗教」なのである。そして、全思想界、全宗教界をこの革命的な結論に誘導し、永遠に崩れぬ生命の尊厳観を確立しようとしたのが、池田先生が世界を相手に展開した言論戦であった。

以上をまとめたい。日蓮仏法の師弟不二の信仰には、超越者の側だけでなく人間の側からも働きかける徹底した逆説、「人間のままの超越者」という逆説がある。その逆説が「人間は仏であって仏でない」という逆説的ヒューマニズムを生み、究極的には革命的な「人間のための宗教」「人間主義の宗教」の提唱へとつながるのである。

念のために強調しておきたいのは、こうした人間主義の提唱をフォイエルバッハやマルクスのような宗教観と同列に理解してはならないということである。フォイエルバッハは、人間の感情の客体化が宗教であるとした。マルクスは、もっと具体的に社会的、経済的な疎外から宗教が生まれたと分析した。これらは「人間が宗教を作った」とする立場であり、キリスト教が「神が人間を作った」と説くのと対照的である。なお、二十世紀のバルトは、人間が宗教を作ったことを認めた上で、神の自己啓示を宗教から厳格に区別する。宗教を人間の産物にすぎないとしつつ神の主権性を唱えるわけだが、これも形を変えて「神が人間を作った」とする立場であろう。

我々の言う人間主義の宗教は、マルクスとは違った意味で――人間が人間自身の尊厳において宗教を生み出したという意味で――「人間が宗教を作った」ことを認める。もちろん、それは人間の生命が宇宙の真実在であるという信仰の真理の文脈においてである。つまり、人間は逆説的に神（宇宙生命）である。したがって、我々が「人間が宗教を作った」というのは、単なる人間中心主義ではない。また、当然ながら神中心主義というわけでもない。「神」対「人間」という二項対立的な宗教観から自由な、否、あらゆる宗教観から自由な〈人間〉の絶対的尊厳を信ずる意味で「人間が宗教を作った」と言うのである。それは、有限な人間の生命がそのまま無限の宇宙生命であり、限りなく自由自在であるという仏教的逆説に基づいている。

物質的なものも含めて人間の存在そのものが究極者であるという、この完全な逆説は自己肯定の極限に行き着く。キリスト教を批判して台頭した近代ヒューマニズムは、他方で創造や受肉の理念が表明するキリスト教的肯定性の影響を受け、希望や進歩の信仰を生み出したのだと、ティリッヒは解説した。我々も、希望と進歩は否定しない。ただ、人間即究極者の逆説は、「未完成の完成」という自由自在な希望と進歩の教説をもたらす。言うなれば、終わりが始まりであり、始まりが終わりである希望、直線的でありながら円環的でもある進歩が、「人間主義の宗教」の捉え方になろう。ここには、決して終焉しない「大きな物語」があるように思われる。

　最後に以下の点も述べておく。大乗仏教の信仰実践の核心は、しばしば「即」「不二」などと言い表されてきた。これらの思想は、現実の動的な変革に向かわず、かえって観念論的な現実肯定に陥ったとも評される。総じて言えば、釈尊の仏法では水平的な一切平等の世界を開示するが、上から下への垂直性に乏しく、超越者と人間との距離感が希薄になりがちである。ところが、この点、日蓮仏法の信仰には、万人平等の水平性とともに、仏の使いとしての垂直性が顕著に見られる。そのため、創価学会の信仰には「使命」の自覚が横溢している。そして、それが峻厳な師弟関係の中で鍛えられ、師弟不二を目指す実践となり、「即」「不二」に逆説の緊張感をもたらしている。このゆえに池田先生が唱える「人間主義」は、存在論的には「宇宙的ヒューマニズム」と称されるが、実践論的には「逆説的ヒューマニズム」として定義すべきであろう。師弟不二の逆説を目指す人間革命の実践においてこそ、あらゆる人間が本来尊い仏であることが見えてくるのである。

10 共感的多一主義――宗教間対話の原理

池田先生のことば

①対話による戦争状態の打開や差別の撤廃は、人間の心を感化していく内的な生命変革の作業である。

――『新・人間革命』第二九巻、三一九頁

②宗教が、仮に教義の面で妥協点を見いだそうとしても、おそらく、うまくいかないでしょう。それよりも、まず人間として、おたがいに「仲良く」なることです。「心を通わせる」ことです。何だ、同じ人間ではないかという安心感をたがいに得ることが先決です。

イスラム教徒である前に、人間です。キリスト教徒である前に、人間です。「共通の人間性」に気がつき、友情が生まれれば、そこから相手の長所も見えてくる。学びあう余裕も生まれます。友情です。まず、具体的な名前と顔をもつ人間同士が近づくことです。

――『私の世界交友録』(『池田大作全集』第一二二巻、七〇頁)

③よく戸田先生は、こう言われていた。

――大聖人をはじめ、釈尊、イエス・キリスト、マホメットといった、各宗教の創始者が一堂に会して、「会議」を開けば、話は早いのだ、と。

たとえば、企業でも、トップ同士だと、話は通じやすいし、決断も早い。自分が責任をもって、あらゆることを考えているからね。

同じように、世界宗教の創始者は、それぞれの時代の状況は異なっていても、迫害のなかで、民衆の幸福を願い、戦い抜いてきている。いずれも時代の改革者であり、聡明な〝勇気の人〟〝信念の人〟だ。

だから、お互いに会って、語り合えば、仏法の深さもわかったであろうし、これからの人類のために何が必要であり、何をなすべきかも、すぐに結論を出すことができたと思う。

残念ながら、この会談は実現することはできないから、現在の人びとが、民衆の救済に生きた創始者の心に立ち返って、対話を重ねていく以外にない。


——『新・人間革命』第六巻、六〇〜六一頁

④唯一神アッラーについては、イスラム神学上の難しい議論もあるとは思うが、全知全能にして天地万物の創造者という考え方は、宇宙の根源の法則である妙法を志向しているようにも思える。それは、ユダヤ教も、あるいは、キリスト教も同じかもしれない。そうだということになれば話は早い。
私は、対話を重ねていくならば、イスラム教の人びとも、仏法との多くの共通項を見いだし、仏法への理解と共感を示すにちがいないと確信している。

――『新・人間革命』第六巻、六〇頁

⑤（仏教とイスラームの）「相違」は「多様」に通じます。
共通性を基盤として、ともに協力していく。また相違性に着目し、それぞれの役割を尊重し、おたがいの長所を学びながら危機にある現代世界に対し、いかなる貢献ができるか模索せねばなりません。
『法華経』に「三草二木」の譬えがあります。仏の説く真理がすべての生命を育みゆくことを、雨と植物との譬えを使って述べたものです。雨は多様な草木を育てます。同様に仏の教えも、多彩な人生、多様な文化を保証するのです。多様性こそ生命の証です。

――M・テヘラニアンとの対談『二十一世紀への選択』
（『池田大作全集』第一〇八巻、三五〇～三五一頁）

⑥さらに仏法には絶待妙と相待妙のとらえ方があり、相待妙は妙法と他法を比較相対して妙法の正しさ、偉大さを証明していくのに対して、絶待妙は妙法を根本として一切の他法を部分観として生かしていくものである。

――『広布と人生を語る』第七巻、二二五～二二六頁

⑦日蓮大聖人は、「一切世間の治生産業は皆実相と相違背せず」との天台の言

葉を通して、「智者とは世間の法より外に仏法を行ず」（御書一四六六頁）、「やがて世間の法が仏法の全体と釈せられて候」（御書一五九七頁）等と仰せです。「やがて」とは「そのまま」という意味です。世法の姿が「そのまま」仏法なのです。

——『法華経　方便品・寿量品講義』（『池田大作全集』第三五巻、一四八〜一四九頁）

解説

人間の心は、高邁な理屈よりも優れた人格からの感化によって根本的に変わる。ここで重要になるのが、対話である。対話は、宗教においても社会においても感化の実践法である。池田先生は、どこまでも対話の力を信じて行動する。対話以外の場においても、対話するように講演し、対話するように書く。創価学会の信仰の実像は、師弟の対話を基軸とする生命的な感化の輪にある。創価学会員は、この感化の輪を人間的な対話を通じて世界に広げ、恒久平和の実現を目指す（引用文①）。教義上のドグマを論ずる前に、まず人間性の次元から仏法の平和の精神を伝えていく。池田先生の言う「人間主義の対話」である。そこにこそ、宗教者の立場から平和への最大の関門である人間同士の不信感を乗り越える道があろう。

人間主義の対話は、いわゆる宗教間対話の場においても大きな力を発揮する。宗教対立は、現代にあっても人類の平和を脅かす深刻な要因の一つである。それゆえ、諸宗教の対話を推進する動きが、二十世紀以降、盛んになってきている。しかし、宗教間の対話と協力を実現するには、「異なる信仰」という心の壁を取り払わなければならない。

世界的な一神教であるユダヤ教、キリスト教、イスラームは、いずれも唯一神への絶対的な帰依を命じている。他方、仏教には汎神論的な面があるが、仏や法に対して絶対的な帰依を説く点は一神教と変わりがない。

そのように異なる信仰を持った宗教同士が対話し、互いに協力するためにはどうすればよいのか。池田先生は長年にわたり、実際に信仰や主義が異なる世界中の有識者と対話を重ねてきた。その数はじつに七千人を超えている。その奇跡とも言える経験の中で、池田先生がつかんだ確信とは、まず人間として語り合えば必ずわかり合えるようになる、というものだった。宗教間対話で言えば、教義上の議論ではなく、人間同士の共感から対話を始めることが極めて重要だと述べている。

人間として互いに共感し、語り合う中で「共通の人間性」(引用文②)に気づけば、やがて友情が生まれ、自然に人間同士の話ができるようになるだろう。そこから今度は、宗教の原点が「人間の幸福」にあることを、各宗教の創始者の精神に帰って確認する作業が行われる(引用文③)。当然、教義的な話も出てくるが、人間的信頼に支えられた議論では、互いの共通点が多く見出され(引用文④)、相違点は多様性として尊重される(引用文⑤)。しかも、創価学会には、宗教上の相違点を多様性として生かす教義(絶待妙)があり(引用文⑥)、さらに世俗的な考え方をも仏法の真理として尊重する柔軟性がある(引用文⑦)。

人間的共感から始まる宗教理解は、こうして諸宗教が学び合い、高め合い、協力し合う場をもたらすのである。

◇　◇　◇

共感的多一主義とは、人間的共感から出発して異なる宗教を理解していくことを言う。創価信仰学は、これを宗教間対話の原理とする。共感的多一主義は、人間的共感を意味づける「人間主義」と、宗教理解の構造を示す「多一主義」という、さらなる二つの原理に依拠している。順に説明していきたい。

他者との対話における人間的共感の重視は、池田先生が自ら宗教間の対話や異文化との対話を実践する中で得た他者理解の智慧と言えるが、その思想的根拠は「人間主義」に求められる。池田先生が提唱してきた人間主義は、宗教、人種、イデオロギーの如何を問わず、全人類が本来的に仏であり、尊極の存在であると見る思想である。一切衆生の成仏を説く法華経の精神に立脚したヒューマニズムであり、宗教の違いを超えて生命の尊厳と人間の平等を唱える立場に立つ。

仏法の人間主義者にとって、他宗教の人は異教徒ではなく、潜在的な同胞（地涌の菩薩）であり、究極的には尊極の仏である。ゆえに、他宗教の人に対する仏法者の人間的共感は、善き人間性の表れである以上に、人間主義の信念の発露である。

普通、ある宗教が思想の次元で他宗教に共感するとなれば、自らの普遍性の主張を捨てるか、あるいはそれをいったん脇に置くか、といった無理が生じてしまう。ところが、人間の次元で他宗教に共感することには、そうした無理がない。しかも、創価学会の場合、仏法の普遍性をありのままの人間に帰着させ、人間こそが宗教の目的であるとする。したがって、他宗教の人々への人間的共感は、仏法の普遍性を損なうものでなく、むしろその徹底的な主張なのである。

また、このように人間の平等な尊厳を唱えるところから、広く民衆に支持されてきた世界的宗教を尊重し、平等に遇する態度も生じる。これは、他宗教の教義を平等に尊重するという意味ではない。どこまでも人間を平等に尊重するゆえに、他宗教という人間の集団も自分たちと平等に見るのである。人間の平等としての宗教の平等であり、そこに実りある宗教間対話の条件が整うであろう。

そして、異なる信仰を持った人々が人間として共感し合い、平等の立場で対話を行うとき、おのずと教義の面からの対話も始まる。ここでも重要なのは、人間的共感の延長線上で諸宗教の教義を考えることである。そうすれば「人間の幸福」が議論の焦点となり、互いのドグマをぶつけ合う論争に陥らずにすむ。諸宗教は、むしろ民衆の幸福のために戦い抜いた創始者たちの精神を再確認しながら、各々の宗教の原点に回帰する形で教義の共通性を探ることになろう。すると、世界的な宗教には多くの共通点があることがわかってくる。弱者を助け人間の解放を目指すこと、腐敗した聖職者と戦うこと、学問や文化を尊ぶこと、世俗を超えた次元から人間の平等や個人の自立を説くこと――これらは、仏教、ユダヤ教、キリスト教、イスラームに共通するものと言ってよい。

さらに、人間的共感の態度は、諸宗教の相違点を肯定的に捉える基盤ともなる。人間対人間の友情は、諸宗教の相違点を対立的に見る心を抑え、それを文化や環境の違いに応じた真理の多様性と考える視座を育んでくれる。共感的な宗教理解こそが、真理の探究を目指す宗教間の協力を推進する大きな力となるに違いない。

もっとも、他宗教の真理を多様性として尊重し合うには、それぞれの宗教において確たる教義的な裏づけが必要である。この点、創価学会も人間主義とは別の説明の仕方を検討してよい。人間主義は万人に仏の生命を認めるが、仏の生命は自由自在の妙法と別のものではない。よって、人間主義は妙法の真理に根拠づけられるはずであり、その真理のあり方から創価学会の宗教理解を論理的に説明することができるだろう。創価信仰学は、これに挑戦し、新たに「多一主義」という概念を提唱する。

ここで参照点とするのは、現代世界に見られる宗教理解の諸類型である。かつてのカトリックは「教会の外に救いなし」とする特殊主義的な態度をとってきたが、一九六二年から一九六五年にかけて開かれた第二バチカン公会議を大きな契機として独善的な姿勢を見直し、カール・ラーナーのように他宗教にも真理の可能性を認める包括主義的な神学者が活躍するようになった。一方、プロテスタントの側では、自由主義神学やエキュメニカル運動の影響の下、多元主義的な宗教理解が進められた。代表的論者のJ・ヒックは、ラーナーの「無名のキリスト者（anonymous Christians）」のように他宗教をキリスト教の枠内で肯定する包括主義が、いまだキリスト教の優越性に立っている点を批判し、どの宗教も究極的実在に対する応答として真理性を持つとする宗教多元主義を提唱した。こうした結果、宗教間対話を意識した宗教理解の議論では――もともとキリスト教神学の側から他の宗教伝統を評価する試みではあるが――特殊主義・包括主義・多元主義の三類型がしばしば用いられる。

では、創価信仰学の宗教理解はどの類型にあてはまるのか。創価学会では、あらゆる思想が妙法の一法から生じている、とする法華経的な捉え方を主張している。これは一見、法華経の唯一性に立って他の思想を肯定する包括主義的な態度に見える。しかし、法華経の内在的論理、すなわち自在の論理に照らせば、そのように単純な理解が導かれることはない。

妙法の「妙」とは、天台大師が『法華玄義』で明かしたように、相対的な優劣の次元（相待妙）と絶対的な尊重の次元（絶待妙）の両面を有している。すなわち、前者の面ではたしかに法華経の唯一性を説くものの、後者の面ではあらゆる思想を法華経の部分観として尊重し、その多様性を生かすのである。日蓮大聖人は、後者の絶待妙の立場から「一代聖教は法華なり」（新三四六頁・全四〇四頁）との本質的な仏教理解を示されている。これを広げて論ずるならば、「良き宗教は即ち法華経なり」といった宗教理解が成り立つだろう。

「真理は一つ」（相待妙）という立場が、そのまま「真理は多様である」（絶待妙）という立場となるのが、妙法の「妙」（不可思議）たるゆえんである。まさにこのゆえに、創価信仰学では「真理は一つであって多様である」という自由自在な妙法の真理に立って他宗教を理解し、尊重する。そして、先のヒックとは異なる宗教多元主義として、唯一にして多様な真理のあり方を考える「多一主義」を主張するものである。「真理は一つ」という「一」の立場が、そのまま「真理は多様である」という「多」の立場ともなる。

一が多に展開するのではなく、一は多であり、多は一である。それが多一主義である。我々は、従来からある特殊主義、包括主義、多元主義の三類型のいずれでもなく、日蓮仏法の多一主義的な立場から他宗教を理解していきたい。

日蓮仏法は、究極的真理の世界において諸宗教、諸思想を尊重し、生かそうとする。そこには何の排他性もない。日蓮と言えば、いわゆる「折伏」の排他性が取り沙汰されがちだが、真実は他宗教の法華経誹謗（謗法）という排他性に反対する側であった。本質的に言えば、日蓮仏法は多一主義的な寛容を徹底するのである。

多一主義の真理は自由自在であり、あたかも太陽の光のように遍在している。太陽の光は、どんなところにも降り注ぐ。それは誰の所有物でもなく、国境もなければ宗派もない。我々創価信仰学は、太陽のごとき多一主義の信念を持ち、宗教、文化、国家、イデオロギー等々、あらゆる垣根を取り払い、宗教や文化の多様性を尊重していきたい。その際、宗教理解の原理である多一主義が、さらに以下の四項目に展開されることを予期している。

(1) 自宗教の唯一性

宗教多元主義は「唯一の絶対的な宗教がある」という前提を否定する。しかし、創価学会の多元主義は宗教の唯一性を否定しない。我々は、日蓮仏法こそが唯一の絶対的な宗教であると固く信じている。ただ、この唯一性への確信は、多一主義的に多元的な視座も有するため、歴史的、相対的に日蓮仏法を他宗教と比較する学問的な思惟を放棄しない。つまり、これは宗教の初期形態に見られる素朴な唯一性への信仰ではなく、学問的な宗教観を内に取り込み、常に再構成され続けるような唯一性への確信と言える。

それでもなお、他宗教の人々から見ると、右のような主張は独善に映るに違いない。なぜならば、あらゆる宗教が唯一絶対のものとして世に現れているからである。そこで注目すべきなのは、唯一性の中身である。我々にとって、日蓮仏法は最も寛容な宗教ゆえに唯一性を持つ。今、そのことを人間と真理という二つの側面から説明したい。

まず人間という側面から言えば、日蓮仏法は人間主義を徹底する宗教である。万人を仏と見て尊敬する宗教であり、人間の絶対的平等を宣言している。宗教の違いを含む、ありとあらゆる差異を超えて人間の平等を唱えるゆえに、我々は日蓮仏法を唯一の宗教と信じてやまない。

次に、真理という側面から言えば、日蓮仏法は自由自在の妙法を説く多一主義の宗教である。本質的に、自宗教と他宗教という立場の違いにもこだわらない。釈尊が唱えた「無立場の立場」を徹底する。それがよく表れているのは、先に述べた絶待妙の宗教理解であろう。妙法は、絶待妙において諸宗教の真理を尊重し、生かす真理である。絶待妙とは比較相対を絶してすべてを妙法と開会(かいえ)することであり、諸宗教を法華経の部分観と見るにしても、上下関係を設ける包括主義的な宗教理解とは異なる。強いて諸宗教の自在的平等を説くと言えなくもないが、それを強調すると妙法の唯一性が薄れ、天台本覚思想のように念仏や真言もすべて法華経だとする雑信仰に陥ってしまう。言い換えれば、多一主義でなく多元主義に変質してしまう。

それゆえ、日蓮仏法では、絶待妙の立場でも他宗教を法華経の部分観（体内の権）にとどめる。とはいえ、一切を究極的真理の体内に置くわけだから、他宗教を異教扱いはしない。法華経の全体観と一体の部分観として他宗教を生かしていくのが、日蓮仏法の宗教理解なのである。

したがって、日蓮仏法は決して他宗教を本質的に否定する特殊主義の宗教ではない。あるいは、神の啓示の特殊性を救済の普遍性につなげるバルト的な特殊主義とも異なる。また、他宗教の立場をそのまま生かそうとする点で、他宗教に自宗教のラベルを貼る包括主義とも違う。自宗教の唯一性を捨てる多元主義でもない。唯一だからこそ多様である、という逆説的な立場、多一主義と呼ぶ以外にない。そして、それは「多」と「一」の完全な逆説であるゆえに、トレルチが歴史主義を踏まえつつ試みた、キリスト教の優位を保持した多元主義的な宗教解釈などとも位相を異にしている。キリスト教神学者がいまだ本格的に出会ったことがなく、それゆえに従来の類型では把握できない仏教が、ここにあると言うこともできるだろう。

真理の面から見た日蓮仏法は、多様性としての唯一性であり、唯一性としての多様性である。この完全な逆説性に立ち、我々は開かれた精神で唯一の宗教を選択する。

(2) 他宗教の人間への寛容性

池田先生の寛容論は「法に厳格」「人に寛容」という言葉に集約される。宗教間対話を行う場合、法すなわち真理の面においては、宗教の唯一性を保持するために厳格さが要求される。だが、人間という面においては、宗教の如何を問わず、どこまでも寛容でなければならない。この点は、すでに全人類を本来的な仏と見る人間主義として説明したとおりである。

では、こうした寛容論は、「真理は一つであって多様である」という多一主義の定義とどう結びつくだろうか。多一主義の定義のうちで、「真理は一つ」の唯一性は、唯一の真理の探究を目指す厳格な態度を導く。これは「法に厳格」という原則に通じている。また、「真理は多様」の多元性は、宗教の如何にかかわらず人間が多様な真理の担い手として尊厳性を持つことを保証する。イエスやムハンマドなどが「時代の改革者であり、聡明な〝勇気の人〟〝信念の人〟」であるとの池田先生の見方は（引用文③）、一人の人間として見たときに他宗教の創始者が偉大な真理の担い手だったとするものである。我々は、そこに人間主義と多一主義の深い関係性を見ることができよう。

このように、多一主義は他宗教の人間への寛容性を強く主張するのである。

(3) 非寛容との闘争性

真理の多元性を主張する寛容な宗教は、真理を独占しようとする非寛容な宗教と戦うべき立場にある。ところが、ヒックが主張するような宗教多元主義では、宗教的真理の多元性を認めるゆえに、非寛容な宗教が唱える真理を理論的に否定することが難しい。非寛容な宗教と戦いづらい理論構造を、宗教多元主義は有している。

多一主義は、この多元主義のジレンマを乗り越えて非寛容な宗教と戦う。まずは「真理は一つであって多様である」における「真理は一つ」の唯一性を根拠に、非寛容な宗教の真理を批判する。そしてまた他面では、「真理は多様」とするゆえに宗教の違いを超えた人間の尊重を掲げ、排他的で非人道的な宗教テロなどに強く反対する。しかもその人間尊重は、人間主義の信念に固く支えられている。こうして、「非寛容との闘争性」が、多一主義の一つの特徴となる。多一主義は、人間尊重の立場に徹して暴力的な宗教と戦うことができる。

言うまでもないが、非寛容と戦う寛容は、寛容な宗教が非寛容な宗教と同じ次元で争うことを意味するものではない。多一主義者は、他宗教の人間への寛容性ゆえに非寛容な宗教に属する人々をも尊重し、護ろうとする。多一主義にあっては、戦うことも寛容である。対決も慈悲である。我々は戦いにおいても、唯一性と寛容性が融合する地平に立とうとする。

(4) 立場の自在性

多一主義の真理は自由自在である。それは、太陽のように地上のすべてを照らす。ゆえに、自分の中だけで真理を語らない。異なる他者にも真理の光を当てる。他者の言葉でも自己の主張を表現する。多一主義は、話者が自在な立場に立つことを可能にするのである。

創価信仰学は、イエスの振る舞いから菩薩の精神を語り、デカルトの哲学と対比して縁覚の悟りを論じ、ムハンマドの言動に即して仏法の「人間主義」を考えることをいささかも躊躇しない。宗教、文化、イデオロギーの枠を超え、世界中の識者と多岐にわたる対話を繰り広げてきた池田先生の足跡が、我々の規範である。今日の多文化的な世界に調和をもたらすための対話は、そのように「立場の自在性」を駆使する人によって先導される必要があるだろう。

宗教の次元で言えば、この「立場の自在性」は、他宗教から謙虚に学び、自己を変革することにつながる。宗教の別なく、深淵な思索や弱者を護る心などは、究極的な真理である妙法と共鳴しているはずである。また、例えば我々は、キリスト教の教会論を学ぶことで、仏の教団である創価学会の意義について、より豊かな認識を得ることもできるだろう。そうしたところには、他者としての日蓮仏法がある。そこで我々の知らなかった仏法が可視化され、結果として自己変革が起きるのである。

異なる宗教同士が学び合い、対話を超えて互いに自己変革を成し遂げることは、宗教多元主義者のJ・B・カブJr.も主張している。しかしながら、カブの理論は諸宗教の共通基盤を設定することがない。これに対し、創価学会の人間主義は「人間」という確固たる共通基盤を提唱し、その多一主義は「立場の自在性」を発揮して異なる宗教と宗教の間に橋を架けようとする。人間的共感と立場の自在性による諸宗教の思想的架橋——共感的多一主義に基づく宗教間対話が宗教の学び合いと自己変革をより深く、強く推進することを、我々は信ずる。

第3章　「啓蒙主義と宗教」研究会

1　開会の辞

「信仰」と「学問」をつなぐために

松岡幹夫
創学研究所所長

本日の研究会は、「啓蒙主義と宗教」という通しテーマを掲げまして、それぞれの発表者がそのテーマをめぐって発表を行うという形式になります。

創学研究所は、今年（二〇一九年）三月に開所式を挙行し、「信仰と理性の統合」を理念として掲げて出発いたしました。今回の「啓蒙主義と宗教」というテーマも、「信仰と理性の統合」という大きなテーマの中の一つとして選んだものです。

言い換えれば、『学問と信仰の関係』について、改めてじっくり考えてみよう」というのが、今回の研究会の趣旨であります。

私はこれまで、創価学会についてさまざまな場で研究をさせていただいてきました。その中で常々考えていたのは、「創価学会にもキリスト教における神学のようなものが必要ではないか」ということです。

もちろん、創価学会には「教学」というものがあり、教学部という部門で日々研鑽が進められてはいます。

しかしその上で、さらに一般の学問を取り込んで、それを信仰と結びつけていく――そのような営為が必要なのではないかと考えたのです。

そう考えるようになったきっかけの一つは、これまで私が研究を進める中で、創価学会学術部のメンバーの方たちと、いろんな場面で接する機会があったことです。

その方々の多くは、「研究者としての自分」と「信仰者としての自分」を整合的に両立させるために、さまざまな葛藤を抱えておられるようにお見受けしました。と言いますのも、特に人文系の場合、学問と信仰は時として対立するものだからです。信仰が学問を否定する場面もあれば、学問が信仰を否定する場面もあります。

そうした場面に遭遇したとき、信仰者であり研究者でもある立場として、どちらを優先すべきなのか？　どちらを取ってどちらを捨てるべきなのか？　そのような難しい判断を迫られるわけです。

そうしたときには、どちらかを選ぶのではなく、「ダブル・スタンダード」の姿勢をとることで解決を図るケースが多いかと思います。つまり、「信仰は信仰」と割り切って学会活動を頑張ってやっていく一方、「学問は学問」と割り切って学者として成果を出していこうとする。そして、自らの研究の中に生じた信仰と学問の対立については、とりあえず棚上げをしておくのです。

そのような姿勢をとることも、一つの見識ではあるでしょう。しかし、そのようなダブル・スタンダードに立っている限り、信仰者としても研究者としても本気で取り組むことはできず、本当の力が発揮できないのではないかと私は懸念します。

創価学会第三代会長の池田大作先生は、創価学会員が学問に取り組む姿勢について、「序分・正宗分・流通分」という経典内容の三段階の区分（※三分科経）を援用して、「学問は仏法の序分であり流通分である。学問も仏法のためにすべて生かしていくのだ」という主旨の指導をされています。

しかし、池田先生が言われるように「学問を仏法のためにすべて生かしていく」ためには、信仰と学問がきちんと結びついていないといけません。ダブル・スタンダードによって「信仰は信仰、学問は学問」と立て分けて考えている限り、すべて生かしていくことはできないわけです。

そして、信仰と学問をつなぐためには、どうしても「信仰の学」——信仰学が必要になります。

考えてみれば、池田先生がこれまでに各国の大学で行ってきた講演、あるいは『法華経の智慧』のような「人間主義」の著作は、まさに「信仰と学問をつなぐ」内容になっていました。「信仰の学」を先駆的に切り拓いた実践例であったのです。

したがって、池田先生を師と仰ぎ、研究者として生きる我々も、師の実践に倣って信仰と学問を架橋する道を切り拓いていかなければならないと考えます。

＊

本日の研究会には、作家の佐藤優氏にもご参加をいただいております。

みなさんもご存じのとおり、佐藤さんは今の日本を代表する論客の一人です。しかし、私は仕事でたびたび接して対話するうちに、論客としてよりもむしろ、神学者として非常に優れた見識をお持ちの方であるとの感を抱き、深く尊敬しております。

私が教学とは異なる創価学会の「信仰学」を構想したのも、また、このように「創学研究所」を立ち上げるに至ったのも、佐藤さんからの影響によるところが大きいのです。また、研究所を立ち上げるまでの過程においても、佐藤さんのご助言に大いに助けられました。

本日の研究会のみならず、これからも、随時、佐藤さんのお知恵をお借りできればと念願しております。併せまして、本日ご参集の皆さまからも、それぞれのお立場から、各発表者に対して忌憚のないご意見・ご助言を賜りたいと思います。

今日は長時間の研究会となり、ご多忙のところ恐縮でございますが、どうぞよろしくお願いいたします。

※編集部注：三分科経／経典を次の三つの科段に分ける考え方

①「序分」＝序説としてその経典が説かれる由来や因縁を明かす部分

②「正宗分」＝その経典の中心となる本質的な教説の部分

③「流通分」＝その経典の功徳を説き、後世においてその経典を受持し広めていくよう弟子に勧めた部分

2 論考

松岡幹夫

創価信仰学を考える

曖昧な「信仰の論理」を可視化する

創価学会の中にいる私たちはふだん、「自分がどのような信仰の論理に基づいて信仰をしているのか?」ということを、あまり明確に意識しません。もちろん、日蓮仏法の教学は学んでいますが、その論理性を真剣に考えることはなかなかありません。理由は、池田大作先生という絶大な信仰の求心力があるからでしょう。そのため、特に意識しなくても信仰を実践できる環境が整っています。とはいえ、ある意味で「無自覚に信仰をしている」という面もあるわけですから、私は、そこを可視化してみたいと思います。

我々が目指す「創価信仰学」とは、文字通り「創価学会の信仰についての学問」であり、創価学会の「信仰の論理」を明確にする学問です。

今日の発表では、「創価信仰学」の目指す方向性について、概略を示してみたいと思います。

仏教研究の三つのあり方

まず前提として、仏教研究の基本的なあり方とはどのようなものかを考えてみましょう。私が思うに、それは以下の三つに大別することができます。

①学術者の仏教研究

第一に、学者・研究者による仏教研究です。

その特徴としては、「歴史上の事実(fact)」を対象として探究するということが挙げられます。誰がどこでどのような行動をし、どのような教えを説いたか、どのような文献が残っているのか……といったことを探究する。

言い換えれば、実証的、文献学的な仏教研究です。

日蓮教学において、初めて文献学的な仏教研究を取り入れたのは、戦前に立正大学の教授を務めた日蓮宗の浅井要麟という人物です。彼がどのような姿勢で仏教研究に臨んでいたかを示す一節を、著作から引用してみます。

「尚将来宗学研究の上に注意すべき点は、帰納的方法に依らなければならぬといふことである。即ち多くの事実を総合して一致点を求め、その中から真理を把握する方法である。従来多くの宗教的研究は演繹的方法に依つたのであるが、其結果は往々にして独断に陥ることを免れない。然るに現代に於ては、宗教的研究も自然科学や社会科学の影響を受け、宗教上にも客観的研究法が採用さるるに至り、従来の演繹的研究方法は反省の余儀なきに至つた」

（浅井要麟『日蓮聖人教学の研究』一二四～一二五頁）

ここに示されているとおり、浅井氏は帰納的な仏教研究を提唱しました。しかし、「仏教研究について、他の社会学的研究のように帰納的研究だけでよいのか？」という疑問が、当然のように出てきます。そのような、浅井氏の立場の対極に立つ姿勢が、二つめの「宗教者の仏教研究」になります。

②宗教者の仏教研究

これはどういうものかと言えば、浅井氏らが「歴史上の事実」を重視するのに対して、「体験上の事実(reality)」を重視する立場です。

ここでいう「体験」とは何かと言えば、いわゆる「神秘体験」のことです。修行や内観、（先達の宗教者の体験の）追体験などによって、現実とは一線を画した「彼岸の世界」を垣間見る体験を指します。つまり、「体験的事実からの仏教観」は、一種の神秘主義であると言えます。

この立場に立つ人の例として、廣澤隆之という仏教研究者の言葉を引きます。廣澤氏は、真言宗智山派の僧侶でもあります。

「私たちは宗派の中で権威ある指導者に従ってそ

れぞれに体験をする。その体験に意識を集中させれば、そこに私は井筒（＝俊彦）のいう『意識のゼロポイント』に行き着く『心霊上の事実』（西田〔＝幾多郎〕）を認めることができる。その言説化として宗派の教理学を解釈することが基本になるであろう。そして言説化の体験的事実から解釈することこそ、文献史学的解釈に優先する宗学の位置づけになることを望む。自らの体験を基盤にすることなく、仏教文献学史的方法を無自覚に宗学に導き入れた伝統教団のあり方を批判的に検証すべきであろう」（廣澤隆之「宗学再考にむけて」、智山勧学会編『日本仏教を問う』二八三頁）

要するに廣澤氏は、文献学的な方法よりも宗教体験の論理化を優先して仏教を理解しないといけない、と考える立場です。ただし、同氏は現段階ではそのような立場を提唱するにとどまっていて、具体的な方法論を詳しく示しているわけではないように見受けられます。

広い意味で言うなら、大谷大学の基盤を作った宗教哲学者・清沢満之の宗教哲学や、京都学派の元祖である西田幾多郎の哲学なども、廣澤氏の提唱する立場に該当すると思われます。

清沢の言う「精神主義」や西田の言う「純粋経験」は、要するに「宗教体験を論理化しようとした」哲学と言えます。その意味で、「宗教者の仏教研究」の一種と言えると思うのです。

体験上の事実を重視する宗教者の仏教研究は、「演繹的な研究」と言えるでしょう。

以上二つの立場に対して、今、我々が模索しているのは、次の三つめの立場です。

③信仰者の仏教研究

これはどういうものかといえば、「信仰上の事実(reality)」から出発する仏教研究です。

というと、二つめの「体験上の事実」との違いがわかりにくいと思いますので、説明します。

「体験上の事実」で言う「体験」とは、すでに述べたとおり、「神秘体験」を指します。それに対して、ここで言う「信仰上の事実」は、神秘体験や、「悟りの境地」のような非日常的な宗教体験に限定されません。

もっと日常的な信仰体験――つまり、「信仰に励む日常の中で、ふと仏の力を実感する」という、「信仰者にとっての事実」を意味しているのです。それは、個々の創価学会員にとっては「功徳の実感」という形をとって表れます。我々が池田先生の指導を通じて御書を拝し、学会の中で教学や物事の道理を学び、信仰実践に励む中で、「これは絶対に功徳だ」としか言いようがない出来事に出合うことはよくあります。その実感の中にこそ「信仰上の事実」があります。それは他の人に見せることはできないし、功徳の存在を科学的に証明することもできません。しかし、厳然と「ある」のです。

そこには、日蓮仏法で言う文証・理証・現証という「三証」の具備が見られます。池田先生の指導を通じて御書を拝することは文証です。池田先生の講義などから教学や道理を学ぶのは理証でしょう。そして、池田先生の指導を根本に勤行・唱題と学会活動に励む中でさまざまな功徳や仏菩薩・諸天の加護を実感する。この信仰上の事実は現証にあたります。信仰上の事実には三証のすべてが具わっています。そして、この信仰上の事実が揺るぎないものとなる中で、我々は、自分自身が末法の人類救済のために出現すると法華経に予証された地涌の菩薩に他ならないのだという「根源的事実」を確信するに至るのです。

こうして、我々創価信仰学の本当の出発点は、歴史的事実というより根源的事実であることが明らかになります。そして、根源的事実から出発することは、現実的には三証を具備した信仰上の事実から出発するということになるでしょう。

日蓮大聖人も、『諸法実相抄』の中で、「行学は信心よりおこるべく候」（新一七九三頁・全一三六一頁）と教えられています。「行学」の中には当然「教学」も含まれます。つまり、「教学は信心から出発するのでなければ意味がない」と言われているわけです。この言葉にこそ、「信仰者の仏教研究」の原点があると考えます。

念のために、「信仰上の事実」と、先に述べた「体験上の事実」の違いについて、もう少し話しておきます。「体験上の事実」は、超現実の世界を体験することですから、彼岸（あの世）性に偏重する嫌いがあります。これに対して、我々の言う「信仰上の事実」においては、「彼岸性」と「此岸（この世）性」が共存しています。つまり、日常の中に超越性を感じるということです。

この「彼岸性」と「此岸性」の二分法は、作家／神学者の佐藤優氏がよく使われているものです。佐藤氏は、彼岸性と此岸性の両方を兼ね備え、二つの間を往還している点に、創価学会の信仰の特徴があると指摘しています。

さて、ここで一度考えてみたいのは、キリスト教における「史的イエス」と「宣教（ケリュグマ）のキリスト」の対比の問題です。

「史的イエス」とは、歴史的事実としてイエス・キリストがどのような行動をしたかということを探究する立場です。これは主としてリベラルな神学者がとった立場だそうです。それに対して、「宣教のキリスト」とは、キリスト教の宣教の中でイエス・キリストがどのように教えられ、語り継がれてきたかを重視する立場です。次に引用するのはR・ブルトマンという実存主義神学者の言葉ですが、彼はまさに、「史的イエス」よりも「宣教のキリスト」のほうがより本質的であると主張した人です。

「十字架につけられ甦りたもうた者たるキリストは、宣教の言においてわれわれに出会い、その他のいかなるところにおいても出会わないのである。この言にたいする信仰こそがまさに、復活祭の使信への信仰なのである」

（ブルトマン『新約聖書と神話論』八八頁。傍点原著）

ブルトマンらの立場は、要するに歴史上のキリストではなく、「信仰の世界のキリスト」を重視するものといえます。これは、「信仰上の事実」から出発しようとする創価信仰学が参考にすべきアプローチと考えられます。

ただし、我々の言う信仰者の仏教研究においては、生きた宗教が現実性と超越性を往還するものである以上、「信仰とは彼岸の世界のもの、現実を超えたものである」という一言で片付けるわけにはいきません。いわば「帰納法を活用する演繹的な研究」が求められます。つまり、超越的な信仰の真理を証明するために、一般の学問的な知識を用いる必要があるのです。

前出の佐藤氏が『第三文明』の連載「希望の源泉 池田思想を読み解く」で、「創価学会員が日々実践している勤行は、それ自体が彼岸と此岸を往還する営みである」と言われていました。どういうことかというと、例えば勤行の中にある先祖回向は、亡くなった先祖を追善するものですから、彼岸の領域に属します。しかし、同じ勤行の中で学会員はその日の仕事がうまくいくことなどを祈念しますから、彼岸から此岸——現実世界にまた戻ってくるのです。勤行の中に、すでに彼岸と此岸の往還が包含されている。そして、創価学会に限らず、世界宗教には必ず、「彼岸と此岸を往還する」という特徴があるのだと、佐藤氏は言うのです。もっともな指摘だなと、私は思いました。

したがって、我々が目指す信仰者の仏教研究においても、「彼岸と此岸を往還する」姿勢が求められるのだと思います。

創価信仰学における池田大作先生

次に、我々が目指す「創価信仰学」の核心はどこに置かれるべきかを考えてみます。その核心は池田大作先生の存在にこそあると、私は考えます。以下、その理由について述べていきます。

①「信仰学」とは何か

まず、そもそも「信仰学」とはどのような学問なのかを考えてみます。それを私は、「信仰による信仰のための学問」と定義してみました。

池田大作先生は、創価学会員の教学のあり方について、『新・人間革命』の中で次のように示されています。

「私たちは、いわゆる職業的仏教学者になるために教学を研鑽するのではない。自身の信心を深め、一生成仏をめざすためであり、広宣流布推進のための教学であることを、あらためて確認しておきたいのであります」

(『新・人間革命』第三〇巻上、三二〇〜三二一頁)

何よりも「信仰のための教学」である、と強調されているのです。私どもが目指す「創価信仰学」も、基本的にはこれと同じ立場を取ります。それと違うことを目指すつもりはありません。ただし、我々は創価学会の教学をさらに学問と結びつけ、普遍化していきたいと考えています。「日蓮教学の学問化」という点だけを取り出してみれば、我々に先行していたのは日蓮宗だと思います。しかし、近代における日蓮宗の「宗学」とは、当初の構想はどうであれ、いまや「学問による学問のための宗学」という様相を呈しています。教学を学問的に展開する形ではなく、教学が学問の中に取り込まれる形での「教学の学問化」が、立正大学仏教学部を中心拠点とする近現代の日蓮宗宗学の実態でしょう。

次に引用するのは、日蓮宗学の大家と言ってよい望月歓厚氏——立正大学には「望月学術賞」という彼の名を冠した賞が制定されているほどです——が、著作の中で「宗学」の特質について述べている部分です。

「『教学』は、その宗教における教義信条の体系で、一種の権威を伴い、不変性をもつものであるが、『宗学』は、前者の基本的な線から出でて、『宗学する者』の主体性を通した、いわば、個性的な性格をもつた学的体系である。（中略）厳正な批判と謙虚な反省とによってのみ、学的宗学は成り立つ」
（望月歓厚『日蓮教学の研究』一〜二頁）

この考え方は、日蓮宗学のスタンダードと見なしてもよいと思います。要するに、宗学は教学よりも自由度の高い研究であって、学問的でないといけない。批判と反省によって学問的宗学を目指さないといけない……ということを彼は言っています。

しかし、我々が目指すのは、そのように学問中心的な教学の普遍化ではありません。もっと信仰を前提に置いて学問を用いるような教学の普遍化を探究していきたいのです。

そのような、信仰者の立場からの普遍化の試みとしては、キリスト教における神学がすでにあります。しかし、仏教界で他宗派がやっているかといえば、そうした試みは見当たりません。創価学会がそれをやるとすれば、仏教界では初の試みになるでしょう。

②創価学会員の「信仰上の事実」

ここで改めて、創価学会員にとっての「信仰上の事実」とはいかなるものかを考えてみます。先ほど、創価学会員が実感している信仰上の事実には日蓮仏法の三証が具わっていると述べました。その三証の根拠をよくよく考えていくと、最後に行き着くのは池田先生という存在です。

創価学会員は、当たり前ですが、歴史上の人物としての日蓮大聖人から直接に教えを受けているわけではありません。日蓮仏法の指導者である池田先生を師匠とし、池田先生の指導を通じて日蓮大聖人の御書を拝し、教学を研鑽し、大聖人の御遺命である広宣流布に励んでいるのが、今日の学会員の姿なのです。

つまり、学会員は、どこまでも池田先生の指導を通じて三証を実感している。これが学会員の「信仰上の事実」です。創価信仰学は、この「信仰上の事実」から出発します。それは取りも直さず、池田先生から出発する、ということです。

そして、こうした「信仰上の事実」に対する確信(信心)をより深めるために、創価信仰学は教学の普遍化を目指すのです。

言い換えれば、すでに創価学会員の皆さんが日々実践している信仰の中身について、掘り下げて論理化し、普遍化していくのが「創価信仰学」です。つまり、我々研究者が「私は創価学会の信仰についてこう思う」と、自らの意見を論ずる学問ではありません。そのような私見に寄った学問であるならば、いつしか創価学会の信仰とはかけ離れた「異流義」になってしまう危険性もあるでしょう。

ちなみに言えば、「私は創価学会の組織にはついていないが、歴史上の日蓮に学び、自分で御書を読んで信仰を実践している」といった個人主義的な考え方も、我々が目指す「創価信仰学」とは相容れません。

というのも、それはキリスト教神学における「史的イエス」と「宣教のキリスト」の立て分けで言うなら、「史的イエス」を重視する姿勢と考えられるからです。神学が「宣教のキリスト」のほうを重視するのは、「史的イエス」には救済論的な意義がないからです。それと同様に、「歴史上の日蓮」を重視し、「信仰上の日蓮」を軽視する姿勢には、救済論的な意義がありません。その場合の日蓮大聖人は学術的対象でしかなく、信仰の対象ではないことになるからです。およそ宗教的態度ではないのです。

一方、創価学会員の「信仰上の事実」は、①池田先生の指導に基づいて御書を読み、②永遠の仏としての日蓮大聖人の教えを実践し、③その功徳を実感する……という重層的な構造になっているのです。言うなれば、池田先生の信仰世界を通じて日蓮大聖人の信仰世界に入り、そこで学会員が「永遠の日蓮大聖人」と出会う、という構造です。

③池田先生の仏教的意義

さらにまた、池田先生がこれまで行ってきたことの仏教的意義について、私なりに考えてみたいと思います。これは一言で言えば、「仏教を歴史上初めて世界宗教にした指導者である」という点に集約できるでしょう。

仏教は、キリスト教やイスラームと並んで世界宗教の一つに数えられていますが、伝播したのは主にアジア地域であり、南北アメリカ、ヨーロッパ、アフリカ、オセアニア、中東など他の地域には縁の薄い宗教だったと言えます。ところが、創価学会はこの仏教のアジア性を克服し、世界中のほぼすべての地域に現地の会員を擁する国際的な仏教団体として発展を遂げました。すなわち、アジア性を超えて世界性を有し、名実共に世界宗教となった初めての仏教が創価学会なのです。

ここで、「世界宗教 world religion (s)」という言説の由来に触れておきましょう。この概念は、長くキリスト教普遍主義に立ってきたヨーロッパの知識人が、十九世紀に入ってキリスト教以外にも普遍性を持った宗教――とりわけ仏教という超民族的で高度な思想性を有する宗教――があることを発見した結果、二十世紀の初めごろからさかんに使われ始めたと言われています。ただし、キリスト教が普遍的な世界宗教のモデルだとすれば、キリスト教優越主義の一表現とも考えられるでしょう。

宗教学の分野では「民族宗教／世界宗教」という分類法が定着しています。民族宗教は民族的で閉じているが、世界宗教はそこから発展して普遍性を獲得し、人類に開かれている――こうした見方は、世界宗教を民族宗教の上位に位置づけ、宗教に対する価値判断をともなうものです。元を辿れば、セム的一神教と総称されるキリスト教、ユダヤ教、イスラームの中で、キリスト教を他の二宗教から切り離すために用いられた概念装置だったようにも思えます。

このように、「世界宗教」の概念には、何かとキリスト教側に立った価値づけが見え隠れします。M・ヴェーバーのように、単純に――言い換えれば、価値中立的に――信者数の問題として世界宗教を考える向きもありますが、基本的にはキリスト教に代表される普遍主義的な主要宗教を世界宗教と称してリスト化する傾向が見られます。

では、我々は、いかなる意味で創価学会を世界宗教と呼ぶのか。私自身は、これを仏法の宇宙的な世界観を前提に理解したいと思います。

日蓮仏法では、本源的に全人類が宇宙から来た聖なる使者、すなわち法華経本門に説き示された「地涌の菩薩」であると見ています。そこには、宗教の違いも文明の違いも民族の違いもありません。本来、宇宙のあちらこちらから集い来た菩薩の共同体が人類だと言うのです。創価学会の戸田城聖第二代会長は、この根源的な事実を踏まえて「地球民族主義」を提唱したようにも思われます。創価学会が「世界宗教」を標榜するのは、本質的にこの意味からだろうと、私は考えています。

つまり、創価学会は、「地球民族」の宗教として世界宗教なのです。創価学会の世界宗教論に関しては、キリスト教をモデルに構築された宗教学的な言説ではなく、あるいは世界的な会員数の増大という事実でもなく、第一に法華経の思想性から理解していかねばならないでしょう。

あくまで私の見解ですが、世界各国の学会員は、宇宙の中で地球を選んで人間として生まれてきたのだという地涌の菩薩の使命感を持ち、この「人間」の地球的連帯のうちに文明の多様性を大きく包み込もうとしています。しかも、仏法という宇宙的普遍の地平から「地球民族」の特殊性を意識するため、決して空想的な理想主義には陥りません。大宇宙から見れば塵芥にも等しい地球に自分が存在することの特別な意味を信仰の力で体感し、物理的な現実において地球民族の一員となり、それぞれの国や地域に貢献しながら、民衆が主体となって世界宗教を形成していくわけです。

話を戻しますと、創価学会の世界広布は、池田先生が第三代会長に就任してから本格的に始まりました。そして、池田先生の指導の下で発展したSGI（創価学会インタナショナル）は、いまや百九十二カ国・地域にまで広がっています。アジア、ヨーロッパ、アフリカ、北南米など世界中の学会員が池田先生の指導を日々学び、実践し、その中で仏の存在を実感する日常を送っているのです。この未曾有の「信仰上の事実」に照らし、池田先生は現在における仏教の到達点である、と我々は意義づけたいと思います。

仏教が世界に広まった例としては、チベット仏教のダライ・ラマや、ベトナム禅のティク・ナット・ハンなどの名がよく知られています。しかし、彼らの教えが果たして「世界宗教」と呼び得るかといえば、その代表格とされるキリスト教と比べてみても、あるいは民族性やアジア性を脱した世界性という観点から見ても、大いに疑問です。西洋諸国での布教を例に取るなら、彼らの教えは主に一部の知識人・著名人から支持を集めているにすぎません。西洋を含む世界の民衆レベルにまで仏教を広め、各国の人々の生活にしっかり根付いた例は、創価学会／SGIだけなのです。

その一点だけをとっても、今日、池田先生という仏教の到達点を離れて、日蓮大聖人や釈尊の仏法を正しく学ぶことはできないと考えます。

④仏教史における創価学会の正統性

以上の観点から、創価学会こそ、現在における仏教史上の正統教団であると言えると思います。ところが、一般に仏教史を時間の経過に沿った樹形図にした場合、創価学会は末端の枝葉のように図示されることになります。実際に果たした役割から言えば創価学会こそは一番太い幹であるはずにもかかわらず……。

そこで、一つの試みとして、創価学会が仏教史上に果たした大きな役割を示す形の系図を考えてみました。別掲の系図をご覧ください（次ページ）。

これは、仏教史上の正統性の系譜が、時間の経過に沿った一般的な樹形図とは異なることを「枝の幹化」の論理を使って説明したものです。

「枝の幹化」とは何かというと、一本の樹の幹が腐るなどしてダメになった場合、元はその幹から出た細い枝だったものが、だんだん太くなって新たな幹となっていくという現象です。自然界にはそのような現象が実際に多々あります。例えば、杉などの場合、主幹が倒れた後に、幹から出た枝が成長して新たな幹となることがあります。

同様に、仏教史というものも、大元の一本の樹がずっと中核であったわけではなく、途中である樹は倒れたり枯れたりして、そこから生まれた枝が新たな幹になったりする変遷を辿ってきたのだと思います。

考えてみれば、日蓮仏法における仏教の正統性の系譜である、いわゆる「三国四師」（インドの釈尊―中国の天台大師―日本の伝教大師と日蓮大聖人）は、時間の経過に沿った樹形図ではなく、「枝の幹化」のプロセスを辿った樹形図に他ならないのです。そうしたことを踏まえて考えてみた系譜図です。

⑤創価信仰学と「創価学会会憲」

ここまで述べてきた種々のことから、創価学会の信仰学は、どこまでも池田先生を師として仏教を論じ、広宣流布のための研究を行うものでなければならない、という結論になります。

ただし、そこで注意すべきは、創価学会の組織から離れ、学会本部を批判する立場をとりながら、「自分は池田先生の弟子であり、自分こそ正統である」と主張する人たちをどう考えるかということです。

広宣流布を実現する唯一の団体である創価学会を離れて池田先生を師とするならば、かえって池田先生の心に背くことになります。創価学会は、世界広宣流布の使命を担って出現した仏意仏勅の団体であるからです。――これは三代会長、なかんずく池田先生の大確信です。

池田先生は『新・人間革命』の中で、創価学会という教団の神聖な意義について次のように綴られています。

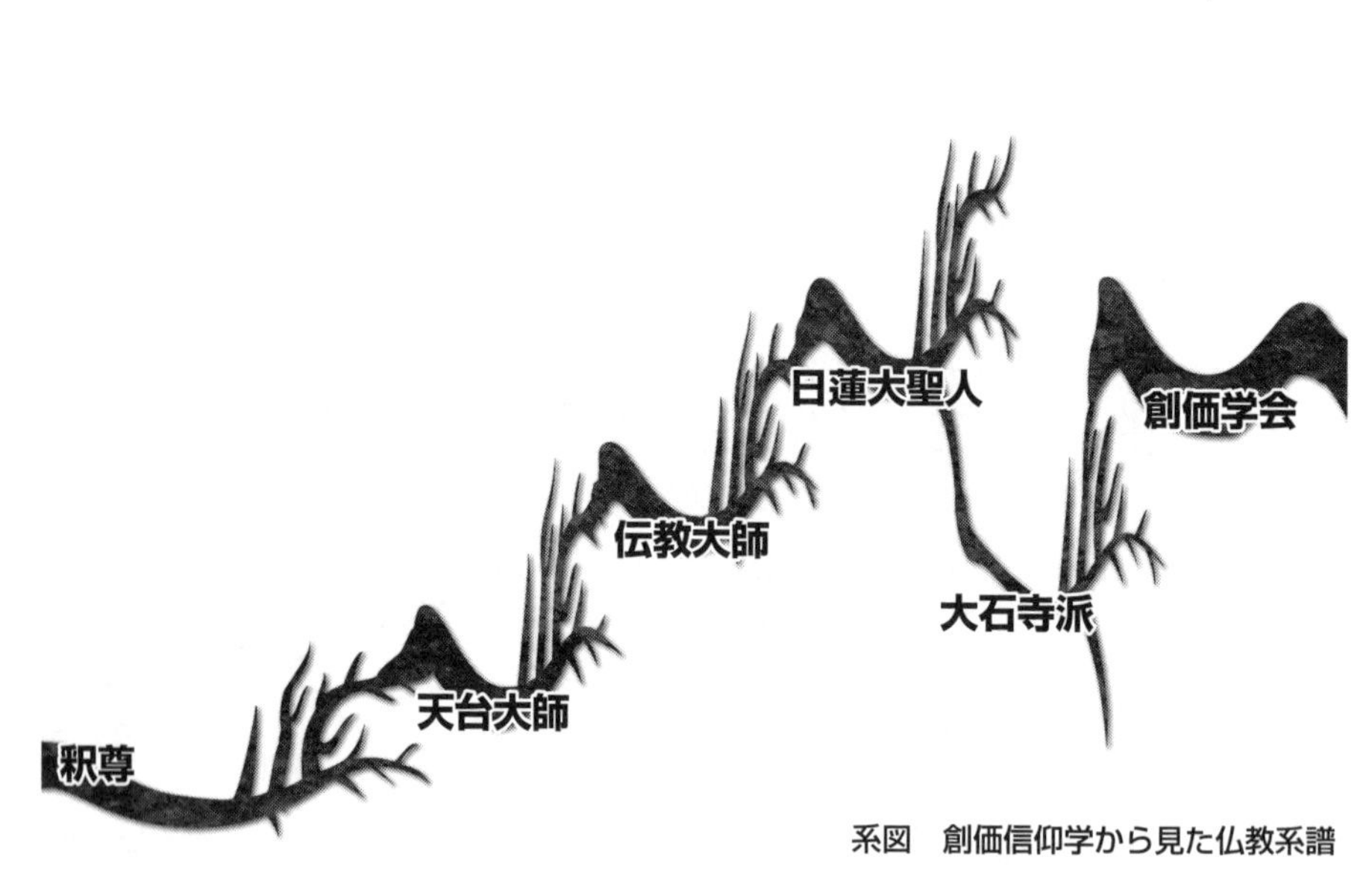

系図　創価信仰学から見た仏教系譜

「『御本仏・日蓮大聖人より、末法現代の広宣流布を託された地涌の菩薩の集いであり、仏意仏勅の団体こそ、創価学会なのだ』これが、戸田の大確信であった」（『新・人間革命』第二四巻、一七二頁）

また、創価学会という教団の根本規範である「創価学会会憲」の前文には、次のようにあります。

「牧口先生、戸田先生、池田先生の『三代会長』は、大聖人の御遺命である世界広宣流布を実現する使命を担って出現された広宣流布の永遠の師匠である。『三代会長』に貫かれた『師弟不二』の精神と『死身弘法』の実践こそ『学会精神』であり、創価学会の不変の規範である」（「創価学会会憲」前文）

創価学会の組織には、三代会長の使命と実践が、学会精神として刻印されています。したがって、「池田先生を信ずる」ということは、「創価学会を信ずる」ということに他ならないと思います。

仏勅の創価学会を離れては、師弟の道も広宣流布も断じてあり得ない――この信念に基づき、創価信仰学は「創価学会会憲」の精神に則った研究を行ってまいります。

参考までに、キリスト教神学ではこの種の問題をどう考えているかということを端的に示す一節を引用しておきます。

「教団を救い、教団を破壊されぬものとするのは、教団が根本的にイエス・キリストを見捨てることをしないという事実ではない。（どのように深くまた根本的に、教団がしばしば彼を見捨てたか、また見捨てているかは、誰にも分らない。）また、それは、教団の常日頃の良い存在や良い行為でもない。そうではなくて、それは、イエス・キリストが教団を見捨て給わないという事実である」

（カール・バルト『和解論』Ⅰ／4、九一頁。傍点原著）

たとえ教会がイエス・キリストを見捨てることがあったとしても、イエス・キリストが教会を見捨てることはない、とバルトは言うのです。

これは、創価学会という教団が仏意仏勅の団体であることと、類比的に捉えることができるでしょう。
我々は、時々の現象に目を奪われ、大局的に御仏意を信ずる姿勢を忘れてはならないと思います。

学会教学と日蓮宗学

①現証の第一義性

創価信仰学から見た場合、創価学会員にとっての「信仰上の事実」とは、池田先生の教えを通じて日蓮大聖人の仏法を実践し、日々の生活の中で偉大な仏の力を得ている、ということになります。

「私は池田先生によって真実の仏法を知り、池田先生のおかげで幸せな人生を歩んでいる」――大なり小なり、そう実感している創価学会員は、日本中、世界中に一千万人以上もいるでしょう。このことこそが重い「信仰上の事実」であって、誰人も否定できません。

創価学会の教学においては、一貫して「信仰上の事実」が重視されてきました。先ほど「信仰上の事実」が三証を具備していると述べましたが、それは「事実」と称することからわかるように、三証の中でも現証を第一義的に重んじます。

「日蓮、仏法をこころみるに、道理と証文とにはすぎず。また道理・証文よりも現証にはすぎず」（『三三蔵祈雨事』、新一九四一頁・全一四六八頁）との御書の仰せに基づき、宗教の正しさを知る上で「文証」（経典、聖典の裏付け）や「理証」（道理にかなうこと）よりも「現証」（信仰実践の生活への影響）を最も重視するのです。

現在の創価学会教学のスタンダードを示す『教学入門――世界宗教の仏法を学ぶ』では、「現証」について次のように解説されています。

「『現証』とは、その宗教の教義に基づいて信仰を実践した結果が、生命や生活、そして、社会にどのように現れたか、ということです。宗教とは、観念的なものではなく、人々の生活や人生に必ず大きな影響を与えるものです。そして、その信仰の実践が現実の上で、どう生活や人生に影響を与えたかで、宗教の勝劣浅深を判断していくべきです。

大聖人は『日蓮、仏法をこころみるに道理と証文とにはすぎず。また、道理・証文よりも現証にはすぎず』と仰せです。この御文で、道理とは理証のことであり、証文とは文証のことです。この御文に明らかなように、大聖人が、一番重視されたのが現証

です。それは、本来、現実の人間を救うために仏法があるからです」（前掲、『教学入門』七三〜七四頁）

したがって、創価信仰学も、根本的な信仰の確信に立った上で、どこまでも現証を第一義とし、そこから理論（理証）や文献（文証）を用いて知の体系化を目指すものとします。

②信仰の証明と学問的宗学の対決

以上の説明からもわかるとおり、創価学会の教学は本質的に「信仰第一」です。なぜなら、現証という信仰の証明を第一に重視するからです。それに対して、日蓮宗の宗学は信仰の証明ではなく、信仰を文献学的に捉える「学問中心」になっています。

そのような両者の特徴を考えると、いわゆる「小樽問答」——一九五五年三月十一日、北海道の小樽市公会堂で、創価学会と日蓮宗身延派によって行われた公開法論——は、まことに興味深いものです。当時の記録を創価信仰学の立場から読み直すと、まさしく「信仰の証明と学問的宗学の対決」という様相が浮かび上がるからです。

小樽問答で、創価学会側は、司会を務めた池田先生をはじめ、講師の小平教学部長、辻青年部長（いずれも当時）らが「数多くの身延信者の創価学会への改宗」「狐や稲荷を祭るなど本尊雑乱の実態」という現証の面から出発し、そこから身延の教義的な誤りを正していきました。

これに対し、身延側の松井義海氏（当時日蓮宗宗会議員）、弁士の長谷川義一氏（当時立正大学教授）、室住一妙氏（当時身延山短期大学勤務）らは、この法論を学術研究の会議すなわち「学会」（松井氏）と捉え、宗学研究に立脚して、大石寺の弘安二年の御本尊が史料的に疑わしいこと、本尊は宗祖の魂たる題目であること、本仏は釈尊であることなどを主張しました。

このように、創価学会の日蓮宗破折は信仰の証明に徹するものであり、日蓮宗の創価学会批判は学問的宗学によるものでした。

法論は創価学会側の勝利に終わり、このことは日蓮宗側も実質的に認めざるを得ませんでした。宗教学者の島田裕巳氏は、「小樽問答」に関して、創価学会と日蓮宗には「活力」の差があり、それが「日蓮宗に敗北感を生むことになった」と記しています（『「人間革命」の読み方』一一一頁)。

ちなみに、先ほど少し触れた日蓮宗学の大家・望月歓厚氏(問答当時は立正大学学長)は、「つごうでこられない」(創価学会教学部編『小樽問答誌』二七頁)と述べたとされています。法論から逃げた、と言われても仕方がないでしょう。

いずれにせよ、「小樽問答」は、信仰第一の創価学会が信仰よりも学問に傾斜した日蓮宗を圧倒した出来事であったと言えます。

これは後日談ですが、「小樽問答」で本尊雑乱の実態を指弾された後、日蓮宗では望月氏、執行海秀氏らを動員して本尊統一に乗り出しました。

その過程で望月氏は、「題目の意味は必ずしも明瞭ではない」(同前、二五五頁)と言い、執行氏は「今日わが教団では、種々雑多な本尊勧請様式が用いられている現状でありまして、そのために、信仰の対象としての本尊の実体が明らかでない」(同前、二五七頁)と告白し、室住一妙氏に至っては「わたくしには率直に、御本尊の実体がよくわからない。何に頼り、何を本尊とすべきかも知らぬ」(同前)と吐露するありさまでした。

今日、学問的な日蓮研究は立正大学が最高の権威とされ、日蓮仏法の普遍化には大崎宗学(立正大の宗学)の摂取が不可欠との意見もあります。もちろん、我々も学問の摂取に反対するものではありません。しかし、信仰第一の立場を確認せずに大崎宗学を取り入れるなら、創価学会員の「信仰上の事実」は蔑ろにされ、悪しき意味での教義の学問化が進むばかりでしょう。

参考までに、「小樽問答」における学会側、身延側の発言を二、三引用しておきます。

「小樽問答」における池田先生の司会第一声

「学会の司会をいたします池田と申します。(拍手)全国にわたりまして日蓮正宗の仏法の正しいゆえんによって、全国にわたる間違った邪教と言い切れる日蓮宗身延派の信者が何千、何万の創価学会、日蓮正宗の信者になったということは、じつに日蓮正宗が正しいという証拠であります。(拍手)したがって今、身延ではその身延の信仰がどこまでも日蓮大聖人様に対する敵であり、仏敵である。それに対し日蓮正宗の仏法のみが、経文の上でも哲学の上でも、事実の現証の上でも正しいという証拠のゆえに、身延をやめて日蓮正宗の信徒になったのであります。

(拍手)」(同前、八一～八二頁)

小平創価学会教学部長(当時)の発言

「狐や稲荷や、鬼子母神を、それを祭っているような、それが大聖人様の教えであるか。こういうことをなんら御説明もできないで、ただ大石寺の御本尊は怪しい、それでは、お話にはならんと思う。(大拍手)……御本尊様は信じて大利益を受ける、これが御本尊様です。それにもかかわらず、ただ飾り物か見世物みたいに、あの時代にあった、なかった、それは信心のない者は今日本国中の人でもです、信心のない者には富士大石寺の御本尊がわからない、当たり前のことですよ。(大拍手)」

(同前、一〇六～一〇八頁)

長谷川義一立正大学教授(当時)の発言

「私一つここに補足しておきますのは、ただいま小平先生によって言われておられますところの弘安二年のこの閻浮総与の本尊のことでございまする。そのことは日蓮上人の御妙判のどこにも書いてないことを私は断言する。(拍手)しかも、しかも日興上人も書いていない。日道の三師伝を見ましても、これに触れていないじゃございませんか」

(同前、九九頁)

身延側文献「宗義討論会の真相」(『宗門改造』一九五五年四月十五日号)より

「彼(=創価学会)は邪正を決し、勝劣を判ずべく、それを勝負事と同一視して、口を開けば勝負をうんぬんする彼等は仏法の本義を弁(わきま)えないと見るべきではないか。彼等が勝負にのみこだわるのは仏法の本義を逸脱しているものと考えられる」

(同前、二二五～二二六頁)

小樽問答は創価学会が日蓮正宗の信徒団体であった時代に行われた法論ですから、当時の池田先生は、創価学会とともに日蓮正宗の正義を訴えています。ですが、その後の日蓮正宗は阿部日顕氏の代になって創価学会を謀略(いわゆる「C作戦」なるもの)を用いて破門するなど、広宣流布を破壊する邪教団になり果てました。現在では、創価学会のみが「経文の上でも哲学の上です。

また、小平教学部長が「大石寺の御本尊」の正しさを力説していますが、これは身延の本尊雑乱を破折するために大石寺の曼荼羅御本尊の信仰を称揚したものであり、また当時の大石寺が学会と共に広宣流布を進める立場にあったことを考慮しなければなりません。広布破壊の邪教団である現在の大石寺に行って、そこにある御本尊を拝んでも功徳はまったくなく、かえって大聖人の御意に背く行為になってしまいます。

こうした点に留意して先の池田先生と小平教学部長の発言を読み、身延側の講師の発言と比較していただきたいと思います。そこからわかるのは、文献学的宗学は「勝負」を嫌い、信仰第一の教学は「勝負」を重視する、ということです。前者は「信仰上の事実」がないがゆえに現実面の勝負を嫌い、大石寺の御本尊に関する文献学的な議論に逃げ込んでいます。後者はその逆であり、「信仰上の事実」が横溢するがゆえに文献学的な議論は二義的なものと見なし、どこまでも現証という信仰の証明が先決と見るのです。

「仏法と申すは勝負をさきとし」(『四条金吾殿御返事』、新一五八五頁・全一一六五頁)との御書の一節は、単なる理論上の勝劣を意味するものではありません。「祈雨について勝負を決し」云々(『頼基陳状』、新一五七四頁・全一一五八頁)との御書もあるように、日蓮仏法における「勝負」は「信仰上の事実」と深く関わっているはずです。

なお、「小樽問答」後の北海道創価学会の大発展については、『人間革命』で次のように端的に触れられています。

「一九五五年(昭和三十年)三月現在、全道で二千七百弱にすぎなかった創価学会世帯数は、わずか二カ年の間に、約八倍の飛躍を遂げたことになる」(『人間革命』第九巻、『池田大作全集』第一四八巻、一〇九～一一〇頁)

「この勝利の法論を目の当たりにした北海道の学会員は、その後、正統の誇りと確信とをいだいて、いやがうえにも、広宣流布への情熱をたぎらせて活動したのである」(同前、一一〇頁)

③宗学・教学・信仰学の違い

以上のことから、日蓮宗学・学会教学・創価信仰学の違いを整理してみれば、次のようになると思います。

日蓮宗学　＝文献学等の学問を中心に置く教学
学会教学　＝「信仰上の事実」を中心に置く教学
創価信仰学＝「信仰上の事実」を中心に置く教学の普遍化

日蓮宗学には、およそ文献学に支配された教学観が見られます。創価学会の教学は、「信仰上の事実」に基づく教学であり、草創期より信仰の証明を重視していたと言えます。そして、池田先生が教義の普遍化をはかられた教学著作、特に『法華経の智慧』などは、教学による学問の包摂が見られることから、教学の普遍化として信仰学にあたるのではないでしょうか。我々は、この池田先生の信仰学を継承発展させていくことを目指しています。

ついでながら言うと、現今の日蓮正宗の教学は、「信仰上の事実」を軽視し、文献学への傾斜も見られるなど、およそ信仰学たりえていません。

創価信仰学の基本方針

最後に、「創価信仰学の基本方針」をまとめて、発表を終わりたいと思います。方針として掲げたいのは、次の三点です。

一、池田先生から出発する
一、池田先生の中で思考する
一、外側から学問を生かす

以下、この三点に込めた思いについて説明してまいります。

①池田先生から出発する

創価学会員の「信仰上の事実」の中心には池田先生がいます。したがって当然、「信仰上の事実」から出発するという創価信仰学の理念は、「池田先生から出発する」という研究の姿勢につながります。

通常、学術研究というものは、「何をテーマにするか」「誰を研究対象にするか」という前提はあるにせよ、研究者個人の理性から出発するものです。個人の自律性が求められる現代では、なおさらそうでしょう。釈尊から出発する仏教学者も、日蓮から出発する宗学者も、実際には自分自身の理性から出発しているのです。

しかし、ハンス・ゲオルク・ガダマー（ドイツの哲学者）の解釈学が指摘するように、我々の理性は常に歴史的な制約を受けています。自分が生きている時代の考え方に影響され、その影響から完全に自由であることは不可能です。その意味で、真に客観的な仏教研究など、じつは成り立たないものです。文献学的に研究しようと、歴史学的に研究しようと、哲学的に研究しようと、歴史性を帯びた理性を用いる限り、「客観的な、唯一の正解」に辿りつくことはできません。

一方、信仰の世界は違います。なぜなら、信仰者は歴史を超えて絶対的なものと直に触れ合うものであり、その意味で歴史的制約から自由であるからです。

その意味から、偉大なる信仰者から出発することこそが、本物の仏教を知る道になると考えます。

創価学会には、仏教を初めて世界宗教にした、池田先生という未曾有の仏教者がいます。学会員は、この池田先生の指導を通じて永遠の日蓮大聖人と出会い、生命の次元で大聖人の教えを受けています。池田先生から出発することによってのみ、我々は釈尊や日蓮大聖人の「真意」を語りうるのだと思います。

文献学的・歴史学的な宗教研究の限界については、キリスト教神学の世界でもすでに指摘されています。その一例を挙げておきましょう。

「歴史的探究の相対性ということは、十九世紀の『イエスの生涯』運動には直接に明らかではなかった。この運動の支持者たちは、自分が客観的な歴史的方法の使用者だと考えていて、自分たち自身が歴史によって条件づけられた現象であるとは考えなかった。初期の思想家たちは誤解の下で労していた。つまり、自分たちは最先端の歴史的方法と資料を使うことが出来、そうした最先端の方法と資料によって、イエスの真正の歴史に辿り着けることになったと」（A・E・マクグラス『キリスト教神学入門』五三三頁）

これは、「史的イエス」の探究によってキリスト教の「正解」に辿りつくことができると考えた、十九世紀の「イエスの生涯」運動について、現代の神学者がその限界を指摘した一節です。

同様に、「文献学的、客観的に日蓮研究を進めれば、真実の日蓮に辿りつくことができる」と考えている研究者は現代日本にも数多くいますが、キリスト教神学の歴史に照らしても、そうした試みが失敗することは明らかです。その点については、日蓮研究者の側からもすでに次のような指摘があります。


「浅井氏（編集部注：浅井要麟のこと）の祖書学は、帰納的に、懐疑的に研究を進めていけば、やがてはたった一つの客観的な真実（日蓮の純正教学）に到達するという幻想に基づいていた。私は、真実は主観的である以上、独断的な主観主義（悪しき主観主義）ではなく、方法的懐疑をふまえた高次の主観主義（善き主体主義）に立って研究を進めるべきであると考えている」（花野充道「『種々御振舞御書』の真偽をめぐる諸問題」、『法華仏教研究』第二八号、六一頁）

②池田先生の中で思考する
歴史的に見れば、池田先生の教学は日寛教学などの宗門教学を基礎としています。その点を捉えて、一般の学者は池田先生の教学を「宗門教学からの派生」と考えます。歴史の経過から言えば、日蓮大聖人がいて、宗門教学が生まれ、その後に創価学会が誕生したのですから、そう捉えることはある意味で自然です。

しかし、創価の信仰学者は、歴史的時系列にとらわれることなく、逆に「宗門教学こそが池田先生の教学からの派生である」と考えます。なぜそう考えるかといえば、池田先生が現在における仏教の到達点であるという「信仰上の事実」から判断するからです。そうした視点からすれば、宗門教学は、「池田先生の教学が出現するための下準備」だったことになるのです。

現代の創価学会には、「いよいよ本格化した世界宗教化に適応すべく、日寛教学の時代性と普遍性を立て分ける」という、教学上の課題があります。この課題の遂行にあたっても、単に歴史的な研究や文献学的な検討を行うのみならず、いわば池田先生の中で日寛教学を再考すべきではないかと考えます。

③外側から学問を生かす
三点目の「外側から学問を生かす」という方針に込めたのは、「学問が持つ本質的な弱点を、我々は乗り

越えていかなければならない」という思いです。

学問というものは、自らの視点の外側に立とうとしない傾向を抜きがたく持っています。「学問ですべてが解決する」と、自己完結的に考えがちなのです。近代的な理性がダメだと言って、今度は自己反省する理性を唱える。そのように、どこまでも理性の立場で、言い換えれば学問の内部で問題を解決しようとする傾向があります。

学問というものは本質的に排他的であり、学問の外側にあるものの価値を認めようとしないのです。宗教に対しても、すべてを学問的方法によって価値判断しようとし、それを超えた超越性の部分をまず認めようとしません。

また人間に対しても、理性に反する面には「啓蒙の暴力」的なものを行使しがちであります。すなわち、理性に反する面を排除し、抑圧し、画一化しようとするのです。学問は何のためにあるかといえば、当然人間のためにあるわけで、学問のための学問に堕して人間の内的な主体性を否定してしまうことは、本末転倒と言えます。

この本末転倒を正し、「人間のための学問」への健全化を唱えるのが、池田先生が提唱する人間主義なのではないかと、私は思います。

この人間主義には、宗教的な超越性がなくてはなりません。超越的に学問の外側に立ってこそ、学問を生かし、人間のために奉仕させていけるのです。「外側から学問を生かす」とは、そのような意味です。

3 論考

池田先生の著作に見る「御書根本」について

蔦木栄一

御書根本は、日蓮仏法の根本道であるとともに、創価学会なかんずく三代会長が貫き続けてきた信仰の核となるものです。今回の発表では、創価学会において御書根本がどのような指導性の中で語られ、位置づけられてきたのかについての考察を行っていきます。

具体的には、現在参照することができる書籍・資料の中から、創価学会員であるなしにかかわらず閲覧・参照が容易にできるものとして、創価学会の公式サイト並びに『池田大作全集』収録の小説『人間革命』および海外の識者との対談集、小説『新・人間革命』をもとにして、御書根本についてまとめていきたいと思います。

創価学会が位置づける御書根本

はじめに、創価学会の公式サイトでも掲載されている「創価学会会憲」を見ていきます。御書根本は、創価学会会憲及び会則においても謳われ、創価学会の教義の中心に、「御書根本」が明確に位置づけられています。「創価学会会憲」(以下、会憲)とは、「創価学会の最高法規として、全世界の創価学会の団体と会員に適用される」(「聖教新聞」二〇一七年九月二日付一面)ものです。前文と十五条の本文によって構成される会憲では、前文が「『三代会長』の広宣流布における偉大な事績を通して、世界に広がる創価学会の不変の規範として、『三代会長』の指導及び精神を永遠に創価学会の根幹とすることを確認し、創価学会の宗教的独自性を明確にするもの」（同）としつつ、本文においては「会憲が根本規範・最高法規であること等が明記」（同）されています。御書根本は、この本文中の第二条「教義」の項目において、以下のように規定されています。

「第2条　この会は、日蓮大聖人を末法の御本仏と仰ぎ、根本の法である南無妙法蓮華経を具現された三大秘法を信じ、御本尊に自行化他にわたる題目を唱え、御書根本に、各人が人間革命を成就し、日蓮大聖人の御遺命である世界広宣流布を実現することを大願とする」（創価学会公式サイト https://www.sokanet.jp/info/kaiken.html）

御書根本は、教義の最重要事項として謳われ、創価学会の活動において欠くことのできないものであることが明らかです。会憲は「全世界の創価学会の団体と会員に適用」されるものであるから、日本語版の会憲だけでなく、異なる言語・文化的背景を持つ国々に住む会員にも理解できるようになっています。会憲は二〇二一年現在、「Soka Gakkai (global)」サイトにおいて日本語版とともに、英語・スペイン語・中国語（繁体字および簡体字）で閲覧することが可能です。

なかでも英語では、御書根本を、「base itself on Nichiren Daishonin's writings」(Soka Gakkai (global) https://www.sokaglobal.org/resources/constitution-of-the-soka-gakkai.html) と表現し、御書がbase（基部、底、土台）であるとしています。全世界の会員が御書の位置づけを等しく理解し、その実践において使用・活用していく上で、会憲での表記を確認することは重要です。

その上で、『日蓮大聖人御書全集』そのものでは、創価学会第二代会長の戸田城聖先生による巻頭の「発刊の辞」において、御書についての記述がなされています。

「宗祖大聖人諸法実相抄にのたまわく『行学の二道をはげみ候べし、行学たへなば仏法はあるべからず、我もいたし人をも教化候へ、行学は信心よりをこるべく候、力あらば一文一句なりともかたらせ給うべし』と。創価学会は初代会長牧口常三郎先生之を創設して以来、此の金言を遵奉(じゅんぽう)して純真強盛な信心に基き、行学の二道を励むと共に如説の折伏行に邁進して来たが、剣豪の修行を思わせるが如きその厳格なる鍛錬は、学会の伝統・名誉ある特徴となっている。従つて大聖人の御書を敬い之に親しむこと天日を拝するが如く、又会員一同上下新旧の差別なく之が研究に多大な時間を当てているのである」

（御書全集一頁）

戸田先生は、御書を通じて培ってきた行学二道の創価学会の活動が、伝統であり名誉であると記されています。長年にわたって教学研鑽に励んできた創価学会員にとって、御書の「発刊の辞」は、最初に御書の意義を確認する文言となっています。初代会長である牧口常三郎先生から受け継がれ、戸田先生が深化させた御書根本論の一分を見ることができます。

創価学会の誕生以来、初代会長、第二代会長が最重要と位置づけてきた御書は、第三代会長である池田大作先生によって、国内のみならず世界的な存在となりました。その翻訳・出版は、「英語、中国語、スペイン語、韓国語、フランス語、ドイツ語、イタリア語、ポルトガル語、オランダ語、デンマーク語など10言語以上」（前掲、創価学会公式サイト）に及んでいる状況となり、全世界の創価学会員にとって欠くことのできないものとなっています。こうした世界広宣流布の基盤を構築した池田先生は、その膨大な著作・発言の中で御書根本についての発信を数多く行ってこられています。その中でも『池田大作全集』は、こうした発信が多く含まれ、誰にでも手に入れることができることから、これを基礎資料として池田先生の御書根本についての記述を見ていきたいと思います。

池田先生の御書根本

池田先生の御書について触れられた箇所を抽出していく中で、その大きな特徴として見られるのは、戸田先生と池田先生の師弟の闘争の過程の中で、御書が創価学会の根本であることがより一層鮮明になっていくということです。その一つとして、司馬遷の『史記』を初めて英訳した中国文学研究の第一人者であり、翻訳家であるバートン・ワトソンとの対談で池田先生が語られた内容を紹介します。ワトソンは、『英文御書選集』『御義口伝』の翻訳を行った人物です。

「大聖人以後、恩師・戸田第二代会長は、『自分は獄中で法華経を読みきった』との大確信を得ました。そこで法華経を皆に教えようと、戦後、法華経講義を続けられた。私は第七期の受講生です。ところが、恩師にわかっていることが、皆にはわからない。意図に反して、結果的には成功しなかった。恩師は深く自省していました。会長就任後は、御書を中心にした講義をされました。私は、入信後、なかば直観的に『御義口伝』にひかれ、まず、そこから入ったのです。それがよかった。はじめから『日蓮大聖人の心』に、そのまま触れる思いでした。宗教には、あえて分ければ、『信仰』の側面と『哲学』の側面がありますが、法華経二十八品では、どちらかといえば『信』を強調している。近代的知性に、わかりにくいといわれる、ひとつの理由も、そこにあるでしょう。御義口伝には、この両方の側面がある。一体になっている。『哲学』の探究がなければ、宗教は『形式』や『権威』に支配されてしまいます。文・義・意に当てはめれば、『義』すなわち『教義』『哲学』も、明快に、凝縮した表現でしるされている。しかも天台や妙楽、伝教らの釈も、きちんと挙げておられ『彼らもこう言っているではないか』と、丁寧に文証を示して論じられています。決して、勝手に言っているのではないと。そうされることによって門下は確信を強め、安心もしたでしょう。その意味で、これは大聖人の慈悲と思います。この御心を拝するゆえに、私も、常に、文証、裏づけを大切にするのです」

（「聖教新聞」一九九二年五月二十四日付六面）

池田先生の記述は小説『人間革命』第四巻でも見られる部分ですが、戸田先生の創価学会再建の歩みの中で、活動において用いていく指導的テキストが法華経から御書へと転換していったことが記されています。池田先生は、戸田先生の会長就任後に御書を中心にした講義を受けながら、御書根本の流れをさらに強固にされていったと見ることができます。池田先生は一貫して御書根本を訴えられながら、『人間革命』においては、「人びとは、伸一のあげた文証は、皆、知ってはいたが、ただ知っていたというだけで、少しも血肉になっていなかったことを、自覚せずにはいられなかった。ところが、その文証が、ひとたび伸一の口から発せられると、大聖人の血を吐くような御言葉が胸に迫り、滝に打たれるような思いに駆られるのであった」(『池田大作全集』第一四八巻、三九七頁)と綴られるなど、ただ御書を読むだけでは不十分であり、師弟の精神がなければ御書を身で読むことができないことを『人間革命』だけでなく各種スピーチでも明かされています。特に、『人間革命』では、御書についての記述が数多くありますが、ここからその一端を示していきます。

「彼(=戸田城聖)は、御書に説かれている生命論を、なんとか、現代的に砕いて、わからせようと努力した。この完璧な生命哲理を世界に流布するならば、人類は完全に、また永遠に救われていくことを、彼は確信していた」

(『池田大作全集』第一四四巻、一九八頁)

「戦前の創価教育学会の活動と、戦後の学会の実践活動の相違点の第一は、法華経講義と、青年部の他宗破折であった。法華経講義は、後年は御書講義に移り、学会精神の骨髄となっていった。戸田は、教学、理念のない教団が、いかにもろく、はかないものであるかを、戦前の経験によって、よくわかっていた。そこで彼は、日蓮大聖人の仏法には確固たる理論体系があり、信心の裏付けには教学が絶対に必要であって、理論は、また信心を深めていく、という道理を力説していた。『信仰は理性の延長である』という箴言もある」(同前、四六七〜四六八頁)

「広宣流布が進めば、あらゆる分野に、民衆のため、人類のために戦う優れた指導者が、続々と出てくるだろう。このことは、大聖人の御書を熟読してみれば、わかることだよ。このような原理が、御書のあちこちに、ダイヤモンドのように、キラリと不滅の光を放って、ちりばめられている。われわれは、それを現実のものとしていかなければならない。政治ばかりではない。経済についても、教育についても、文化についても、科学についても、同じといっていい。こうして、物心両面にわたる人類最高の文明を築いていくんです。それが可能であることは、大聖人の御書によって保証されているわけだ。したがって、これには絶対の必然性があるともいえるだろう。

そうなり得るのも、大聖人の大生命哲学が、最高の指導理念としてあるからです。大聖人の仏法は、理ではなく、事なのだ。理と事の相違は、水火、天地の隔たりがある」

（『池田大作全集』第一四五巻、一一五頁）

「信心の極理は、御書に明確に説かれている。学会の組織は、その本義と実践を、速やかに後輩に指導徹底していくために、つくられたものであり、あくまでも実質主義を原理とすることを、戸田は指摘したのである」（『池田大作全集』第一四六巻、一八二頁）

「山本伸一は、一切の活動の推進にあたって、どこまでも御書を根本としていた。その御書を基軸とした指導の脈動は、心ある会員に、教学の重要さを気づかせていった。〝すべては、御書にある〟という自覚ほど、教学への求道心を奮い起こさせるものはない」（『池田大作全集』第一四八巻、三二八頁）

小説『人間革命』の記述は、戸田先生が中心となって発言されている箇所が多いのですが、創価学会が再建され、池田先生によって拡大の潮流が沸き上がっていく中で、御書が理論とともに活動の中軸になっていることがわかります。そして、池田先生が第三代会長に就任された後を描く小説『新・人間革命』においては、御書の位置づけの重要性が随所で語られ、それが広宣流布の世界的広がりを可能にしたことも記されています。

「教えの根本は、どこまでも日蓮大聖人の御言葉です。御書でなければならないということです。学会は牧口先生以来、御書が根本です。その仰せのままに実践してきたがゆえに、数々の法難も競い起こりました。それによって御書を身で読むことができ、法華経の行者としての、信心の正道を進むことができたんです。だからこそ、学会の信心の功徳は無量なんです。永遠の福徳を積むことができる。私たちは、これからも、御書を心肝に染めて、信心に励んでまいろうではありませんか」

（『新・人間革命』第二巻、一四八頁）

「日蓮大聖人滅後、六百数十年を経て、軍部政府の弾圧に宗門が屈した時、日蓮大聖人の仰せのままに、正法流布に決然と立ち上がったのが、初代会長牧口常三郎であった。牧口は、日蓮大聖人の御書を、どこまでも根本とした。弾圧を恐れ、権力に迎合して勤行の際の御観念文を改竄し、御書の一部を削除し、学会に神札を受けよと迫る、臆病な宗門に、師を見いだすことなど、できようはずがなかった。彼は、大聖人への直結の信心に立ち、その仰せのままに、大信力を奮い起こして、破邪顕正の戦いを開始した。そして、逮捕・投獄され、獄中に、殉教の生涯を閉じた。まさに、日蓮大聖人の弟子として御書を身読したのである。『信心』は、広宣流布への具体的な『行動』となって表れ、そこには、御聖訓に照らして、必ず『法難』が競い起こる。ゆえに『法難』にあい、いかに戦ったかが、真実の『信心』か否かを証明する試金石となるのである。日淳は、牧口を語るに、『生来全く法華的の方であった』『生来仏の使であられた』と称賛を惜しまなかった。確かに、牧口が御書を師として大難に立ち向かい、法滅の危機の時代に仏法を蘇らせたことを思うと、まことに稀有な、不思議なる先覚者、開道者の出現といわざるをえない」（同前、二五六〜二五七頁）

「一人ひとりが御書を心肝に染め、御書を根本にして立つ以外にないと結論していた。大聖人の教えは、御書に明確である。そこには生命の法理が説かれ、人生の在り方も、なんのために仏道修行に励むのかも、なぜ、難が競い起こるのかも、すべて明らかにされている。しかも、御書を拝すれば、大聖人の御心に触れ、大確信に接することができる。それは、信心の原動力となって、勇気と希望と智慧をもたらし、人間としての生き方の規範を確立していくことになる」（『新・人間革命』第六巻、一九一頁）

「私たち創価学会の根本は何か。それは、その法華経を行じられた、末法の御本仏日蓮大聖人の御指南であり、御書です。無責任な評論家の言葉でもなければ、週刊誌などの批判記事でもない。誰がなんと言おうが、規範として従うべきは御書の仰せ以外にはありません。創価学会は、また、正しい信仰は、永遠に御書が根本であると申し上げておきたいのであります」（同前、二一五〜二一六頁）

「御書は経文です。一字一句をも、ないがしろにしてはならない。ましてや『御義口伝』を心肝に染めていこうとするなら、まず、何度も、朗々と力強く、暗記するぐらい拝読していくことです。また、御書は、身口意の三業で拝していかなければならない。御書に仰せの通りに生き抜こうと決意し、人にも語り、実践し抜いていくことです。理念と実践とは、一体でなければならない。それが仏法を学ぶ姿勢であり、東洋哲学の在り方ともいえる」
（同前、三三八～三三九頁）

「創価学会が広宣流布の世界的な広がりを可能にしたのは、どこまでも御書を根本とし、確固たる理念をもち、正しき軌道を決して違えることがなかったからである。伸一は、その仏法の哲理を時代精神にしていくために、自ら先頭に立って教学の深化を図るとともに、広く社会に展開していく決意を固めていたのだ」（『新・人間革命』第一七巻、一一頁）

「どういうかたちでもいいから、しっかりと御書を拝していくことが大事だよ。思想を深め、信念を確立していくには、それ以外にありません。御書は、私たちの信心と生き方の規範であり、根本です。学会は御書を根本としてきたからこそ大聖人に直結し、大発展したんです。その御書の研鑽を疎かにすることは、歯車が機軸から外れることであり、空転を繰り返すだけです」
（『新・人間革命』第一八巻、七九～八〇頁）

「揺れ動く社会の波に翻弄されていたのでは、時代の行方を正しく見極め、変革していくことはできない。しかし、信心の眼を開き、自分の境涯を高めれば、すべてが手に取るようにわかる。それが仏法で説く『出世間』の重要な一つの意義でもある。『出世間』といっても、ただ、『世間』から隔絶するということではないはずだ。ともあれ、信心による境涯革命があってこそ、生々流転する、千差万別の世間の事柄に、柔軟に対処していくことができる。そのためには、御書を根本にして、信心で立つことだ。皆が自分を磨くことだ」（同前、八一頁）

「仏法を学び、教学の研鑽を重ねることは、人生の意味を掘り下げ、豊饒なる精神の宝庫の扉を開く作業といってよい。日蓮大聖人は、『行学の二道をはげみ候べし、行学たへなば仏法はあるべからず』（御書一三六一頁）と仰せである。信仰の実践とともに、教学を学んでいかなければ、仏法の本義を深く理解し、信心を究めていくことはできないからだ」

（『新・人間革命』第二四巻、一六六頁）

「わが創価学会は、どこまでも民衆が主役であり、御本尊と一人ひとりが直結し、御書を根本に、互いに励まし合いながら、自己の人間完成と幸福、そして、社会の建設をめざすものであります。いわば、私どもの広宣流布は、宗教的権威の呪縛から、民衆を覚醒させ、人びとの自発と能動の力を引き出していく運動ともいえます。だからこそ、民衆の活力にあふれた、ダイナミックな活動が展開され、現代社会の新しい宗教運動の潮流を開くことができたのであります」

（『新・人間革命』第二五巻、二四〇～二四一頁）

「伸一は、一貫して『御本尊という根本に還れ！』『日蓮大聖人の御精神に還れ！』『御書という原典に還れ！』と、誤りなき信心の軌道を語り示してきた。同志は、宗門の強権主義、権威主義が露骨になるなかで、大聖人の根本精神を復興させ、人間のための宗教革命を断行して、世界広布へ前進していかねばならないとの自覚を深くしていった。その目覚めた民衆の力が、新しき改革の波となり、大聖人の御精神に立ち返って、これまでの葬儀や戒名等への見直しも始まったのである」

（『新・人間革命』第三〇巻下、三一八～三一九頁）

「学会は、どこまでも御書根本に、大聖人の仏意仏勅のままに、『大法弘通慈折広宣流布』の大願を掲げて、行動し続けていることを力説した。そして、誰人も大聖人と私どもの間に介在させる必要はないことを述べ、あえて指導者の使命をいえば、大聖人と一人ひとりを直結させるための手助けであると述べた。牧口初代会長、戸田第二代会長は、御本仏の御遺命通りに死身弘法を貫き、大聖人門下の信心を教え示した。創価の師弟も、同志も、組織も、御書

を根本に大聖人の御精神、正しい信心を、教え、学び合うためにある」（同前、三三二頁）

「御書を正しく翻訳し、世界中に流布しているのは、わが創価学会だけです。学会は、この日興上人の御精神のままに、御書根本に進んでいきます。宗祖・大聖人も、日興上人も、必ずやお喜びくださり、御賞讃くださっているにちがいありません」

（同前、三三三頁）

小説『人間革命』『新・人間革命』での御書の記述は、会憲や御書「発刊の辞」に記される御書根本の精神を、創価学会の歴史の中で具体的にどのように展開し、実践してきたのかを明示するものです。会員個人や創価学会全体が困難な状況に置かれたときに、常に御書を拝して、新しい方針を見出していたことを池田先生の記述の数々から見ることができます。

識者との語らいと日蓮仏法

これまでまとめてきたのは、主に創価学会の会員が信仰を深めるために研鑽する機会の多い書籍での記述でした。しかしながら、『池田大作全集』には、創価学会員ではなく日本人でもない海外の学識者などとの対談が四十タイトル以上収録されています。彼らに対して池田先生は、会員に向けた発言と同様のことは語っておらず、御書などについての発言も多くありません。ただし、相手の文化的・宗教的背景を十分理解した上で、御書にとどまらず日蓮大聖人・日蓮仏法について語られています。そうした箇所に注目をしてみたいと思います。

「日蓮大聖人は『道理・証文よりも現証にはしかず』と、現実に顕れる結果の重要性を強調される一方で、しかし、より大切なのはその宗教の示す真理であることを、〝いかなる迫害や誘惑に遭おうと、わが義（真理）が智者に破られないかぎりは、自己の信念を捨てはしない〟と宣言し、示されています。しかし、真理の浅深、あるいは当否をも理解しようとすることは、一般に人々にとってはきわめて難しいものです。人々にとって、宗教が人生に有用であることを理解するのに最も容易な道は、現証を体験することです。それとともに、どんなに努力しても解決できない悩みを抱えている人々に人生の幸福を得させるために、私たちも、現証を強調しています。日蓮大聖人の仏法以外の宗教でも、さまざまな利益の体験は語られていますが、私たちは、そうしたさまざまな宗教を遍歴して解決できなかった悩みごとが、日蓮大聖人の仏法を信仰することによって初めて解決したという体験を語る人を、たくさん見聞しています」（オックスフォード大学名誉教授のブライアン・ウィルソンとの対談『社会と宗教』、『池田大作全集』第六巻、一〇二〜一〇三頁）

「日蓮はつねに、みずからの主張をなすとき、経典にはどう書かれているか（文証）を重視しました。また、理性と矛盾しないこと（理証）、現実にその主張が実証されること（現証）を重視しました。いわば〝仏と対話しながら〟〝理性と対話しながら〟、そして〝現実と対話しながら〟、つねに自分の主張がドグマにおちいっていないことを検証する――そのなかで、日蓮は『一切衆生平等』という『法華経』の精神を深化し、民衆のなかに具現化しようとしたのです」（ハワイ大学教授のマジッド・テヘラニアンとの対談『二十一世紀への選択』、『池田大作全集』第一〇八巻、三五九頁）

「私どもの信奉する日蓮大聖人は、経典の文字の皮相に固執してやまない聖職者を『文字の法師』と批判していいます。もちろん、経典の文字や言葉は、尊重すべきなのですが、表面の言葉だけに固執しすぎては、悪しき『原理主義』におちいってしまいます。翻訳の問題や時代による言葉の変化の問題などもあります。日本の仏教史において、その問題に着目し、むしろ、経文に説かれた意味、さらにそれを説かんとした仏の心を読むことを訴えたのが、日蓮大聖人でした」（同前、三九〇頁）

「日蓮大聖人も、つねに庶民の心に深く語りかける民衆愛の人でした。信徒への手紙の多くは、漢文ではなく平易な仮名まじりの文体でつづられています。そして、ある女性信徒への手紙では、こう語りかけています。『日蓮を恋しく思われるならば、つねに出づる太陽、夕べに出づる月を拝されるがよい。私は、いつでも日月に姿を浮かべる身なのです』（御書一三二五頁、通解)。

　こうした、実の親もおよばないような、あふれんばかりの情感をこめた激励を、間断なく民衆に送り続けたのです」(ホセ・マルティ研究所所長のシンティオ・ヴィティエールとの対談『カリブの太陽　正義の詩』、『池田大作全集』第一一〇巻、一五六〜一五七頁)

「創価学会初代会長の牧口先生は、日蓮大聖人の御生涯に学び、御自身も、法華経の『学者』や『信者』ではなく『行者』であることを目指しました。法華経の本質がその実践にあることをつかみ取っていたからだと確信します。第二代戸田先生も民衆の真っただ中で、民衆とともに法華経を徹して実践し、現実に多くの苦悩を解決されました。私は、ただ、この初代と二代の心を継いで、日本を、そして世界を駆け巡ってまいりました」(インド文化国際アカデミー理事長のロケッシュ・チャンドラとの対談『東洋の哲学を語る』、『池田大作全集』第一一五巻、二三〇頁)

「日蓮大聖人は、経典の解釈に三つの段階を考えました。『文・義・意』というものです。簡潔にいえば、『文』とは、表現された言葉そのものです。『義』とは、その言葉の意味です。そして、『意』とは、その言葉が、どのような意図、思いで発せられたのかという深いとらえ方です。経典の言葉は、この三段階の深まりで考えていかねばならないというのが、日蓮大聖人の主張でした。当然、『意』とは『仏の意』です。仏の心を、わが心とし、仏の行いを、わが行いとして、初めて経文を読んだことになります。日蓮大聖人にとっては、大乗仏教の精髄である法華経は、たんなる昔話のようなものではありませんでした。そこには時代をこえて、私たちが主体的に生きるべき真理が記されていたのです。『身読』といいますが、みずからの体験と人生を通して試みるべき、不変の真理が説かれていたのです」(米デンバー大学教授のベッド・P・ナンダとの対談『インドの精神――仏教とヒンズー教』、『池田大作全集』第一一五巻、三二〇頁)

「日蓮大聖人の書簡・論文などを集めた遺文集を、私たちは『御書』と呼んでいますが、日本の僧侶が書いたものとしては、例外的に、民衆にわかりやすい『仮名』文字で書かれたものが、かなりの分量を占めています。
現在、私たち創価学会のメンバーが使用しているこの御書は、小さい文字で印刷されていますが、約千六百ページのなかの半分ほどが、民衆に送られた手紙なのです。当時、正統と考えられていたのは、中国の典籍でした。ですから日本の僧侶も、中国の典籍と同じく漢文で著作を著しました。仏教にかかわる文書を仮名で著すことは一般的ではなかったのです。そういう常識が支配的であった当時、日蓮大聖人の『仮名文字の書簡』に込められた慈悲の精神は、なかなか理解されませんでした。弟子でさえ、日蓮大聖人の六人の高弟のうち五人までが、師の仮名文字の書簡を、恥辱であると考えて、燃やしたり、溶かして再生紙にしてしまったのです」

（同前、三八一頁）

池田先生は海外の識者との語らいの中で、御書の精神を伝えるために大聖人の人格・振る舞いを通して、その卓越した教義について論じられています。そして、御書そのものについて、対談者によりよく伝わるように、御書中の表現だけでなく、「仏典」「仏説」「大乗仏教の精髄」などの言葉を用いながら語られています。
このように御書根本の精神を体現した上で、他の文化・宗教の人々と対話をしていくということも、今後の重要なテーマとなるものといえます。

本発表でまとめた点は、池田先生の著述・発言のうちの一部ですが、そこから浮かび上がることとして、①御書根本は学会の魂であり伝統である ②御書を学ぶことを疎かにしてはならない ③御書には万法が収まっている ④日本のみならず全世界の創価学会員が御書根本でいく ⑤学会員以外にも御書の精神を伝えていくことが重要である、などがあります。冒頭で会憲や『日蓮大聖人御書全集』の「発刊の辞」に着目しましたが、御書根本があった上で創価学会のすべての活動があることが、創価学会の歴史や書籍を通じて理解できます。また創価学会では、御書根本の他、御本尊根本、唱題根本、師弟根本と「根本」という表現を用いて、その事柄の重要性を多くの学会員に伝えていることから、この根本そのものの意味と意義に迫っていくことも求められます。

4 論考

御書根本と信仰体験
―『新・人間革命』に描かれる地涌の菩薩たち―

山岡政紀

「人間主義の生き方」が普遍化されたテキスト

私にいただいたお題「御書根本と信仰体験」を考えるにあたっては、「御書根本を池田先生の視点から見直していく」ということが最大のテーマになります。

私は、「日蓮仏法は池田先生によって、ヒューマニズム・人間主義という普遍的な哲学として展開された」と考えております。それも、ただたんに言葉として、理念としてのヒューマニズムではなく、現実に生きている人間の姿――なかんずく、創価学会員たちが人間革命をしていく姿を通して展開されているのです。

その意味で、これから創価信仰学を構築していくにあたっては、「現実の信仰体験」というものが非常に大きな位置を占めることになると思います。

ほかならぬ池田先生自身が、おそらく、信仰体験の大切さというものを痛感している。だからこそ、『人間革命』『新・人間革命』、ひいては『法華経の智慧』などの著作においても、随所で学会員の信仰体験を克明に描き、また紹介しているのだと思います。

そのうち、『人間革命』『新・人間革命』は小説という形式を取っているため、実在の人物が名前を変えて、また時には複数の人物が一人のキャラクターに集約されるなどして登場します。それは、実在の人物が体験してきた事実を描くのみならず、これからの創価学会員たちが生きていくための手本となるようにとの思いを込めて、そのような形式が取られたのだと思います。

つまり、『人間革命』『新・人間革命』は創価学会史であるとともに、個々のメンバーに「学会員としての生き方」の要諦を教える教科書でもあるのです。

そのように考えた上で、本稿では、『新・人間革命』に的を絞って、個々の学会員の信仰体験がどのように描かれているかを紹介してみたいと思います。

『新・人間革命』には、創価学会三代会長のもと、日蓮仏法を信仰する庶民たちが数多く登場します。彼らの姿は、法華経の会座に集って末法広宣流布を誓願した地涌の菩薩たちが、その約束どおり末法今時に再び集い、誓願を果たしゆく姿であると解されます。

ただし、『新・人間革命』は小説であって仏法解説書ではありませんから、細かな仏法的解説は省略されていることが多々あります。そこで、本研究では二つの事例を挙げて、その仏法上の意味を御書に照らして解釈し、さらに人間主義の生き方としてどう普遍化されているかについて注釈を加えたいと思います。

つまり、「御書に立ち還る」という側面と、「ヒューマニズムに普遍化していく」という側面――その二つを、『新・人間革命』に描かれた信仰体験を通じて探究したいのです。

もちろん、「聖教新聞」等の創価学会の機関紙・誌にも、学会員の信仰体験は日々掲載されています。それももちろん重要ではあるのですが、それらはあくまでも個々人の生の体験です。それに対して、『新・人間革命』の中の信仰体験は、池田先生の目を通して普遍化されています。だからこそ、深く掘り下げて分析する意味もあると考えます。

公害病からの蘇生のドラマを通して

さて、一つめの事例として取り上げたいのは、第十五巻「蘇生」の章に登場する山上英雄の体験です。まず、当該部分を引用します。（傍線と番号は本稿筆者による。以下、同じ）

事例① 第一五巻「蘇生」の章（三五～四九頁）
山上英雄の体験

一九六一年（昭和三十六年）二月、後に「胎児性水俣病」であることがわかる娘をもつ、山上英雄が入会した。絶望の果てに始めた信心であった。

彼には、四人の子どもがいたが、五五年（同三十年）に生まれた末の娘は、首がなかなか座らなかった。また、四歳になっても歩くことができなかったのである。

病院に連れて行っても、医者は、ただ首を傾げるばかりであった。「水俣病」は、水俣湾の魚介類を食べたことと関係しているのだから、食べていない幼児がなるはずはないと、思い込んでいたからであった。

さらに、山上自身も「水俣病」にかかり、何年か前から平衡感覚が鈍くなっていた。強い手足のしびれを感じ、よく頭痛に襲われた。彼は、建設会社に勤めていたが、「水俣病」の症状が強くなるにつれて、次第に先行きの不安が強まっていった。

四人の子どもをかかえる一家の暮らしは、決して楽ではなかった。しかも、末の娘は、歩くことも、言葉を発することもできなかった。さらに、長男も、体が弱かった。

〝娘の未来はどうなるのか。俺の人生はどうなるのか……〟

考えれば考えるほど、絶望感が増した。

明かりの見えない闇のような生活であった。その苦しさを忘れようと、山上は浴びるように酒を飲んだ。

飲めば暴れた。手がつけられなかった。玄関の戸を蹴破り、怒鳴り、わめき散らし、ちゃぶ台をひっくり返した。また、鍋や釜までも土間に投げ出した。妻も、子どもたちも、ただおろおろするばかりであった。安心して、眠れる夜はなかった。

末娘は、間もなく小学校に入学する年齢に達していた。彼の不安は、ますます募った。

その山上に、学会員の知人は、熱心に仏法の話をし、入会を勧めた。

「山上さん。こん信心ばすれば、絶対、幸せになれるばい。娘さんも必ずようなるけん。俺が保証する。一緒に信心しよい」①
力強い声であった。真剣さがあふれていた。

ほかに希望をつなぐ道は何もない。半信半疑であったが、彼は信心を始めることにした。

（『新・人間革命』第一五巻「蘇生」、三五〜三七頁）


この「蘇生」の章は、公害が大きなテーマになっています。イタイイタイ病と水俣病で苦しんだ創価学会員たちの、「蘇生のドラマ」が描かれた章です。

一九五三年ごろから、熊本県水俣町周辺で感覚麻痺、運動障害、言語障害など神経に異常をきたす原因不明の奇病が発生しましたが、のちに工場排水の水銀化合物に汚染された魚介類を摂取したことによる公害病と判明し、「水俣病」と呼ばれました。その被害を受けた当事者の一人として描かれる人物が山上英雄です。

山上の娘は四歳になっても歩くことも話すこともできませんでした。山上自身も神経を侵されていました。公害の被害者である山上は絶望と怨念に苛まれて自暴自棄となり、破綻した生活を送っていました。しかし、そこに学会員の知人が一筋の光明を送ります（①）。

現実を変革しゆく確信に満ちた人の言葉は、絶望の人にも勇気を与え、希望を贈ります。

仏性に感応する姿は本門の「感応妙」を表しています。日寛上人の『観心本尊抄文段』には「九界・仏界感応道交し、能修・所修境智冥合し、甚深の境涯言語道断心行所滅なり。豈妙の字に非ずや」とあります（天台大師智顗は『法華玄義』において、本門における妙の意義を説いた「本門の十妙」として、①本因妙②本果妙③本国土妙④本感応妙⑤本神通妙⑥本説法妙⑦本眷属妙⑧本涅槃妙⑨本寿命妙⑩本利益妙を挙げています）。

九界の生命と仏界の生命とは互いに十界互具であるがゆえに境智冥合し、言葉を超えて生命の次元で感応していきます。山上が知人の確信の言葉に触れて希望を見出したのはそのことを表現しています。

また、地涌の菩薩はその一人一人が六万恒河沙の眷属を連れているとされるとおり、一人の仏子が他の仏子を引き連れて集うさまは本眷属妙の姿でもあります。

ここに挙げた「感応妙」については、『新・人間革命』の別の章で解説されていますので、その部分を引用しておきます。創価学会員の女性看護師のグループである「白樺グループ」が推進した教学研鑽について綴られた箇所です。

「『白樺グループ』では、看護の基本は、生命の法則を知ることであるとの考えのうえから、教学の研鑽に力を注ぐことにした。そして、結成の翌年には『白樺教学』と名づけた、御書の学習会をスタートさせた。仏法の研鑽は、皆に自身の使命の深い自覚を促し、人間主義の看護の実現をめざす原動力となっていった。『一念三千』や『色心不二』『依正不二』『九識論』等の法理を学び、生命と生命は互いに相通じ合うという『感応妙』の原理を知ると、メンバーの患者への接し方は大きく変わっていった」（『新・人間革命』第一四巻「使命」、一一五頁）

「蘇生」の章の引用を続けます。

ひとたび信心をするからには、やるべきことは必ずやること——というのが、紹介者と交わした約束であった。だから、欠かさず勤行も励行した。折伏にもひたむきに取り組んだ。教学も真剣に学んだ。

「さぼったら、約束にならん」

彼は律義であった。

信心に励むにつれて、生命力がみなぎってくるのが感じられた。

また、会合に参加するなかで、生命の因果の理法ということを学んだ。

〝娘の病気も、俺の病気も、宿命という問題を抜きにしては考えられない。そして、この宿命を転換できる、ただ一つの道が仏法なんだ。それなら、俺も宿命の転換に挑戦してみよう。もう逃げたりはしない〟

周囲の人たちは、信心に励む山上を見て、「酒の次は宗教か」と嘲笑（あざわら）った。

しかし、彼は微動だにしなかった。既に確信をつかんでいたからである。

真剣に信心に取り組んで間もなく、末娘が初めて立ち上がり、少しずつ歩き始めたのだ。

その現証を目（ま）の当たりにして、彼の妻も入会した。すると、今度は娘が言葉を発したのである。

「かあちゃん……」

夫妻の驚きは大きかった。涙があふれた。

〝この信心はすごい！〟

確信は不動のものとなり、希望が、勇気が、夫妻の胸にあふれた。

家のなかは、いつの間にか、明るさを取り戻していた。

末娘は、七歳の時に、「胎児性水俣病」と認定された。

また、山上も、妻も、検査の結果、「水俣病」と認定された。しかし、彼の手足のしびれや頭痛は軽くなっていたし、妻も自覚症状は軽く、辛さを感じなかった。

山上夫妻は、よく語り合った。

「水俣病で苦しむとは、私たちだけでよかね」

「ここを仏国土にせにゃいかん。そんためには、広宣流布するしかなかばい」

いたいけな娘を見ながら、二人は誓い合うのであった。

やがて、長男も、次男も働きに出るようになると、経済的にも、余裕が出てきた。

だが、何よりも、山上が嬉しかったのは、医師から知能はほとんど発達しないかもしれないと言われていた末娘が、言葉を理解し、少しずつ、自分のことは、自分でできるようになっていったことである。山上の家には、いつも笑いの花が咲くようになった。その談笑の中心には、「胎児性水俣病」の末娘がいた。

彼は誓った。

「病気ばもって生まれてきた娘がおったけん、俺たちは信心すっことができた。娘に仏法ば教えてもろたったい。こん子は、ほんなこつ地涌の菩薩の使命ば果たしとる。②俺も、水俣から不幸ばなくすために、頑張っぞ！」③

山上夫妻は、弘教の闘士となっていった。

（『新・人間革命』第一五巻「蘇生」、三七〜三九頁）

主体的に信仰の実践に取り組んだ山上英雄は病を克服し、信心の確信をつかんでいきます。宿命転換の末に山上が叫んだのは病気をもって生まれた娘への感謝の言葉でした（②）。

これは法華経の「願兼於業」の法理を表しています。「願兼於業」は妙楽大師湛然の『法華文句記』巻八で法華経法師品第十の文を解釈した一文であり、「願、業を兼ぬ」と読みます。この「願兼於業」については、『新・人間革命』の他の巻で解説されていますので、それを引用しておきます。

「松矢は、被爆という宿命を使命に転じて、決然と立ったのである。いや、松矢だけでなく、それが広島の、また、長崎の同志たちの決意であったのだ。

仏法では『願兼於業』（願、業を兼ぬ）と説く。自ら願って、悪世に生まれて妙法を弘通することをいう。われらは本来、末法濁悪の世に妙法を弘めんがために出現した、地涌の菩薩である。そのために、自ら願い求めて、あえて苦悩多き宿命を背負い、妙法の偉大さを証明せんと、この世に出現したのだ」

（『新・人間革命』第二二巻「潮流」、一三八頁）

また、日蓮大聖人が流刑地の佐渡で著した『開目抄』には、次のように「願兼於業」への確信が綴られています。

「経文に我が身符合せり。御勘気をかぼれば、いよいよ悦びをますべし。例せば、小乗の菩薩の未断惑なるが、願兼於業と申して、つくりたくなき罪なれども、父母等の地獄に堕ちて大苦を・うくるを見て、かたのごとくその業を造って、願って地獄に堕ちて苦しむに、同じ苦に代われるを悦びとするがごとし」

（新七四頁・全二〇三頁）

流罪の苦しみは「願兼於業」であるとして、むしろ人々の苦に代わる悦びであるとされているのです。

悪道・悪世に苦しむ人を救うため、自ら願って悪道・悪世に生まれてきたと捉えること。病気に苦しんだ娘をそれほど尊い使命の人と捉え直すこの法理には、どんな境遇の人にも必ずその人でなければなし得ない使命があることを教えてくれるヒューマニズムが描かれています。そして、煩悩即菩提、九界即仏界を体現した姿でもあります。

「蘇生」の章の引用を続けます。次に引用するのは、水俣病を乗り越えた水俣の同志たちが集った会合に、山本伸一が参加した場面です。

それから、研修所の広間に移って、第一回「水俣友の集い」が行われた。

まず、伸一の導師で、厳粛に勤行・唱題が行われた。（中略）

そして、水俣病に戦い勝った、感動の体験発表があった。登場したのは山上英雄である。彼は、体験を語ったあと、目に涙を浮かべて叫んだ。

「先生！　私たちは、信心によって、学会によって、見事に蘇生することができました。『妙とは蘇生の義』であります。④　水俣を救う道は妙法しかありません。これは、私の信念です。私は、ご恩返しのためにも、余生を広宣流布に捧

げ、必ず、愛する水俣を、幸福の楽土に変えてまいります。⑤ ありがとうございました！」

（『新・人間革命』第一五巻「蘇生」、四八〜四九頁）

山上英雄は、かつて絶望と怨念から荒廃した人生を送っていた自分が、仏法に縁したことで今ではまったく別人のように生き生きとした勝利の人生を送るまでに至った大きな変化について、『法華経題目抄』の「妙とは蘇生の義なり。蘇生と申すは、よみがえる義なり」（新五四一頁・全九四七頁）の一節が示すとおりに、自ら「蘇生した」と意義づけます。この御書は法華経の題目の「妙」の字に「開の義」「具足・円満の義」「蘇生の義」の三義があることを示したもので、「蘇生の義」はその第三に当たります。これに続く文では、法華経には根本の仏種が説かれているがゆえに、爾前経では成し得なかった悪人成仏や二乗作仏を可能にすることが示されます。そしてそれは一度死んだ者をよみがえらせるほどの究極の成仏の法理であることを「蘇生」の語を用いて述べています。「蘇生」は創価思想における「人間革命」の別表現とも言えますが、信仰によってまったく別の人間に変わるのではなく、万人にもともと備わる仏性が蘇生して、まるで別人のような幸福の人生に変革することを示しています。そのことの意義深さゆえに、池田先生は『新・人間革命』のこの章を「蘇生」の章と名付けたのでしょう。

宿命転換を成し遂げた山上英雄は、たんに自分が病気を克服したことに留まるのではなく、同じ病に苦しむ人々にも、この歓喜と確信を伝えていくことを決意します（③）。

「自分が病気を克服できればそれでいい」で終わってしまったら利己主義ですが、そこから一歩進んで、こんどは自分が他の人を救う立場になろうとする――この利他への転換こそが、「地涌の菩薩」たる証しなのです。

そして、山上は「水俣を幸福の楽土に変える」との誓願を立て、師匠・山本伸一の前で宣言します（⑤）。まさに宿命を転換した名も無き庶民が地涌の菩薩として、民衆救済の闘士として立ち上がる瞬間です。

かつて知人の言葉に希望を見出したように、今度は自分が地域の友に希望を与えようとする姿は、『諸法実相抄』に「日蓮一人はじめは南無妙法蓮華経と唱えしが、二人・三人・百人と次第に唱えつたふるなり。

未来もまたしかるべし。これ、あに地涌の義にあらずや」（新一七九一頁・全一三六〇頁）とあるように、六万恒河沙の地涌の菩薩が陸続と集っていく光景そのものであります。

この「蘇生」の章には、公害病からの蘇生のドラマが複数の側面から描かれています。引用・紹介したのは、そのうちの一つの側面である、被害者となった創価学会員の病気からの蘇生という側面です。

ほかには、公明党国会議員が水俣病の調査に関わり、国会で取り上げることによって社会を変革していくという、もう一つの側面も描かれています。それは、故・矢追秀彦元公明党衆議院議員の実際の行動に基づいています（作中では「大矢良彦」として登場）。

矢追は、イタイイタイ病について国会で初めて追及した政治家として知られています。当時の与党であった自民党は、自分たちを支持する大企業が公害病の原因企業であったため、国会で追及できずにいた。矢追の追及によって自民党が重い腰を上げ、イタイイタイ病は公害病として認定されたのです。

そのような「人間主義の政治のドラマ」が、同じ「蘇生」の章には登場します。つまり、信仰の力による被害者個人の蘇生と、池田会長の「人間主義」に学んだ公明党議員の闘いによる社会の蘇生――二つの側面からの蘇生のドラマが、この章に描かれているわけです。

「仏法即社会」の生き方を教える

二つめの事例として、『新・人間革命』第十九巻「虹の舞」の章に描かれたエピソードをご紹介します。

事例② 第一九巻「虹の舞」の章（一七～二二三頁）
島盛長英の体験

まず、登場人物の生い立ちを描いた前段の要旨をまとめましたので、それをお読みください。

要旨／島盛長英は一九一六年（大正五年）に、八重山諸島の竹富島に、次男として生まれた。九人の兄弟・姉妹の六番目である。自給自足の貧しい暮らしの中、五歳のときに父親が他界、長兄も早世し、母親の麻織りの仕事で細々と生計を立ててきた。

尋常小学校六年のとき、乗っていた黒牛が暴走したことがもとで、大怪我をし、右腕の切断を余儀なくされた。母親は彼に、毅然と「どんなに辛いことがあっても、人を羨(うらや)んだり、妬(ねた)んだりしてはいけない」と教えた。島盛少年は母を守るために、海に潜って魚を捕り、片腕で舟を操って石垣島に売りに行き、家計を助けた。彼は漁を続けながら、勉学に励んだ。不自由な体だからといって、人には負けたくなかった。

島盛長英は、二十一歳のときに、島の青年団長になった。やがて竹富島に沖縄県の竹富診療所ができた。島盛はそこの書記に推された。医師からは治療や看護の方法を教えられ、自身も医学を徹底して学んだ。

戦後、島盛は、石垣島で医学研修を受け、「介(かい)輔(ほ)」(医介輔)の資格を取得した。その後、彼は八重山保健所の西表(いりおもて)東部出張所の所長の任に就いた。主な任務はマラリアの撲滅であった。彼の努力が実り、数年後にはマラリア患者はゼロになった。

その一方で、島には医師がいなかったため、診療にもあたった。すべての病を一人で相手にした。逆子の出産も成功させた。心臓が停止した人も蘇生させた。日々、体はへとへとになった。しかし、少年時代に事故で右腕を失い、生命の尊さを痛感していた彼は、島の人の生命を守ることに闘志を燃やした。

それが自分の使命だと感じていた。(『新・人間革命』第一九巻「虹の舞」、一七〜一九頁、要旨)

このようなバックグラウンドを持つ島盛長英が、創価学会に入会して信仰に励むようになるまでのいきさつが、以下の引用部分で描かれています。

その島盛が信心をするようになったのは、一九六一年(昭和三十六年)のことである。

西表島にいた姉夫婦から、三年間にわたって仏法の話を聞かされた末の入会であった。

島盛の姉である細野美枝は、長年、神経痛に苦しんできた。姉とその夫の徹男は、神奈川県の川崎で信心した息子から手紙で仏法について教えられ、一九五八年(同三十三年)に入会した。この夫妻が西表島で最初の学会員となったのである。

島盛は、細野夫妻から仏法の話を聞かされたが、「拝めば幸せになるなんて、そんな宗教が信じられるか」と言い張ってきた。(中略)

細野夫妻は、「この仏法でなければ幸せにはなれない」と言い切って、弘教に歩いた。(中略)

彼らには、絶対に広布の道を開いてみせるという強い執念があった。勝利への執念こそ、逆境をはね返す力となるのだ。

島盛は、姉夫婦のところに送られてくる『大白蓮華』や「聖教新聞」、学会の出版物などには必ず目を通した。読むうちに、彼の仏法への関心が次第に深まっていった。

病を治すうえで自然治癒力に着目していた島盛は、学会が教える「生命力」という考え方に強く共鳴した。① さらに、医療従事者として、仏法の「慈悲」の心をもつことの大切さを痛感していったのである。②
島盛は、座談会にも参加するようになった。ある日の座談会で、義兄の細野徹男の話を聞いていた彼は、終了後、感想を語った。

「あの説明では、話を聞いていた人は、腑に落ちないのではないかな」

そして、こう説明すればどうかと、自ら語ってみせたのである。

機関紙誌や学会の出版物を精読してきた彼は、仏法の法理をかなり理解していたのだ。

細野は、頬を紅潮させて言った。

「そうだな。その通りだよ。俺ではだめだ。お前が頑張ってくれないと。一緒に信心をしようじゃないか！」

これが契機となり、遂に島盛は信心を始めた。

入会後の彼は、一途に信仰に励んだ。人間を根本から救う道を仏法に見いだした島盛は、〝西表を幸福島にしてみせる〟と決意したのである。③
一九六四年（昭和三十九年）、西表島に地区が誕生すると、島盛長英は初代地区部長となった。

（『新・人間革命』第一九巻「虹の舞」、一九〜二一頁）


竹富島の島盛長英は幼少期に右腕を切断する不遇に見舞われたが、信念のある母に育てられて強く生き抜き、やがて保健所長となり、島の医療を一手に引き受けて島民から信頼される存在にすでになっていました。

その後、学会員の姉夫婦の折伏を受け、「聖教新聞」や『大白蓮華』を熟読するうちに、自分自身の生き様の中で実感してきた「生命力」（①）や「慈悲」（②）に裏付けを与える哲学として、いつしか仏法に共鳴していました。

そして、自身の宿命転換というより、人々を変えていく使命感から入会を果たしたのです。
池田先生は、現代における「四箇の格言」(念仏無間・禅天魔・真言亡国・律国賊)の本義について述べる中で、「生命力」という言葉を用いています。

「四つの類型は、日蓮仏法にあっては、一人の人間の変革を支える次のような力と現れ、積極的な意味を持つように活かされます。
①どんなに疲れ病む衆生をも、仏界の生命力で包み、絶対の安心感を与える。
②自分の中に自分を変革する力があることを信じ、それを実際に実感していける。
③現実の変革に勇気をもって邁進していける。
④内なる智慧の力で煩悩を制御し、悪を滅していくことができる。
四箇の格言の現代的意義は、単なる日本の宗派破折という次元にとどまるのではなく、円満なる人間の生命の力の開花にあると言えるのではないだろうか。これが『妙法蓮華』であり、無限なる『価値創造』なのです。この大聖人の円教を立て、初めて社会に宣言したのが立宗宣言です。それは『人間宗』の開幕です。大聖人は、そこに、永遠かつ根本的な人類救済の大道を示してくださったのです」(『御書の世界』、『池田大作全集』第三二巻、九五〜九六頁)

これが、池田先生による「四箇の格言」の現代的解釈であり、諸宗の部分観を法華経の全体観の中で蘇生させたわけです。
この解釈にもあるように、池田先生は、人々を病から救うのは仏界の「生命力」であり、それは一人一人の生命の中に本然的に備わっているものだと述べています。また、その生命力は宇宙大の大きさと永遠性を持つものであるとされています。そのことについて池田先生は、『法華経の智慧』の中でも次のように言及しています。

「タテに、根を久遠の生命まで下ろし、ヨコに、法界に徹した『本因』です。それが『南無妙法蓮華経』です。宇宙の一切を動かし、生々発展させている『永遠の大生命』であり、大法則です。ゆえに、御本尊を信じ、妙法を唱え、行ずる時、その時はいつも『久遠元初』なのです。
久遠の清らかな、『はたらかさず・つくろわず・もとの儘（まま）』（御書七五九頁）の大生命力がわいてくる。現在も未来も、自由自在になっていく。日蓮仏法は『希望の仏法』なのです」
（『法華経の智慧』、『池田大作全集』第三一巻、五二九頁）

島盛長英が入会に踏み切ったもう一つの理由が「慈悲」でした。

御書には「また釈迦如来と阿弥陀如来・薬師如来・多宝仏・観音・勢至・普賢・文殊等の一切の諸の仏菩薩は我等が慈悲の父母、この仏菩薩の衆生を教化する慈悲の極理はただ法華経にのみとどまれりとおぼしめせ」（『唱法華題目抄』、新一三頁・全九頁）とあります。

ここでは、本当の「慈悲」は法華経のみにあると述べられています。それは、法華経の慈悲こそが一切衆生すべてを差別なく、かつ過去・現在・未来の三世の生命観から救う究極の慈悲だからです。

島盛は医療従事者としてすでに「慈悲」の実践をしていましたが、より根本的な「慈悲」に生きること、そして、自分だけでなく島民のすべてがこの慈悲に生きられるようにしていくために、入会を決意します。

要するに、彼は自分が幸せになるためというより、人を救うため、人を幸福にするために入会したわけです。「西表を幸福島にする」（③）には、仏法の地涌の菩薩の陣列に連なる以外にないと確信したことが読み取れます。

「虹の舞」の章の引用を続けます。

島の人たちの生命を真剣に守り抜いてきた島盛に、人びとは深い尊敬の念をいだいていた。その彼が信仰している宗教なら間違いないと、信心を始める人もいた。④

そして、七〇年（同四十五年）ごろには、六百数十世帯ほどの島民のうち、三割近い、百八十五世帯が学会員になっていたのである。（中略）

島盛をはじめ、皆、深く地域に根差し、大きな信頼を勝ち取っていた。

人びとの信頼という土壌の上に、広宣流布の花は開くのだ。④　ゆえに、大事なのは人材である。だからこそ日蓮大聖人は、「法自ら弘まらず人・法を弘むる故に人法ともに尊し」（御書八五六頁）

と仰せなのである。
伸一は、これまでの健闘を心から讃え、ねぎらいながら言った。
「同志に尽くし、同志を守り抜くための幹部です。よろしくお願いします」
「はい!」という決意のこもった声が響いた。
(『新・人間革命』第一九巻「虹の舞」、二一一～二一三頁)

ここで島盛長英を通して描かれているのは仏法即社会の生き方です。入会前から島民のために尽くし、信頼を得ていた島盛が入会したことによって、それまで島民の中にあった仏法に対する偏見を、「あの人がする信仰なら間違いない」と変えていく役割を果たしたことが描かれています(④)。

入会後の島盛は、この島を幸福の島にする取り組みにいっそう専心していきます。

法華経法師功徳品第十九には次のような一節があります。

「諸の説く所の法は、其の義趣に随って、皆実相と相違背せじ。若し俗間の経書、治世の語言、資生の業等を説かんも、皆正法に順ぜん」
(『妙法蓮華経並開結』五四九頁)

つまり、社会のすべての生業、営みが、そのまま仏法の実相であるということです。この一節を踏まえて日蓮大聖人は、「不軽菩薩の人を敬いしは、いかなることぞ。教主釈尊の出世の本懐は人の振る舞いにて候いけるぞ」(『崇峻天皇御書』、新一五九七頁・全一一七四頁)と説き、社会における振る舞いそのものが仏法であることを示しています。

また、「強盛の大信力をいだして、『法華宗の四条金吾、四条金吾』と、鎌倉中の上下万人、乃至日本国の一切衆生の口にうたわれ給え」(『四条金吾殿御返事』、新一五二二頁・全一一一八頁)の御文では、在家の弟子であった四条金吾に対して、社会や地域から信頼されていくことを奨励しています。

「虹の舞」の章ではさらに、「法自ずから弘まらず、人法を弘むるが故に、人法ともに尊し」(『百六箇抄』、新二二〇〇頁・全八五六頁)の御文を通して、仏法を体現する人の姿によってこそ初めて仏法は弘まっていくのだという法理を示してくださっています。

このような「仏法即社会」の生き方、そして「仏法は人の振る舞い」であるという教えについては、『新・人間革命』の他の章でも繰り返し描かれています。以下、二つ例を挙げます。


「帰り際、来賓の一人が川崎鋭治に言った。

『あなたたちの仏教の教えがいかなるものか、私にはわかりません。しかし、山本会長と接していて、ありのままの姿で、誠意をもって、私たちを迎え入れてくださっていることを感じました。人間を大切にする心があふれていました。

私は、権威の仮面を被った聖職者が君臨し、厳か（おごそ）に教えを説く宗教の時代は終わったように思います。大事なのはヒューマニズムです。そのヒューマニズムを、あなたたちの団体に感じました』

川崎は、声を弾ませて言った。

『そうなんです。それが真実の仏教なんです。私たちの宗教なんです』

教義は、人格、行動をもって表現される。

日蓮仏法の、国境を超えた、世界宗教としての今日の広がりは、『人の振る舞い』によるところが大きいといえよう」


（『新・人間革命』第一六巻「対話」、一五五頁）

＊　＊　＊

「また、学会員の多くが、島や集落のさまざまな仕事を積極的に引き受け、責任を担いながら、島民のために献身した。

学会員が島に貢献する姿を通して、島民は創価学会の実像を知り、学会への理解を深めていったのである。法を体現するのは人であり、人の振る舞いが広布伸展のカギとなる。

学会への偏見や誤解から、迫害の嵐が吹き荒れた地域でも、学会員への信頼は不動のものとなり、『非難』は『賞讃』へと変わっていった」


（『新・人間革命』第二八巻「勝利島」、四二三頁）

以上、全三十巻に及ぶ雄編の中から、今日は二つの例のみを取り上げました。小説『人間革命』、『新・人間革命』にはこのような文字どおりの「人間革命」の実像が数多く描かれています。そこで、今後も引き続き重要な事例を取り上げて考察していくために、別掲のような「『新・人間革命』登場人物」という表（二一〇頁に掲載）を作成することにしました。これは、『新・人間革命』に登場する会員の信仰体験と、その会員に対して山本伸一がどう関わり、どのように励ましていったかを表にしたもので、私自身の研究資料として第一巻から順次作成を進めており、最終的には全三十巻について表を完成させたいと考えております。今日は途中経過として、本日言及した第十五巻「蘇生」の章と第十九巻「虹の舞」の章の一部をお目にかけます。

このような形で、池田先生は『新・人間革命』の中に、日蓮仏法を根底に据えた人間主義の哲学を、具体的な人間の振る舞いを通して表現しています。「創価信仰学」は、そこに描かれた「人間主義の生き方」を真正面から受け止めて、研究に生かしていくべきだと考えます。

創価学会教学の研鑽は、日蓮仏法を信仰する創価学会員にとって重要な信仰活動の一つであります。創価信仰学はその「日蓮仏法の信仰に内在する哲学」の論理を普遍的言語で表現し、学問的探究の成果として社会に対して提示することだと考えています。したがって、これまで日蓮仏法の哲学を普遍的なヒューマニズム（人間主義）へと展開してきた池田先生の言説（具体的には『池田大作全集』全百五十巻と小説『新・人間革命』全三十巻をはじめとする池田先生の著述の公開資料）は、すべて創価信仰学の研究対象となります。むしろ、その視点から日蓮仏法を探究していくのが創価信仰学だと、私は捉えています。

したがって繰り返しになりますが、創価信仰学とは、創価学会教学に微塵も変更を加えるものではなく、それを社会に対して提示してこられた池田先生の哲学の意義を探究し、展開するための一つの表現形態であると考えています。そうした創価信仰学研究の一端を示す試論として、本稿を記しました。

〔付表〕『新・人間革命』登場人物一覧表より抜粋

巻	章	頁	人物名	概要	山本伸一の関わり	引用御書・関連する仏法用語
15	蘇生	9〜13	大矢良彦	医師出身の公明党参議院議員。富山・神通川流域のイタイイタイ病の原因が鉱業廃液であることを追及。国会で初めて質問。公害と認めさせる。	生命の尊厳を守る人間優先の政治を公明党創立者として掲げる。	「国土乱れん時は先ず鬼神乱る」（立正安国論）
15	蘇生	35〜49	山上英雄	熊本の水俣病被害者。4歳の娘が神経障害で歩行・言語が困難。自身も平衡感覚異常。知人の紹介で入会。信行学の実践で病気治癒。地涌の菩薩として報恩の闘争を決意。	公害と闘う同志に題目を送り続ける。第一回「水俣友の集い」で同志と記念撮影、大激励。山上の体験発表はじめ同志の勝利を称え、「水俣の日」を定める。	①感応妙、②「地涌の菩薩」、③願兼於業、④「妙とは蘇生の義」（法華経題目抄）
15	蘇生	40〜45	舘正男	獣医学科出身の聖教職員。水俣の問題解決のため現地派遣を志願。現地取材を通して、苦悩を使命に変える同志の姿に感動。山本伸一に報告する。	青年の真剣さを喜ぶ。幹部に相談して舘の水俣派遣を決定。その後、舘の報告を聞いて水俣への訪問激励を決意。	
15	蘇生	41〜43	水俣のある婦人	水俣病で全身の痛みに苦しむ。絶望の果てに学会に入会。痛みが止まる。生命力が増す。折伏を決意。悪口を言われても笑顔で挨拶。やがて罵声は感謝と謝罪に変わる。	婦人をはじめ水俣の同志の活躍について舘から報告を受ける。	不軽菩薩
19	虹の舞	9〜12	上間球子	沖縄支部初代婦人部長（第2巻「先駆」の章）として沖縄広布を切り拓く。1974年2月の伸一の沖縄訪問を出迎える。	復帰後も基地との共存で苦しむ沖縄県民の現状を聞いて、沖縄広布の新たな未来に向けて激励。	「月月・日日につより給へ」（聖人御難事）
19	虹の舞	77〜79	上間球子	沖縄広布二十周年記念総会で功労者の代表の一人として伸一から花束を贈られる。微力な自分たちを励まし、力を与えてくれた伸一に感謝の涙。	上間をはじめ沖縄の同志たちの誠実さを誰よりも熟知。沖縄広布の大勝利を祝福。講演では「創価学会の運動の根本は利他の一念」と強調。	①「蒼蠅驥尾に附して万里を渡り碧蘿松頭に懸りて千尋を延ぶ」（立正安国論）、②「我もいたし人をも教化候へ」（諸法実相抄）、③「依正不二」
19	虹の舞	16〜23	島盛長英	幼少期に事故で右腕を失った竹富島の島盛は母を支えるため、医介輔の資格を取り、やがて島の保健所長として信頼を得る。先に入会した姉夫婦が語る「生命力」という考え方に感動して入会。西表を幸福島にと奮闘。西表の初代地区部長に。島民の三割が学会員に。	石垣島を訪問。到着後、すぐに地元の幹部候補者と面談。西表島長に推薦されていた島盛長英と面談。「同志に尽くし、同志を守り抜くための幹部です」と激励。	①「生命力」、②「慈悲」、③「一切の諸仏・菩薩は我等が慈悲の父母此の仏菩薩の衆生を教化する慈悲の極理は唯法華経にのみとどまれりとおぼしめせ」（唱法華題目抄）
19	虹の舞	22	与那原朝明	臨床検査技師。地域の信頼を得る。石垣島長に推薦される。	石垣島を訪問。到着後、すぐに地元の幹部候補者の一人として面談、激励。	「法自ら弘まらず人・法を弘むる故に人法ともに尊し」（百六箇抄）
19	虹の舞	22〜25	石山賢著	クリーニング業。高見福安の義兄。妹夫婦の折伏で入会。経済苦と喘息を克服。地域の偏見と闘いながら信頼を得る。八重山諸島全体の八重山長に推薦される。	石垣島を訪問。到着後、すぐに地元の幹部候補者の一人として面談、激励。	「法自ら弘まらず人・法を弘むる故に人法ともに尊し」（百六箇抄）
19	虹の舞	25〜26	白戸洋行	司法書士。初代八重山支部長、総支部長を務める。	伸一は二年前に石垣島訪問を約束。先生を迎えるまでに八重山広布をと奮起。伸一のもとに集った同志を賛嘆し、大激励。	「道のとをきに心ざしのあらわるるにや」（乙御前母御書）

5 論考

創価信仰学から見た御書根本

松岡幹夫

私の一つめの発表では「創価信仰学」とは何かということを概観しました。その内容を踏まえて、次に「創価信仰学から見た御書根本」とはどのようなことかを考察してみたいと思います。

前提として、「そもそも『御書』とは何か？」を考えてみます。

「御書」とは何か

まず、日蓮大聖人の直弟子の方々——日興上人を筆頭とした六老僧など——は、師匠に対する強い尊崇の念を込めて、大聖人が書かれたものを「御抄」とか「御書」と呼んでいたことが、史料から明らかです。

次に、大聖人滅後百年前後の門下になると、「御書」に「判」という言葉がつきまして、「御書判」とか「御妙判」と呼んでいました。それはなぜかというと、当時すでに、異なる門流の間で教義論争が起きていたからです。その論争の文証として用いたために、「御書判」「御妙判」といった呼び方になったのです。

そこから、さらに時代が進んで徳川（江戸）時代になると、ご存じのとおり「檀家制度」が整備されました。その影響で、宗派意識が高まっていきます。これを反映して、御書を「祖書」と呼ぶようになっていきました。つまり、日蓮大聖人は宗派の宗祖である、というニュアンスが込められているわけです。

そして、幕末から近代にかけては、御書を「遺文」と呼ぶことが主流になっていきます。この「遺文」という呼び方は、御書と呼び慣れた学会員の皆さんからすると違和感が強いと思いますが、日蓮宗では今も一般に「遺文」と呼んでいます。これは要するに、大聖人の御書を歴史史料として扱う意識の表れでしょう。立正大学などを舞台に教学が宗学化・仏教学化した影響から、この呼び方が生まれたと考えられます。

一方、「宗祖の言葉を遺文と呼ぶのは失礼ではないか」といった声も出てきたのでしょうか。「御遺文」という呼び方も見られるようになります。なんとも中途半端で奇妙な尊敬表現ですが……。

そして、現代においては、東洋哲学研究所の小林正博主任研究員の著作に見られるように、創価学会内で「文書（もんじょ）」と呼ぶ動きが一部にあります。私自身も時折、「日蓮文書」という表現を使っていました。これは、学問的に御書を論ずる際に、それを「遺文」と呼ぶ日蓮宗学との区別化をしようという配慮から生まれたものです。

ただし、池田先生はじめ三代の会長は、日蓮大聖人が執筆あるいは講説されたものを一貫して「御書」と呼ばれ、絶対の確信で拝されています。ゆえに、創価信仰学の立場においては、あくまで〝「御書」を拝読する〟という姿勢で日蓮仏法を語り、研究してまいりたいと思います。

「遺文」とは学問上の用語であって、歴史上実在した日蓮の著述類を指す言葉――つまり、キリスト教でいう「史的イエス」に相当する「歴史的日蓮」を論ずるための言葉です。一方、創価学会における「御書」は信仰の対象であり、歴史を超越した「永遠の仏」の言葉として捉える立場です。

すなわち、「遺文」は「歴史的日蓮」の作品であるのに対し、「御書」は「永遠の日蓮大聖人」の言葉という位置づけになります。我々が対象とするのは後者ですから、「御書」という呼び方がやはりふさわしいと考えます。

「御書根本」とは何か

次に、今回のメインテーマとなる「御書根本」について考えてみます。

池田先生は、御書根本とは我々が御書を生き方の規範とすることである、と指導されています。この指導に即して考えるなら、御書根本の「根本」とは〝そこから出発する〟〝それによって生きる〟という信仰者の意思表明に他ならないと思います。

関連する池田先生の指導を挙げておきます。

「願わくは、学会員たるもの、御書の一節一節をば、心肝に染め、我らの生活の強き強き源泉としていっていただきたい」

「末法の御本仏、日蓮大聖人の御書をもっとも尊しとするゆえんは、われら凡夫の生命の本源を説き明かし、われらの振舞い、生活をば、解明しているからにほかならぬ」（以上、池田先生『巻頭言』一九六四年十月一日。傍線は引用者）

「誰がなんと言おうが、規範として従うべきは御書の仰せ以外にはありません。創価学会は、また、正しい信仰は、永遠に御書が根本であると申し上げておきたいのであります」（『新・人間革命』第六巻「加速」、二一五〜二一六頁。傍線は引用者）

「御書は、私たちの信心と生き方の規範であり、根本です」（『新・人間革命』第一八巻「師子吼」、八〇頁）

「日蓮大聖人にとっては、大乗仏教の精髄である法華経は、たんなる昔話のようなものではありませんでした。そこには時代をこえて、私たちが主体的に生きるべき真理が記されていたのです。『身読』といいますが、みずからの体験と人生を通して試みるべき、不変の真理が説かれていたのです」（ベッド・P・ナンダとの対談『インドの精神』、『池田大作全集』第一一五巻、三二〇頁。傍線は引用者）

これらの指導に見られるように、御書から出発し、御書に帰着する信仰生活のことを「御書根本」と呼ぶのだと思います。言い換えれば、「御書とともに信仰の世界を生きる」ということです。我々は世間的な価値観の中で生活しているわけですが、それでも、信仰者は根本のところでは、信仰の次元で生きていかなければならない――そうした生活を貫いていくところに、地涌の菩薩としての輝きも生まれていくのだと思います。

日蓮教団の宗学の特徴

次に、以上述べたような創価学会の「御書根本」と、他の日蓮教団の御書の捉え方がどのように違うか、その比較を試みたいと思います。

まず、「宗学」という言葉ですが、これは明治以降に生まれたものです。近代日本で仏教学研究がさかんになるのに対応して、「宗学」という用語が定着しました。それ以前は「宗乗」（檀林時代の用語）などと称されていました。その背景にあったのは、各宗派の「大学」設立です。立正大学・大谷大学・駒沢大学などが誕生し、僧侶が教義を学ぶ場が本山や檀林から大学へと移行し、宗義の学問化が進んでいったのです。

宗義の学問化とは、具体的にどのような変化かといえば、一つには「仏教学化」——文献学に基づく客観的、中立的な研究への変化です。それを担ったのが各宗派設立の大学でした。

もう一つは「哲学化」——宗教体験を言語化・論理化・可視化していくことを通じた仏教哲学の探究が進んでいきます。これは特に、大谷大学で清沢満之氏らが立ち上げた「真宗学」において発達していきました。

では、そうした変化が日蓮教団に与えた影響はどうであったか？

まず、浅井要麟氏による文献学の導入がありました。浅井氏は、文献学的な「祖書学」を提唱した人物です。彼の基本的な考え方は、「日蓮大聖人の御書には不純物が紛れ込んでいるから、それを取り除かないといけない」というものでした。不純物とは、中古天台など、後世に添加された思想を指します。文献学研究によってその不純物を排除し、「純正日蓮教学」を確立する必要がある、というのが彼の主張でした。このような見解は、初期の純粋なキリスト教が異教や土着の宗教と交じり合って変質したのがカトリックである、と論じたプロテスタント神学者たちの主張とよく似ています。

そして浅井氏は、法華経と日蓮遺文の研究をする「根本宗学」を土台として、教団の教学史を研究する「歴史宗学」と、宗学を現代化し、社会生活の規範とする「現代宗学」を、それぞれ確立していく必要があると訴えました。

じつは、これもプロテスタント的な発想と言えなくありません。恐らく、キリスト教神学に見られる聖書神学・組織神学・歴史神学・実践神学の四区分などをモデルとしたものでしょう。つまり、浅井氏の日蓮宗学については、本人がそれを自覚していたかどうかは知りませんが、近代プロテスタント神学の方法論から影響を受けた形跡があるわけです。

ともかく、そのような浅井氏の主張が、当時の日蓮宗学に強い影響を与え、今日のメインストリームとなりました。いわゆる「大崎宗学」――立正大学が東京都品川区大崎にあることから、同大学の宗学をこう呼びます――の確立です。

ではなぜ、日蓮宗学は浅井氏らの主張を認めて文献学的になっていったのでしょうか？　それにはいくつかの原因があるように思います。

①膨大な文献

第一に、日蓮遺文が量的に膨大だということがあります。我々が持っている御書全集のような大部の祖書集成は、およそ他宗には存在しません。親鸞、法然、道元などの同時代の仏教者と比べ、現存する日蓮大聖人のご真筆の数は圧倒的に多いのです。

浄土宗の宗祖である法然を例に取ってみましょう。伝えられる法然の著作は多いものの、その中で確実な真蹟は『選択本願念仏集』の内題をはじめ、わずか一、二行の文字が何箇所かに散在するにすぎないそうです（佐藤弘夫『偽書の精神史』一七頁）。

ところが、日蓮大聖人の場合、現存するご真筆の御書数は百数十編あります。かつて存在していたご真筆（曽存）も加えると、二百編を超えます。

また、膨大な量のご真筆が残っているため、失われてしまったご真筆もかなりあると推測されます。それらの情報は門弟の写本に求めるしかないわけですが、写本の精度については検証が必要です。例えば、ご真筆にない言葉を勝手に書き加えたり、逆に言葉を省略したりする改変の可能性があります。また、写本の中に偽書が紛れ込んでいる可能性も否定できません。

このような膨大な文献を抱えているという事情から、日蓮宗は、他宗よりも西洋の文献学に強く惹きつけられる素因を持っていたと言えます。

戦前に浅井要麟氏が祖書学を提唱したのも、そのような背景要因があったからこそです。

浅井氏の提唱を契機として、立正大学の宗学者たちは、こぞって文献学に傾倒していきます。

②門流の分立

日蓮宗学が文献学的になっていった二つめの要因として、門流の分立があります。

日蓮大聖人御入滅の後、六人の高弟（六老僧）は全国各地に分散し、それぞれに寺院を創建して布教を行いました。当初は、「大聖人の身延の墓に順番で参拝し、結束を強めていこう」とする動きもあったようですが、そうした動きはすぐに廃れ、それぞれ分裂していきます。そのため、各門流の統一した遺文集は作られないままでした。

一般に、教祖の死後は大なり小なり教団の統一が損なわれるものですが、日蓮教団の場合、その不統一が、膨大な量の日蓮遺文の結集を妨げることにつながったのです。

「なんとか統一した御書を作らないといけない」ということになって、大聖人滅後、恐らく百数十年後に、ようやく御書の第一次集成が行われています。『録内御書』と呼ばれるものです。

『録内御書』の作成者は不明ですが、身延山十一世の日朝は百四十八通の録内御書の目録を作成し、「この外は、たとえ実の御書と雖も、左右なく御書に入れるべからず」と記しています。

しかし、先ほど述べたように日蓮遺文の量は膨大なので、その後も『録内御書』から漏れた遺文を集めた『録外御書』の集成がなされていきました。

そして、十七世紀に入ると、『録内御書』『録外御書』が活字本（刊本）となり、御書編纂の歩みに一応の終止符が打たれます。活字化の完了によって、録内・録外御書は権威化されていきます。そのため、学者の関心は御書の解説へと移行しました。

ところが、現代から見ると、録内・録外御書には不備も多々ありました。各門流の分立もあって、限られた史料の範囲で編纂を余儀なくされたため、今日では未収録の御書が多数あることが判明しているのです。そのことが、次に述べるように三つめの要因となります。

③新たなご真筆の発掘

十九世紀以降、交通の便が発達したこともあり、全国規模でご真筆の情報が共有されるようになりました。そのことによって、日蓮教団の諸寺院などに格護されていたご真筆の御書が相次いで発掘されていったのです。

例えば、千葉の中山法華経寺や富士大石寺に所蔵されるご真筆御書のうち、相当数が録内・録外に反映されていないことなどが明らかになりました。そうしたことで、録内・録外の権威は大きく揺らぎ、新たなご真筆の存在を踏まえた御書の編纂が要請されていきます。

それに応えたのが、一九〇四年に出版された霊艮閣版『日蓮聖人御遺文』（通称『縮冊遺文』）でした。この霊艮閣版の意義は、録内・録外御書に入っていなかった御書が大量に収録されたことです。追加編の第一、第二続集（第二続集は一九二〇年に刊行）においては、じつに合計百八編の御書が新たに追加されたのです。

一九五二年発刊の創価学会版『日蓮大聖人御書全集』や身延山久遠寺の『昭和定本日蓮聖人遺文』は、いずれもこの『縮冊遺文』を底本にしています。

ご真筆の新発見は、その後も続いています。例えば、一九七六年から発刊された写真版の『日蓮聖人真蹟集成』（法蔵館）には、切れ端しか残っていないご真筆の断簡が、三百九十一片も収録されています。

そうしたことを考えれば、日蓮教団における御書の編纂はいまだ途上にあり、御書の文献学的、書誌学的な研究の進展が今も重要な課題となっていると言えます。

創価学会教学部も、そのような文献学上の最新情報には目配りをしていますし、新しい動向を踏まえて御書のアップデートも検討していくべき状況があります。多分、二〇二一年十一月に発刊される池田先生監修の新編御書には、のちに発見されたご真筆の御書が数多く収録されると思います。

④教義上の好都合

基本的に言えば、日蓮宗の教義は、御書の記述を釈尊の仏法の常識に従って理解するものです。それは仏教学者の文献学的な理解と整合的です。文献学を用いる仏教学者、宗学者も、仏教は釈尊中心であるとの意識で史料を解読していきます。また、御書の文面それ自体も、釈尊中心という常識的な見方に配慮されています。その結果、文献学的な御書研究は釈尊中心の仏教観を本質的に否定せず、むしろ擁護する傾向にあるため、日蓮宗にとって教義上、まことに都合がいいわけです。

本当は、御書の真意に迫ろうとする解釈学的なアプローチ、さらには信仰学的な探究こそが、最も重要なのです。文献学的な解読で御書の真意がつかめるなら、勉強だけで仏教がわかるはずです。仏教は世俗の一思想にすぎず、読経唱題したり、利他の実践をしたり、といった修行の必要などありません。一番仏教をわかっているのは理知的な仏教学者であり、各宗派の僧侶や信仰者は非合理的で主観的な見方しかできないことになります。これでは、仏教は宗教たり得ないでしょう。

やはり、自分自身が修行の中でつかんだものからテキストを解釈していくという、宗教的な解釈学がなければなりません。

今日、日蓮宗の仏教学者たちは、江戸時代の教学者である大石寺門流の日寛上人の教学を文献学的な見地からいろいろと批判しています。しかし、これは筋違いの議論と言わざるを得ません。日寛上人の日蓮教学は、宗教的な解釈学です。それを、文献学的に批判するのは領域の違いを無視しています。日寛教学を批判するなら、解釈学の領域で行うべきです。ところが、日本の仏教学研究では、ガダマーのような哲学的な解釈学ですら、ほとんど用いません。立正大学等の日蓮研究者も、まずやろうとしません。

創価学会では、末法の時代は日蓮大聖人の教えを中心としなければならないと考えます。この見解は、文献学でも、また哲学的な解釈学でもなく、ひとえに宗教的な解釈学です。それは、日蓮大聖人と師弟不二の実践を貫き、大聖人の御心のままに世界に妙法を流布した三代会長の大確信によって支えられた、生きた宗教の教義なのです。池田先生の心は、人類救済を誓願された大聖人の御心と一体不二です。その不二の心で、御書の文義のみにとらわれず、その真意を読み取ったのです。創価学会の教学は解釈学的であり、文献学的な日蓮宗学とは対照的です。

なお、文献学的な日蓮研究者が一番の拠り所とする真筆御書の捉え方について、一言しておきます。大聖人が実際に書かれたものは、私たちが確認できるご真筆よりもはるかに多かったと推定されます。現在まで伝わらなかったものは失われてしまったわけですが、そこには偶然性の要素とともに何か恣意的な選択があった可能性も否定できません。

最古の宗祖伝の草案とされる『御伝土代』（正本大石寺）には日興上人の伝記も記されています。その中で、一部の門徒が大聖人の滅後、仮名文字の御書を漢字に改変したことが記されています。『富士一跡門徒存知事』（日誉写本、大石寺蔵）の追加部分になると、もっと詳細に報告されており、日興上人を除く大聖人の本弟子五人、いわゆる五老僧が、御書を軽視してすき返したり（編集部注：紙を溶かして再利用すること）、焼き捨てたりしたということが「後代の亀鏡」として告発されています。

大聖人門下の中には、日興上人や富木日常（常忍）など、御書を非常に大事に扱った弟子もいましたが、逆に軽んじた輩もいたというのです。思い返せば、日蓮大聖人が教主釈尊を凌ぐ御自覚を披瀝された御書『下山御消息』のご真筆がバラバラにされ、じつに三十を超える断片（断簡）として存在し、日興門流の日法の写本などの助けを借りてようやく全体がわかる、といった事例もあります。釈尊を凌ぐ大聖人の自覚とは「教主釈尊より大事なる行者」（新二九九頁・全三六三頁）と記された箇所を指しますが、この箇所のご真筆は断簡として発見されてもいません。失われており、そこは写本で補うしかないわけです。

日蓮宗では、日蓮本仏論にもつながるこの箇所を後世の改竄（かいざん）であると主張する向きがありますが、確たる根拠などありません。『下山御消息』は、門下の因幡房日永が甲斐国下山郷の地頭に送る書を大聖人が代筆されたものです。代筆だったからこそ、ご自身の著作では常に御謙遜される大聖人も御本意の一端を述べられた。――そう解するほうが理に適っています。実際、「五の五百歳の大導師にて御座しまし候聖人」（『頼基陳状』、新一五七四頁・全一一五七頁）、「法主聖人」（『滝泉寺申状』、新八八一頁・全八五〇頁）等々、大聖人は門下のために代筆された御書の中で、しばしば末法の御本仏の御境界を示されているのです。

いずれにせよ、大聖人滅後、国家権力を怖れて「天台の弟子（天台沙門）」を名乗ったと言われる五老僧の系統で、御書が恣意的に取捨選択されて伝承された可能性がまったくないとは言い切れません。もし恣意的な選択がなされたとしたら、今に伝わるご真筆を中心に構成される文献学的な日蓮観が、身延や池上を中心とする日蓮宗の学者にとって好都合なのは、ある意味で当然かもしれないのです。

創価信仰学の御書根本論

以上、四点にわたって日蓮宗が文献学に傾斜する背景を論じてみました。そして、創価学会の教学は、宗教的な解釈学を基本とすることを最後に述べました。ならば、我々創価信仰学の御書根本論は、どうあるべきでしょうか。ポイントは、次の三点であるように思います。

・池田先生を通じて日蓮仏法を理解する（信仰上の事実）
・池田先生を通じて演繹的に御書を拝する（信仰中心）
・池田先生を通じて仏教学の成果を活用する（文献学の活用）

つまり、あくまで池田先生を介した信仰の学問でなければならない、という立場です。とりわけ「池田先生を通じて日蓮仏法を理解する」という最初の点が重要です。これは言い換えれば、「学会精神の日蓮大聖人」を重視するということです。

キリスト教神学に、「史的イエス」と「ケリュグマ（宣教）のキリスト」を立て分ける考え方があることを、先ほどの発表の中で紹介しました。前者は歴史上の人物としてのイエスであり、後者はキリスト教会の宣教の中で語り継がれてきたイエス・キリストを指します。後者の「ケリュグマのキリスト」は永遠であり、どんな歴史上の事実にも左右されません。「信仰上の事実」において存在するイエス・キリストとも言えます。

同じように、創価学会員にとっての日蓮大聖人は、単なる歴史上の人物ではありません。それは三代の会長が「師弟不二」の精神と「死身弘法」の実践を通して示してきた日蓮大聖人であり、いわば「学会精神の日蓮大聖人」です。これは「創価学会会憲」の次の一文にも符合するものと考えています。

「『三代会長』に貫かれた『師弟不二』の精神と『死身弘法』の実践こそ『学会精神』であり、創価学会の不変の規範である。日本に発して、今や全世界に広がる創価学会は、すべてこの『学会精神』を体現したものである」（「創価学会会憲」前文）

ちなみに、「学会精神の日蓮大聖人」は、その存在が非歴史的な次元に限定されるわけではありません。「十界互具」「一念三千」の法理に照らせば、永遠の日蓮大聖人は現実の歴史の世界にも厳然と現れています。具体的に言うと、池田先生をはじめ全学会員の存在と行為が、そのまま一念三千の仏である日蓮大聖人の存在と行為とも言えるでしょう。そして、創価学会という仏意仏勅の教団自体が仏の「我常在此　娑婆世界　説法教化」（法華経寿量品）の姿であるとも、池田先生は『人間革命』第十二巻の中で述べられています（『池田大作全集』第一四九巻、四三四頁）。

「学会精神の日蓮大聖人」は、超越性と現実性が併存する「永遠の日蓮大聖人」なのです。そのような考えに立つことにこそ、創価学会の宗教性の本質があります。したがって、文献学的研究による「史的日蓮」の解明は、創価学会の信仰にとっては、あくまで二義的な問題にすぎません。もちろん必要ではありますが、第一義的ではないのです。

だからこそ、創価信仰学では、「広宣流布の永遠の師匠」である三代会長、なかんずく池田先生を通じて「学会精神の日蓮大聖人」の教えを学ぶことを、「信仰上の事実」に即した正しいあり方としたいと思います。

つまり、「御書根本」とは、どこまでも「池田先生を通じた御書根本」でなくてはならないのです。

「学会精神の日蓮大聖人」という信仰学の捉え方は、創価学会の教義信条の上からも裏付け可能であるように思われます。

創価学会の教学では、大宇宙それ自体が生命体であると説きます。日蓮仏法に言う「久遠元初の仏」は、この宇宙生命を表現したものだとするのです。そのことを示した、池田先生の『法華経の智慧』の一節（如来寿量品の章）を挙げておきます。

「釈尊が悟った『永遠の法』即『永遠の仏』は、あらゆる仏が悟った『永遠の大生命』であった。過去・現在・未来のあらゆる仏は、ことごとく釈尊と同じく『久遠元初の仏』を師として悟ったのです。それが久遠元初の自受用身であり、南無妙法蓮華経如来です。戸田（城聖）先生は言われた。『日蓮大聖人の生命というもの、われわれの生命というものは、無始無終ということなのです。これを久遠元初といいます。始めもなければ、終わりもないのです。大宇宙それ自体が、大生命体なのです』と。無始無終で慈悲の活動を続ける、その大生命体を『師』として、『人間・釈尊』は人間のまま仏となったのです。そして、悟ったとたん、三世十方の諸仏は皆、この人法一箇の『永遠の仏』を師として仏になったのだと分かったのです」

（『池田大作全集』第三〇巻、二四七～二四八頁）

宇宙生命という観点から見れば、釈尊と日蓮大聖人の区別はなく、日蓮大聖人と三代会長の区別もありません。仏法の流布は、すべて宇宙生命による慈悲の活動だからです。

現代の創価学会員は、宇宙生命による慈悲の活動が池田先生の中に体現されていることを、理屈でなく皮膚感覚で知っています。学会員の信仰において、日蓮大聖人と池田先生は共に宇宙的なスケールを持った人格者であり、存在論的に重なり合っているのです。学会員が、そこに優劣をつけることは決してありません。ごく自然に、日蓮大聖人の御書を根本とする信仰が、池田先生の指導を根本とする生活と両立しているのです。

「御書根本」が「池田先生を通じた御書根本」であるという信仰上の事実は、このように、宇宙生命論の上からも説明可能ではないかと考えます。

御書研究の四つの方法

次に、御書研究の方法にはどのようなものがあるか、四つに大別して論じてみたいと思います。

①無差別主義

これは、日蓮大聖人の作と伝えられるものは、たとえ偽書の疑いがあろうとも、すべて御書として取り扱うという立場です。

この立場の例として、日蓮正宗が日達上人の時代の一九六六年に発刊した『昭和新定日蓮大聖人御書』(全三巻/大石寺)が挙げられます。同御書の凡例には、「本書は古来より御書として扱われているもので真撰の確不を問はずその殆ど(ほとん)を網羅し」とあります。

この無差別主義も一つの立場ではありますが、決して主流ではありません。主流となっているのは次の「真筆主義」です。

②真筆主義

真筆主義とは、日蓮大聖人のご真筆が現存するもの、かつてご真筆が存在していたもの、ご真筆はないが大聖人の直弟子が筆写したもの、この三種類に御書を限定するという立場です。

これは、立正大学を中心とした「大崎ルール(大崎宗学)」と呼ばれるものです。

このルールを踏まえ、さらにご真筆が存在する/したものに限定して一九九四年に編まれたのが、米田淳雄編『平成新修日蓮聖人遺文集』(日蓮宗連紹寺不軽庵発行)です。

同書の「凡例」には、次のようにあります。

「日蓮聖人遺文中、真蹟現存(完存・断片)・真蹟曽存の遺文を年代順に収録し、日蓮聖人伝および日蓮聖人鑽仰、教義理解の資料となる断簡の主なもの五二点を付した」

また、同書の米田氏による「刊行の辞」には、こうあります。

「日蓮聖人の信心と教えを正しく理解し把握するためには、伝承されてきた数多くの御遺文の中から真蹟およびそれに準ずる御遺文を選び出し、それらの御遺文を基本にして、現代に読みなおされることが第一義であると、私は固く信解して参りました」

こうした真筆重視の立場の難点としては、ご真筆が残るか消失するかは、偶然の問題でしかないということがあります。ある人が、そのことを指して、「偶然残ったご真筆だけを集めても、〝痩せた日蓮〟が現れるだけではないか」という言葉で揶揄していました。

私も基本的にはその意見に同意します。ただ一般的に言えば、「痩せた日蓮」という表現では少し誤解が生ずるかもしれません。この表現は、ジョン・スチュアート・ミルの言葉を東大総長の某氏が意訳したものとして世に広まった「太った豚になるよりは、痩せたソクラテスになれ」という言葉を想起させます。そこでは、明らかに「痩せたソクラテス」をよい意味で使っています。にもかかわらず、悪い意味で「痩せた日蓮」と呼ぶのはどうかと思ったからです。

そこで私は、偶然残ったご真筆だけで構成された日蓮像は「偶然性の日蓮」だと表現したいと思います。ただし、先ほど一つの可能性として言及したように、一部の大聖人門下がご真筆を選別したのなら、「歪曲された日蓮」が形成されることにもなります。この点は注意が必要でしょう。

③自説主義

次に、「真筆主義」のバリエーションとしての「自説主義」があります。真偽不明の御書に対して、真筆遺文に基づく考証を行うという意味では「真筆主義」なのですが、その上で、「偽」とされる御書についてもやみくもに排除はせず、自分が御書と考えるものは用いる、という立場です。

現在の主だった日蓮研究者は、おおむねこの立場に立っていると考えてよいでしょう。

代表的なのは末木文美士氏です。末木氏は日蓮研究について、次のような立場を鮮明にしています。

「従来の日蓮論は多くこれらの疑問のある遺文を無視して、確実な遺文だけでその思想をうかがおうとしてきた。それはきわめて厳密な態度に見えるが、これらの遺文にははなはだ興味深い思想が見られ、それをまったく無視するのも一面的になってしまう……それゆえ、現段階では単純に真偽を決定せずに、今後の検討に委ねながら、なおかつ注目すべき思想に着目し、日蓮の真撰遺文とどのように関わるか見てゆく必要があろう」（末木文美士『増補　日蓮入門』

ちくま学芸文庫、二〇〇四頁）

もう一つ、自説主義の例を挙げます。日蓮宗の僧侶・仏教学者である勝呂信静（すぐろしんじょう）氏は、次のように述べています。

「聖人の御書を、真撰の確実視される御書を基本的資料、偽作の疑のある御書、真偽未決の御書を補助的資料として区別し、まず基本的資料によって聖人の思想を拝察し、それに矛盾しないかぎりにおいて補助的資料を基本的資料に準ずるものとして採用するという方法があり得ると思う。私にはこの方法がもっとも妥当であるように思われるのである」（勝呂信静「御遺文の真偽問題――その問題点への私見」、『現代宗教研究』第32号、九一頁）

このような「自説主義」の問題点としては、要するに「私はこう考える」ということにすぎない、ということがあります。

もちろん、そう考えるにあたってはある程度の学問的蓋然（がいぜん）性が当然あり、単なる思いつきではないことは言うまでもありません。しかし、蓋然性の高低はあるにせよ、その研究者の主観が入っていることは間違いありません。

そうした主観性については、日蓮宗学の重鎮である浅井要麟氏の説さえ、今日、批判にさらされています。というのも、浅井氏は中古天台的に見える御書を片っ端から否定していったのですが、のちに彼が偽書の疑いが濃いとして否定した御書のご真筆が次々と発見されたからです。

浅井氏による否定の例を挙げます。

「東密から輸入せられて台密化し、中古天台に至つて爛熟の絶頂に達した心性蓮華の理体本覚思想が、奇しくも吾が日蓮聖人の遺文全集中に竄入（ざんにゅう）して居ることを見逃すことが出来ない……その他一念三千法門（縮遺二一〇頁）善無畏抄（縮遺一三四八頁）忘持経事（縮遺一三八五頁）日妙聖人御書（縮遺八六二頁）日女品々供養抄（縮遺一七三五頁）十八円満抄（縮遺二〇〇四頁、備考、伝全五一巻三二頁）等々、何れも胸間の八葉の蓮華に托して、心性本覚を説かれて居るのである。而してこれ等の思想が、東密に発し、台密を経て前記諸篇中に流入したことは推定するに難くない。真言は国を亡すと指弾し、覚證以後、台密は権実雑乱の法として、極力排斥された聖人の教学に、果してこの種の思想があるべきであらうか。少くともこれ等の思想は、開本両鈔等の標準遺文とは、凡そ相去ること遠いものである」
（浅井要麟『日蓮聖人教学の研究』二七二〜二七四頁）

ところが、このような浅井氏の疑義は、のちの調査による真蹟の存在確認が進むにつれ、次々に覆されていきます。例えば、浅井氏が中古天台的だとして偽書の疑いをかけた日蓮遺文の『忘持経事』は、大聖人のご真筆が中山法華経寺に完備されていました。また、同じく同氏が偽書扱いした『日女品々供養抄』（『日女御前御返事』）についても、大聖人のご真筆断片が京都本能寺等五カ寺に散存することがわかっています。つまり、浅井氏の文献学的根拠に基づく偽書説は、皮肉にも新たな文献学的な証拠によって覆されたわけです。

自説主義には、そのような不確実性が常につきまといます。

それでは、創価信仰学の研究においては、御書に対してどのような姿勢で臨むべきなのか？　それを私は、次の四つめ――「真意主義」という言葉で表現したいと思います。とりあえず便宜的なネーミングですので、もっとふさわしいものがあれば、ぜひご教示願いたいところです。

④真意主義

「真意主義」とは、偉大な仏教者が、そこに日蓮大聖人の御心を拝し、その御心に感化され、「これは紛れもない仏の説である」と認めた御書を用いる立場です。真書／偽書の判定基準を、「日蓮本人の作かどうか」ではなく「日蓮大聖人の御心、すなわち仏の心に触れるかどうか」に置きます。

もっとも、我々一人一人が大聖人の真意を正しく見極められるという保証はありません。それゆえ、大聖人の御遺命である広宣流布を事実の上で推進し、現実に苦悩する人々を救っている偉大な仏教者の言に耳を傾けることが不可欠になるのです。

現代の我々にとっては、創価学会の三代会長、なかんずく池田先生の御書論に基づいて大聖人の真意に触れる御書を定め、真正の御書と拝することが、現実的な真意主義の立場と言わねばなりません。

日蓮仏法の伝統では、この真意主義こそが経典や御書に対する王道の読み方です。

日蓮大聖人ご自身、『曾谷入道殿御返事』に「妙法蓮華経と申すは、文にあらず、義にあらず、一経の心なり」（新一四三八頁・全一〇五九頁）と仰せになり、法華経の「心」の重要性を教えられています。すなわち、単なる注釈ではなく根本の精神に迫って直接仏の心に触れるという真意主義の立場で法華経を拝されたわけです。そこからすれば、近代の大乗非仏説などは「文」「義」の次元にとらわれた浅見と言えるかもしれません。

また、創価学会の三代会長の御書論も、明らかに真意主義に立たれています。以下、特に池田先生の言説の中から、真意主義を示していると考えられるものを、当該部分に傍線を引いて引用してみます。

「さらに、（戸田）先生は、こうも語られた。『御書には、一字一句にも、大聖人のお心が込められている。それを心から一句でも読めたら偉いものだ。私は心から拝して講義をしている』『御書を分かろうとするんじゃない。大聖人の御精神に触れて感動することだ。そうすれば、昔、習ったことを思い出すようになるんだ。諸君も必ず過去世に習ったのだから！　だから、この御書を感動しないで教えても、それは講義にならんぞ』」（池田先生スピーチ、「信越最高協議会」二〇〇八年八月。傍線は引用者）

「もちろん、経典の文字や言葉は、尊重すべきなのですが、表面の言葉だけに固執しすぎては、悪しき『原理主義』におちいってしまいます。翻訳の問題や時代による言葉の変化の問題などもあります。日本の仏教史において、その問題に着目し、むしろ、経文に説かれた意味、さらにそれを説かんとした仏の心を読むことを訴えたのが、日蓮大聖人でした」（M・テヘラニアンとの対談『二十一世紀への選択』、『池田大作全集』第一〇八巻、三九〇頁。傍線は引用者）

「御書を拝すれば、大聖人の御心に触れ、大確信に接することができる。それは、信心の原動力となって、勇気と希望と智慧をもたらし、人間としての生き方の規範を確立していくことになる」（『新・人間

革命』第六巻「加速」、一九一頁。傍線は引用者）

「御書を開けば、希望の光線を浴びる。御書を学べば、勇気が出る。智慧がわく。大聖人の大精神が、わが生命に脈打つからだ」（池田先生スピーチ、「各部代表者会議」二〇〇八年一二月。傍線は引用者）

以上引用したように、池田先生は、御書の表面上の意味をなぞるのではなく、そこに込められた「大聖人の御心」「大聖人の御精神」「仏の心」「大聖人の大精神」に触れることこそが大事なのだと、繰り返し述べています。そのような立場を私は「真意主義」と名付けたわけです。

信仰学的な「御書」の判定

では、真意主義に立つ信仰学的な「御書」の判定とは、具体的にどのようになされるべきでしょうか。

日蓮遺文の文献学的な研究では、偽書が作られるのは制作者が属する門流の教義の正当化のためだと、しばしば主張されます。

例えば、日蓮本仏義を擁護するために本覚思想的な内容を持った偽書が作られたり、本迹論争の中で本迹一致義あるいは本迹勝劣義を裏づけるために偽書が作られたりしたであろう、などと研究者は推測します。

しかし、こうした推測は、どこまで行っても主観的な自説主義の域を出ず、確実なものとは言えません。ゆえに、真意主義に基づく「御書」を否定するだけの力は持っていないと思います。

とはいえ、かりにある御書が歴史的に後世の作だとして、その内容に日蓮大聖人の御心があるかどうかを、誰が決定し、またその妥当性をどう証明すればよいのでしょうか。今後の学会教学の課題の一つとなることは、間違いありません。

今は、創価信仰学の立場から、一つの参考意見を述べるにとどめたいと思います。池田先生の見解に立って「御書」を判定し、それを民衆の集合知が証明する。――私が思うに、原則はこういったものではないでしょうか。私個人の意見にすぎませんが、これは創価学会員の現実に即した考え方ではないかと思っています。

創価学会員は、個人の自由な考えによってではなく、池田先生を通じて日蓮大聖人の御書を学んでいます。そして、池田先生から教わった「御書」は、たとえどんなに偽書説が有力であろうと、「信仰上の事実」において「御書」だと確信しているのです。

つまり、学会員はその「御書」に大聖人の御心を拝し、大聖人と生命の次元でつながり、実践を重ねてその教えを身体化しています。いわゆる「身読」であって、単なる理屈ではありません。

そのように信仰者が体で知ってしまった以上、学者がどんなに頭の中で文献史料を使って否定しようと、それは現実に大聖人の直説なのです。そして、こうした身体知が集積して民衆の集合知となったとき、その御書はまさしく日蓮大聖人の御書であると、信仰学的な普遍性をもって論証できるのではないかと考えます。

創価学会員が「身体化」している御書の一節の例として、『御義口伝』の次の有名な一節があります。

「桜梅桃李の己々の当体を改めずして無作の三身と開見すれば、これ即ち量の義なり。今、日蓮等の類い、南無妙法蓮華経と唱え奉る者は、無作の三身の本主なり云々」（新一〇九〇頁・全七八四頁）

池田先生はこの一節を、スピーチや随筆、指導など、さまざまな機会に引用しており、学会員にとっては人生の重要な指針となっています。実際の指導の模様を記した『新・人間革命』の一節があるので、紹介しておきましょう。

「『人間の性分自体は変わらないが、信心によって、自分の性分を良い方向に生かしていくことができる。御書には《桜梅桃李の己己の当体を改めずして無作三身と開見すれば……》（御書七八四頁）と仰せです。桜は桜、梅は梅、桃は桃、李は李と、それぞれがありのままの姿で、自分を最大限に生かしながら、幸福になる道を説いているのが仏法なんです。すぐにカッとなる人というのは、情熱的で、正義感が強いということです。信心に励めば、つまらぬことでカッとなるのではなく、悪や不正を許さぬ正義の人になる。また、誰かの言いなりになってしまう人というのは、優しさや人と調和する力がある。その長所の部分が引き出されていくんです。そうなっていくことが人間革命なんです。それには、具体的にどうしていけばよいのか――これが大事です』

青年たちは、固唾をのんで頷いた」（『新・人間革

命』第一六巻「入魂」、一七〜一八頁。傍線は引用者)

このように、池田先生の折々の指導を通じて御書の心を知り、自らの人生を支える言葉の一つとして身体化している学会員は、数え切れないほどいます。

例えば、肢体不自由や発達障がいの学会員さんが、『御義口伝』の「桜梅桃李」を引いて「自分らしく咲けばよい、自分の天分が必ずある」と励ましを送る池田先生の指導に感動し、障がいを「個性」と捉え直して「私にしかできない使命がある」と立ち上がったという話を、「聖教新聞」で読んだことがあります。そうした「桜梅桃李」の人生を生きる学会員さんが、創価学会には無数に存在するのです。

『御義口伝』に関しては、文献学的に偽書の疑いもあると言われています。ですが、かりに後世の成立であったとしても、多くの学会員にとっては紛れもなく日蓮大聖人の御心に触れられる御書なのです。そのような立場に立つのが真意主義です。その場合、正しさの証しとなるのは、池田先生が御書と拝して指導されており、また皆がそこに大聖人の御心を感じて価値ある人生を送るための指針としている、ということだと私は考えます。

さらに、ここで存在論的な観点からも説明します。欲望や感情に利用されがちな知性の次元を超え、偉大なるものへの信仰に徹してただ仏法の眼で見れば、池田先生は、法華経に予言された地涌の菩薩の出現であり(文証)、その指導性が世間と仏法の道理からいささかも外れず(理証)、事実の上で世界に妙法を弘めてその大功徳を証明した(現証)、不世出の仏法指導者であることがありありとわかります。まさしく「永遠の妙法」即「永遠の仏」である宇宙生命と師弟不二の存在が、池田先生という方に他なりません。当然、日蓮大聖人とも師弟不二です。

であれば、池田先生の主観は宇宙根源の妙法と一体の自由自在な主観である、と考えるのが我々の問題意識です。私は、これを「自在主観」と呼んでいます。自在主観は、時間と空間の制約から自由な存在です。そこでは、昔の師の主観が今の弟子の主観です。歴史的釈尊の主観は、数百年の時を隔てた法華経編纂者の主観です。鎌倉時代の日蓮大聖人の主観は、『御義口伝』をまとめた日蓮門下の主観であり、また現代の池田先生の主観なのです。

したがって、法華経の真の作者は自在主観であり、それは釈尊自身です。『御義口伝』の真の作者は自在主観であり、それは日蓮大聖人ご自身です。そして、『法華経』を釈尊の直説であるとし、『御義口伝』を日蓮大聖人の極説であると意義づけた池田先生の主観は、そのまま日蓮大聖人の主観なのです。

日本思想史学者の佐藤弘夫氏は、文献主義に傾斜する今日の日蓮研究のあり方に疑義を挟みながら「根本の次元において、日蓮の立場は著しく主観的である」と指摘しています（前掲、『偽書の精神史』二六頁）。我々から言えば、この日蓮大聖人の主観は仏の悟りの境地であり、妙法と一体の自由自在な主観です。ゆえに、それは一個人の主観でありながら一切の仏・菩薩の主観に通じており、いわば宇宙的な普遍性を持っているのです。

このように、法華経的な存在論から導かれる自在主観を知れば、池田先生がそこに大聖人の御心を感じて「御書」と拝したものは、すなわち大聖人ご自身が「御書」であると認められたのと同じことになります。そして、この自在主観は師弟不二の信仰実践の中に現れると言えます。「御書」に込められた大聖人の御心は、師弟不二の自在主観によってのみ触れることができます。末法折伏の師・戸田先生と師弟不二ゆえに日蓮大聖人と師弟不二である池田先生の主観は自在主観であり、池田先生と師弟不二である創価学会員の主観も自在主観です。ここに、創価学会が真意主義に立つゆえんがあるわけです。

文献学は、個人の主観しか認めませんから、こうした真意主義による「御書」論にはなじみません。また、我々のこの御書論を否定する資格もありません。テキストの作者を「個人」に限定する文献学と、「個人」を超えた「不二」の自在主観に立つ真意主義とでは、議論のカテゴリーが異なるからです。カテゴリーの異なるもの同士がどんなに議論し合っても、真の決着はつきません。ゆえに、互いの立場を尊重しつつ、学び合う関係が正しく、また健全なあり方ではないかと、私は思います。

「証明学」としての文献学

その意味から、真意主義の立場で文献学的な御書研究をどのように捉えていくべきかを、次に考えてみます。

当然のことながら、我々は、文献学的研究の成果を無視するつもりなどありません。二〇二一年十一月十八日に発刊予定だという新しい創価学会版御書全集においても、現行の御書全集が発刊された一九五二年以来の七十年近い文献学の成果が、随所に反映されるはずです。

文献学的研究による、真筆主義や自説主義の立場に立った日蓮研究の蓄積を、否定もしないし、無視も軽視もしない。しかし、第一義的に重視もしないのです。

佐藤優氏によれば、キリスト教神学にとって文献学は「補助学」と位置づけられるそうです。我々は、それに倣（なら）いつつ、さらに積極的な意味から文献学を捉え直したいと考えています。すなわち、文献学を創価信仰学の「証明学」として位置づけ、活用していきたいと思います。

真筆主義や自説主義に立つ文献学者は、分析的な思考で日蓮の思想に迫ろうとします。一方で、真意主義の信仰学者は、文献学とは別の手法で――すなわち対象の分析でなく対象からの感化を通じて――日蓮大聖人の御心に直に触れようとします。前者は部分知にとどまるのに対し、後者は全体知を志向しているのです。部分知は全体知に従属し、全体知を部分的に証明すべき立場にあります。したがって、真筆主義や自説主義の御書研究は、真意主義の御書研究の証明学とならねばなりません。

実際、これまでの学会の御書研鑽においても、文献学は証明学として用いられてきました。というのも、現行の創価学会版御書全集は、戸田先生によって、日蓮正宗の元法主・堀日亨上人に編纂の任が委ねられたからです。

堀上人は長年、宗門の古文書研究に従事し、創価学会版『御書全集』と同年に日蓮宗が発刊した『昭和定本日蓮聖人遺文』の顧問に名を連ねてもいます。立正大学の学者たちと交流を重ね、同大に講師として招かれるほど、文献学的な御書研究の専門家でした。

信仰のための御書編纂にあっても文献学的な知見を重視したからこそ、戸田先生はそれを堀上人に依頼したのでしょう。このように、創価学会は草創のころより、信仰を第一にしながら文献学を積極的に活用してきたのです。

一方、日蓮宗の宗学は、それ自体が文献学的宗学になってしまっています。学問の方法と信仰の実践は、根本的な意味で次元を異にするにもかかわらず、この二つが混同されてしまっているのです。それは、文献学的研究を信仰上の「使命」と意味づける浅井要麟流の文献学的宗学が、戦後の日蓮教団の教学に大きな影響を与えたからに他なりません。

浅井氏の文献学的宗学がどのようなものであったか、再度著作の一節を引いてみましょう。

「聖人の純正なる教義を鑽仰し、原始宗学の基礎を確立する為めには、是非ともそれ等を淘汰し清算しなければならない。而してそれは現代の宗門学徒に課せられたる一の使命である。その使命を果す為めには、従来の伝統的見解に支配されざる御遺文の真蹟鑑定より、御遺文そのものの科学的批判研究にまで進まなければならない。吾等学徒の使命はまことに重大である」

（前掲、『日蓮聖人教学の研究』七四頁。傍線は引用者）

このような考えに立っていた浅井氏の影響により、現代の日蓮宗学者の間では学問と信仰の区別が意識されなくなり、文献学的な日蓮宗学が当然視されるに至っているように見受けられます。

結局、主体的な信仰なきがゆえに、文献学を証明学にはできなかったのです。

信仰学における御書研究の方法

最後に、これも私見を交えた記述になりますが、創価信仰学における御書研究の方法の基本姿勢を考えたいと思います。まず五つのポイントを挙げてみます。

①創価信仰学においては、池田先生が「御書」とされたものを御書と拝する。二〇二一年発刊の新しい創価学会版御書に収録されたものが基本となる

②池田先生が重視されたにもかかわらず、文献学では真偽両説に分かれる御書については、文献学的な見解に左右されず「御書」として拝する（例：『三大秘法抄』『諸法実相抄』）

③文献学的な研究の進展については、創価学会の信仰の「証明学」と位置づけた上で活用する

④後人による加筆と推察される箇所でも、池田先生がそこに大聖人の真意を認めたものであれば、大聖人ご自身の教えと拝する

⑤池田先生が重視されたにもかかわらず、文献学では偽書説が有力な御書（特に相伝書類）については、文献学上の偽書説が、信仰学上、何を物語っているのかを考える

この⑤については、少し説明を加えておきます。

前提として押さえておきたいのは、ある御書を完全に「偽書」であると断定することは実質的には不可能だということです。たとえどんなに偽書説が有力であったとしても、文献学的な原典考証は解釈による違いが大きいので、一〇〇％間違いなく偽書であるとは言えません。

例えば、『諸人御返事』という御書は偽書説が有力だったのですが、大正時代に千葉本土寺でご真筆三紙が完備されたものが発見され、偽書説が覆りました。そういう実例があるのです。

偽書説に「絶対」はあり得ない――これを前提として、偽書説が有力な御書については「歴史上の事実と考えにくい」ことを踏まえ、一般の歴史とは異なる信仰の歴史、すなわち救済史の観点から考察すべきでしょう。つまり、文献学的な偽書説を契機として、その御書を「救済の出来事」として浮かび上がらせる必要があるということです。

これは結局、その御書を一般の歴史に回収されない「永遠の仏」の説法として拝するということです。この態度は、決して文献学の否定ではありません。むしろ、信仰の真理の証明のために文献学を活用する立場なのです。例えば、文献学は、「永遠の仏」の説法を一般史の中で「伝承」や「記録」として確認するという意味では、信仰の証明学となり得ます。さらにまた、文献学は人間の理性の限界を示してくれます。その成果に照らしてこそ、信仰学者は、理性の限界を超えた信仰の本質を、よりはっきりと知ることができます。

そのような信仰と理性のあり方については、ユダヤ教、キリスト教、イスラームなどから学ぶべき点が多々あるように思います。二十世紀のキリスト教神学の流れに多大な影響を与えたプロテスタント神学者のカール・バルトは、『ローマ書講解』という著作の中で、次のように書いています。

「聖書の歴史批判的研究法は、それなりに正当である。むしろ聖書の理解のために、欠くことのできな

い準備段階を示している。だが、もしわたしがこの方法と、古めかしい霊感説とのどちらかを選ばなければならないとすれば、わたしは断然後者を取るだろう。霊感説は、はるかに大きく、深く、重要な正当さを持っている。なぜなら、霊感説は、理解の仕事そのものを示しており、それなしでは、すべての装備は価値を失ってしまうからである」(「第一版への序」、K・バルト『ローマ書講解(上)』一三頁。傍点原著)

我々の問題に引き付けて考えるなら、バルトが言う「歴史批判的研究法」は文献学的な御書研究に、「霊感説」は真意主義に立つ信仰学的な御書研究に、それぞれ相当するでしょう。バルトも、文献学的な研究の正当性を認めた上で、それよりも個々の信仰者の実感に基づく「信仰上の事実」のほうがはるかに重要だと考えていたわけです。

戸田先生の言葉に、このカール・バルトの言葉を彷彿とさせるものがあります。少し長くなりますが、正確を期すため、前後の文脈を省略せずに引用します。

「『寿量品に建立する所の本尊』は(ママ)と三大秘法のうちの本門の本尊をいまから説かれていくのです……インドの釈尊については、ぜんぜんなんともいっていません。五百塵点の当初というと、釈尊第一番成道の五百塵点劫のその時ではないのです。それより以前、久遠元初という時です。その時から此土有縁、此土は娑婆世界です。娑婆世界に縁の深い、深厚本有、深く厚いとあります。本有、だれがつくったものでもなく、もともとあった。無作三身の教主釈尊であった。すなわち、いつでも私が申しますように、久遠元初の自受用報身如来様、あるいは南無妙法蓮華経とも申す方が教主釈尊です。本尊は、寿量品に建立するところの本尊、此土有縁深厚本有無作三身の教主釈尊であると、このようにはっきりしているのです。これを身延の輩や仏立宗の連中、八品派の連中は、これほどはっきりしているのに、久遠、五百塵点、久遠実成の色相荘厳の脱益仏である教主釈尊であるというのです。それはじつに内容が違っているのです。深厚本有無作三身といったら、もうこれは、インドの釈尊ではない。釈尊の系統ではぜんぜんない。これは久遠元初の自受用報身如来とはっきりしています。これを読めないから、それを釈尊ととる。読むとどうしてもインドの色相荘厳の釈尊ではなくなってしまうので、三大秘法抄は偽書だなどといいだす。大聖人様でなかったら、だれがこんなもの書けますか。この御書を偽作した人は日蓮大聖人様と同じ人です。ほかの僧では、書けるわけがない。偽書のつくりようがない。絶対確信に満ちた御書です」（『戸田城聖全集』第六巻、五二〇～五二一頁。傍線は引用者）

ここで戸田先生は、まさに信仰の大確信から『三大秘法抄』が真実の御書であると断じています。文献学的な議論とは位相が異なっています。真筆主義でも自説主義でもなく、ただ真意主義に立って、他門の学者の偽書説を一蹴しているのです。「ほかの僧では、書けるわけがない。偽書のつくりようがない」といったところからは、戸田先生が『三大秘法抄』の真の作者を自在主観と洞察していたことがうかがえます。戸田先生自身が自在主観に立つゆえに、そう論断できたのです。

なお、補足として、もう二点ほど述べておきます。

⑥池田先生が用いられた御書の細部において、文献学上の説が異なるものについては、最新の文献学の成果を取り入れ、適宜修正をはかる

⑦戦後、新たに発見された御書の真蹟断簡等の扱いについては、教団（創価学会）の決定に従う。また、池田先生が重視されず、文献学的にも偽書の疑いが濃厚な御書の扱いについても、同様に教団の決定に従う

⑥の「修正」とは、例えば、系年推定（何年に書かれた御書か？）、対告衆（たいごうしゅう）推定（誰に宛てて書かれたか？）、題号選定、錯簡（前の文と後ろの文が逆になっていたケースなど）の訂正、漢文読み下しや句読点の打ち方等についての修正です。これらは、戸田先生が創価学会版御書全集の「発刊の辞」で「今後の補正に最善の努力を尽さんことを誓う」と記されたことに該当するでしょう。創価信仰学としては、基本的に二〇二一年発刊の新しい創価学会版御書の見解に従うわけですが、新版御書の発刊後も文献学的研究は進展しますから、細かい修正を検討する余地が出てくるでしょう。

⑦の「教団の決定」については、「創価学会会憲」の次の条項にシステムとして明文化されています。

「会長は、この会の教義および化儀を裁定する」（「創価学会会憲」第九条三項）

「会長は、教義および化儀を裁定する。この場合、師範会議および最高指導会議に諮問するものとする」（「創価学会会則」第一一条「教義・化儀の裁定」）

以上に挙げた諸点を踏まえながら、我々は創価信仰学としての御書研究を着実に進めていきたいと考えています。

6 講評
キリスト教神学から見た「創価信仰学」
佐藤 優

皆さんの研究発表を、大変興味深く拝聴しました。

まず感じたことは、この研究会の場それ自体が、キリスト教神学における「実践神学」に相当するものになっているということです。

キリスト教神学は、聖書神学・歴史神学・組織神学・実践神学の四つに大別できます。そのうちの聖書神学は、聖書学とは似て非なるものです。

東大の西洋古典学科で研究しているのは聖書学です。それは例えば、ネストレ・アーラント版ギリシャ語新約聖書などをテキストとして、文献学的に聖書を読んでいくものです。荒井献さんや田川建三さんがやっているのがこれで、聖書学であって聖書神学ではない。聖書学には、実証性と学術的な精確さが要求されます。それに対して聖書神学は、「信仰にとってどう役立つか?」、特に自分が所属する教会・教派にとってどう役立つかが重視されます。

そのような性質の相違があることから、聖書神学から見ると聖書学は「補助学」になります。つまり、聖書神学のために補助的に役立つ面はあっても、聖書学の成果が聖書神学を根本的に変えることはないのです。

蔦木さんの発表は聖書神学的です。松岡さんの一本目の発表「創価信仰学を考える」は組織神学的で、その中でも教義学に近いと思います。

山岡さんの発表も組織神学的です。組織神学というのは体系学であって、さまざまな学問分野と対話をして、その中から自分たちの信仰に役立つものを見出していくというスタイルをとります。

山岡さんの発表は、組織神学の中の倫理学に相当すると感じました。例えば、水俣病という災厄に遭遇したとき、水俣の創価学会員たちはそれにどのように立ち向かい、乗り越えたか――こういったことを扱うのは、神学でいえば倫理学であるからです。また、政治とどうコミットしていくかというテーマも『新・人間革命』に繰り返し描かれていますが、これもまた、組織神学の中の倫理学の課題なのです。

ただ、今申し上げた聖書神学・歴史神学・組織神学は、いずれも「実践神学のためにある」ものです。というのも、十九世紀初頭にシュライエルマッハーという重要な神学者が述べた、「神学の要は実践神学にある」という言葉があるからです。

実践神学が扱う分野に、例えば「説教」があります。聖書の教えを、一般の民衆にどうわかりやすく伝えていくかを考えるのも、実践神学の役割なのです。あるいは、「牧会学」というものが、実践神学の一分野としてあります。これは簡単に説明すれば、一人一人の信者が抱えている現実の問題に、教会側がどう向き合って解決していくかを考えるものです。

この牧会学の中には、政治への関与というテーマも含まれます。例えば、信仰の同志が選挙に立候補したとき、その人をどうやって勝たせていくかを考えることも、牧会学の課題になります。つまり、創価学会における「公明党候補をどうやって勝たせていくか?」

という課題は、キリスト教神学においては実践神学の課題になるのです。

さらに、牧会学の中には「牧会心理学」というものがあって、これは心理学の知識を応用して、信徒とのコミュニケーションを深めていこうとするものです。また、教会音楽もまた、実践神学の分野に包含されます。つまり、創価学会における民音（民主音楽協会）の活動も、キリスト教では実践神学の一分野に位置づけられるのです。

以上のように、実践神学というものは非常に幅広い分野にまたがっています。その幅広い分野を通じて、「どうやって人々を救済していくか？」という大テーマを多角的に探究していくのが、実践神学なのです。その名のとおり、神学ではあっても学術的というよりは実践的なのが、実践神学です。

そのように説明すれば、冒頭、「この研究会それ自体が実践神学に相当する」と申し上げた意味が、おわかりいただけるかと思います。宗学が「学問のための学問」に陥っているのとは対照的に、創価信仰学は民衆の救済ということに焦点が当てられており、その点で実践神学と強い親和性を持っていると思います。

「啓蒙主義をどう受容するか？」という課題

今回の研究会には「啓蒙主義と宗教」という通しテーマが掲げられています。じつはキリスト教にとっても、「啓蒙主義をどう受容するか？」ということは重要な課題でした。

カトリックでは、最初から「啓蒙主義は危険である」と捉え、そもそも受容しようとはしませんでした。「宗教は宗教の領域のことだけに専心し、科学のことには関わらないようにしよう」という姿勢だったのです。

一方、プロテスタントにおいては、そもそも彼岸と此岸（しがん）を立て分けません。だから、科学と宗教を峻別して、「科学のことは私たちに関係ない」と無視するような姿勢にはなりません。プロテスタントにとって、この世のすべては神によって支配されているのであり、すべてを一元的に理解するからです。

したがって、プロテスタントは啓蒙主義を信仰の世界に取り入れようとしました。その顕著な表れが「史的イエス」の探究でした。つまり、イエス・キリストはどこで生まれ、どのような行動をし、どのように生きたのかということを、可能な限り歴史学的・文献学的に実証しようと試みたのです。

しかし、その試みの果てに到達した結論は、「イエス・キリストが実在したということを、歴史学的に実証することは不可能である」というものでした。その結論を出したのは、じつは「アフリカの聖者」として知られるアルベルト・シュヴァイツァーでした。シュヴァイツァーは一般には医師として知られますが、彼は人生を三つの立場で生きた人でした。最初は音楽家になり、次に神学者になり、最後に医師としてアフリカに渡ったのです。

その二番目——神学者として活動していた時代に、彼は「イエス・キリストの実在を実証することはできない」という結論を出したのです。実証できるのは、紀元一世紀当時のナザレに「イエスという男をメシアとして崇める一群の人々がいた」というところまでなのです。そして他方、「イエス・キリストという人間はいなかった」と実証することもできません。これが、啓蒙主義の時代に始まった「史的イエス」の探究の、最終結論なのです。

そして、そのように結論が出たことによって、キリスト教神学は二つの方向に分かれたのです。

一つは、「キリストの実在が実証できない以上、それについて扱うのは学問ではない。だから今後は、キリスト教という現象を、客観的・学問的に探究していこう」と考えた人たち。これがやがて「宗教学」になっていきます。したがって、宗教学というものは本来「無神論」の立場をとるのです。

もう一つは、先ほどの松岡さんの発表にも出てきた「ケリュグマ」——宣教の内容を重視する立場です。

その人たちは、「一世紀にイエス・キリストを救い主として崇める一群の人々がいたことまでは実証できるのだから、神学にとっての実証はそこまでで十分だ。教会がどのような宣教をしてきたかということのほうが重要である」と考えるのです。つまり、科学的事実よりも「信仰的事実」のほうを重視する立場です。

そのように、十九世紀に二つの方向に分岐したのが神学と宗教学であって、本来二つは相容れないのです。

日蓮宗の宗学は、二つのうちの宗教学に近い立場であり、創価信仰学は啓蒙主義受容後のプロテスタント神学に近い立場と言えると思います。

そして、キリスト教神学の歴史に照らして考えるなら、実証性を重んじる日蓮宗の宗学は、今後必ず「史的イエス」の探究が陥ったのと同じ迷路に陥ると思います。なぜなら、ある御書が日蓮大聖人のご真筆であるか否かについて、一〇〇％正しい結論は出せないからです。それはどこまでいっても蓋然性(がいぜんせい)──「確からしさ」の探究にしかなり得ない。後世に生きる我々には、「九九・九％ご真筆だろう」とは言えても、「一〇〇％ご真筆に間違いない」と断言することはできないのです。それができるのは日蓮大聖人ご本人だけなのですから。

となると、「御書全集の中のどのテキストが真正で、どのテキストは真正でないのか？」をめぐっては、極端な話、研究者の数だけ判断が異なってきます。また、「このテキストにご真筆はないが、日蓮大聖人の思想を正確に反映しているから、真正と見なしてよい」という判断をめぐっても、結論が百通りにも二百通りにも分かれてしまうでしょう。

そして、学者／研究者というものは、自説こそが絶対に正しいと思い込みがちですし、その正しさを社会に認知されたいという欲求も非常に強い人たちです。だから、必然的に研究者たちの間で自説をめぐる対立が生じ、彼らの中に分断が生じます。

そうなると、御書をめぐる研究が進めば進むほど混乱が生じ、教団全体にとっては困った事態に陥ります。一般会員から見れば、「研究者がそれぞれ勝手なことを言い合って、何を信じてよいのかわからない」という状況になります。

そういう状況を、私は「迷路に陥る」と表現しているのです。実証性のみを重視していくと、必ずそういう状況になります。それはキリスト教神学の世界にかつて起きたことですから、私にはそのことがアナロジカル（類推的）によくわかるのです。

キリスト教神学と同じ轍を踏まない

とはいえ、学問的姿勢を捨て去ってしまうことも、また間違いです。キリスト教神学の世界においては、神学が先ほど述べたような迷路に陥った後、一般信徒の間で「神学なんて、もういらない。うんざりだ」という空気になった時期があります。それはヨーロッパにおいてもアメリカにおいてもそうです。「神学者の言うことなんて気にせず、教会と信徒だけでやっていきましょう」という空気になったのです。

しかし、その結果どうなったかといえば、特定のキリスト教会の牧師の人間的魅力だけによりかかって教会運営がなされるようになります。そして、そのような傾向が続くと、人気のある牧師には必ず増上慢の傾向が生まれてくるのです。最初のうちは熱心にイエス・キリストの教えを説いていた牧師が、だんだん自分自身の影響力拡大のほうに執心するようになってしまう。カリスマ的な人気は権力につながりますから、権力を持つと牧師とはいえ人間なので、逸脱が起きます。金銭問題や女性問題を起こすなどして、失脚する牧師も出てくるのです。神学を軽視した教会運営には、常にそのような危険があるのです。

だからこそ、信仰のみによりかかって学問的姿勢を捨て去ることも、逆に学問的姿勢を重んじるがゆえに信仰的事実を軽視することも、どちらも間違いなのです。どちらも間違いであることが、キリスト教神学の歴史の中ではっきりわかってきたのであり、創価学会には同じ轍を踏んでほしくないのです。

キリスト教神学者の私が、学会の皆さんと深くつきあっていることの意味も、一つにはそこにあると思います。キリスト教の歴史を熟知しているからこそ、今後創価学会が世界宗教化していくにあたって、キリスト教の過ちを繰り返し、同じ轍を踏むことのないよう、多少のアドバイスができるのです。

先ほどからの三つの発表を聞くと、創価信仰学が目指す方向性は、学問偏重でも、信仰のみによりかかる姿勢でもなく、バランスのとれた中道であると感じます。キリスト教神学の歴史に照らしても、それは正しいアプローチだと思います。

また、今の三つの研究発表を聞くと、共通して、「御書根本」であることと、池田会長の存在を根幹に据えることを重視されていますね。これは、世界宗教として当然とるべき姿勢であると感じました。

例えば、我々のキリスト教においては、さまざまな教派があるものの、どの教派もイエス・キリストを根幹に据え、聖書根本の姿勢をとって臨んでいます。そこは、キリスト教である以上絶対に外せない一線なのです。統一教会（世界平和統一家庭連合）が、キリスト教を名乗りながらもなぜキリスト教の教派として認められないかといえば、彼らは文鮮明をメシアとして位置づけているからです。その一点において、彼らは断じてキリスト教ではないのです。

同様に、創価信仰学が御書根本、池田会長中心の姿勢をとることは、これからいよいよ世界宗教化が本格化していく創価学会の「信仰学」を探究する団体としてふさわしいと思います。

『新・人間革命』と「使徒行伝」の共通性

山岡さんは発表の中で、『新・人間革命』に描かれた信仰体験を題材に「御書根本」の意味を掘り下げておられましたが、取り上げられた二つの章は、私自身も前に読んで感動した章です。

拝聴しながら私が思い出したのは、新約聖書の「使徒言行録」（使徒列伝）です。これは、ペテロとパウロを中心とした使徒――つまりイエス・キリストの弟子たちの活動によって、初期キリスト教が大きく発展していくさまを描いたものです。

「使徒」という言葉は、原則としてはイエス・キリストから直接薫陶を受けた「直弟子」を意味します。「原則として」と言ったのは、「使徒行伝」後半の中心となるパウロは、イエスが世を去った後でキリスト教に入った人物で、直接イエスの教えを受けてはいないからです。それどころかパウロは、以前はキリスト教徒を弾圧していた側でした。その後、イエスの幻を見たことで改心し、キリスト教を広める側になったのです。

生前のイエスに直接会っていないパウロが「使徒」の一人に数えられているのは、キリスト教を世界に広める上で、彼が非常に大きな役割を果たしたからです。

最初期のキリスト教において、パウロは他の直弟子たちと論争をします。それは、キリスト教の中に残存したユダヤ教的部分――例えば割礼など――を、どう扱うべきかという問題をめぐる論争でした。パウロはユダヤ教的部分に拘るべきでないと主張し、他の直弟子たちは継承すべきだと主張しました。その結果、キリスト教はパウロ派とそれ以外に分裂したのですが、生き残ったのはパウロ派でした。つまり、現在のキリスト教はすべてパウロ派の流れを汲んでいるのです。

私は、キリスト教を世界宗教にした最大の立役者はパウロだと考えています。もしもパウロがいなかったなら、キリスト教は今のような世界宗教にはなっていなかったでしょう。というのも、イエスにはキリスト教を立ち上げたという意識はなく、ユダヤ教内部からユダヤ教を改革していこうとした立場であったからです。また、パウロが初期キリスト教からユダヤ教的部分を切り捨てたからこそ、キリスト教は「ユダヤ世界の宗教」という民族宗教の軛を解かれ、世界宗教たる資格を得たのです。

パウロが世界宗教を志向し、世界宣教――学会でいう広宣流布――を目指したからこそ、キリスト教は世界宗教になったのです。その意味でパウロは、日蓮仏法における池田会長に近い役割を果たしたと言えます。

私は山岡さんの発表を聞いて、『新・人間革命』は創価学会における「福音書」であり「使徒言行録」なのだと改めて感じました。そこに登場し、さまざまな信仰体験を我々に見せてくれる池田会長の直弟子たちは、キリスト教でいう「使徒」に当たるのです。

実際、私は『新・人間革命』を読むと、随所で「使徒言行録」とオーバーラップする点を感じます。

例えば、「受けるよりは与える方が幸いである」という有名な聖書の言葉があります。「使徒言行録」(20章35節)の中でパウロがイエスの言葉として語るものです。パウロはローマで殉教しますが、その殉教を前にした最後の教えを、エフェソという地の教会の長老たちに語る場面に登場します。

『新・人間革命』「蘇生」の章で山上英雄が水俣を「幸福の楽土」に変えると誓う場面で、私はこの「受けるよりは与える方が幸いである」という言葉を思い出しました。山上はまさに、使命を自覚することによって「与える」側――人々を救う側に回ったのです。

自分だけの幸福を願って信仰を始めた人が、やがて使命を自覚し、他の人たち、なかんずく地域全体の幸福を願っていく……この構成は、世界宗教に共通する構成だと思います。

裏返して言えば、「受ける」ものがなければ「与える」ものもありません。つまり、パウロら使徒たちはイエスから、『新・人間革命』の弟子たちは池田会長から、それぞれ与えられたもの・受けるものがあったからこそ、他者に与えるものも生じたということです。

私は、創価学会の皆さんのヒューマニズムは、〝素のままのヒューマニズム〟ではないと思います。それは、池田会長と触れ合うことによって生まれるヒューマニズムなのです。そして、『新・人間革命』には、弟子たちが会長と触れ合うことによって小我を離れて大我に目覚め、真のヒューマニズムを獲得していくプロセスが描かれているのだと思います。

「教学から創学への展開」は、世界宗教化への対応

また、山岡さんの発表の最後で言及された教学と創価信仰学の関係のお話は、大変重要な視座だと思いました。教学は日蓮仏法を信仰の実践として研鑽するものであるのに対して、「創学」――創価信仰学とは池田会長のすべての著作・指導を通じて、現代に即した「人間主義」の仏法を研究するのだ、と。すなわち、池田会長によって現代に展開された日蓮仏法の内在的論理を研究し、社会に示す立場だと理解しました。

これは、創価学会の世界宗教化が本格化してきたことに対応して必然的に生まれた、「世界宗教のための創価信仰学」であると私は思いました。

「教学から創学へ」というプロセスにおいて、大切なのは、教学と創学を矛盾させない、対立させないということだと思います。つまり、創学の研究が進めば進むほど、それは教学をいっそう深めていくためにも寄与する――そのようなものでなければならないと思うのです。

キリスト教の歴史においては、「マルキオン派」というものがありました。マルキオンとは二世紀のローマで活躍したキリスト教徒で、聖書の「正典」という概念を初めて打ち出し、独自の「聖書正典」を作り上げたことで知られます。マルキオンはローマの教会と対立して「異端」と見なされ、独自の教会を立ち上げました。それが「マルキオン派」です。その後数世紀にわたって存続していました。

マルキオンは、律法と福音を対立させてしまいました。そのことによって「異端」となり、教会と訣別しなければならなくなったのです。万が一、創学が教学と対立する立場となったら、マルキオン派と同じようになってしまいます。

そんなことは決してないでしょうが、かりに創学が「もう御書の研究は必要ない。池田会長の著作・指導だけを研究していけば十分だ。御書は歴史的使命を果たし終えたのだ」という立場を取ったなら、マルキオン派と化してしまいます。そうではなく、御書と一体化した形で池田会長の思想を研究していくことが不可欠なのです。そうであってこそ、創学は「世界宗教のための創価信仰学」たり得るのだと思います。その意味で、今日の第一回研究会が「御書根本」をテーマと

していることは、正しい方向性だと感じています。

キリスト教神学の立場から見ると、文献学や歴史学は、神学を補助する「補助学」という位置づけになります。つまり、メインではないということです。しかし、やはり学者は、「自分の研究こそが最も正しい」という自負を抱きがちなものです。そのため、「補助学」という地位に甘んじていることが我慢ならないと、強い拒絶反応を示す人も出てきます。そして、神学と対立するようになってしまうのです。

そうならないためには、強い信仰心が必要です。「自分たちのやっている仕事は神学から見れば補助学だが、それゆえにこそ重要なのだ」という、強固な確信がないといけないのです。

しかし、創学研究所の皆さんについて言えば、学者にありがちな増上慢に陥る心配はないと思います。というのも、学会員の人たちと接して感じることですが、日常の学会活動をきちんとやっている人には、たとえ立場がエリートであっても、「民衆から学ぶ」という姿勢を決して忘れない謙虚さがおのずと備わっているものだからです。

「仏法即社会」と、プロテスタントの「信仰のみ」

そしてもう一つ、山岡さんの発表に出てきた「仏法即社会」という考え方も、キリスト教のプロテスタントの世界と非常に近いものです。

プロテスタントの基本的原則の一つに「信仰のみ」があります。これは誤解されやすい原則です。「信仰のみ」なのだから、社会から目をそらして信仰のみに専心することだと、一般には捉えられやすいのです。しかし、そうではない。「信仰のみ」は、カトリックの「信仰と行為」という原則のアンチテーゼとして生まれたものだからです。

「信仰と行為」は、要するに「信仰」と「行為」を立て分けて考える原則です。それに対してプロテスタントは、「信仰と行為を立て分けて考えること自体がおかしい。二つは一体で不可分である。『信仰即行為』でなければならない」と主張しました。その主張が反映されたのが「信仰のみ」という原則であり、そこでは「行為」も信仰の中に包含されているのです。

つまり、「信仰のみ」という原則は社会性の欠如を示すのではなく、逆に信仰そのものの中に社会性がおのずと組み込まれているプロテスタントの基本姿勢を示しているわけです。プロテスタントは「信仰即行為」の教えであり、それを敷衍すれば「信仰即社会」とも言えるのです。創価学会・日蓮仏法における「仏法即社会」に近いのです。

「信仰と行為」と「信仰即行為」という、カトリックとプロテスタントの相違を根本的な部分で示した二つの基本的教理は、宗教そのものの基本的な二類型を示しているともいえます。

それは、生活の一部分のみにとどまる宗教と、生活全体を宗教が覆う形を取る宗教です。前者は、宗教と生活を立て分けて考えます。その極端な形が日本人の初詣で、一年に一回、正月だけ神に祈って、あとの三百六十四日は世俗的に生きるのです。そこまで極端でなくても、彼岸性と此岸性を立て分けて考える宗教においては、「宗教と社会は別」と捉えます。したがって、生活全体を宗教が覆うことはなく、生活の一部のみが宗教的になるのです。

それに対して、創価学会やプロテスタントの場合、宗教が生活全体に反映されていきます。だから、日々の仕事にも宗教的信念が色濃く反映されます。プロテスタントには「職業召命観」という考え方があって、ごく普通の世俗的職業であっても、その仕事は神に与えられた使命であると考えます。創価学会においても、各メンバーは仕事を通じて自らの使命を果たそうと考えます。

職業のみならず、政治観にも宗教が影響していきます。それは当然のことで、政治もまた生活の一部である以上、政治だけをそこから切り離して考えるわけにはいかないからです。その意味で、創価学会が公明党という自前の政党を持ち、支持母体となっているのも、ごく自然なことと言えます。

そのように「生活全体を宗教が覆う形を取る宗教」は、言い換えれば「世界観型宗教」であり「価値観型宗教」です。その宗教を信ずることがその人の世界観を変え、価値観を変えるからです。それに対して、年に一度だけ初詣をするような「部分の宗教」の場合、それによって世界観・価値観が変わることはありません。

そして、世界宗教は例外なく世界観・価値観型宗教です。キリスト教しかり、イスラームしかり、そして創価学会しかりです。

宗教を一部の領域のみにとどめるのは、近代主義の影響で出てきた、哲学の影響を受けた一部のインテリの考え方であって、本来世界宗教とは「信仰即生活」「信仰即社会」なのです。

その意味では、創価学会は初期からすでに世界宗教のスタンダードを持っていたのであり、その一つの表れが「仏法即社会」という考え方なのです。

「真意主義」に見る
カール・バルトとの共通性

それから、松岡さんの「創価信仰学から見た御書根本」は、これまで繰り返し松岡さんと議論した内容と通じるので、まったく違和感なく拝聴いたしました。

その中で感じたことを述べます。

ある教団の力になりたいと考えている文献学者がいたとして、その人が文献学を誠実に研究していくと、そのことが逆に教団に大きな不利益を与えてしまうことが、ままあります。それはキリスト教神学の歴史においても繰り返されてきたことです。文献学者から教会を守ることは、神学者の役割の一つですらあったのです。ですから、創学研究所がこれから研究を広げていくにあたっては、そうしたキリスト教の轍を踏まないことが重要です。

それから、松岡さんの発表にあった御書の偽作の問題に関連して、聖書の改竄（かいざん）・改変について言及しておきたいと思います。

近代的な印刷技術が生まれて普及する以前、キリスト教の聖書の改竄・改変は、普通にあることでした。そして、そのことが特に悪いことだとも考えられていなかった面があります。つまり、我々は改竄・改変というと無条件に「悪いことだ」と考えがちですが、近代以前の時代ではまったく意識が違ったのです。それはなぜか？　印刷技術が生まれる前、聖書を作るには手作りの写本によるしかありませんでした。そして、写本を作る過程において、自分が正しいと思う形で加筆や修正を施していくのは当たり前のことでした。

写本を作るときには、全身全霊で祈りながら書き写します。写本自体が宗教行為であったのです。だからこそ、その過程で霊感に打たれて、「この記述は間違っている」と感じることも多々あったわけです。なぜそう思えるかというと、写本は手で書き写していく以上、書き間違いも当然あり得るわけです。だから、写本する人が自らの宗教的信念に照らして「ここは間違っている」と思えば、それを変えることは自然なことでした。我々が考える「改竄」とはまったく違うのです。

それから、松岡さんの発表の中で、「創価学会員にとっての日蓮大聖人は、単なる歴史上の人物ではない。『十界互具』『一念三千』の法理に照らせば、永遠の日蓮大聖人は現実の歴史の世界にも厳然と現れている」(趣意)とありました。言い換えれば、学会員の皆さんにとって「日蓮大聖人は今も一緒にいる」存在なのでしょう。

これは、我々キリスト教徒がイエス・キリストに対して感じるものと非常に近いです。我々は、「イエスは二千年前に生きたのみならず、今もここにおられる」と捉えています。その考え方を「現在瞬間的終末論」などと呼びます。

それはイスラームの人たちも同様です。例えば、イスラームのシーア派の人と話をすると、アリー(シーア派初代イマームで、預言者ムハンマドの娘婿)がカルバラーの戦いで刺されて殉教したという七世紀の出来事を、まるで昨日のことのように話します。つまり、歴史的な時間概念というものを超克しているのです。

そして、そのよう時間概念の超克は、世界宗教に共通する特徴だと思います。信仰の世界が時間を超越してリアルなものとして感じられるからこそ、世界宗教になり得るのです。

逆に言うと、既存仏教各派はそのような時代を超越したリアリティをすでに失ってしまった。彼らの寺や本尊は歴史的建造物・歴史的芸術品ではあっても、今も息づいているようなリアルな存在ではないのです。だからこそ世界宗教になり得なかったともいえます。

世界史の教科書を読めば、世界三大宗教としてキリスト教・イスラーム教・仏教が挙げられています。しかし、虚心坦懐に三つの宗教の世界への広がりを比べてみれば、仏教は「世界宗教」と言えるほどの広がりを持っていません。おおむね東アジア・東南アジア・スリランカなどに限定された教えなのですから……。

むしろ、すでに百九十二カ国・地域に広がっている創価学会のほうが、よほど世界宗教の資格を備えていると言えます。だからこそ私はよく、「百年後、二百年後の教科書には、世界三大宗教としてキリスト教・イスラーム教・創価学会が挙げられているだろう」と言っているのです。

それから、松岡さんの発表を聞いて私が思い出したのは、キリスト教神学における「生活の座」という考え方です。これは、ドイツのプロテスタント神学者であるヘルマン・グンケルという人が作った神学用語です。紀元一〇〇年ごろまでのキリスト教の原始教団が、礼拝や教育、訓練、論争などを行ったとき、そこでどういうことが常識となっていたのかということを仮定して考えたのが「生活の座」なのです。

つまり、その「生活の座」というものをきちんと考えた上で原始教団を論じないといけないということです。現代の我々と紀元一〇〇年ごろでは、あらゆる面で常識がかけ離れていたのですから、その違いを念頭に置いた上で聖書を読まないと、現代の常識を安易にあてはめて考え、本質を見誤るということでもあります。

これは日蓮仏法についても言えることで、鎌倉時代と現代では常識が大きく異なっているのですから、まずは鎌倉時代の「生活の座」について詳しく学際的研究をした上で御書を読まないと、本質を見誤る。そういう難しさがあります。

もちろん、日蓮大聖人が生きた鎌倉時代は、イエスが生きた時代に比べたらかなり現代に近いです。しかし、それでもやはり、現代とは大きな懸隔(けんかく)があります。日本史の研究者と話をすると、「室町時代より前になると、歴史実証が難しくなる」ということをよく言うのです。それ以前の時代は、鎌倉時代も含め、現代の我々には理解しがたい、また想像しがたい面が多々あるのです。

キリスト教神学の世界には「原歴史」(Urgeschichte)という概念があります。「歴史的に実証はできないけれど、確実にあったと想定されること」を指します。これは神学に限らず、柳田國男の民俗学はそのような立場で研究されていますし、最近の仕事では柄谷行人氏の『世界史の構造』などの著作は、この「原歴史」の立場に立って世界史を考察しています。

それから、松岡さんの提唱される「真意主義」——真書/偽書の判定基準を「日蓮大聖人の心を反映しているかどうか」に置くという考え方に、私も全面的に賛成です。

この「真意主義」の考え方は、キリスト教神学でいうと霊感説に光を当てたカール・バルトに近いです。

第一次世界大戦勃発時、ハルナックらの神学者が戦争を支持する声明を出したとき、バルトは衝撃を受け、「これで、これまでの神学はすべてダメになった。新しい神学を一から構築し直さないといけない」と考えました。

そこから、「もう一度、聖書そのものに立ち還ろう」と決意したバルトは、ギリシャ語聖書を翻訳して独自の解説を付した『ローマ書』という著作を発表します。これが、バルトを祖とした「弁証法神学」とか「新正統主義」と呼ばれる神学の潮流の始まりでした。

バルトがこの著作を著した当時、「ローマ書」は神学の世界では軽んじられていました。当時は福音書の研究が中心でしたし、「ローマ書」はイエスと直接会ったことがないパウロが書いた手紙だったからです。しかし、バルトはこの「ローマ書」に注目しました。それは、従来の神学は戦争肯定に走って破綻したのだから、神学研究は別の方向性を見出さなくてはならない、という問題意識の発露でした。

啓蒙主義の時代以降、神学研究も人間の理性を最重視する方向に舵を切りました。しかし、その結果としてもたらされたのが戦争肯定です。であるならば、理性に頼り切ることをやめて、もう一度聖書そのものに立ち還るべきだとバルトは考えたのです。そこから、彼は時代遅れとも見られていた「霊感説」に傾いていったのです。

ただしバルトは、学術的・文献学的な聖書研究を否定したわけではありません。それらを「補助学」として用いた上で、霊感説を重んじたのです。

池田会長の『人間革命』が、太平洋戦争末期に戸田会長が豊多摩刑務所から出所する場面で始まることは象徴的です。既成仏教には戦争が阻止できなかった。だから新しい人間主義の仏教を築いていく必要がある――そこから戦後の創価学会の歴史が始まったのです。それは、バルトが第一次世界大戦におけるキリスト教の無力に絶望し、新しい神学を築いていこうと決意したことと通底しています。

要するに、学術的・文献学的な宗教研究だけでは、平和を築いていく力には成り得ないわけです。さりとて、学術的・文献学的な宗教研究を無視するのも間違いで、両方が必要になるということです。

松岡さんの提唱する「真意主義」は、要するに「世界平和を築く力になり得る宗教」を探究する「平和の教学」であると、私は理解しました。

第4章　「理性と信仰」をめぐる研究会（上）

東京大学名誉教授
思想史・カトリック神学
黒住　真

同志社大学客員教授
プロテスタント神学
佐藤　優

創学研究所所長
創価信仰学
松岡幹夫

創学研究所の使命

松岡幹夫　創学研究所は、創価学会の信仰学を研究するために、二〇一九年四月一日に設立されました。ここで言う「信仰学」は、現代の学問を取り入れた信仰の学という意味で使っています。したがって、例えばキリスト教の神学なども一つの信仰学であり、我々の立場も一つの信仰学であると認識しています。

創学研究所が扱う当面のテーマとして「啓蒙主義と宗教」を掲げています。今回は、二〇一九年九月六日に続いて二回目の研究会です。

ご承知のとおり、啓蒙主義とは近代のヨーロッパで起こった主張であり、人間の理性の力をどこまでも信じる思想です。この啓蒙主義の登場によって、ヨーロッパの主流の宗教であったキリスト教は、大きな打撃を被りました。例えば、「神による天地創造などは理性に反する迷信であって、進化論が正しい」といった科学的な主張に対し、防戦を強いられたのです。そうした中で、啓蒙主義を信仰の中にどう取り込むかが、キリスト教の重要な課題になりました。プロテスタントのほうでは、リベラルな神学が台頭しました。カトリックではモダニズムの運動が起きています。

それに対して、仏教はどうでしょうか。日本では、明治維新（一八六八年）の後、西洋から「仏教学」という近代的な学問が入ってきました。仏教学は、文献学や歴史学の成果を踏まえ、実証主義的な見地から大乗非仏説、すなわち「大乗経典は釈迦の教えではない」という説を、仏教界に突きつけます。これに対し、仏教界の側でも種々の議論が起きました。けれども、結局、これといった解決がないまま、曖昧な形で今日に至っている感があります。

仏教者にとって、大乗非仏説は信仰する経典の意義を否定されることであり、到底曖昧にしておける問題ではありません。ところが、現実には、これといった見解もなく、曖昧なまま何となくやり過ごしている。なぜそうなるのか。私の見解は、仏教が近現代の文明というものに本格的に関わってこなかったからではないか、というものです。キリスト教と違って、仏教は近代の社会や文化と深い歴史的な関係を持っていません。だから、近代の思考と真剣に対峙しなくても済んだのではないでしょうか。

翻って、今日、創価学会は仏教団体ですが、日本の社会に深く関わり、社会を動かす一つの大きな力となっています。しかも、世界百九十二カ国・地域に日蓮仏法を弘め、各国に現地の組織を持つという、仏教史上初の世界宗教化を着々と進めています。その結果、創価学会は、グローバルな現代文明のど真ん中で市民権を得ていかなければいけない状況にあります。当然、思想的な面でも、近代の啓蒙主義と真正面から向き合い、きちんと応答していかなければなりません。

ですから、この研究会では「理性と信仰」というテーマを立てました。創価学会の信仰が、理性とどう関わっていくのか、特に近現代にそれがどうなるのかを考えてみたいと思います。そのときに、キリスト教の長年の経験に学んでいくことが非常に重要になってきます。今回、キリスト教の信仰をお持ちでありながら、長年学問的な研究をされてきた黒住真さん、佐藤優さんのお二人をお招きしました。

最初に、東京大学名誉教授の黒住真先生をご紹介します。黒住さんは、日本思想史、特に近世・近代思想の研究で大変に著名な方です。また、日本思想に限らず、キリスト教や仏教、神道、西洋哲学にも詳しく、またカトリック神学会にも属され、その視点から現代社会の問題を論じておられます。

じつは、私も東京大学大学院時代に黒住先生から教えを受けた一人です。学生の間では非常に面倒見がいい先生、特に留学生に対して親切な先生として有名でした。そのおかげで、多くの弟子が育ちました。黒住さんのもとで学んだ人たちが、日本だけではなく中国や韓国、台湾などいろいろな大学で教壇に立っています。

主な著書としては『近世日本社会と儒教』(ぺりかん社)、『複数性の日本思想』(同)という日本思想史の大著があります。最も新しい著作として、二〇一九年に『文化形成史と日本』（東京大学出版会）が出版されました。今回は特に現代的な問題を多く取り扱うので、『文化形成史と日本』を中心に取り上げたいと思います。

さて、もうお一人は同志社大学客員教授で作家の佐藤優先生です。創価学会関係者には、改めてご紹介するまでもないでしょう。プロテスタントの神学者でありながら我々と関わっていただいて、創価学会の思想にも非常に精通されています。現在の日本の論壇の第一人者として、大変な活躍を続けておられます。

最近（編集部注：二〇二〇年六月三十日当時）では、朝日新聞出版の週刊誌『ＡＥＲＡ』で「池田大作研究　世界宗教への道を追う」の連載を続けておられます。私も毎号愛読しています。「創価学会の世界がそのまま語られている。これは本当に朝日新聞系の雑誌なのだろうか。創価学会の機関誌である『大白蓮華』の間違いではないか」と思うほど、鋭く内在的論理をえぐる論陣を展開されています。大変に啓発される内容です。

ご著作が多数ありますけれども、今回は佐藤さんの神学者としての見解がまとめられた『神学の思考』（平凡社）と『神学の技法』（同）を参考に取り上げます。この二冊を通して佐藤さんの宗教観を把握しつつ、議論したいと思います。

お二方の知性と経験から、多くのことを学び取らせていただきたいと念願しています。

第１部　新型コロナウイルスと宗教

１　松岡幹夫の見解（仏教界の対応を中心に）

新型コロナへの仏教界の対応

松岡　今回のテーマは「理性と信仰」です。けれども、やはり今は、真っ先に新型コロナウイルスの問題を取り上げるべきでしょう。そこで、まず「新型コロナウイルスと宗教」というトピックを立てました。佐藤さんは、最近の『文藝春秋』の連載記事の中で、コロナ禍における日本の宗教界の現状について、次のように指摘されています。

「現下の日本において、新型コロナウイルスという試練が持つ意味を説き明かすことが宗教的に大きな意味を持つのだが、仏教の専門家もキリスト教神学者も恐がってそのような作業には手を染めない」（『文藝春秋』二〇二〇年五月号、三八〇頁）

宗教者の一人として、非常に胸に刺さる言葉でした。日本では特にオウム真理教事件の後、宗教の教えをストレートに主張できない風潮が広まりました。そういう視点から仏教界の現状を見てみますと、やはり佐藤さんがおっしゃるとおりだと言わざるを得ません。

全日本仏教会の公式サイトを見ると、各宗派の新型コロナウイルスへの対応や声明文がリンクされていました。URL（http://www.jbf.ne.jp/activity/3474/3483/3813.html）をクリックすると、各宗派の対応や声明文が簡単に見られます。それを見ていくと、次のような対応をしていることがわかりました。以下、メモとして抜き書きします。

▼天台宗　利他の精神、助け合い、医療支援
▼高野山真言宗　物故者追悼法会、終息祈願法会
▼真言宗智山派　終息のための護摩祈祷
▼真言宗豊山派　病魔退散祈願法要
▼浄土宗　お互いを思いやる行動、心の念仏で平生を取り戻す
▼真宗本願寺派　医療従事者への感謝、縁起という「つながり」に気づく
▼真宗大谷派　共に悩み、共に苦しむ、人々の関係性を深める
▼臨済宗妙心寺派　差別や偏見をなくす
▼曹洞宗　差別や風評被害をなくす（ハンセン病の業因説への反省に基づく）、苦しみを分かち合う、疫病退散、病気平癒の祈祷、助け合い
▼日蓮宗　オンライン唱題行で心の安らぎを取り戻す、心を護り強く生きる、心をつなぎあう、「共に生き　共に栄える」という法華経の智慧に学ぶ
▼法華宗（本門流）　他人を思い、お題目を唱える

▼仏立宗　皆で終息を祈る
▼法相宗　終息と病気平癒を薬師如来に祈る
▼華厳宗（東大寺）　コロナ終息と病気平癒、「共に祈ろう」（宗派を超えて。ＳＮＳで拡散、ニコニコ生放送で中継）。物故者の追福菩提を祈る。四月から「毎日正午から共に祈りを」と呼びかけ、それに応じた全国の宗教者のうち、近隣にいる人たちが記者会見を開いた

日本の仏教界の新型コロナ対応は、①病気収束へ向けた祈り②助け合い③心の平安という三点に集約されます。新型コロナは人類にとっての試練ですが、それがどういう宗教的な意味を持つのか。この問題を解き明かす動きは、現時点では仏教界からはあまり出ていません。

新型コロナへの創価学会の対応

松岡　では、創価学会はどう対応しているのか。学会は日蓮仏法の信仰団体です。基本的には、日蓮大聖人の「立正安国」という考え方——正しい法を立てて国を安んずるという原理——に則った対応になっていると、私は思います。「立正」とは宗教的次元の対応です。一人一人の生命を救済し、真に尊厳あるものにする。この生命の変革が環境世界に波及し、「安国」という楽土が実現する。それには正法、我々の立場で言えば、

仏教全体の結論であり法華経の結論である妙法を世に立てなければならない。この立正安国が創価学会の考え方です。

したがって、新型コロナの問題に対しても、ただ「安国」を願って社会的な協力をすればいい、という態度ではありません。「立正による安国」の原理に則り、何よりも宗教の力で人間の生命を変える。これを「人間革命」と言います。そして、この人間革命の波動を広げる中で、おのずと社会が根底から変わっていく。そういう方程式で理解されています。立正が起点ですが、目的は安国です。だから、宗教的次元にも社会的次元にも積極的に関わります。立正と安国は、車の両輪のように連動しているのです。

池田先生は、小説『新・人間革命』の中で、立正安国について次のような考え方を示しています。

「立正なき安国は空転の迷宮に陥り、安国なき立正は、宗教のための宗教となる。われらは、立正安国の大道を力の限り突き進む」

（『新・人間革命』第二九巻「清新」、二六九頁）

「立正なき安国は空転の迷宮に陥り」——宗教による生命の変革がないと、本当の社会の繁栄は築かれず、空転する。空転とは、状況が変わったらまた同じことを繰り返してしまうということです。例えば、今アメリカで起きている人種差別の問題がそうでしょう。法律を変えても、同じ問題が何度も繰り返して起こっている。ただ制度を変えただけでは、なかなか社会は変わりません。人間自身の生命と生き方が変わらなければ、社会は変わらないのです。

「安国なき立正は、宗教のための宗教となる」――神学の言葉で言えば、此岸性を持たない宗教、現世を重視しない宗教のことを指すと思います。そのような宗教は基本的に現世的な事柄には関わりません。あの世の救済にのみ関わろうとします。しかし、現代は世俗化した社会ですから、あの世のことばかり説いている宗教は居場所がなくなります。結局は、人間の救済という宗教本来の役割を果たせなくなってしまう。それでは「宗教のための宗教」です。

宗教の王道は、日蓮仏法で言う「立正安国」でなければなりません。宗教的救済が社会的救済と連動してこそ生きた宗教なのです。

「立正」という宗教的次元の取り組み

松岡　新型コロナウイルスの脅威に対して、創価学会は宗教的次元と社会的次元の両面から取り組んでいます。「立正」という宗教的次元の対応としては、新型コロナウイルスの試練を「人類の宿命転換の時である」と主張しています。こういう災いが起きる原因は、外面的な要因もありますけれども、内面的に言うと人間の宿命がある。仏教では業を説きます。宿命を変えていかなければ、本源的な解決はできない。これが仏教者としての創価学会の立場です。池田先生は新型コロナウイルスの問題が起きた当初、新聞紙上で次のように記しました。

「『この世から悲惨の二字をなくしたい』——恩師の悲願を胸に、我らは断じて一歩も退かない。どこまでも『人間革命』即『人類の宿命転換』の大道を開いていくのみだ」

「日本も世界も、新型コロナウイルスの深刻な感染拡大の中、医師、看護師をはじめ、懸命に献身を続けておられる尊き使命の方々に、心からの感謝を捧げたい」

（以上、「池田先生と共に　新時代を築く」、「聖教新聞」二〇二〇年四月二日付）

前者は「立正」という宗教的次元、後者は「安国」という社会的次元に関する発言です。また「聖教新聞」に次のような記述もありました。

「生きていく以上、問題や困難は起こるもの。その時、仏法では人間の生命の内奥に光を当てて〝根本〟からの解決を探る。一人の偉大な人間革命が、ついには人類の宿命転換を成し遂げるとの思考も、ここを原点としている」

（「名字の言」、「聖教新聞」二〇二〇年五月二十一日付）

「新型コロナとの闘いが新局面を迎えた今こそ、人類の宿命転換をいやまして強盛に祈り、『師子王の心』で、異体同心の前進を開始しよう」

（原田稔会長指導、「全国方面長会議」二〇二〇年五月二十二日）

これらは宗教的次元の呼びかけです。コロナ禍の中、創価学会では、「人類の宿命転換」という宗教的次元の戦いを、全世界的な規模で展開しています。

「安国」という社会的次元の取り組み

松岡　次に、「安国」という社会的次元の対応ですけれども、立正に基づく安国ですから、信仰によって人間革命、宿命転換した創価学会員が、「良き市民」として感染拡大の防止に尽くす姿が見られます。

「聖教新聞」を通じ、助け合いの社会に向けた提言を行い、新型コロナ対策の情報をいち早く発信する。創価学会本部として、義援金を贈呈して医療従事者を支援していく。また、創価学会が支援する公明党は、国民一律十万円給付を実現するなど、庶民を守る政治、生活を守る政治に必死に取り組んでいます。これらは「安国」の具体的な実践と言えるでしょう。ただ祈っているだけで自然に「安国」が実現することはありません。日蓮仏法は道理を重視します。祈りに行動がともなってこそ現実は動き、「立正安国」が現実化するのです。

さらに「聖教新聞」等を読みますと、創価学会が日本一国でなく、常に世界的な視野で新型コロナの感染拡大防止に取り組んでいる様子が見受けられます。世界中にＳＧＩ

の会員がいるからでもありますが、何よりも国家や民族を超えた宗教人の意識が強くあるからではないでしょうか。

佐藤さんは「日本には天皇制の外部にある領域が三つある。一つは沖縄、もう一つはアイヌ、そして創価学会である」とおっしゃっています。この三つが天皇制の外部領域であると。創価学会は国家を無視するわけでは当然ありません。国家を無視するのではなく、国家を大きく包み込む意識がある。なぜならば、創価学会員には、自分たちが宇宙的なスケールを持った法華経の菩薩（地涌の菩薩）であるとの自覚が強くあるからです。

法華経の後半部分で、地涌の菩薩は全世界的規模、全宇宙的規模で出現します。日本一国だけでなく、すべての世界全体に地涌の菩薩が出現して、我々はその一員であるという意識がある。「自分たちは日本人だけれども、それ以前に地涌の菩薩である」。これが創価学会員の深層意識でしょう。地涌の菩薩に国境はありません。「潜在的には、全人類が地涌の菩薩である」と考えるから、常に世界の動向を気にしながら実践するのです。池田先生の恩師にあたる創価学会第二代会長の戸田城聖先生は、この地涌の自覚から「地球民族主義」を提唱したものと思われます。

日本の仏教界を見ると、新型コロナ問題の解決に向けて、いわゆる中間団体として社会的な次元から協力している姿は目立ちます。けれども、宗教的次元から、抜本的な解決を図ろうとする動きはあまり見られません。新型コロナ収束のために祈りを捧げていますが、その祈りは「病魔退散の祈り」のように、どちらかというとご利益信仰的に見えます。それればかりでは、人々の生命を変革する動きにはつながりにくいと感じます。

その中で創価学会は、社会的次元で感染防止に協力するとともに、宗教的次元からも「これは人類の宿命だ」と受け止めて戦う姿勢を明らかにしています。これは日蓮仏法の「立正安国」の精神に則った行動であると、私は理解しています。

2　黒住真さんの見解（思想史の立場を中心に）

日蓮宗不受不施派とプロテスタントだった両親

黒住真　自分の問題関心からお話しします。私の母親はもともと日蓮宗不受不施派系統です。父親はプロテスタントのキリスト教徒です。私自身は、少年期には当時の欧米中心の影響のもとで日本やアジアのことには全然関心がなかったんです。しかし少し育ってから「無視・批判するにも本当にどうか、むしろもっと知らなきゃいけない」と思って、日本また東アジアの近代以前に遡って調べ始めました。

キリスト教と仏教、広い意味での宗教は、近代史のほとんどで国家とすごく結びついていく構造になっています。私としてはそれが非常に嫌でした。そうじゃない可能性を見つけたいと思って、まず近世に遡りました。近世の儒教と分類されているものは、あまりおもしろくないように先入観で見られています。けれど、よく見ると可能性があって、学問的にも自由で非常におもしろい。東アジア的な基礎もある。そのことを後から知りました。そこでまず儒教の研究をやり始めたのです。

近世日本を考えると、非常に重要なことが見えてきます。まずキリシタンとの戦いがあり、その排除による国民的統一が試みられています。またプラスの可能性として経済を考えると、現代の人間は経済成長するのが当たり前のように言います。しかし、近世の人間は循環型経済――これは悪循環という意味ではなく――天地との関係において人の営みが形成されるのが、一番当たり前なことだと考えていました。だから、金儲けするにしても、その金を別の人に分配して渡しながら活動していく。これがもともとのまともな経済であり、経世済民である。こういう基本的な考え方があります。

ところがそれが、近代史においてどんどん壊れていきます。もちろん最近注目されている渋沢栄一や石橋湛山、また牧口常三郎といった人たちはいます。そこには近世的前提がまだあったと言えます。ただ、全体としては、国家が中心になって金儲けと勝ち負けを追求し、政治や経済を動かしていく。そういう構造になります。天地を失った欲望の限度というか、枠がなくなって戦争に突入したわけで、このことへの反省があまりないのはおかしい。歴史を遡ると、そう思ってきました。

資本主義の問題

黒住　今回の新型コロナウイルス感染症発生の大きな拡大を見ると、近代史において明治二十年代の終わりから明治三十年代にかけて、資本主義的と言われる運動体に日本が結びついていく構造と関係してきます。戦前の場合、農業（稲作）が基礎となっており、大きな問題はあまり発生しませんでした。ただ、環境問題が尖端的に出てきます。有名なのは田中正造が取り組んだ足尾銅山鉱毒事件です。そうした環境問題を何とか治めながら、日本は戦後を迎えました。

戦後になると、「経済がより成長すればいいのだ」という考え方が主流になっていきます。そういう考え方に、大概の人たちが従いました。「都市化するのは当たり前だ」といった考え方で、どんどん自然との調和を壊しながら、人間の便利な生活世界を拡大していった。江戸時代の人間は、「あまり都会化するのは良くない」「農業が産業の基礎」という考え方を、当たり前の前提として生活していました。そうした考え方は、近現代史の文明の中で次第になくなっていきます。

今回の新型コロナウイルスに対する国家の対応のまずさは、異常な資本主義、パワーによってお金儲けをする運動体の問題が、非常にはっきり出た結果ではないでしょうか。自然や環境との関係を大事にするためにも、都市化でどこか一カ所だけを中心にするのではなく、さまざまな地域を大事にすることが大切です。江戸近世の場合、各藩にそれぞれ多元的な場所がありました。現在、この多元化のテーマがまた発生しているのです。

コロナ禍という大事件が起きて、現代社会の歪みが露呈した。だからといって、前の時代に一遍戻そう、と言いたいわけでも、逆に情報化してまた成長すればいいわけでもありません。そうではなく、今ここにある問題を、まずは真摯に考える。そのために、近代史の中で出てきた産業の枠組みのない拡大や地域の一極集中といった問題そのものを環境のもとでしっかり反省する。歴史を遡りながら、次の形をはっきり作っていく。そうした課題が現れています。

岩下壮一の「神の国」

黒住　先ほど、松岡さんが宗教的な世界観についてお話をされました。私自身は元プロテスタントなのですが、その後カトリックと禅とを合体したような人間です。哲学また神学の分野では、近代の日本に生きたカトリック教徒・神父である岩下壮一の思想が非常におもしろいと思って、ずっと注目してきました。

明治以降、日本が戦争ばかりしていたときにも、キリスト教徒は「神の国」という考え方に立っていました。「神の国」について、岩下壮一は明治末期と昭和前期に二度論じ、「それはこの世とは全然関係ない『あの世』ではなくて、こちらの世界とも関係しているものなのだ」とはっきり言っています。自然的な場所とは別に成り立つ超越的な観念の世界を「グノーシス（編集部注：「覚知」を意味する古代ギリシャ語）」と言います。グノーシス化だけでは、世界が二元化されてしまい、あの世は理想であっても、この世はただ否定されます。そうではなく、「神の国」は超自然的であり、批判を自ら持って「この世」の自然との関係を歴史的により持たなければいけない。岩下壮一はそのように言います。

近代日本のより戦時である昭和前期に、岩下壮一は「地の国」と「神の国」をはっきり現実と連関させなければならないと主張したわけです。キリスト教史から出てくる世界観を、もう一度再認識する。現代の問題を、中世や近代にも残っていた枠組みを発見し、そこから反省をもって考えていく。こうしたテーマが、新型コロナウイルスの登場によって、はっきり浮かび上がってきたように思います。こうした世界観は仏教、特に日蓮にもあるはずです。

国家中心の社会構造

黒住　ここまで、「近代以降の社会が、それ以前における人間と環境との関係の枠組みを壊していった」という問題について申し上げました。もう一つ、私が近代の——日本史でも西洋史でもそうですが——問題だと思っていることがあります。それは天賦人権また三権分立という制度です。天賦による三権分立に基づき、物事をきちんと調べたり考えたりしながら決めていく。そのように、物事を捉え直していくプロセスがそれです。

ところが、近代日本では自由民権運動のころにあった天賦は消え、人権は国家にまとめられます。三権分立など実際には生きていません。ぶつかっても議論して真理を、天理を探す、というと、「そんなことを言う人は変わり者だ」と見られてきたわけです。仏法についても実際にあったのでしょうか。何かもかも国家に委ね、国家を中心にしていけば、すべてがうまくいく。金儲けもできるし、皆の地位も上がって、良いことづくめではないか——そう一般的に考えられていなかったでしょうか。しかし、この国家中心の社会構造こそが、さまざまな事件を引き起こしていると思うのです。知らないうちに戦争に入り込むのも、たぶんそうした思考の欠如が背景にあります。

　人間が、知性と理性をしっかり持って行動しない。思考を停止し、すべてをお上(かみ)の国家に任せてしまう――この極めておかしな、全体主義的な構造が日本史において発生し、問題への思考を消してきた歴史があります。そこをきちんと考え直し、作り直さなければいけません。こういう抜本的な課題も、今回の新型コロナウイルスの件を通じ、浮き彫りになってきたように思うのです。

　日本では状況に動かされ、知性や理性、そして信仰が消えてしまいがちです。今回の新型コロナウイルスをめぐる社会の右往左往の混乱は、我々がまともな価値観の枠組みを持っておらず、いわば無理性的な状況依存の構造の中で生きているからこそ起きており、止まらないのではないでしょうか。たとえ状況としておさまったとしても、そこにあった問題を反省するのが人間だと思われます。

3 佐藤優さんの見解（プロテスタント神学の立場を中心に）

新型コロナウイルスとキリスト教

佐藤優　黒住さんが今「近代の問題をもう一回反省してみなければいけない」とおっ

しゃいました。ソ連崩壊の直前にユーゴスラビア紛争が起きたとき、ユルゲン・ハーバーマス（ドイツの哲学者）が「未来としての過去」ということを非常に強調しましたよね。やはりそのとおりだと思います。

また、岩下壮一の話が出ました。ちょうど私は今、関東学院大学の富岡幸一郎教授と一緒に『群像』で連続対談をやっています（単行本『〈危機〉の正体』として出版。二〇一九年十二月号から、『群像』で三カ月ごとに新連続対談「近代日本150年を読み解く」を連載中）。この対談で、「近代の超克」との文脈で岩下壮一を大きく扱いました。岩下壮一が言うところの「神の国」の問題、同志社大学神学部の系統のプロテスタントだと魚木忠一や日野真澄が展開した、日本へのキリスト教の土着化と国家論の問題があります。このあたりは現代的な意味を持っていると思います。

さて、今回の新型コロナウイルスについてです。キリスト教の動きをプロテスタントに限定して言うならば、主流派である日本基督教団を見た場合、教派、教団として動くという発想は希薄です。こういうことが起きると、日本基督教団はどう捉えるか。基本的には、「この想定外の事態に直面した我々は、悔い改めないといけない」という態度です。

キリスト教の神学の中に「神義論」という分野があります。特に、「自然悪（編集部注：自然災害など、意図せずして起きた害悪のこと）」の問題は扱い方が非常に難しい。「道徳悪」の問題であれば、「人間が引き起こしたもの」として処理できます。では、自然悪は誰が引き起こしたのか。「神が起こしたのではないか」という深刻な問題になってくるのです。ただし、神義論的な答えは決まっています。「神に責任はない」。それだから、ここは知的操作がいろいろ必要になってくるのです。

神学者の中で、このへんについてやり始めている人はいます。ただ、大多数のキリスト教徒は、日々の教会をどのように運営するかで頭がいっぱいです。具体的に言うと、信者の中に高齢者が多い。教会は三密（密閉・密集・密接）環境ですから、感染の危険があります。ですから、例えば教会の行事を録画してZoomやYouTubeで中継する。こういうところにほとんどのエネルギーを集中させて、それで手いっぱいという感じです。

牧師が説教の中で訴えることは、「一人一人が持っている持ち場で、何ができるのか。キリスト教的な信仰に従って行動しなさい」。教会として特にこれをやれ、という方向性ではありません。

ユヴァル・ノア・ハラリの洞察

佐藤　今のこの局面においては「正しく怖れる」ことが重要になってきます。今回の新型コロナウイルスをどう見るか。現実に影響を与えている思想的枠組みは、二つに分かれていると思います。一つはイスラエルの歴史家ユヴァル・ノア・ハラリ（著書『サピエンス全史』『ホモ・デウス』『21 Lessons』が世界的ベストセラーになった）が言っているモデルです。私は「ハラリモデル」と名づけています。

日本経済新聞電子版（二〇二〇年三月三十日）に載ったハラリの論文から引用します。

「人類はいま、世界的な危機に直面している。おそらく私たちの世代で最大の危機だ。私たちや各国政府が今後数週間でどんな判断を下すかが、今後数年間の世界を形作ることになる。その判断が、医療体制だけでなく、政治や経済、文化をも変えていくことになるということだ」

「私たちは速やかに断固たる行動をとらなくてはならない。選択を下す際には、目の前の脅威をどう乗り越えるかだけでなく、この嵐が去ればどんな世界に住むことになるかも自問すべきだ。新型コロナの嵐はやがて去り、人類は存続し、私たちの大部分もなお生きているだろう。だが、私たちはこれまでとは違う世界に暮らすことになる」

「何もしないリスクの方が高いため、未熟で危険さえ伴う技術の利用を迫られる。多くの国で、国全体が大規模な社会実験のモルモットになるということだ。全ての人が在宅で勤務し、互いに離れた距離からしかコミュニケーションをとらないようになるとどうなるのか。学校や大学が全てをオンライン化したらどうなるのか。いかなる政府も企業も教育委員会も、平時にこうした実験には決して同意しないだろう。だが、今は平時ではない」

この〈平時ではない〉という状態を一回作ってしまうと、それが常態化してしまいます。黒住さんも非常に懸念されていた、国家機能の強化が起きるのです。より具体的に言うと、行政権の強化です。こういうものが生まれてきて、全体主義体制になるのではないかという強い危惧です。

エマニュエル・トッドの見立て

佐藤　他方で、もう一つのモデルがあるのです。これはフランスの人口学者エマニュエル・トッドです。一言で言うと、彼は「本質的には変わらない」と言っています。朝日新聞デジタル（二〇二〇年五月二十日）に載った彼のインタビューを引用しましょう。

——新型コロナウイルスの感染拡大は、あなたの国のマクロン大統領をはじめ多くの政治指導者が「戦争」という比喩を使うほどのインパクトを与えています。

「そのような表現はばかげています。この感染症の問題は、あらゆる意味で戦争とは違うからです。ただ、支配層の一部がその表現を使うことに理由がないわけではない。彼らは自らの政策が招いた致命的な失敗を覆い隠したいわけです」

「私は人口学者ですから、まず数字で考えます。戦争やテロと今回の感染症を比較してみましょう。テロは、死者の数自体が問題ではありません。社会の根底的な価値を揺さぶることで衝撃を与えます。一方戦争は、死者数の多さ以上に、多くの若者が犠牲になることで社会の人口構成を変える。中長期的に大きな社会変動を引き起こします。今回のコロナはどちらでもありません」

——ただ、死者数は世界で30万人に迫る勢いです。かつてのスペイン風邪やペストと比較されうるものではないでしょうか。あなたの国の作家カミュが書いた「ペスト」は世界的に読まれています。

「そこまで深刻にとらえるべきではないと考えています。これもフランスの事例ですが、かつてＨＩＶ（＝エイズウイルス）の感染が広がったとき、20年間で約４万人がなくなりました。しかも若い人の割合が大きかった。今回のコロナの犠牲者は高齢者に集中しています。社会構造を決定づける人口動態に新しい変化をもたらすものではありません。何か新しいことが起きたのではなく、すでに起きていた変化がより劇的に表れていると考えるべきでしょう」

トッドは人口学者です。「戦争では若い人たちが死ぬから、人口動態の構造が変わります。あるいはエイズの場合、これも若い人たちの感染者が多く、人口動態が変わる。これに対して、高齢者が主に亡くなっているということは、新型コロナウイルスは人口の構造自体には影響を与えない」——トッドはそこまでしか言っていません。そこからもう少し論理を展開して生産性という観点から言うと、「生産可能人口に影響がない。だから経済的に影響がない」ということになりますよね。

先ほど、黒住さんから指摘があった「経済至上主義的な考え方でいいじゃないか」といった風潮——トッドの考え方は、まさにこういう方向へと向かうのです。率直に言って、スウェーデンはそういう政策を採っています。
トッドはさらにこう言います。

「人々の移動を止めざるを得なくなったことで、世界経済はまひした。このことは新自由主義的なグローバル化への反発も高めるでしょう。ただこうした反発でさえも、私たちは『すでに知っていた』のです。2016年の米大統領選でトランプ氏が勝ち、英国は欧州連合（EU）からの離脱を国民投票で選びました。新型コロナウイルスのパンデミックは歴史の流れを変えるのではない。すでに起きていたことを加速させ、その亀裂を露見させると考えるべきです」

要するに、「今後起きることは、これまで起きたことが加速するだけだ。リモート化にしても、加速化するだけで抜本的な転換ではない」、あるいは『『グローバリゼーションに歯止めがかかって、国家の壁が高くなる。国家機能が高くなる』と言うけれども、Brexit（イギリスのEU離脱）が起きたじゃないか。アメリカではトランプが出現したじゃないか。その傾向が加速するだけだ」と言うわけです。

「大きく変わる」という「ハラリモデル」も「あまり変わらない」「基本的に変わらない」という「トッドモデル」も、実践的帰結は一緒なんですね。それは二つあります。一つは、国家機能が強化される。特に行政権が強化される。もう一つは、格差が拡大される。この格差は、おそらく四重に拡大していくと思います。国家間の格差、国の中での階級格差、国の中での地域間格差、さらにジェンダー間の格差、この四重の格差として進んでいくのです。

リスク以上、クライシス未満

佐藤　私は今回のコロナ危機で言う「危機」という日本語に危うさを感じているのです。英語で言うところの「リスク」（risk）と「クライシス」（crisis）が一緒になっている。「危機管理」と言うときに、「リスク・マネジメント」か「クライシス・マネジメント」かがわからなくなってしまっている。「リスク」は「予測可能な悪い出来事」だから対応できます。ほとんどの危機管理はリスク対応です。それに対して「クライシス」は古典ギリシャ語の「クリシース」（krísis）から来ていますから、これは分かれ道や峠ですよね。峠を越えられないと死んじゃう。道を間違えたら違うところに行っちゃう。このへんをユルゲン・ハーバーマスが『後期資本主義における正統化の問題』（岩波文庫）の冒頭で、かなり詳しく説いています。「クライシス」とは「生きるか死ぬか」の問題なんですよ。だから「生き残るためには何をやってもいい」ということになってしまう。

では、新型コロナウイルスが「クライシス」かというと、そうじゃないんですね。我々はコロナの後も生き残るし、日本国家も生き残るし、日本人も生き残る。世界も生き残ります。とはいえ、新型コロナウイルスは明らかに「リスク」の閾値（いきち）を超えている。だから結局、「リスク以上、クライシス未満」という危機なのです。こうした性格をきちんと見極めた上で「コロナを正しく怖れていく」ことが重要です。そして、一人一人が信仰者として、どうコロナにコミットメントしていくか。それぞれの宗教団体としてどうコロナにコミットメントしていくか。――こういう問題になってくると、私は考えています。

4 議論

新型コロナから変革の道へ

松岡　黒住さん、佐藤さんから示唆に富んだお話をいただきました。新型コロナの問題について、佐藤さんは「リスク以上、クライシス未満」と指摘されました。リスク以上という点では重大な問題であるが、クライシス未満という点ではまだ冷静に物事を考えられる余裕がある。だから、「正しく怖れていく」中でいろいろなことを深く考え直していかねばならない。そう言われたように思います。最終的には、我々の生き方自体を問い直すことが求められてくるのではないでしょうか。要するに、コロナ禍の中で、人類社会が大きな変革を成し遂げられるかどうか、ここが焦点になるでしょう。

個人的な意見としては、二つの変革が迫られているように思います。一つは世界観の変革です。現代の世俗化した社会の中で、黒住さんがおっしゃるように、資本主義に対する根本的反省を迫られている。近代以前の社会が持っていた「この世」と「あの世」を往還するような全体的な世界像が、本来はある。本来の人間は、天地に支えられた健全なバランス感覚を持っています。そうした「世界の中の自分」という感覚は、普遍的な宗教性によって培われます。ところが、そのような大きな宗教性が現代の社会では失われ、癒やしとかスピリチュアリティとかいった、小さな宗教性しか生き残れない状況になった。個人の感性にとどまる宗教性では、世界観の変革を促す力にはならないでしょう。コロナ禍を克服した後、人類が行き過ぎた資本主義のあり方を反省し、天地自然との健全なバランスを取り戻していくには、今一度、大きな宗教性が復権しなければならないと考えます。

仏教には「中道」の考え方があります。人間がどこまでも主体的に生きると、中道的になっていきます。偏りは、何かに縛られた受動的な姿ではないでしょうか。中道とは、「すべてを生かす」という根源的な主体性に生きることです。私はそう理解しています。だから、個人の幸福も大事だし、社会の繁栄も大事になる。宗教的次元と社会的次元が連動する「立正安国」という行き方にもなります。そうした中道の宗教性を持ってこそ、全体的な見方に立つことになり、我々の世界観の変革に貢献できるのではないかと思うのです。

そして、世界観の変革の次に行うべき変革が、我々の社会の変革です。これがもう一つの変革です。黒住さんは「日本人の思考は、どうしても横のつながりよりも国家に収斂していく」と指摘されました。これは日本人の一つの精神性でしょう。かつて丸山眞男が論じたように、『日本書紀』『古事記』という古代神話に表れた「なりゆき」を賛美する精神性が、宗教文化として今も日本社会に根づいています。常に上意下達でなりゆきに任せる、お上の命令に従う、こうした精神性です。

今回のコロナ禍で話題になった「自粛警察」「マスク警察」など、いわゆる市民同士の「同調圧力」の問題も、「上から降りてきたものにはとにかく従うのだ」という日本的な精神性が背景にあるように思います。黒住さんはまた、日本人の行動パターンにおける「無理性的な構造」も懸念されています。なりゆき任せだと、どうしても理性が働かず、無理性的になってしまいます。

国際的には、佐藤さんが指摘されたように、ますます一国主義的な考え方、国家のエゴ、national interest（国益）を追求する動きが強まっていく。新自由主義的な考え方が、経済至上のグローバリズムとして広がっている現状があります。ですから、国際社会を含めた社会の変革が必要なのです。そこで、必要になるのは宗教の力です。

人間を原点に帰らせる高い思想性を持ち、しかも社会的な幸福の実現に責任を持つ宗教が求められている。先に紹介したように、池田先生は「立正なき安国は空転の迷宮に陥り、安国なき立正は、宗教のための宗教となる。われらは、立正安国の大道を力の限り突き進む」（『新・人間革命』第二九巻、二六九頁）と述べています。彼岸と此岸を往復しながら、此岸の社会に善き影響を与えていく。それが「立正安国」の宗教です。まっとうな宗教です。

宗教を無視した社会変革は、結局、空転に終わってしまう。なぜなら、社会制度を運用するのは人間の心だからです。池田先生は、こうも言っています。マルクスは、ヒューマニズムの実現のために理論を構築した。けれども、人間の内面を掘り下げ、生命の全体性を把握しようとせずに頭の中で完全無欠な社会を想定し、そこに人間を強引にあてはめようとした。彼は、理性のモノサシで人間を単純化した。その結果、マルクスの動機となったヒューマニズムの芽は摘み取られてしまったのだと（『新・人間革命』第九巻「光彩」、二八〇～二八一頁。要旨）。「共産主義という実験」が失敗したゆえんは、理性の過信による人間の内面性の軽視であるとしているわけです。こうした問題の根っこにあるのは宗教性の欠如です。

西洋の社会には、アリストテレス的な「分配的正義」という考え方が浸透しています。「justice」という英語がありますけれども、正義とは公正な分配である、という考え方が強い。それに対して、東洋の伝統で言う「正義」は、心の中の徳とか内面的な精神を指しています。ですから、東洋的な社会正義は、制度上の正義だけではありません。むしろ制度を運用する人間の「運用上の正義」を大事にします。その「運用上の正義」をしっかりと健全に機能させていくためには、健全な宗教、すなわち先に述べた意味での「立正安国」の宗教が不可欠であると考えます。

そういうことから、お二人の話には我々の主張と響き合うものを感じた次第です。

「理」と「気」の調和

黒住　佐藤さんがおっしゃる「リスク」と「クライシス」の違いについては、なるほどと思いました。完全に分からないものではないし、完全に分かってしまうものでもない。

佐藤　ええ。中間的なのです。

黒住　これに対してどうすればいいのか。松岡さんがおっしゃってくれたことにも関わりますが、完全に「あの世」にしてしまうわけでもないし、完全に「この世」にしてしまうわけでもない。そのような良い形での媒介、あり方が大事なのだということがテーマとして出てきます。

松岡さんが指摘された「正義」について、東洋ではどう捉えるのか。それは漢語で「理」と「気」と言うとき、「理」だけでなく「気」の問題にもなります。日本史では、そのテーマがものすごく流れています。普通の用語で「元気」と言う人がよくいますよね。「気功」という運動もあります。人間の「気」が、心や気持ち及びさらに身体にもつながる。自分が持っているエネルギーにもつながるものが、「気」によって捉えられます。

単なる論理だけではなく「理」と「気」を考えたとき、「気」が何なのか、また理気の結びつき方が非常に大事だと私は思います。日本史では、「理」を否定して「気」の方向だけを強調することがよくある。ところが近代史においては、人間がもともと持っていた気持ち、生命力が文明のもとですごく壊れている。あるいは壊されている。こういう問題がものすごくあります。とはいえ、それに反転して元気さばかりが強調され、理が失われることもある。昭和の戦時期の「統一化」の理のなさはとても問題です。

現代社会は、情報、特にインターネットの情報によって、物事が気分のようにすごく速いスピードで動きます。ところが、人間がもともと持っている思考をもった経験的な気持ちを見ると、そこでは逆に静止してしまっている、あるいは雰囲気になっている。それをどうするか、という足元の問題があります。近代史において消えた、このテーマが今、新型コロナの事態の中で再び出てきています。

「with corona」から「with human being」へ

佐藤　言いたいことをまとめます。

まず一点目、国家主義は宗教である。しかもそれは間違った宗教である、そういう指摘があります。『池田大作　名言100選』（中央公論新社）の中に、池田先生の言葉が紹介されています。

「国家主義というのは、一種の宗教である。誤れる宗教である。国のために人間がいるのではない。人間のために、人間が国をつくったのだ。これを逆さまにした〝転倒の宗教〟が国家信仰である」（同書、一一九頁）

今回の危機を、国家主義に回収されないようにすることが、ものすごく重要です。それからもう一つ、よく政治家は「with corona」と言いますよね。あれが、私は非常に気になるのです。「with corona」という言い方は、あくまでも主体は我々人間の側でしょう。それだけでなく、コロナウイルスの側からも考えなければいけないと思うのです。ウイルスから考えると「with human being」なんですね。

これまでのウイルスや感染症の歴史から見て、宿主を殺してしまったらウイルスは生き残れないわけです。弱毒化して長く続いていくわけだから、新型コロナウイルスと折り合いはつくはずなのです。新型コロナウイルスの側に立って考えてみることが、私は非常に重要だと思います。こういう転換ができるかどうかが、その人の持っている宗教性だと思うんですね。

今、論壇で「コロナウイルスの立場に立って考えてみよう」などと言ったら、「この人はちょっと精神に変調をきたしているのではないか」と思われます。でも、この見方をすることによって、「なるほど。かつてさまざまなウイルスは人間と共存を果たしてきた。ウイルスは生物体ではなく細胞がないから、宿主を殺してしまったらまったく生き残れないじゃないか」と考えられる。すると「ウイルスとの共存には必然性がある。だから過剰に怖れるな。正しく怖れよう」という考え方ができるのです。

そのように、自由に視座を変えて物事を見る。ウイルスの目線で考える。ここは、キリスト教は弱いのです。その点、仏教は強い。仏教から見ると、人間とあらゆる生物はつながっています。こうしたところでも、私は仏教者に期待しています。新型コロナウイルスについて、仏教を信じている人たちこそ、自由自在に視点を変えて考えてほしいと思うのです。

第2部　信仰と学問の間で——それぞれの人生体験から

1　松岡幹夫の見解

創価学会員の研究者が抱える葛藤

松岡　さて、二番目のテーマは「信仰と学問」についてです。私はもちろんですが、黒住さん、佐藤さんも、信仰を持ちながら学問と向き合ってこられました。そのあたりの実存的な問題意識を率直にお話しいただければ幸いです。

私からは自分自身の体験、人生経験、そして佐藤さんと黒住さんのご著書からうかがえる信仰と理性の問題について、かいつまんでご報告します。

私は創価学会員の家に生まれ、物心ついたころから信仰を始めました。信仰に対する抵抗感はさほどなく、中学生ぐらいで池田先生の小説『人間革命』などを自発的に読み、地域の組織活動に参加していました。高校生のとき、どうせ一生信心するなら徹底的にやろう、と思うようになりました。それで、奈良の県立高校を卒業した後、上京して創価大学教育学部に入学しました。大学では、何度か池田先生との出会いがありました。また、「創価教育学研究会」に入ったことで、牧口初代会長の門下生の方々とお会いするなど、今の私の研究に通じる貴重な経験を積めました。とはいえ、大学時代は、勉強したことよりも学会の学生部の中で戦った思い出のほうが圧倒的に多いです。

ただ、勉強し残したとの思いはあったので、一九八四年に創大を卒業すると、そのまま大学院（法学研究科政治学専攻）に行きました。修士の二年生になって進路を決めるころに、いわゆる「第一次宗門事件」が未解決のままくすぶっている事実が心を占めるようになり、やがて自分も僧侶になって問題の解決に役立ちたいとの思いが芽生えました。そうして一九八六年、日蓮正宗の僧侶として出家得度しました。その後の経過は、いろいろな書物に宗門時代の体験として書いたので割愛しますが、一九九二年、創価学会を不当に「破門」した阿部日顕法主に抗議して宗派を離脱しました。私が三十歳のときでした。それから、五年ほどは宗門改革の運動に取り組みました。それが一区切りついた段階で——三十五歳のときでしたが——大学院に入り直しました。研究テーマは仏教の社会思想で、そのまま修士、博士と進み、何とか学位も取れて研究を続けられ、今日まで来ています。

普通の研究者は、大学を出て大学院に入り、ずっと研究の世界で経験を積み重ね、学問的な思考を研ぎ澄ましていきます。たとえ何らかの信仰を持っていても、学問的に考えることを最優先するように訓練されます。ところが、私の場合は、まず自分の信仰の中で思考様式を固めた後で、改めて学問研究の道に入りました。ですから、どうしても信仰者の立場から学問を見てしまいます。悪い意味で言えば、バイアスがかかってしまいます。

言うまでもなく、創価学会には学術研究者が大勢いて、「学術部」というグループが作られています。この学術部のメンバーも、大なり小なり私と同じような悩みを持っているようでした。「学会員の研究者の葛藤」について述べたことがあるので、以下ご紹介します。

「（＝創価学会員の学術者の）多くは、『研究者としての自分』と『信仰者としての自分』を整合的に両立させるために、さまざまな葛藤を抱えておられるようにお見受けしました。と言いますのも、特に人文系の場合、学問と信仰は時として対立するものだからです。信仰が学問を否定する場面もあれば、学問が信仰を否定する場面もあります。そうした場面に遭遇したとき、信仰者であり研究者でもある立場として、どちらを優先すべきなのか？　どちらを取ってどちらを捨てるべきなのか？　そのような難しい判断を迫られるわけです。

そうしたときには、どちらかを選ぶのではなく、『ダブル・スタンダード』の姿勢をとることで解決を図るケースが多いかと思います。つまり、『信仰は信仰』と割り切って学会活動を頑張ってやっていく一方、『学問は学問』と割り切って学者として成果を出していこうとする。そして、自らの研究の中に生じた信仰と学問の対立については、とりあえず棚上げをしておくのです。

そのような姿勢をとることも、一つの見識ではあるでしょう。しかし、そのようなダブル・スタンダードに立っている限り、信仰者としても研究者としても本気で取り組むことはできず、本当の力が発揮できないのではないかと私は懸念します」

（第一回「啓蒙主義と宗教」における「開会の辞」より、本書一五七頁を参照）

我々の立場は、まず研究者であり、その上で信仰者でもある。両者が整合すればいいのですが、ときに対立することがあるわけです。

例えば、私が専攻した社会科学の分野では、社会的平等という問題が大きなテーマです。これは仏教で言う「業」の思想、「前世からの行いが今世の報いになる」という宿業、宿命という思想と、ときに対立してしまいます。もっとも、創価学会では宿命転換を説きますから、例外的に社会的平等をストレートに主張できるのですが、それでも、いったんは現実の不平等を運命として受け入れます。学問的には社会制度が悪いんだとなりますが、信仰上は自業自得的な受け止め方もする。これをどう整合させるか。一方を選んで他方を切り捨てるようでは、学術的な信仰者の実存が破壊されます。だから、ダブル・スタンダードで乗り切るしかない。信仰は信仰としてしっかりやる。学問は学問と割り切って、学者として成果を出していく。とりあえず棚上げということです。

しかしながら、そのようなダブル・スタンダードのやり方だと、やはり信仰者としてモヤモヤした気持ちが残ります。本当の意味で自分の理論に思い入れがないわけですから、中途半端な仕事になってしまう。そして、信仰に対しても「非合理的ではないか」といった疑念が生じかねません。

私自身は、今では創価信仰学という、一種の神学的アプローチで研究しています。信仰の真理の証明のために学問を行う、という姿勢を明確にしています。ですから、社会的平等と宿命論の矛盾なども、まず宿命論に基づいて社会的平等を考える立場を取ります。社会的な不平等に泣くのも宿命ですが、社会制度を改革して平等を実現することも宿命です。そう考えれば、仏教の業思想も決して「あきらめ」の論理ではありません。厳格な予定説に立ちながらも神の救済を確信するために努力する、というカルヴァン主義の倫理と一脈相通じるような解釈が可能なのです。また何よりも、創価学会が信ずる日蓮仏法では現世における宿命転換を説きますから、民衆の宿命転換の実証として社会的平等の実現が必須の課題となってきます。

ともかく、我々は我々なりに信仰と学問の関係を規定する必要があります。この点、佐藤さん、黒住さんのお二人から、のちほどいろいろとアドバイスをいただければと思います。

仏滅年代をめぐって

松岡　私が仏教の思想を研究していて悩んだことの一つに、仏滅年代に関する問題があります。仏教の創始者である釈尊（釈迦、ブッダ）がいつ亡くなったのか。諸説あるのですけれども、日蓮大聖人のころの仏教界の常識は紀元前九四九年説です。これは伝教大師最澄の作とされる『末法灯明記』（今では最澄の作ではないと言われていますが）の中で紹介されている『周書異記』に基づいた説です。それに対して現代の仏教学の見解では、大きく分けて三つあるそうです（『岩波仏教辞典』八八四頁）。

第一説：紀元前五四四／五四三年説　スリランカの歴史書
第二説：紀元前四八六〜四七七年説　ギリシャ資料によってスリランカ資料を修正
第三説：紀元前四〇〇〜三六八年説　中国・チベットの伝承

現代の仏教学では、スリランカやギリシャ関係の歴史資料、それから考古学的にアショーカ王の碑文なども参考にしながら仏滅年代を推定していきます。諸説あるのですけれども、「第二説と第三説の間で第三説に近い年代（ほぼ紀元前四〇〇年前後）を支持する考えが多い」（同前）と推定されています。要するに、仏滅年代に関して、日蓮大聖人の時代の認識と現代の仏教学の認識とでは、五百年ぐらいのズレがあるわけです。「ズレがあったっていいじゃないか」と言う人もいますが、我々の信仰においては大きな問題が生じます。と言いますのも、我々は仏滅年代を基点として「三時」説を考えるわけですね。インドの大乗経で正法・像法の区分、中国で末法意識が芽生えました。正法（仏法が正しく保たれる時期）、像法（仏法が形骸化する時期）、末法（仏法がまったく失われてしまう時期）という時代区分です。

日蓮大聖人の時代の仏教界では、正法が千年、像法が千年、末法が万年という「三時」説に立ちます。これは中国の法華経解釈者である吉蔵が書いた『法華玄論』に出てきます。この説を採ると、仏滅年代を紀元前九四九年とする『周書異記』の説と吉蔵の三時説を合わせて、平安時代の一〇五二年から末法に入ったことになります。日蓮大聖人の生誕は一二二二年ですから、大聖人は末法に出現したことになります。

ところが、現代仏教学の仏滅年代説に大聖人の時代の三時説を合わせると、末法の始まりは一〇五二年から約五百年後ですから、日蓮大聖人の出現はまだ末法ではなく、像法になってしまう。日蓮信仰者は、日蓮大聖人が末法に出現された救済者である、との固い信仰に立っています。なのに、学問的な見解を導入すると、大聖人は末法に生まれなかったことになる。

戦前、日蓮主義者の石原莞爾という陸軍将校がいました。彼はこのことを知って衝撃を受け、日蓮大聖人に疑いを起こします。それで、自分自身の霊感を信じながら『世界最終戦争論』を書きました。現代的な思考に立つと、そういうことも起きます。今の仏教界には、こうした信仰と理性の衝突を解決する思想も理論もありません。ですから、どうしても仏教者の仏教研究はダブル・スタンダードになるわけです。

救済史的な「末法」の捉え方

松岡　そこで私は、キリスト教の神学を参考に――例えば二十世紀最大のプロテスタント神学者カール・バルトの神学を参考に――信仰学的な解決を目指せないのかを模索したいと思っています。仏教学者や歴史学者が考察する「史的ブッダ」は、人間の理性が捉えたブッダ像です。神学的に見ると、いわゆる「史的イエス」と同じ問題になってきます。

よくよく考えてみれば、我々信仰者の前に現れるブッダ＝釈尊は、普通の歴史上の人物とは言えません。つまり、歴史の教科書に出てくる釈尊を、我々は信じているわけではない。我々にとって、釈尊は信仰上の「出来事 Sache」として現れ、仏教を初めて説き弘めた仏です。とりわけ法華経の寿量品に現れた釈尊が、我々の信じる釈尊です。この釈尊は、虚空に浮かんだり、永遠の昔から衆生を救い続けたりする超越的、宇宙的な仏であって、単なる歴史的存在ではありません。本質的には、釈尊の出現は仏教の救済史における出来事と言うしかないのです。

その出来事としての釈尊から、未来の救済を託されて末法に出現したのが日蓮大聖人です。ですから、我々学会員としては、日蓮大聖人が末法の仏であるということを、歴史的な事実というより信仰世界の事実、救済史上の出来事として捉えるべきではないか。私はそう思うのです。

では、その場合、歴史的な見解はどうなるのか。私見を述べると、信仰上の事実に反しない限り、採用できるでしょう。日蓮大聖人の時代の仏滅年代の算定は、大聖人が末法の行者であるという信仰世界の事実に反しないから用いられた、とも言えるわけです。

神学の思考とは何か

松岡　続いて佐藤優さんの見解について、『神学の思考』という著書から引用します。

「救済は、人間にとって、主体的な問題です。キリスト教の場合は、神からの人間に対する呼びかけにどう答えるかが、問題の核心になります。それだから、キリスト教について、純粋に客観的なアプローチはありません。主体的な参与（コミットメント）を必要とする事柄に関して、純粋客観的な記述をするということは、範疇（カテゴリー）が異なるので不可能です。純粋客観的にキリスト教という現象を観察しても、キリスト教を知ることはできません。

キリスト教を理解するためには、いくつかのアプローチがあります。自らの人生経験を通じてキリスト教を理解するという道もあります。あるいは、修行によって神秘的な体験をすることで、キリスト教を心身全体で感じるという道もあります。これに対して、神学によってキリスト教を知るとは、理屈を重視するということです」

（佐藤優『神学の思考』一一二〜一一三頁）

神学は宗教学や哲学とは違う。カテゴリーが違う。それは、理屈を重視しながらも主体的なコミットメントを求める点で、中立的・客観的な思考を求める宗教学や哲学とはカテゴリーが異なる。佐藤さんはこう主張しています。

また、『神学の技法』という別の著書に次のような記述があります。

「信仰は、理論的に正しいから納得するという事柄ではありません。人間的な『正しい』『正しくない』という判断を超えたところで、信仰は成り立つのです。その端的な例が復活です。聖書に、イエスの復活について詳細な記述がないのも、史実としての復活を証明するという関心が、聖書の著者に欠如しているからです」

(佐藤優『神学の技法』二八一頁)

復活とは、イエスが十字架にかけられて亡くなった三日後に復活した、ということですね。普通に考えると、このような復活は、とても歴史的な事実とは思えません。しかし、そう思うのは人間的な判断であって、そこを超えないと宗教的な事実は見えてこない。宗教的事実は、歴史的事実と別の次元で考えるべきだ。——佐藤さんは、そう論じています。

仏教では、イエスの復活のような非現実的なことは説かない。こう言う人もいるでしょう。しかし、そんなことはありません。仏教経典を読むと、非現実的な出来事は随所で説かれています。原始仏典に出てくるブッダと神々や悪魔との対話、法華経に説かれる虚空会の儀式などは、およそ非現実的な出来事と言うしかありません。その点ではイエスの復活と変わりないのです。だから、我々仏教者も、佐藤さんが言うように宗教的事実と歴史的事実を立て分けて理解する必要があります。

信仰の領域に関わる思想史

松岡　続いて黒住さんの見解をご紹介します。黒住さんは、思想史を研究する中で、

「哲学と思想は違う」ということを常々強調されています。思想には意志や感情がはらまれていて、哲学よりも理論的な面が少ない。哲学よりも、もっと包括的で具体的なものである。このように、黒住さんは理解しているかに見えます。

また、『文化形成史と日本』のあとがきでは、ご自身のアプローチについて、こうも説明されています。

「本書は、人間における文化またそれを形づける思想が一体どんな事態をなして現在に至るのか、その様相の基礎またその歴史的な変化を全体的にとらえようとした。（中略）ここにある基本的な態度・考え方は、まえがきにも述べたように、誰もが意識しなくても持つものだが、学問としては哲学や倫理学に近い。ただ、もっといえばそれは人間の営みやその意味において、不可測なものたる超越や根源をも消さず関係しようとすることにもなる。だからそれは神学や宗教学にまた繋がっている――このことも最後になるが、あとがきで触れておきたい」

（黒住真『文化形成史と日本』三一三頁）

この黒住さんのアプローチは、理性的な立場から信仰の領域に関わろうとするものです。そのように理性を超えた領域まで考察しようとするのは、黒住さんが「生活」というものを重視するからだと思われます。

「『思想史』におけるこうした意味の内実、物事の本質を知ろうとする運動は、反省を含め、また理想であれ、歴史的事態と関わって現れ出てくる。それは、神話を始めとするいろいろな世界観や物語の内容、さらには信仰あるいは科学にさえ関わっている。しかし思想史は、どこまでも理性・知性の運動であり、だから不可測性を知りながらもどこまでも真理に向かってこれを求め続ける。が、そこには前提的な決定があり、だから『信心』さらに『信仰』がある。またその思考・把握にとどまらず、信心・信仰からの祭祀や教理をそれ自体論者が身心また生活に持つならば、当人は思想をもつだけでなく信者となる。

信心・信仰について触れたが、だとしても、思想史や哲学が追い続ける『真理』はそこに結び付かない訳ではない。いや、それだけでなく、信仰における在り方と思考・理性による真理とは、懐疑論や相対主義に陥ってしまわず生活自身を成り立たせるためには、共により結び付くべきだろう。信仰による祭祀や教理といった形態は、論理や理性的把握を越えているが、かといってどうでもいいものでは決してない。論理・理性と信仰上の生活とを結び付ける『ある形態』なのである」

（同前、二五三～二五四頁。傍点原著）

理性だけだと、懐疑論や相対主義に陥って生活が成り立たない。生活を成り立たせるために、信仰と理性は結びつくべきだ。そう述べられています。たしかに生活は理屈だけではなくて、何かを信じないと成り立ちません。法律にしても貨幣にしても、根底は人間同士の信頼、ある種の信仰で成り立っているものです。人間の社会は、広い意味で信仰の共同体です。したがって、ただ理性的な眼で現実の社会現象を捉えても、実際の生活からは遊離したものになってしまいます。

結論的に、黒住さんが志向する思想史は、一箇の学問として理性的、知性的な思考に軸足を置きながら、それだけではなくて理性を超えた信仰の世界とも結びつくものと考えられます。

「無立場の立場」で学問を生かす

松岡　最後に、創価学会の立場を確認します。池田先生は「仏法に基づいて学問を生かす」ということを常に主張しています。

「世界には、さまざまな学問、哲学、論議があるが、人類の最大の難問である生命の本質、『幸福』の確立という根本課題には解決を与えていない……（＝日蓮）大聖人の『大海の仏法』はあらゆる優れた思想、哲学を包含している。決して排他的な、また偏狭なものではない。先駆的な各分野の学問の成果も、すべて妙法を証明していくことになるのである。

さまざまな川も、海に入れば、一つの海の味になるように、人類の根本的幸福へと、それらは仏法の一分として使われ、生かされていく」

(『池田大作全集』第七六巻、四五二〜四五三頁)

生命の本質については、宗教でなければ解決を与えられない。学問では解決できない。このような信念が、池田先生の学問論の出発点にあります。

ここで言う「生命」とは、生物学的な生命のことではありません。真理とか霊的な意味における「生命」を意味します。古代ギリシャの言葉で言えば、「ビオス」(bios)ではなく「ゾーエー」(zoē)にあたります。生命の真理の解明は宗教の仕事であって、そこから一つの全体観が出てくるわけです。ですから、その全体観に立って学問を用いるという態度になります。創価学会で言えば、「生命の本質を解き明かした仏法の立場から学問を生かす」ということです。

池田先生は、「信仰によって学問を生かす」という考え方をすごく強調するんですね。一見、信仰が特権的な立場に立っているように見えますが、そうではありません。と言うのも、仏教は「立場を持たない」ことを理想とするからです。仏教の影響を受けた京都学派の哲学では、「無立場の立場」を言っています。ブッダは、「何ものにも執着するな」と説きました。だから、自分の説にも執着してはならない。原始仏典の『スッタニパータ』には「一切の(哲学的)断定を捨てたならば、人は世の中で確執を起すことがない」(『ブッダのことば――スッタニパータ』岩波文庫、一九六頁)とあります。自分自身の説に執着しない。これは、大乗仏教では「空」の立場になります。要するに、仏教では、何事に対しても実体的に捉えて固執しないことが大事なのです。

そして、この「何事にも執着しない」という否定の論理から、逆説的に「すべてを生かす」という肯定の論理を導き出すのが法華経の立場です。すなわち、法華経では「諸法実相」――森羅万象はそのまま実相、根源の真理なのだ――という形で、すべてを肯定的に捉えていく。すべてを生かす。すべてを生かす思想となるのです。池田先生の学問論は法華経の立場ですから、すべてを生かす。ありとあらゆる学問を生かす立場です。「無立場の立場」として生かすわけですから、そこに抑圧性はありません。また、無立場ですからポストモダンで言われる「脱構築」とも違います。

黒住さんは、脱構築の思想が、じつは一つの排他的な立場である点を指摘しています。

「現代の西欧思想は、理性の脱構築を言うけれども、その主張自体が多くは原理主義者の情熱に駆り立てられており、そしてその悪循環に病んでいる」

（黒住真『複数性の日本思想』四一二頁）

例えば、「二項対立を解体する。脱構築する」と言いますが、その二項対立を攻撃している時点で、私は新たな次元の二項対立に陥っているような気がするのです。黒住さんも、同じような考えを抱いているように思います。

以上、三者の立場をまとめますと、佐藤さんは客観的な学問とは違った主体的な信仰の学＝神学の意義を強調しています。これはやはりプロテスタント的な主張と言えます。黒住さんは、客観的な学問に立ちながら主体的な信仰にも関わっていく。この二つのカテゴリーの間に立とうとしています。理性と信仰を統合し、整合的に見るカトリック的な認識に近いのではないでしょうか。

一方、我々が依拠する池田先生の学問論は、仏法の立場から学問を生かすというものです。仏法の立場と言っても「無立場の立場」ですから、信仰が必ずしも上位に立つわけではない。理性と信仰が協力し、弁証法的に深化していく。両者がお互いに高め合うべきだという認識です。この点、カトリック的な学問論に近い感じもします。けれども、理性と信仰の弁証法的関係の基準は信仰にありますから、プロテスタント的な信仰重視の立場とも重なります。

結局、「理性と信仰」の関係に対する創価信仰学の見解は、カトリック的でもあり、プロテスタント的でもある。すなわち、自由自在に理性も信仰も重視して中道的な立場に立つ。私自身は、そのように考える次第です。

2 佐藤優さんの見解

同志社大学神学部

佐藤　私の考えを、松岡さんはまさに適切にまとめてくださいました。私の父親は臨済宗妙心寺派でしたが、あまり熱心な信者ではありませんでした。祖母が寺の娘だったので、三春（福島県田村郡三春町）に寺がありまして、実家に時々行ったときには座禅を組むくらいのことはしていました。私の母親は、伝統的な沖縄の土着宗教を信じていたんですが、十四歳のときに沖縄戦に従軍した結果、完全に価値観の空白が生じ、その中でキリスト教徒になりました。私は、こういうバックグラウンドの家庭で育ちました。宗教的な面では、母の影響のほうが強いです。

ただし、母は私が洗礼を受けるまで、自分が洗礼を受けていることは言いませんでした。日本の教会は、どうも沖縄の教会と違って、中産階級の人だけが集まって、少し高いところから人を見下している感じがする。戦争の中で体験した自分の原体験を共有できる場所ではない。母はこういう思いを非常に強く持っていました。

同志社大学神学部は、総合大学の一学部であるとともに、日本基督教団の第一種認可神学校なんですね。同志社大学神学部以外には、単科大学の東京神学大学、それから関西学院大学神学部、この三つだけです。ここの学部か大学院を卒業すると、二科目の試験だけを除いて牧師になる試験が非常に簡単に取れるのです。ですから同志社大学神学部の学生は、牧師になることがかなり多かったです。今は比率が減りましたけれど、私がいたころは十七人いる先生のうち、牧師資格を持っていない先生は、体育の先生と語学の先生二人、宗教学の先生一人だけでした。残り全員は牧師資格を持っている。こういう時代でした。

それだから、信仰と知の関係については、学生時代に適宜訓練を受けました。アンセルムス（イギリスのスコラ哲学者）の立場ですよね。要するに、信仰があるから知りたいと思う。知ればますます信仰が深まっていく。こういう循環の中で学問があることが刷り込まれているから、今もずっとそういう発想なんですね。

ボンヘッファーの「究極的なもの」と「究極以前のもの」

佐藤　のちに私は、外交官になって政治を見るようになりました。すると、学問的なことは、実際の政治を動かしていないことがよくわかりました。学問的な提言であるとか、学者たちから答申を得ても、それとはまったく違うところで政治が決まっていく。そういう状況を見てきました。いわば広い意味での宗教的なもの、情念的なもの、あるいは偏見によって、国家の政策がほとんど決まってしまうのです。

同志社大学神学部で学んだ経験と、外務省における自分の経験則、その二つがあるので、私はあまり信仰と学問の間の矛盾は感じません。ただ重要なのは、学問の領域を信仰でごまかそうとしてはいけない、ということです。ディートリッヒ・ボンヘッファー（ドイツのプロテスタント神学者）は、「究極的なもの」と「究極以前のもの」を分けるべきだと主張しました。

「究極的なもの」は信仰の次元です。例えば、政治的な問題を論じているときに、これをいきなり出してくると神秘主義になってしまう。社会的な問題は「究極以前の事柄」です。それは理性と学問を使って、ギリギリのところまで検討しなければいけない。こういうことなのです。ただ、どこがギリギリなのかというと、その人が「ここがギリギリだ」と言った場合、外部からそれを判定する絶対的な基準はないですからね。非常に難しいわけです。

日本の現実の政治や意思決定を見ると、政治家たちは意識していないけれども、「究極的なもの」に頼って早く飛び越えちゃう。学問などは関係ない。何らかの超越的なものがそこにはある。それを無自覚のままやっている。こういうところがある。ですから、学問と信仰の区別は非常に重要だと思います。このあたりが、私の問題意識です。

3　黒住真さんの見解

黒住真の思想遍歴

黒住　まず自分自身の関心から述べて、さらにコメントを述べることにします。先ほどもチラッと述べましたが、私の母親は日蓮宗不受不施派、父親はプロテスタントのキリスト教徒でした。日蓮宗不受不施派は嫌われる宗派だったらしく、プロテスタントの父親はそれをあまり気にしないで戦後結婚したという話を、後から聞きました。

母親はその後、ものすごく真面目なキリスト教徒になりました。母親の場合、牧師さんとの関係が信仰上のテーマとしてありました。良い人だったらいいんですけれども、実際にはいろいろな人がいるわけです。母が関わった牧師さんについては、どうも満足できない傾向が信者さんの中にあったようです。母親としても、最初は「この牧師さんは良い人だ」と思ったらしいが、やっぱり良くないことがあった。そこで、他の牧師のところへ行くようなことがありました。

仏教でもキリスト教でも言えることですが、聖職者が自分自身の魂のありように対する、しっかりとした応対をやっていないのではないか。そう思うことがあるんですね。簡単に決めつけるのは失礼かもしれませんけれども、学者になって学術活動に熱心な聖職者がたくさんいるのは承知していました。しかしながら、その一方では、人々の本当の生活、世界そのもの、信心に対して、聖職者がきちんとした応対をしていない気がしたのです。その点を、なぜ反省しようとしないのか。一九六〇年代から七〇年代にかけて、私自身はそう思っていました。

そこで、宗教についてより調べるようになったのです。大きく分けて二つの系統を知ろうと思いました。一つは民衆宗教の系統です。私が生まれた岡山県には、黒住教という教派神道系の宗教があります。近代に入ると、出口なおの大本教や中山みきの天理教なども出てきます。これらの民衆宗教はいったい何だったのかを、宗教学とは違って自分自身で知ろうと思いました。日蓮宗系は宮沢賢治にはとても関心を持ちましたが、それ以上あまり入っていません。

私が知りたかったもう一つの系統は、やはりキリスト教です。三十代半ばごろ、上智大学の愛宮(えのみや)ラサール（愛宮真備）神父との出会いがありました。彼は、第一次世界大戦の後に司祭となり、日本にやって来ました。たまたまいろいろな縁でその人のところへ行って坐ったら、仏教のお寺で僧侶たちと出会ったときよりも、格段に納得する感じがあったのです。

そのような体験をしながら、「宗教というのは、抽象的ではなく、人間がじっくりと心身共に実感できるところまでいかないと意味がない。それができない宗教なら、必要ないのではないか」と思うようにもなりました。それと同時に、多くの若者たちが宗教に期待して門を叩くのに、宗教の側ではそうした若者たちが信仰に目覚めるのを全然待ってくれていない。これも問題じゃないかと思い始めました。制度とか儀式とか、決められた宗教の枠とはいったい何なのか。さらに言うなら、そもそも宗教を捉える「宗教学という学問の枠」とはいったい何なのか。そうしたことをずっと考えてきました。

「信と知」の結びつきを考える

黒住　そして出てくるのはキリスト教の中の「教理」と言われるものの歴史、例えば「三位一体とはどういうことなのか」「グノーシスとはどういうことなのか」「天国とか地獄と言われることは何なのか」「人間が神に近づくこととはどういうことか」「罪とは何なのか」といった問いのぶつかり合いの中で、その学問は理性とともに真理と関わろうとするようです。そういう歴史を知り、キリスト教史における教理について、ある程度の方向性を知らなければいけないと思うようになりました。それは信仰のあり方と言えます。

思想史について語るとき、何でもかんでも「○○思想史」と言葉をくっつけてしまいがちですよね。キリスト教なら「キリスト教思想史」などと。でも、その前に、信仰と理性の関係を考えないといけないわけです。信仰や宗教に関わるものと、哲学的・理性的なものに関わるもの、「信と知」にきちんとした結びつきがあるのかどうか。あるいは両者が離れるにしても、どう離れるのか。どう結びつくのか。そのようなことを考える必要があるようです。

ヘーゲルの思想においても、信仰と知性がどう結びつくのか、離れるのかというテーマは重要な問題です。でも、ほとんどのヘーゲリアン(ヘーゲル主義者)は、そうした次元は消してしまう。カンティアン(カント主義者)もそうです。カントは人間について「被造物」という言葉を使っているのに、「人間は被造物ではない」と前提するほうがカント論の主流なのです。そのように、哲学の側で超越や根源を消してしまった部分がある。しかし、そこにじつはきちんと目を向けなければいけないのではないか。そんなことをだんだん思い始めました。

コスモスを思い起こす

黒住　「信仰と学問の間で――それぞれの人生体験から」というテーマについて、少し踏み込んで申し上げます。先ほども触れたとおり、私は岩下壮一という哲学者に注目してきました。カトリックの司祭でもある彼は、戦前の日本で信仰の構造について、かなりうるさく考えた哲学者です。もう片方では、戦時中であっても理性の重要性をすごく強調した人でもあります。全体主義に染まった戦時期の日本が、どれほど理性不在の時期であったのか。あとあと調べると、よくわかります。信だけではおかしくなる。信と知、信仰と理性が人間の中でしっかり結びつく必要がある。岩下壮一の思想を学びながら、そんなふうに改めて思ったのです。

人間の心と意識がどのように位置づけられるのか。あるいは完全にわからないのか。歴史的にどう見るのか。遡ってみると、近代より前には宇宙観があるんですね。もっと狭く言えば、天地観と言ってもいい。例えば、仏教において「森羅万象」と言うときには、いろいろな物事が考えられています。ギリシャ思想でも、万物の根源を探る自然哲学があり、また別の世界が考えられたりもします。まずコスモスがあって、人間が生きている。ところが、近代の人間は、その位置を無視しているようです。

とはいえ、明治半ばから大正期にかけて、東京の大学の中心ならぬ周縁で哲学、古典学、芸術を教えたロシア系ドイツ人のケーベルがいます。カトリックですが、宗教・文化としてのロシア、東方への関心が文化的・宗教的にあって、岩下や九鬼周造などに多くの影響を与えます。東方は気持ちのエネルゲイアを捉え、仏教にも似るようです。二十世紀に入ると、第一次世界大戦のころから、西洋でもそうした問題について改めて考える人が出始めました。主流ではないけれども、例えばマックス・シェーラー（ドイツの哲学者）は『宇宙における人間の地位』という著作を書いています。また、日本でも戦前から教父に関心を持つ人として、プロテスタントで逢坂元吉郎、有賀鐵太郎といった人がいます。

ただ、現実には、宇宙の中の人間の地位など考える余裕すらなく、日々生存競争に明け暮れているのが我々の主な生活でしょう。でも、本当はコスモスという次元を思い起こし、そこから人間が人間性を捉え直さなければいけないのではないか。岩下壮一やケーベル、シェーラーなどの思想に目を向けると、そういう視点が生まれてきます。

宇宙における人間

黒住　岩下壮一は、プロテスタントのエルンスト・トレルチ（ドイツの神学者）を高く評価しています。それから、彼の著作の中で折に触れて出てくるのはパスカルです。パスカルには、宇宙における人間として「人間は一本の葦（あし）にすぎない。自然のうちで最もか弱いもの、しかしそれは考える葦だ……」という言葉があります。デカルト以来、人間主体の傲慢さが発生することを早くから問題視しています。

トレルチには、『キリスト教諸教会および諸教派の社会教説』（一九一一年）があり、古代における教会と世の中との対立が、中世では教会のもとで両者の和合が実現する、という指摘がなされています。岩下はこの考えに同意しています。戦前、あまり主流派ではないけれども、こういう教会的な神学に関わる哲学者もいるのです。

岩下壮一やトレルチのような人物に再注目しながら、今考えるべきテーマをもう一度再発見する、作り直す――こうした作業は今でも意味がある。いや今こそやったほうがいいと思います。そして、昔の日本では、中国の「天人相関説」が受け入れられていました。宇宙における人間の位置はどうなのか。こういう思想が常に前提にありました。この二つが、カトリックでは「自然的秩序と超自然的秩序」と称し、岩下は戦前にそれを主張しています。その時代の人たちの枠組みから見ると、二十世紀以降の人間は単なる戦い、単なる勝ち負けの運動体になってしまった、何かに取り憑かれた悪魔のようにさえ見えるのではないか。そうとも思われます。

民衆宗教としての創価学会

黒住　松岡さんのお話の中で、カール・バルトの神学が出てきました。昭和の前期に、無教会主義とバルト神学がものすごく流行したのですが、そこから逆に転向する若者もいました。これでは自分の魂は救われない。なんとなく心が治まらない。そんな感覚を持つ若者が多かったのだと思います。信仰を個人的な危機と考えるのではなく、信仰者の間である種のグループ、連関がはっきり生まれたほうがいいのではないか。危機の時代、無教会主義のようなベクトルとは逆方向の共同体を考える若者たちが出てきます。

日本の歴史を振り返ると、江戸時代には「講」と言われる組合的なものがありました。近代史において、このような中間集団は、国家との関係の中でだんだん潰されていきます。宗教が持つグループの運動が壊れていって、国家中心的な構造に変わっていく。すると人間の孤独性が、別の形で発生します。

これに対していわゆる民衆宗教、新宗教と言われる創価学会のような宗教団体が生まれると、人々はようやく安心することができました。仏教にしてもキリスト教にしても、多くの主流派の既成教団は、孤独に押し潰されて苦しむ民衆と真摯に向き合おうとしませんでした。宗教団体の責任の取り方として、既存の宗教の「経典解釈だけ」のような態度は非常におかしいと、私は考えます。

4 議論

トレルチの「ゼクテ」類型

佐藤　近代日本のキリスト教を考える上で、岩下壮一を一つの基点にするのは、非常に重要なことだと思います。岩下壮一から吉満義彦の系譜のカトリシズムが、戦時中の日本にどう影響を与えたのか。吉満のオリジナリティとして生み出したカトリック思想というよりも、彼は岩下の中にあったものを発展させていった。ここが、私は非常に大きいと思っています。

また、黒住さんが触れたエルンスト・トレルチは、私にも大きな影響を与えています。なぜ私の中で、創価学会に対する偏見が最初からないのか。それは、学生時代にトレルチを読んで思想的な訓練を受けているからです。同志社大学神学部時代の私は、カール・バルトに共感を持ちました。同志社はアンチバルトの中心地で、バルトに興味を持つというのは、同志社大学では異質なのです。「バルトでは救われない」と考え、日本的キリスト教だとか実存主義的な傾向に向かう人が、同志社においては多数派でした。バルトの勢いが強いのは、むしろ東京神学大学のほうです。

トレルチの一番重要な『社会教説』という本は、残念ながら完訳がまだありません。なぜ残念かと言うと、日本には、カトリック教会やルター派教会、改革派教会といった大きな教会もあれば、絶対に戦争をしないメノナイト教会もある。メノナイト教会では受動的な抵抗権すら認めず、「誰かが攻撃して来たら殺されてしまえ」という教えです。あるいは小児洗礼を認めないバプティスト派もあります。こういう諸派をどう整理していったらいいのか。そのときにトレルチの類型論が役立つのです。

トレルチは「ゼクテ」(Sekte)という類型を作ります。日本語で「セクト」と言うと、新左翼のセクトみたいなイメージですよね。トレルチの言うゼクテは、自分たちの宗教的な綱領を明確に持っていて、そこに人々が集まった結社のことです。そして、大きなカトリック教会とか、伝統あるルター派教会や改革派教会と、この結社は権利的にはまったく対等である。トレルチは、そのように論じてゼクテ類型、セクト類型を確立しました。一種の多元主義的なキリスト教観と言ってよいでしょう。

この考え方を知っていたこともあって、私の中では、創価学会に対する「あれは新宗教じゃないか」といった抵抗感などは全然ありませんでした。「そうではなくて、ドクトリンの内容を見ろ。どういう信仰体系なのか。生き死にの原理があって、本気で人々が集まっているならば、その宗教団体はきちんと受け止めなければいけない。そこには必ず内在的論理がある。それは、我々キリスト教徒が持っている内在的論理と一緒である」と考えたからです。

神学部で創価教育学会について学ぶ

佐藤　先ほど黒住さんが言われていた「プロテスタントの教会を回ってみたら、救いが見つからなかった」という感覚は、私にもよくわかります。それだから、だんだん「宗教渡り鳥」と化す信者がいるのです。ただ、良い牧師は、あまり深く個人の生活の中にコミットメントしません。コミットメントしすぎると、共依存関係になっていきますからね。また、宗教指導者の支配力が変に曲がってしまうと、虐待や男女間の性的関係、同性間の性的虐待が起こりうる。ここは今、カトリック教会で深刻な問題になっています。こういう問題は、むしろ聖職者と信徒の距離が近すぎるところから起きてきます。

良き牧師とは、「ここまで」というところより深くは入り込まない。そこの距離感覚がすごく重要です。だけど、必要なときには手をつっこんできてくれる。このへんの微妙な感覚になると、同志社大学神学部の先生たちは、牧師であり神学者だったから、とても優れていました。どういう人と知り合うか。そこから受ける個人的感化はとても大きいですよね。私は、神学部の優れた人たちから教育を受け、感化を受けてきました。

私がいた時代、同志社大学神学部では、正規の授業の中で戦前の創価教育学会（創価学会の前身）について扱いました。神学部における宗教学の講義です。そこで扱ったのは、日本の戦時下の宗教団体でした。大本、天理ほんみち、ひとのみち教団（現・パーフェクトリバティー教団）、創価教育学会、ホーリネス系の教団です。それらを比較検討していく中で、いかに我々主流派の日本基督教団が戦時体制に迎合し、積極的に支持していたか、ということを確認していきました。「日本基督教団より大東亜共栄圏にある基督教徒に送る書翰」まで出してしまったのは、日本基督教団の中に、ナショナリズムに対する耐性がなかったからに他なりません。

そうした宗教学の授業の中で、幸日出男（ゆきひでお）先生は——京都大学出身で、同志社大学神学部の専任教授でありながら牧師資格を持っていない、珍しい平信徒の先生でした——「創価教育学会の場合は、大本の戦時下の抵抗とは違う」ということを強調していました。大本は当時、特に満州で権力に近寄りすぎた側面がある。権力に近づきすぎて警戒されたがゆえに導き出された大本の弾圧と、信仰の立場から権力を相対化したがゆえに受けた創価教育学会の弾圧とは、質が全然違う。こう論じていました。そのような授業をしっかり受けたことは、私にかなり大きな影響を与えています。ですから、神学部の授業は意外と、その後の人生で役に立っています。

ちなみに、私にはモスクワ国立大学哲学部の科学的無神論学科の講義に参加した経験があります。これは非常におもしろかった。無神論学科なのに、学生はみんな信者ですからね。科学的無神論を研究して無神論の専門家になる。ソ連共産党の活動家になる。あるいは大学の先生になる。そういう口実でないとソ連では宗教の勉強はできなかったから、みんな無神論者を装っていたわけです。この二重構造をソ連末期に知ったのは非常に勉強になりました。ですから、表面上「自分は信者だ」と言ったって、信じていない人間もいれば、表面上「自分は無神論者だ」と言ったって、信仰を持っている人間もいる。私は、そのあたりが皮膚感覚でよくわかります。こうしたことも、私が他の人間と少し違った宗教観、人間観を持つゆえんです。

問われる国家宗教への無反省

黒住　今の日本人はあまり知らないと思いますが、戦前の日本は、一種の国家宗教に抑え込まれた時期でした。異常極まりない観念論的なイデオロギーが、多くの人間を支配していた。国家に対して批判すると、ものすごい勢いで弾圧される。そんな批判を封じる歴史が、ほんの少し前の戦前まであったのです。戦後を見ても、ある程度はあります。我々は、このことをあらゆる角度から反省すべきだと思います。

大正末から昭和前期に、唯物論者が出てきます。マルキストと言われるけれども、唯物論者が出てくる。彼らは、国家批判を無意識のうちに、見えない形でやっていた人たちです。その唯物論者が、捕まった後で出版に携わったりしている。そこに上智大学が相当関係しています。カトリック系統の一部が、唯物論者またマルクス主義に対応する働きをしていました。そのあたりも当時の歴史的文脈の中で見直す必要があろうと、私は思っています。当時の国家の周辺で起きていたことの意味を、改めて知ることが重要です。

ともかく、戦前の国家宗教に対する本当の反省が今もなされていない。この点は、日本の歴史において非常に重大な問題である、と考えられます。

理性と信仰の循環

松岡　信仰と学問について、お二人の先生から、ご自分の体験的なことを含めて、興味深いお話を多くいただきました。

佐藤さんは、じつは祖母が寺院関係者という、仏教にも縁のある家庭に生まれていました。キリスト教徒のお母さまの影響なのか、同志社大学神学部に入ってから自らキリスト教の洗礼を受けたそうです。同志社の神学部の学風は信仰と学問の循環であり、そうした教育を受けたこと、また外交官時代に理屈を超えた情念で政治が動く様子を見てきたことから、「信仰と学問に関して、これまで矛盾を感じたことがない」と語られました。この話を聞いて、私は少し驚きました。外部から見ると、神学部は信仰が優先で、政治の現場は理屈が優位なのかな、といったイメージがあったからです。

「信仰か、理性か」という二者択一は、やはり観念論なのでしょう。現実の人間は信仰的なものと理性的なものとの循環の中で物事を考えている。そのことを再認識した次第です。佐藤さんの中でも、トレルチや幸日出男さんから学んだ経験が信仰を豊かにしてきたことが、お話をうかがっていてよく感じ取れました。理性と信仰の循環の見本が、ここにあると思います。

佐藤さんは、信仰があれば知りたくなり、知れば信仰が深まる、という中世の神学者アンセルムスの「知解を求める信仰」を紹介されました。じつは、創価学会にも、まったく同じような考え方があります。第二代会長の戸田城聖先生の言葉に「信は理を求め、求めたる理は信を深からしむ」というものがあります(創価学会教学部編『教学入門』八四頁)。信仰を熱心にやればやるほど、理屈を知りたくなる。理屈がわかれば、ますます信仰に励むようになる。この弁証法的な関係は、宗教全般に通じる真理と言えるでしょう。

この信仰と理性の弁証法は、まず信仰から出発することが大前提となります。当然のことでしょう。ところが、世俗的な価値観が支配する現代社会に生きていると、ともすれば、この信仰第一が忘れられてしまう。そこで、合理性を基準に信仰を捉える、という本末転倒も起きてきます。これを防ぐには、佐藤さんが学んだ神学部がそうだったように、我々においても信仰と理性の関係を規定する思想原理が確立されていなければならない。お話を聞いていて、そう強く感じました。

それから、黒住さんは、信仰と学問の矛盾について直接言及されませんでしたが、生活という観点から「一部の牧師は、学者として研究しても、信者の生活に関わろうとしない」と指摘されています。「我々は、近代以前に持っていた森羅万象のコスモスの観念を無視している」という趣旨のお話もありました。そうしたところから、信仰と理性の乖離も生じているのでしょう。たしかにそのとおりだと思います。

生活を顧みない宗教の議論は観念論となり、生きた信仰から離れていきます。ですから、創価学会では「実践の教学」を掲げ、どこまでも実生活の勝利のために教義を学ぶことを重視しています。信仰が生活に即してこそ、理性と信仰の循環が可能になるわけです。また、近代人の思考におけるコスモスの喪失は、そのまま信仰の希薄化を意味しています。カントにしてもヘーゲルにしても、キリスト教の信仰を背景に持った哲学者でした。なのに、その後継者たちは信仰的背景を除き去り、もっぱら理論を追いかけた。それによって信仰と知性というテーマも消し去られたのだと、黒住さんは言われました。理性と信仰が循環するためには、信仰者の側で人々の生活に目を向けることとともに、思想家の側ではコスモスの自覚を取り戻すことが重要である。――今回の黒住さんの話から、この貴重な見解を学び取ることができたと思います。

ともかく、我々はもっと信仰と理性の循環、その関係性を現代的観点から考慮する必要がある。お二人の話を聴いていて、その感を深くした次第です。佐藤さんは、プロテスタントですが、だからと言って単純に信仰を優先するわけでもありません。強調点の問題として、佐藤さんは信仰を重視する立場でしょう。しかし、それを踏まえつつ、先ほども「究極以前のもの」を理性的に検討する重要性を語られていました。それはまさに、我々が望む信仰と理性の関係と同じです。

最後になりますが、私はバルトの神学を参考にしたいと言いました。信仰と理性の関係について、バルトの考え方には若干疑問を感じる面があります。ただ、仏教の思想性は、バルトが強調したような超越者の感覚を見失いがちです。仏教は法を求める宗教であり、その法を自己の内に見ます。むろん、法は超越的ですから、いわゆる内在的な超越を説くのです。ところが、内在的な超越では信仰の緊張感が持ちにくく、結局は超越がなくなってしまう傾向にもあります。

元来、法には外在的な超越もあるはずです。そうでなければ、本当の意味で我々が法を師と仰げないでしょう。戸田先生は、法難の中で自己の内にも外にもある仏の生命を悟り、これを宇宙生命と称しました。宇宙生命には外在的な超越があります。そこを起点にして創価学会は垂直的な師弟の関係を強調し、静的なイメージが強い仏教の実践に使命と情熱をもたらしました。こうした面は、一神教、特にキリスト教の信仰と類比的に捉えられます。ですから、バルトのような神学は、一つの参照点として私の胸に響くのです。

5 創学研究所との質疑

創価学会学術部に見る信仰と学問の関係

山岡政紀（創学研究所研究員、創価大学文学部教授）　皆さまのお話を大変興味深く拝聴しておりました。大変勉強になりました。創価学会には「学術部」がありまして、大学教授、研究所や公的機関、企業を含めて研究をしている人たちが、信仰を基盤に据えて各分野での研究活動に取り組んでいます。私自身も創価学会学術部の活動を通じて、いろいろ

なメンバーと出会います。

信仰と学問の対立、葛藤のようなものを一番感じる分野は文科系、特に宗教学や社会学、宗教に近い領域の研究です。そういう分野で研究に携わる学会員は、大なり小なり葛藤を抱えています。学問というのは疑ってかかるからこそ、いろいろな調査や分析ができるものです。反対に、信仰とは最初から信じてかかる。そういうベクトルの向き方の違いが、一番の葛藤の元になるのだと思います。

ただし、創価学会学術部員であっても、理系の研究者は、十七世紀以降の近代科学の枠組みの中にどっぷり浸かっている人たちなんですね。物心二元論的な価値観の中で、心の世界のことはいったん脇に置く。物理であれ化学であれ、純粋に自然科学、世界のありよう、物事のありようを探究する姿勢で臨んでいるわけです。

その彼らの中では、信仰とはまったく外側の問題であって、学問とはバッティングしない。矛盾がない。そういう意味では、私たちが思うほど信仰と学問の葛藤がない。むしろ信仰の部分は、学問の目的になるのです。例えばがんを治療する方法を研究して、それによって人を救うのだという利他的、菩薩的な価値観を持っている。そういうところで信仰と学問の両立を図ってきた。これは「科学と宗教」というテーマに関わる話かもしれません。

信仰と学問とでは、そもそも知のあり方が違うと思うんですね。学問においては分析的に考える。疑ってかかるのは分析知です。それに対して信仰というのは、直観知とでも言いましょうか、知のあり方がまったく違う。あり方が違うからこそ、学問と信仰を両立することができる。理系の学会員は、およそこういった考え方です。

また、もう一つは生命次元の問題、自分自身がなぜ存在しているのかということを深く探究していくと、これは近代科学と学問の研究対象の領域にはまったく入らない。だから、そこに対しては謙虚に信仰に迫っていかなくてはならないという考え方を、理系の人たちは持っています。

学問は深いところで信仰の真理と関わる

山岡　皆さまにおうかがいしたいのは、学問的な探究をより高い次元で統括するような直観知、あるいは総合知、全体を総括していく知性というものをいかにして獲得するか、ということです。私自身は、そこに研究者が信仰を持つことの重要な目的があると思っています。そういうあり方は、皆さまから見ていかがでしょうか。
佐藤　その問題意識は非常によくわかりますし、私自身も共有しています。基本的に、日本の学問は、制度化された帝国大学が新カント派の強い影響の下で確立していったものので、いまだにその影響が残っていると思うんですね。文科系と理科系という分け方などは、まさにそうです。
実験が可能であり、法則定立が可能である自然科学は物心二元論です。ただ、そこで倫理の問題が出てきますよね。がんの研究だったらいいんですけど、生物兵器の研究だったらどうするのか。あるいはゲノム編集だけども、生物兵器としてのゲノム編集の研究をする。そういった研究をすることについて、「いや、この研究は生物兵器に使おうとしているのかもしれないけれども、研究自体は価値中立的である」という立場を取るのか。兵器開発を見てもそうです。今、特に軍事と民間技術の境目が曖昧になっているところで、倫理をどこから持ってくるのか。こういう問題が出てきますよね。

それから人文社会科学——ヴィルヘルム・ディルタイ（ドイツの哲学者）の言葉だと「精神科学」になるんですけど——ここのところは実験ができないから個性を記述しておく。そうすると「モデルによって何でもいいのか。人それぞれですね、という相対主義でいいのか」という問題が出てくる。そして、そこを貫くところの価値観の問題が生じる。

だから、自然科学と人文社会科学、どちらからのアプローチでも、深いところでは信仰の真理の問題が出てくると思うのです。

それから、ちょっと位相を変えますと、本当にやりたいことがあるかどうか。勉強したい、研究したいことがあるのかどうか。そこの根っこにおいても、私は信仰の真理が重要だと思うのです。

私は、ここ十年ほど大学の授業の仕事をお手伝いしています。率直に言って、我々より少し若い世代の研究者を見て感じるのは、勉強嫌い、研究嫌いが多いということです。要するに、大学生のときに「最も偉い仕事が、大学の先生なのだ」と思って研究職を選んでしまった。それだから、特に出身大学に戻った後、まともに論文を書かない。研究をしない。かといって教育をきちんとやっているかというと、そうでもない。こういう人たちがいるのです。

宗教大学ではない創価大学

佐藤　何のために勉強をやるのか。何のために学問をやるのか。何のために官僚になるのか。何のために法曹になるのか。その根っこのところに強い信仰的な動機があってこそ本物だと、私は思います。

創価学会の皆さんを見ていると、「オレはきちんと勤行をしている」とか「オレは信心が強くて」とラッパを鳴らすようなタイプの人は、あまり私の周囲にいません。非常に静かですけれども、その中に絶対に譲れない信心がある。この点は、ロシアとかチェコ、イギリスやイスラエルで私がつきあってきた、きちんとした宗教的信念を持っている知識人や官僚たちに相通じるところです。秘められた形なのですが、どんな生き方をするときにも、強い信仰は強い動機になると思います。ですから、山岡さんがおっしゃっていることは、私には非常にしっくりきます。

さらに言うならば、山岡さんが教えている学生さんたちと創価大学で会ったんですが、あの学生たちは自分の栄達のためとか立身出世のためじゃなくて、社会のために役に立ちたいと思っている。池田先生のお役に立つために、自分に何ができるのかと真剣に考えている。ここのところに、私は強い感銘を受けました。山岡さんが教育を通じて、学生たちに感化を与えているわけですよね。これも非常に重要な信仰の継承だと思います。

宗教大学ではなく、世俗大学である創価大学であるがゆえに、信仰と学問の双方の継承ができている。これがもし、創価学会の信者を養成していく、組織を強化していくことを目的として建てた宗教大学だったら、逆にこういう人間教育はできなかったと思う。宗教大学のほうが、信心の質が形式化して薄くなっちゃうんですね。世俗大学だというところで足かせをハメることによって、信心がより深くなる。こんな弁証法があるんじゃないかと私は思っています。

科学の意味を問い直す

黒住　山岡さんが質問されたことと、佐藤さんが言われたことと関連して私が思うのは、科学というものの位置づけ、意味が全然はっきりしないという問題です。「人文科学、人文科学」と言われるけど、研究成果の評価を受けているか受けていないか、その研究をやることによって自分が一見偉くなるか偉くならないか、そういったおかしな枠組みの中に、さまざまな学問が入れ込まれてしまっているのではないでしょうか。そこを反省し、考え直すことが大事だと思います。

地下鉄サリン事件には、理系出身の信者がたくさん参加していました。それはなぜなのか。ほとんどの宗教団体は「私たちは関係ありません」と言いました。それは本当におかしい不十分なことだと、私には思われます。

松岡さんが博士論文を書いたときの先生だった山脇直司（なおし）さん（星槎大学学長、東京大学名誉教授）は、ドイツのローベルト・シュペーマンという学者の著作を翻訳しています

（『進化論の基盤を問う』『原子力時代の驕り』『幸福と仁愛』）。彼は何を言っているか。「宇宙においで人間は、動物や植物と同様に意味と目的を持って生きているのだ」ということを、しっかりと論じています。宇宙的な目的を持った生き方が成り立つことによって、人間は幸福感や生きる意味を持つのだ、と言うのです。そんなことは動物や植物を見たら当然わかるのですが、現代の人間はそこから外れて、「うまくいくか、いかないか」という運動体になってしまっている。もともと人間が持っている目的性を、少なくとも十六〜十七世紀までの人々は、前提として知っていたと思います。それを今、理系・文系であれ、科学であれ経済学であれ、また人間の生活は見つけ直す必要があるし、見つけ直せれば、物事の見え方が変わってくるはずです。

もう一つだけ言いますと、宗教が持つ、生活に意味を与える働きとは何なのか。例えば、サクラメント（編集部注：カトリック教会では秘蹟＝聖体、洗礼、堅信、品級、婚姻、告解、終油／プロテスタントは聖餐〈＝聖体〉と洗礼を秘蹟とする）があります。洗礼を受けたり、人が亡くなったりするときにもそれぞれの秘蹟があります。人間の生活と関連した基本的な意味づけの形を、宗教は持っている。そのように、はっきりした形で生活に関係づけることによって、ようやく人間の心が収まる、安心するのではないかと思います。

岩下壮一の場合、これを漢文で言うところの「祭祀」だと言っています。祭祀はワーッと騒ぐお祭りだと思っている人が今は多いですけど、もともと人間そのものが持っている政（まつりごと）の意味を再発見する。再構成する。そんなテーマがあるのではないかと思います。

以上、皆さんがおっしゃったことをお聴きして、私が連想したことを述べました。

普遍的な宗教性を基盤とする教育

山岡　佐藤さんには、創価大学の教育について温かい励ましをいただきました。ありがたく思います。創立者池田先生は「英知を磨くは何のため　君よ　それを忘るるな」という建学の指針を、創価大学の学生に贈られています。創価大学は二〇二一年で創立五十周年を迎えます。この五十年間、創価大学はいわゆる宗教教育はまったくやってきませんでした。カリキュラムの中にそういったものはまったく入れてこなかったわけです。それでも学生たちの中に、非常に強い宗教性が根づいています。それは佐藤さんがおっしゃってくださったとおり、学問の目的、黒住さんが言う「意味」に関わってくると思います。「自分たちは何のために学ぶのか」という意味を、日蓮仏法という特定宗派の教義に結びつけては言わないけれど、何か自分自身の存在基盤に関わるものとして、宗教的次元で捉えている。それが若い学生たちの、学問へのエネルギーになっているのではないでしょうか。

そして、それはキリスト教徒やイスラム教徒など、他の世界宗教を信仰する学生とも共有できる普遍的宗教性の次元だと思うのです。その意味では創価大学は創価学会員のみを対象とするのではなく、社会に開かれた教育の府であるとのこれまでの立場を今後も堅持しつつ、普遍的な宗教性を教育の基盤として持ち、その人類的価値を尊重する大学であることを、もっと声高に主張してよいのではないかと思っています。

黒住さんからは、学問の体系についての話がまずありました。私たちが目指している信仰学そのものが、いわゆる近代科学のカテゴリーには入らないものである。主観世界、心の中の世界がある。私は言語学者なので「人称」という言葉をよく使います。信仰学は一人称の世界にアプローチしていく。近代科学は完全に三人称のアプローチだと私は思います。信仰学は、三人称の近代科学とはまったく噛み合わないものである。でも心の中の世界であるはずの宗教を、三人称的に研究しようとしているのが宗教学なのではないか。私はそんなふうに理解しています。

ですから人文科学の中のカテゴリーの見直しも必要だと思いますし、自然科学がこのままずっと三人称的にやっていけばいいのかというと、そうではない。黒住さんが言ってくださったように、人間と宇宙との関わり、あるいは人間と物質との関わり、目の前にある対象物との関わりをもっと主体的、主観的に捉えていく立場、あり方があってもいいのではないか。こういう科学革命もこれから起きていかなければいけないのではないか。創価学会学術部から力のある科学者が出てきて、そういう科学革命をしなくてはいけない。私はそういう励ましとして、黒住さんのお話を捉えました。

（以下次号）

第5章　対談

「仏教哲学と信仰」

東京大学名誉教授
仏教学
末木文美士

創学研究所所長
創価信仰学
松岡幹夫

思想研究者と信仰学者の対話

松岡幹夫　本日は、わざわざ創学研究所までお越しくださり、大変にありがとうございます。日本の仏教学をリードしてこられた末木さんと宗教観、仏教観をじっくり語り合う機会を得て、私もいろいろと学ばせていただくつもりです。

近年の末木さんは、独自の仏教哲学を追究する思想研究者として活躍されています。他方、私は、創価学会の信仰の立場から言論活動を行ってきました。したがって、今回は「仏教哲学と信仰」というテーマを立て、思想研究者である末木さんと信仰学者である私が語り合う場にしたいと考えています。

最初に当研究所について、簡単にご説明します。二〇一九年四月一日、「創価学会の信仰の学」を形成する目的で「創学研究所」という任意団体を立ち上げました。仏教界には真の意味で「神学」と称しうるものがない。このことを憂慮し、創価学会研究の立場から一つの仏教神学と呼べるものを作っていきたいと思っています。

これまでの私は、創価学会の信仰を持ちながらも、外部の人たちとは客観的な学者の立場で接していました。簡単に言うと、「信仰は信仰」「学問は学問」と立て分ける態度です。けれども、そのような股裂きの状態では、本当の信仰も本当の学問もできないのではないか。以前から、そう感じていました。信仰に対しても、学問に対しても、厳しく言えば欺瞞的になっていたのではないか。そのように反省しています。

したがって、今回は、創学研究所の信仰学者——これはキリスト教における神学者のようなものです——として、末木さんと率直な対話をしたいと望んでいます。私は、創価学会の信仰学の立場から「日蓮大聖人」「池田先生」というように話しますが、末木さんは思想研究者として、普通の学問的な言葉遣いでけっこうです。そうした意味で、今回の対談を「思想研究者と信仰学者の対話」と意義づけました。

末木文美士　正直に言いますと、今回、ここに来るにあたって、「創価学会の提灯持ちをやっている」みたいなことになったら困るというためらいがあったのも事実です。その点ははっきりさせて、対峙したいと思います。

松岡　どうか、ご自由にご意見をおっしゃってください。双方の違いをはっきりさせることも、非常に有意義なことと思っています。
末木　はい。そのへんを踏まえた上で、お話ししていきたいと思います。この研究所は、お話をうかがう限りだと、松岡さんの個人的な研究所ですね。ただ、個人的とは言っても、松岡さんの立場上、創価学会と無関係というわけではないでしょう。
松岡　もちろん、無関係というわけではないです。
末木　また、先ほどうかがったところでは、信仰の立場をはっきりさせた上で話し合いたい、とのことでした。そうであれば、なおさら創価学会のあり方という点を抜きにしては語り合えないですね。
松岡　おっしゃるとおりです。
末木　今日はそのへんのお話をうかがって、私の意見も少し申し上げる、ということから始めましょうか。それから、仏教の教義や創価学会の教学の話にも移っていって、最後は創価学会が現代社会の中で直面してきた問題に話を持っていければと考えています。
松岡　はい、そういう流れでけっこうです。

離脱僧侶という立場

末木　最初に、松岡さんが独立して活動される、こういう研究をされるのは非常に素晴らしいことです。信仰的な立場をはっきりさせるという点も、非常に良いことだと思います。が、その場合、一面では、どうしても松岡さんのおっしゃることが、ある意味では創価学会の活動と重なって見えてしまう。直接的に、創価学会の活動が反映しているという意味ではありませんが。たぶん、立場上、創価学会がどうあるべきか、ということは、考えていらっしゃると思います。

松岡　ええ、もちろん考えています。

末木　将来的に、そうした考えが創価学会の運動に反映していくこともあり得るでしょう。だから今、何かおっしゃることは、創価学会を代表するわけではないけれども、学会の一動向としては捉えられると思うのです。

松岡　そうですか。

末木　外から見れば、創価学会そのものの動向として映る面があると思うのです。

松岡　逆に内側から言いますが（笑）、私のように宗門（日蓮正宗）を離脱した僧侶というのは、創価学会の方々と信仰を同じくしていますが、半面、形式上は創価学会員ではないのです。

末木　ああ、そうなんですか。学会員ではないのですか。

松岡　はい、学会員としての籍はないのです。

末木　なるほど。

松岡　創価学会から見ると、やはり外なのです。よく「実際は一緒じゃないか」と言われますが、私の発言は、あくまで学会の外の一個人が言っていることと思ってください。むろん、学会員と同じ立場で物を言っていると、そういう面はたしかにあります。

末木　そういうことになりますね。

松岡　二〇一九年三月十二日に、創学研究所の開所式を行いました。そのとき、学会幹部の方々が大勢来て、祝辞を述べてくださいました。そこでも、あくまで松岡個人の研究を行う場所という認識でした。ですから、私の言論の責任はすべて私自身にあると、そのように考えています。

末木　それはわかりました。

伝統宗教とのつながり

松岡　創価学会が信仰の教義について自由に議論するようになったのは、日蓮正宗の宗門と分かれてから、すなわち一九九〇年代以降のことです。それまでは、教義的な裁定権が全部宗門にあり、自由な言論が許されませんでした。

なぜ学会と宗門が分かれたのかと言えば、学会は在家教団でありながら、主体的に教義の展開や布教を行っている。僧侶顔負けの教学家もいるし、布教となれば僧侶が指導する在家講とは比べものにならないほど大きな成果を出す。そんなことが宗門の僧侶には、かなりおもしろくなかったわけです。それで、先代法主の阿部日顕氏が、あれこれ理由をつけて学会を異端視し、一方的に「破門」を決めてしまった。

だが、それによって学会は、教義を自分たちで決められるようになりました。学会が世界中に広がっている中で、これはプラスに作用したと思います。まず「大石寺に参詣しないと成仏できない」という宗門の聖地主義から自由になり、普遍的な信仰を確立できました。また、創価学会員が朝晩行う読経の儀式（勤行）も、宗門時代と比べて大幅に簡略化され、より外国人が実践しやすい形式となりました。

ところで、「創価学会は、いまや世界宗教である」と私が言うと、「そこまで増えていないのではないか」と反論する人もいます。たしかに、数の上では、まだ世界宗教と言いがたい面もあるでしょう。けれども、創価学会の場合は、その広がり方が世界宗教的です。

創価学会以外にも、日本の多くの新宗教が世界に進出しています。が、だいたいが日系人のコミュニティの中で布教している。伝統教団も、日系人の菩提寺になったりしている。あるいは、禅宗が典型ですが、現地人の間に入り込めたとしても、主に富裕層や知識階層の関心をひくにとどまっている。座禅が海外で流行しているといっても、いまだに庶民の日常生活とは無縁でしょう。

創価学会は、明らかにそれらと違っています。世界各国で、市民の生活にとけ込んだ形で広がっています。アメリカでも、ヨーロッパでも、アフリカでも、東南アジアでも、どこに行っても、現地の学会員が、自分たちの生活を向上させ、社会を良くするために主体的に日蓮仏法を学び、実践している。そのように、日本発の宗教としては、創価学会だけが各国で「生活化」を成し遂げています。私は、ここに創価学会の世界宗教性を見ています。

するとと、今度は世界宗教に見合う教義をどう構築するか、という課題が出てくるわけですが、この課題を解決するには、まず伝統的な教義解釈から自由にならないといけません。この自由は、はからずも宗門が仕掛けた「破門」事件によって、学会にもたらされました。今振り返ると、創価学会は、宗門事件を通じて世界宗教に飛躍するチャンスを得た、とさえ言えるでしょう。実際、学会は二〇一四年十一月に会則を改正し、その中で独自の教義を形成することを宣言しました。

末木　おっしゃるように、創価学会が日蓮正宗から分かれたことは、画期的と言いますか、非常に大きな変化だったと思っています。私のように外部から見ていると、正宗と分かれたことで、伝統仏教とのつながりはどうなるのか、という点は気になりますね。

松岡　そうですか。

末木　正宗との関係が切れて、正宗の意向に縛られなくなった。そういう面では、学会はたしかに自由になれたのでしょう。ただ、それと同時に、失ったものもあるのではないか。というのも、かつての学会は、正宗の信徒組織という面で、伝統仏教につながるという保証を得られていたわけです。儀礼の面でも、教義の面でも、伝統仏教とつながっていた。その中で、新たに作っていくことができる面と、それが難しい面とがあるように思います。

例えば、信仰対象である日蓮の曼荼羅一つ取っても、正宗とつながっているという点に、ある種の存在価値と言いますか、「まったくの新宗教じゃないんだ」という伝統仏教の重みを感じさせていたわけです。ところが、正宗との関係が切れると、少なくとも形の上では、伝統仏教から切れてしまうことになりますよね。

松岡　はい、そうですね。

末木　形式的に言えば、もう新宗教の組織ということになってしまいます。

松岡　形式的にはそうでしょう。しかし、内実はどうでしょうか。日蓮正宗は日蓮の直弟子・日興上人の系統ですが、創価学会は日興門流の正統という自覚を持っています。ですから、むしろ伝統仏教の改革もしくは革新という面があると思います。

末木　いずれにしても、学会が今まで持っていた伝統性をどうするのか、という問題は残るでしょう。葬儀にしても、先ほど述べた曼荼羅の件にしても、今どうなっているのかは存じませんが、伝統性の問題が問われてくると思います。学会が長期的に、本当に新宗教としてやっていくのか、それならば、牧口会長から始まる三代、特に池田大作第三代会長を中心とする一種の階層的な権威を持つことになりますね。そういう教団としてやっていくのか、そのあたりはけっこう難しいところではないかと思うのです。

松岡　そうですね。ただし、創価学会員は、ずっと池田先生を師匠として日蓮仏法を学び、信仰を実践してきました。これは、もう日蓮正宗と分かれる前からそうです。

末木　そういう面はあったかと思います。

松岡　もっとも、宗門事件の前は、信仰の究極の権威が宗門の側にあったので、宗門の方針を尊重しながら社会的な問題に対処していくと。そういう形だったのですが、宗門と分かれた今では、当然、一切の基準が池田先生ということになってきます。

末木　そうなりますね。

松岡　今までは池田先生が持つ人間的な力というか、そういうものが問題解決の原動力になってきたように思います。池田先生が一々の事柄について、個別具体的に智慧を使って状況判断をし、それに基づいて教団が問題解決を図っていく。政治にせよ、社会的な問題にせよ、そうして切り抜けてきた面がありました。

けれども今は、池田先生が第一線を退いた状況です。そうなると、教団全体として意思決定していくわけですが、それにはやはりルールというか、理論体系が必要になってくると思うのです。つまり、創価学会としての社会思想です。

信仰上の事実からの出発

末木　創価学会の社会思想については、理論的な問題として、後でいろいろ松岡さんのお考えもうかがいたいと思います。その前に、現状を把握しましょう。外から見てきて思うのは、学会は、社会と軋轢を生じた時期もありましたが、それだけ非常に大きく伸びた、大躍進したと言えます。

それが今、安定期というか、昔ほどは多くの入会者がない状況になっています。若い人なども、もともと家族が学会員だったとか、そういう人が多いような気がします。ただ、その一方で、世界的に見ると、先ほども話に出ましたが、学会はそれなりの広がりを持ってきている。そういう中で、新旧の教義のあり方というか、バランスの取り方という問題が起きてくる。

松岡　そうですね。

末木　私は思うのですが、あえて言えば、「池田教」のようになってきたのではないかと。もちろん、どうこう言うべき問題ではないのですが、私のように外部から見ていると、いささか抵抗を感じるところもあるのです。

松岡　部外者の方の気持ちとして、私も理解できます。

末木　私はわりと伝統主義者ですから、学会が正宗という伝統教団とつながっていたことが、ある意味では、学会という仏教教団の価値を保証していたのではないかと考えていました。ところが、学会は正宗から離れ、いまやまったく独立した教団になった。伝統性という面が、いったいどうなっていくのか。つまり、もともと創価学会は伝統仏教という面と新宗教という面と、両面を持っていたのが、純粋な新宗教になってしまいます。

松岡　なるほど。

末木　一つの方向として、わからないわけではないのです。けれども、私としては、すんなりとは受け入れられません。

松岡　末木さんに限らず、そういう心配をされる外部の方はいますね。「創価学会会憲」に明記されていますが、現在の創価学会は、初代から三代までの歴代会長、なかんずく第三代の池田先生を信仰の中心に置いています。もし、このあり方が、伝統宗教と一緒だった時代の信仰を全部切り捨てて、まったく一から作り直すものであれば、たしかに危惧を抱かれても仕方ないでしょう。でも……。

末木　それは違うんですね。

松岡　ええ、私は違うと見ています。伝統的なものとのつながりは、決してなくなっていません。少なくとも、現場の学会員さんの素朴な認識としては、そうだと思います。拝んでいる御本尊は大石寺の日寛上人が書写したものだし、朝晩の勤行の形式も昔よりシンプルになりましたが、基本的に変わっていません。日蓮大聖人の「御書」の解釈も、ほぼ同じです。

では、何が変わったかと言えば、要するに物の見方が変わったのです。以前の創価学会は、建前として日蓮正宗の仏教解釈を基準にしていました。今は池田先生の仏教解釈が、一切の基準になっています。

適切な譬えかどうかわかりませんが、これは頭の中で「眼鏡」をかけるようなものです。頭の中で池田先生という「眼鏡」をかけながら、釈尊の仏教を見る、日蓮大聖人の仏法を見る、正宗の教学を見る、また現代社会を見ていく。そのようにして、過去からの伝統性を捨て去るのでなく、むしろ新たな目で再生させていく、現代に生かしていく。これが今日の創価学会の信仰のあり方ではないかと、私自身は考えています。

そして、これは私個人の考えというよりも、創価学会員の「信仰上の事実」に他ならないだろうと思っています。ほとんどの学会員は、池田先生の指導を通じて日蓮大聖人の存在を知っています。歴史上の人物として日蓮を見出し、その思想を客観的に学んで「すごいな」と思い、そこから信仰に入った、という学会員は、ほとんどいないでしょう。学会員が信じているのは、あくまで池田先生を通して知った日蓮大聖人なのです。そういう信仰上の事実がある以上、池田先生という「眼鏡」で仏教を見ていくのが、むしろ本来の創価学会の教学ではないかと思うわけです。

末木　一応、その点はわかりました。が、やはりそれでは、「池田教」ということになるのではないかと思います。さらに今後、もう少し世代が変わったときにどうなるかな、とも思います。池田名誉会長には、たしかに個人的なカリスマというものがあった。これまでの学会は、その魅力で守られてきた面が強かったでしょう。

松岡　池田先生に大変な吸引力がある点は否定できません。ただ、池田教というより、我々は師匠として池田先生を実践のかがみとしています。ご存じのとおり、仏道修行は師弟の契（ちぎ）りから始まります。伝統的な仏教では寺院内部の師弟が基本ですが、創価学会ではそれが社会的・世界的な規模に広がっています。そして、釈尊の精神を継承しながら、日蓮大聖人の教えを実践しています。池田先生が教義を作ったわけではありません。ですから、池田先生を通じて仏法を見ること自体は「師弟の道」を歩むということであって、仏教の正統な実践のあり方ではないかと考えています。

頭の中の「眼鏡」

松岡　現代の私たちは、「世俗化」と「近代化」を経験している。だから、絶対的な信仰を押しつけられても、そのままでは受け入れられない。自分たちの信仰に閉じこもって、何ら懐疑を差し挟まない。そのような仏教者とは、もはや対話ができない。末木さんは、本の中でそう書かれていましたね。私も同感です。

私自身、懐疑なき信仰を主張するつもりなどまったくありません。ある意味で、皆、それぞれに頭の中で違った「眼鏡」をかけて物を見ているように思います。カントの認識論は、いかなる「眼鏡」にも共通する基礎的なものを悟性の先験的カテゴリーとして分類しました。が、その上で、各人の「眼鏡」によって違う面もあります。

例えば、ある人は「科学」という「眼鏡」をかけて世界を見ている。ある人は「無神論」という「眼鏡」、ある人は「ナショナリズム」という「眼鏡」をかけて何かの判断を行っている。もっと俗っぽく言えば、今は「拝金主義」や「出世主義」の「眼鏡」をかけ、競争社会を必死で生きている人が多いでしょう。

要するに、人は皆、何らかの拠り所を持って生きているわけで、私たちの場合はそれが池田先生の思想であるにすぎないのです。これは、左翼系の学者がマルキシズムを拠り所にしているのと質的に大差ありません。

ですから、私が言いたいのは、まず自分がかけている「眼鏡」をしっかり認識すべきだということ、そして、自分の目に映っている光景について、果たしてその見え方でいいかを懐疑するのは人として当然の話だということです。ただ、信仰者にとっての懐疑は、あくまで信じるための懐疑です。そこは、疑いから始める学問人の懐疑とベクトルが逆になります。

と言っても、懐疑は懐疑ですから、究極的には「どうして私は、この信仰という『眼鏡』をかけなければならないのか」というところまで懐疑がいくと思います。

末木　「眼鏡」の度が合うかどうかもわからないし。

松岡　そうとも言えますかね。私の譬え方が変だったのかもしれませんが、我々の信念から言うと、日蓮仏法こそが、どんな「眼鏡」をも最高にする、オーバーサングラスのような、眼鏡の上にかける「眼鏡」と言うか、そのようなものになります。だんだん、譬えがややこしくなりますが(笑)。カント哲学がさまざまな「眼鏡」の基礎的な共通性を示したとすれば、日蓮仏法はあらゆる「眼鏡」の究極的な共通性を明かしたものだと信じています。

外部の人には独善的に聞こえるでしょう。けれども、信仰とはそういうものではないでしょうか。キリスト教の人も、イエスの教えこそ全人類を救う最高の「眼鏡」だと信じているわけですから。

末木　そうですね。もちろん、そういう信仰者としての立場を、私も尊重したいと思っています。ただ、伝統宗教は、近代以前に遡る長い歴史の中で、試行錯誤を繰り返して鍛えられてきたという面があります。それは、新宗教が決して及ばない点です。新宗教には伝統宗教にないエネルギーがありますが、それだけに底が浅いというか、危険も大きいのではないでしょうか。そのことも頭に入れておいていただきたいと思います。

松岡　はい。世界的な伝統宗教の強さは、創始者が偉大である点と、長い歴史の中で変質したり問題が生じたりしたときに創始者の原点に回帰する改革を繰り返してきた点にあると思っています。その意味で、創価学会の歴史はまだ浅いですが、我々が常に原点に回帰し続ける、つまり三代会長の精神を忘れない限り、少なくとも危険な逸脱に陥ることはないと確信しています。もちろん、歴史的経験の浅さからくる試行錯誤は避けられないでしょうが。

「縁起」の解釈をめぐって

末木　ここで、仏教の教義をテーマに論じ合いたいと思います。仏教の教えは、「縁起」「空」「中道」が基本である。一般的には、そう言われていますね。
松岡　そうですね。
末木　ある意味では、そのとおりなのですが、だいたいそこで終わってしまっている。私は、その点に不満を感じています。内実は何なのかを真剣に考えずに、とかく口先だけで縁起とか空とか、中道とかを説いている。そんな人が多い気がする。
松岡　縁起とか空の思想を、現代の社会にあてはめて論じている人は少ないですね。そういう意味ですか。
末木　いや、仏教の教えが現代社会に展開されていないという問題もありますが、それ以前に、個人の信仰や生き方、つまり自分の問題として深化されていない感じがします。結局、理論的に詰め切れていないからじゃないかと思います。仏教の教義には理論的に未解決なところが、少なからずあります。
松岡　現代的な観点から言うと、それはあると思います。
末木　例えば、縁起という教えが、いったい世界観として何を意味するのか、とか。
松岡　理論的にしっかり説明するのは、かなり難しいことですね。
末木　まあ、どのレベルまで説明するかによりますけれども。私が思うに、縁起というのは「業（ごう）」や「輪廻」の教えと密接に関係しています。業と輪廻は、縁起によってつながり、一緒になっているわけです。近代的解釈はそのことを無視しがちです。

松岡　近代の合理主義的思考は、何でも二項対立的に区別してしまいますからね。そもそも初期の十二支縁起の説も、業と輪廻が前提になっています。今、縁起のお話が出ましたので、一つ質問してもいいでしょうか。

末木　はい、どうぞ。

松岡　お聞きしたいのは、縁起の解釈についてです。日蓮正宗と一緒だったころの創価学会では、宗門という伝統教団の縁起解釈が基本にありました。それが独立した教団となって、仏教の基本的な教理、とりわけ縁起とは何かを、自分たちで考えなければいけなくなった。

末木　うん。それで、どういうふうにしたんですか。

松岡　結局、いろいろな仏教学者の意見を参考にするんですけど。

末木　はい。

松岡　仏教学者の中で、縁起を三つの意味で解釈する人がいますよね。つまり、縁起について、一つは「時間的因果関係」とする、もう一つは「論理的相関関係」とする、さらには「空間的相互依存関係」とする、この三つの解釈を立てるのです。時間的因果関係の説は「此縁性（しえんしょう）の縁起」と言われていますが、時間的な因果関係を縁起とする見方です。原始仏教や部派仏教の縁起解釈は、この点を強調します。論理的相関関係の説は「相依性（そうえしょう）の縁起」と呼ばれ、時間的な順序にこだわらずに論理的な相関関係を縁起とする見方です。龍樹の『中論』はこれですね。そして、論理的相関関係の説から空間的相互依存関係の説が出てくる。これは、縁起を空間的な相互依存関係と捉えるもので、大乗仏教の華厳教学などに説かれるとされます。一般論としては、こんな感じでしょうか。

末木　そうですね。研究史的には、もっと具体的な説明が必要でしょうが。

松岡　はい。時間の関係上、そこは省略させていただきますが、創価学会の縁起解釈では、日蓮仏法に基づき、空間的相互依存関係としての縁起解釈を重視しています。学会では、日蓮仏法の基盤にある天台教学、例えば妙楽湛然（たんねん）の「十不二門（じっぷにもん）」の中にある「依正不二（えしょうふに）」などに注目し、現代の行きすぎた個人主義や環境破壊の問題等に対して、万物の相互依存関係を説く仏教の縁起の意義を論じたりしてきました。池田先生は、人類の恒久平和を願って毎年一月に「SGI提言」を発表しますが、その中にも相互依存としての縁起解釈が見受けられます。

　ところが、日蓮正宗と訣別し、自由に教義を解釈できるようになると、まずは縁起の意味も学問的に捉え直そうという動きが出てきた。そこでは、第一に仏教学の見解が採用されます。現代の仏教学は文献学が主流です。文献学的には、やはり初期仏教の縁起解釈、すなわち時間的因果関係の説が正しく、のちの大乗仏教の時代に出てきた空間的相互依存関係の説は本来の仏教の縁起思想ではない、といった見方になってくる。

末木　初期仏教において、縁起思想の形成を考えると、そうなるのですね。

松岡　相互依存の縁起などは、釈尊の時代から何百年も経って、大乗仏教が成立してから言い出したものだから、仏教本来の縁起ではない。学会員でも、仏教学を専門的に学んだ場合には、こう考える傾向が強まります。
　私自身は、信仰の学を追求していますから、文献学的な見解を絶対視しません。もちろん、無視もしませんが、文献学や歴史学はあくまで信仰の証明のために活用すべきだと思っています。キリスト教の神学にも、似たような考え方があります。それは、文献学や歴史学を神学の補助学とするものです。例えば、K・バルトはこう言っています。

「聖書の歴史批判的研究法は、それなりに正当である。むしろ聖書の理解のために、欠くことのできない準備段階を示している。だが、もしわたしがこの方法と、古めかしい霊感説とのどちらかを選ばなければならないとすれば、わたしは断然後者を取るだろう」(『ローマ書講解（上）』一三頁)

　同じように、私も文献学の批判的研究の意義は認めますが、信仰者としては信仰の真理のほうが根本です。我々が用いる文献学は、創価の信仰を何らかの意味で証明するためのものでなくてはならないと考えています。
末木　なるほど。この議論を行うには、まず近代の文献学の位置づけを論じる必要がありますけどね。もっとも、大雑把に言ってしまえば、大乗非仏説の立場に立つのでなければ、大乗仏教の理論として成り立つものは、それはそれで認めて構わないのではないかと思います。

縁起とは関係である

松岡　ともかく、縁起の思想性を深く考え直す作業がまだ十分ではないように、私には思えるのです。そもそも初期仏教の縁起が時間的な因果だからといって、そこに相互依存の思想がないと言い切れるのでしょうか。『中論』にも説かれるように、原因と結果は本質的に相互依存関係にあるはずです。ただ、その因果の相依性を、ブッダが苦しみの消滅という目的をもって説明したときに、「四諦」や「十二因縁」など個人の時間的因果を説く教えになったと言えなくもないわけです。

そんなことを考えているうちに、もともとは仏教の文献学を専門にされていた末木さんが著書の中で「縁起は関係である」と明言されていることを知り、大変に興味深く読ませてもらいました。少し紹介しますと、「関係とは、初期仏教以来の用語で言えば『縁起』であり、存在の優位性を否定する『縁起』＝関係の立場が『空』とされるのである」（『死者と菩薩の倫理学』一三二頁）、「縁起は、もともとは輪廻の世界の苦を説明し、そこからの離脱の方法を説明する原理であったが、次第に一切のものの相互関係を意味するようになり、中国華厳哲学においては、万物が相互に融通無礙（むげ）に関係しあう事事無礙の世界こそ、この世界の真実のあり方であると考えられるようになった。このような縁起の考え方は、無我＝無実体の理論と一体のものである」（同前、一九五頁）と書いておられます。

縁起は関係と言われる、この「関係」とは、時間的な因果関係にとどまらず、空間的な相互依存関係をも指すはずです。だから、末木さんも環境問題を論ずる際に、縁起の話をよく持ち出されている。また、縁起と空、あるいは初期仏教の無我と華厳哲学の空間的縁起が一体だとも述べられています。これは要するに、初期仏教と大乗仏教を理論的に区別しない考え方だろうとお見受けしました。

以上は、私の個人的な感想にすぎませんが、長らく日本の仏教学界の中心におられる末木さんが縁起をどう解釈されているのか、お話しいただけませんか。

末木　私が仏教学の中心にいるわけではないですよ。

松岡　お話をお願いします（笑）。

末木　はい。空間的な相互関係の縁起が正面から出てくるのは、中国の華厳思想からです。初期仏教の十二因縁の縁起などは、たしかに時間的な原因と結果の関係です。それで、先ほど話に出たように、それを論理的関係と解釈すべきだという説もあったのですが、恐らく完全に純粋な論理性の縁起は無理だろうと思うのです。時間的な因果関係と見るのがたぶん一番素直な見方でしょう。ただ、その中には論理的な必然性も含まれるし、また空間的な相互関係に展開する契機があってもおかしくない。だから、大乗仏教になると、それが正面に出てくる。

松岡　深い洞察と思います。文献学的に研究すれば、初期仏教の縁起は時間的な因果関係を説くということになるのでしょう。が、しかし、それを説いた釈尊の真意を考えたとき、縁起説の根本のところに空間的な関係がまったく含意されていなかった、とまで言い切れるでしょうか。

末木　うーん、私もそこは、はっきりとはわからないですね。そういう問題意識を持って、きちんと調べていないので。ただ、批判仏教などは、時間的解釈を正統のものとして理解しますね。

松岡　ただ、これは徹底的に調べてはっきりさせるものでもないように思うんですね。現代哲学で言えば、解釈学的な問題になります。ガダマーという二十世紀の哲学者がいますが、彼の解釈学によれば、我々の理性は、常にすでに、歴史の制約を受けて偏っている。だから、テクストの唯一正しい解釈などは存在しない、我々は自らの主観性を認めてテクストと対話し続けるしかない、と考えます。初期仏教のテクストの解釈においても、こうした見方は必要でしょう。現在の仏教学上の定説も、主に西洋近代という歴史性を帯びた一つの解釈であって、それが唯一正しい見解ではないのですから。

そうした前提に立って言えば、先ほど末木さんが話されたことも、一つの解釈の可能性を示すものと思います。近代的思考の特徴は二項対立で、シンプルな答えを好む傾向があります。そこでは、縁起が時間性なら時間性と断定しがちになる。しかし、ポストモダン的な思考になると複眼的な見方が出てくる。そうした観点からは、末木さんの縁起解釈はポストモダン的と言うか、新たな歴史性を帯びた見解にも思えます。すなわち、初期仏教のテクストに論理的な相互関係説があるのならば、時間性だけでなく空間性の縁起も入っているという解釈です。

末木　そのあたりは、何とも言いがたいのですが。「関係」ということの意味は何か、また時間・空間という限定は成り立つか、そうしたところから考え直すべき問題かと思います。

松岡　末木さんが『死者と菩薩の倫理学』の中で、大乗の空間的な縁起と初期仏教の無我が理論的に一体である、と主張されたことについて、私も同意します。原始仏典において、時間的な縁起も、無我の教えも、共にブッダの直説です。ならば、両者の整合性を考えるのが、むしろ自然ではないでしょうか。

末木　理論的に考えれば、そうなると思います。ただ、繰り返しになりますが、無理に初期仏教に戻して大乗の縁起を考える必要もないのかなと。初期仏教には、空間的な縁起が萌芽的にあり得ます。しかし、だからといって、大乗の縁起をわざわざ原始仏教のテクストに引き戻して、文献学的に正当化しなくてもいいと思うんですよ。

松岡　何かにつけて、原始仏教のテクストにこだわることもないわけですね。

末木　別にいいんですよ、「我々が依って立つのは大乗仏教です」と言えば。「私は大乗仏教の縁起の捉え方に立ちます」でいいと思います。

松岡　原始仏教が最もオリジナルに近いから、そこにしか本当の仏教はない。そう考える研究者は、一種のオリジナル主義に陥っているように見えます。この、原始仏教を真正とする姿勢が、長年、仏教学の世界で幅を利かせた背景の一つとして、十九世紀のヨーロッパの仏教研究者が主にプロテスタントから見たキリスト教史とのアナロジーで仏教史を理解しようとした、ということがあります。そこでは、原始キリスト教がグノーシス主義やローマカトリック迷信を取り込んで変質したのと同じように、普遍的な原始仏教も伝播した諸地域の民族性の影響を受けて特殊な形態に変容したのだ、といった議論がなされています。原始仏教を真の仏教とする仏教学者のオリジナル主義は、そこに始まった感が否めません。西欧近代で生まれた宗教学、仏教学という学問が、プロテスタント的な思考の影響を色濃く残しているのは容易に想像できます。しかしながら、仏教の場合は無立場を強調するなど、非常に柔軟で多面的な教えですから、そうしたプロテスタント的なアナロジーだけで捉え切れないのではないでしょうか。

末木　ええ、そうです。もし、オリジナルに近いから原始仏教だけが正しい、と言い出したら、じゃあ、『法華経』は原始仏教じゃないからダメだ、となっちゃいますよ。

松岡　そうなりますよね。

末木　だから、大乗仏教の立場に立つ以上、大乗仏教として縁起を捉えればいいわけです。ただ、だからと言って、初期仏教から部派へとつながる流れを無視していいわけではありません。縁起にしても、それを時間性として捉えるということは、業や輪廻という問題が必然的に絡んできます。このことは、のちほど問題になるかと思いますが、縁起を合理的な論理関係として捉えると、その重要な問題が欠け落ちることになります。もっとも、厳密に言えば、釈尊時代にはまだ業や輪廻の思想は確立していなかったとも言われます。

松岡　縁起に業や輪廻を絡めて考えるのは、いわば実存的な問題意識ですね。では、末木さんが「縁起とは関係である」と言われるのは、大乗仏教の立場でおっしゃっているのですか。それとも、仏教全般にわたってそうだ、という意味でしょうか。

末木　そうですね、その二つは、それほどはっきりとは分けられないと思います。あえて言えば、「縁起とは関係である」という言い方、それ自体が大乗仏教の立場から仏教全般を解釈し直した言い方と言えるかもしれません。

松岡　解釈のし直しですか。それは大事な視点ですね。プロテスタントが聖書をルター的に解釈するように、我々は初期仏典を大乗的に解釈するのだと。

末木　文献的に厳密にどうかと問われると、私もはっきりとは言えません。先ほど示された三つの縁起理解が、どこから、どういう形で出てきているのか。私も詳細を専門的に検討したわけではないです。ただ、すごく大雑把に捉えるならば、縁起は関係性と捉えてもいいのではないかということです。

要するに、こういうことです。実体化され、個別化されたものを前提として、その個と個とがお互いに関係を結ぶということではない。個の位置は、相互関係の中で初めて定まってくる。これが仏教の基本的な世界観でしょう。それが、無我であり、空ということです。だから、広い意味で言えば、仏教は関係性の思想だと言えます。その観点から言えば、縁起も関係性というところに重点を置いて理解してもいいのではないか、そう思うのです。

松岡　そうなると、自然環境と人間の関係を論じる上でも、縁起を適用できるわけですね。
末木　ええ、できると思います。
松岡　広い意味で、縁起は関係性であると。だから、自然と人間の関係のように、空間的な関係として縁起を論じてもよいと。こういうことですね。
末木　はい、仏教の縁起は、そのように、応用のきく形で捉えるべきだと思います。今日の我々が仏教を理解しようとする場合、文献でどう言われているかを厳密に調べることも非常に重要です。それを無視してはいけません。しかしながら、そうして得たものを現実の問題にどう応用できるのかも考えなければいけない。そのときに、もともとの仏教はこうだからそれに従わないといけない、というわけでもないはずです。仏教思想をどう応用できるのか、どのような応用的な解釈が可能か、そのような観点も重要です。つまり、原則から外れない形で、ある程度の許容範囲は当然あると思うのです。
松岡　なるほど。
末木　仏教思想を応用的に、どう解釈し直せるかを、もっと考えるべきだろう。私は常々そう思ってきました。
松岡　ただ、文献学的な見解を重視する人からすれば、「自然と人間の関係も縁起だ」などと言うと、それはもう本来の仏教ではない、となるでしょうね。
末木　そういうときは、「原始仏教でなく大乗仏教の立場から言っているのです」と説明すればいいでしょう。大乗仏教には三種世間とか唯識の理論があって、自然と人間は常にセットとして捉えられていますから。そしてついでに、「じゃあ、あなたの言う仏教って何ですか」とも問い返せばいいでしょう。

松岡　そうなんですか（笑）。

末木　自分の立場、大乗仏教の立場で仏教を考えることは、何もおかしい話ではないことです。

松岡　一般論として言えば、仏教の理解に唯一の正解などないですしね。

末木　どんな人であれ、自分の立場で仏教を語っているわけです。自分の立場で仏教を考えるのは、決しておかしいことではありません。

松岡　ある人が原始仏典に基づいて「縁起とはこうだ」と主張しても、それだけが正しいとは言えないということですね。

末木　はい。厳密に言うなら、例えば、浄土真宗の教えは原始仏教をちゃんと受け継いでいるのか。やはりそうではないでしょう。

松岡　違いますね。

末木　じゃあ、原始仏教のとおりの仏教などあるのか。東南アジアの仏教だって、厳密に言えば違います。原始仏教しか認めないのなら、我々のまわりに仏教なんてどこにもありませんよ、ということになってしまう。

松岡　釈尊の時代の仏教を忠実に再現しろ、というのは無理な話ですよね。

末木　だから、コロンビア大学のベルナール・フォールという仏教学者が言っていることですが、実際には Buddhism でなく Buddhisms と複数で呼ぶべきなのです。

松岡　ああ、それはそうですね。よくわかります。

末木　いろいろな仏教があっていい。浄土真宗の仏教もあれば、チベット系の仏教もあっていいと。また、東アジアの仏教においても、韓国・中国・日本と、それぞれ違うスタイルの仏教があるわけですし。

松岡　どれがいいという話ではないと。

末木　別に、いろいろあっていい。

松岡　どれが本来の仏教か、というような論争には意味がないということですか。

末木　そう。ただ、もちろん、じゃあ何でも勝手に解釈して、自分が仏教だと言えば仏教になるのかというと、それも違うんですね。ちゃんとオリジナルな仏教の形に戻れて、そこからこう発展してきたという、捉え返しというか、歴史的な振り返りがなされていないといけない。その系譜をきちんと辿(たど)れるということが、伝統ということだと思います。学問成果や伝統的解釈との緊張関係が重要であり、それを無視して勝手なことを言えばよいというわけではありません。

松岡　それなりに筋道を通った発展をしてきた仏教は、仏教としてきちんと認める。そういう姿勢ですよね。よくわかりました。

『法華経』の重要性

末木　はい。だから、私などは、仏典の中で何を一番根本の聖典として読み込むかというときに、原始経典よりも初期の大乗経典から出発していて、やはり『法華経』はすごい経典だなと感じます。

松岡　末木さんは近年、『法華経』をかなり重視されていますね。

末木　基本的には『法華経』が重要だと思います。もっとも、『法華経』だけじゃなくて、例えば、『無量寿経』とかも同じように重要と考えています。それらを重視するのは、一つには、初期の『法華経』がそうですが、必ずしも「空」の考え方が入ってきていないのです。でも、後で空とつながらないかと言えば、そうとも言えない。原始仏教以来の、一種の無実体論のようなものは、ちゃんと根底にあるわけです。だから、のちのいわゆる般若経典群の空とは、たぶん違う系統だろうと思うんですね。これはもう少し細かく論じないといけないんですが。

松岡　そうなんですか。

末木　そうした違った系統の空思想の中で、仏と衆生の関係を軸とする教えが、具体的な形で説かれるわけです。

松岡　それが『法華経』や『無量寿経』の系統の特徴ですか。

末木　そう思うのです。

松岡　般若経典の系統にはそれがないと。

末木　はい。般若経典が悪いわけではありませんが、ともかく空の思想は、必ずしも般若経典だけで全部わかるものではないのです。仏と衆生の関係を軸とする空の思想もある。私の言い方に引きつけるならば、これは「他者」という問題になるのですが。

仏という、自分にはわからない何か、つまり他者が自分に力を及ぼしてくる。それをどう受け止めるか。この問いが『法華経』などにあります。しかも、それは現世という狭い範囲を超えた、はるか過去世から続いている関係だというのです。

松岡　そのように仏を絶対他者として捉える視座は、これまであまりなかったですね。後で「一念三千」と他者の問題をお話しいただくつもりでしたが、天台の思想はどう捉えるべきでしょうか。天台教学の背景には、般若系統の空思想を展開した『中論』がありますよね。天台智顗(ちぎ)は『中論』第二十四章第十八偈、いわゆる三諦偈に基づいて「円融三諦」を主張したと言います。しかし、他方では、末木さんが般若と違う空の系統だと言う『法華経』にも立脚しているし、『摩訶止観』で説かれる瞑想修行の「四種三昧」の中では念仏を唱えながら阿弥陀仏のまわりを歩く「常行三昧」も説いている。いろいろな系統を総合した感じなのですが、そういうものもあるのですか。

末木　あります。

松岡　なるほど。

末木　ただ、私も最近、天台と華厳の違いなどを考えているのですが、天台の思想は、必ずしも世界論を説いていないんですね。華厳の性起(しょうき)思想は、ある意味で、世界の成立を説いています。一心から世界がどうやってできてくるのかを、いわば唯心論的に説くのです。それは根源に戻って世界を考えていくもので、一つの世界論と言えます。ところが、天台の発想はそういうものではないんですね。

松岡　それはそうですね。天台の一念三千では、一念が根源というわけではありませんから。唯心論的な世界論は、「一」なるものへの執着となってしまう。そういう背景もあるでしょう。

末木　天台の場合は、心から世界がどう成り立ってきたかという問題よりも、むしろそういう心というものを、具体的な衆生のあり方として捉えている。それだけ人間論として深いものです。そこから、仏のあり方とは何なのかを問うている。華厳の性起説に対する天台の性具（しょうぐ）説と言われるものです。これはやはり、一般に言われる空の思想とは、ちょっとレベルが違う話なのかなと思っているのです。

業と輪廻をどう考えるか

松岡　なるほど。お話を聞いていると、むしろ人間が主題のような気もしますね。創価学会の言い方だと人間主義の仏法です。

　ここで、業と輪廻の話に入りたいと思います。末木さんは、いろいろと問題提起されていますね。今日、業・輪廻の思想に対しては、偏見と差別を助長する「あきらめ」の論理であるとの批判が出ています。業と輪廻を認めると、現世で不幸なのは過去世の悪業のためだから仕方がない、といった考えに陥りがちだからでしょう。

　しかしながら、末木さんが震災に関する議論の中で述べているように、業と輪廻は、そういう一面的な見方で片づく問題ではないわけです。例えば、被災の事実を、個人の業と見るか、集団の業と見るかによって、我々の受け止め方はかなり違ってくる。

私の意見を言いますと、現代人は「現世しかない」という前提ですべてを考えているわけです。だから、目の前の不幸が前世の業の顕れだと言うと、とんでもない偏見であり、差別思想だと非難される。もちろん、苦しむ人の傷口に塩を塗るような言い方は無慈悲であって、良くないです。けれども、物事の道理として、前世や来世があるということは、証明できないと同時に、完全に否定もできないと思うのです。つまり、三世があることも、仮説としては成り立つ。

すると、業と輪廻を前向きに捉える考え方も出てきます。業と自由の関係を考えたり、前世から今世に関わる業ではなく、今世から来世に関わる業に注目したりする。ダライ・ラマなどは、今の自分自身が来世の運命を決めるという点を強調して、業の思想は一種の自己責任主義であり、我々に自制の心をもたらすと主張しています。

末木 そうですね。

松岡 ただ、今の努力が来世以降に報われるというのでは、現代人は納得できないでしょう。私のような仏教者から見ても、じゃあ現世はどうしようもないんだな、となってしまう。

そこで、末木さんもご著書の中で言及されているように、日本の仏教では即身成仏を説いて問題を一気に解決する方法も模索された。けれども、真言宗の即身成仏などは、キリスト教神学の用語で言うと、此岸性じゃなくて彼岸性を持っています。つまり、即身成仏と言っても、「この世」でなくて「あの世」で成仏することになる。そう考えると、日常生活の中で即身成仏を唱える仏教でなければ、業、輪廻の思想が持つ「あきらめ」の傾向性を解決することはできないように思うのです。

手前みそかもしれませんが、我々が信じる日蓮仏法は、まさに此岸の成仏を説いています。創価学会の教学で「宿命転換」が強調されますが、これは来世以降の宿命転換ではなく、もう「今ここ」での宿命転換を約束しています。

末木　それは一つの見方ですね。学会が一般の人たちに大きな魅力だったのは、一つはこの「宿命転換」ということにあったのでしょう。ただ、即身成仏という理論もまた、先ほどの縁起と同様に一筋縄でいくものではありません。天台系でも説きますが、何と言っても密教で重視されるもので、おっしゃるとおり、「彼岸性」を持っている。単純に此岸的な現世主義ではないところに重要な面があるのではないかと思います。

松岡　それはそのとおりです。大乗の立場は彼岸即此岸でしょう。ただ、その上で彼岸性が強いようにも感じるわけです。そのあたりはさておき、創価学会では、前世の宿業を今、この場で転換していくんだと強調します。業、輪廻の説を受け入れながらも、現世をあきらめない。それは必ず変えていけると捉えるわけです。

菩薩の輪廻

松岡　また、別の捉え方もあります。我々は、本来、苦しむような前世の悪業など持たない偉大な菩薩である。けれども、人々を救うために、あえて業を作って皆と同苦、共苦しているのだ、そう捉えるのです。これは、一つには妙楽大師（湛然）の『法華文句記』にある「願兼於業（願、業を兼ぬ）」の説が一つの根拠になっています。菩薩は、ただ業に縛られて輪廻するのでなく、願いの力で業を作って生まれてくる。創価学会は、このように業と輪廻を非常に前向きに捉える指導性で来ています。この点に関して、末木さんのご意見をうかがいたいのですが。

末木　最初の「宿命転換」の話は、私もよく聞きます。だから、業と輪廻に関する学会の見解はそれかなと思っていました。ただ、それだと業と輪廻と言いながら、結局、現世で完結してしまう。それだけじゃなくて、我々はもともと菩薩だ、という考え方があるということは重要です。私は近年、「菩薩の輪廻」に着目しています。そこに至るまで、だいぶ苦労してようやく到達したのですが。

松岡　学会では、ずっと前から、菩薩の輪廻という考え方です。

末木　そうですか、それは知らずに、申し訳ありませんでした。もっとも日蓮系の方は菩薩ということを重視しますから、学会だけではないですね。それに対して、浄土系、とりわけ真宗系では、菩薩と言えば法蔵菩薩であって、衆生が菩薩だというと、とんでもない、という反応があります。

松岡　特に、我々が『法華経』に説かれる「地涌の菩薩」である、ということは、常に指導されていますね。

末木　地涌の菩薩、大地を破って下方の虚空から涌き出てきた無数の菩薩たちですね。

松岡　そうです。実を言うと、創価学会員は皆、自分たちは地涌の菩薩だという自覚で活動しているのです。

末木　学会のその考え方には、私もまったく賛成です。菩薩の輪廻というのは、もちろんアビダルマでも三阿僧祇劫成仏とされ、それは唯識などにも受け継がれます。徳一が最澄や空海と論争したときも、その点を重視します。即身成仏してしまえば、菩薩としての長時の実践はどうなるのか、というわけです。地涌の菩薩という視点は、もともと日蓮が重視したものですので、学会だけでなく、一般に日蓮宗でも説きますね。日蓮宗の立場ももう少し確認した上で、自分なりに再整理したいと思います。

松岡　学会の側から見ると、末木さんは『法華経』の境地に迫っている、となるのではないでしょうか（笑）。

末木　実際、『法華経』を読んでいくとそうなると思うのです。

松岡　例えば、『法華経』の法師品には「この人は自ら清浄なる業の報を捨てて、我が滅度の後において、衆生を愍（あわれ）むが故に、悪世に生れて、広く、この経を演（の）ぶるなり」とあります。これを妙楽が解釈して「願兼於業」と説明したわけですが、結局、菩薩の輪廻を説いていると言えます。

末木　私の見方ですが、『法華経』の段階的成立説を取ると、最初に成立する第一類、これはだいたい、迹門（法華経二十八品のうちの前半十四品）が中心になります。この最初期に成立したものの中で、今までは方便品だけが重要視されてきました。それを従来は「開三顕一」などと理解して、「一仏乗」というところに重点を置いて読みます。けれども、それだと将来成仏するという、ずっと先の話になってしまいます。それに対して、苅谷定彦さんが、『法華経』の中心思想を「一切衆生は菩薩である」という点に見た。私はこれを大変素晴らしい見方だと思います。

その際に、方便品だけに集中せずに、その後の譬喩品以後を読んでいくと、けっこうそれが大事というか、おもしろいんですね。譬喩品以下では、要するに、仏弟子たちが順番に気づいていく。これまで自分たちは声聞だと思っていた。そして、阿羅漢の悟りで満足していた。ところが、じつはそうではない。自分たちは菩薩だった。だから、成仏できるのだ。そう気づいていく話ですね。

松岡　そうですね。

末木　それが順に繰り返されていくわけです。ここでは、方便品で抽象的に言われていた真理が具体的に示されていく。先ほど時間か空間かといった話がありましたが、仏弟子たちの気づきは、まさに人間の輪廻が関わる時間性の問題です。つまり、自分は過去世からずっと仏の教えの中で生きてきたのだ、と気づかされるのです。

松岡　そのとおりだと思います。

末木　気づきの論理ですよね。気づくことによって、じつは自分も菩薩だという自覚を得る。それが、第二類として次に成立する本門（法華経二十八品のうちの後半十四品）の実践に続いていく。『法華経』は、そういう構造になっていると思うのです。

もう少し詳しく言いますと、第一類は「一切衆生は菩薩である」というので、声聞たちもじつは菩薩であったと気づくということが主題です。なぜそう言うことが可能なのか。それは、菩薩の解釈に関わります。ここで言われている「菩薩」とは、他者との関係の中でしかあり得ない存在という意味で考えることができます。それに対して、「声聞」は、他者と関わることなく、自己だけで完結しうるという立場です。声聞がじつは菩薩だったということは、要するに、一切衆生は自己だけ孤立して完結することができず、他者と関わらなければ存在し得ないということを意味します。仏とは、まさしく他者そのものです。私は、そのような菩薩のあり方を「存在としての菩薩」と呼んでいます。

それに対して、そのことを自覚した上で、今度はその菩薩性を自ら引き受け、実践に転ずるのが『法華経』の第二類の課題になります。それを私は「実践としての菩薩」と呼ぶことにしています。このように、菩薩の捉え方に重層性があるのではないか、というのが、私の『法華経』理解です。

松岡　はい、成立史的な捉え方として納得できる話です。また、我々の理解から言うと、仏との関わりで存在する菩薩というのは、永遠の師弟に気づいた菩薩ということになります。

それで、この菩薩の自覚という点に関して、私が以前から実存的に悩んできたことがあります。それは、我々が過去世に仏法上の悪人だったのか、それとも人を救う菩薩だったのか、という問題です。日蓮仏法の見方によると、そのどちらでもありうる。我々は過去世に仏法を誹謗した謗法の者だ、だから現世の今、災難や法難に遭っている――『開目抄』等ではこう説かれています。

末木　たしかに、そう言っていますね。

松岡　けれど、その一方で、いや、そうではない、じつは我々は、久遠の昔より仏の使いとして妙法を弘めてきた地涌の菩薩なのだ、と『観心本尊抄』に暗示されてもいます。では、いったい我々の正体とは何なのか。謗法の衆生と大菩薩とでは、まるっきり正反対ですから。

末木　そうそう、そうだと思います。

松岡　この矛盾が、ずっと解決できませんでした。しかし、ある時期に私なりの結論に達しました。今回、末木さんの思想に触れ、やっぱりそうなんだと確信を深めた次第です。具体的に引用すると、こう書かれているところです。

「人称というのはそれほど固定的なものではなく、『私』のあり方も流動的である。本当に親密なものとの間には、『私』と『あなた』が対峙する二人称関係だけでなく、『私』が溶けあい、一体化する方向も考えなければならない」（『現代仏教論』一二八頁）

「東洋の哲学や宗教では、それほど自己の存在は堅固に個体性を維持するとは言えない……仏教の無我の立場では、私の存在自体が融解してしまう。自己はそれほど堅固なものではないのである」（同前、二二二頁）

「私」の存在は個体にとどまらずに他者と溶け合っている、「私」の存在それ自体が融解している、このように洞察されていますね。

末木　はい。

松岡　仏教の人間観の急所を突いていると思います。仏教から見た「私」は、個人でありながらも他者と溶け合い、不断に流動化している。一つの捉え方として、仏教の「無我」をこうも説明できます。ならば、種々の業をつくって輪廻する「私」のことも、単なる個人と見るべきではないでしょう。「個人」とは、西洋近代が強調した人間観にすぎません。仏教の立場から「私」という存在を流動的に捉えるなら、「個が輪廻する」などとは言えなくなります。

末木　そう単純に肯定できない面はありますが。

松岡　たしかに単純ではありませんね。ただ、衆生の輪廻と菩薩の輪廻とは、まったく別物ではないはずです。我々の過去世は、悪人でも善人でも謗法者でも大菩薩でもありうる。ここにおいて、創価学会で唱える「宿命転換」の自由も成り立つわけです。また、先に紹介した「願兼於業」の法理も、「私」の存在を流動的に捉える思想ではないかと、個人的には考えています。

逆説的な自立の思想

末木　じつは私も、その点については完全に答えが出せていないのですが、基本的に言えば、他者としての仏との関係、という点では一致しています。他者との関係は、よい面だけでなく、悪い面も必ずあります。謗法もまた、逆縁として成仏の縁になると言われるように、他者と関わるということが根本にあると思います。

日蓮にしても、過去世の謗法によって今の法難があるという受け止めと、地涌の菩薩として妙法を弘めるという自覚と、そういう矛盾した二つの考え方がありますね。同じような矛盾の並立は、親鸞などにも見られます。

親鸞の場合、よく、悪とか罪とかという形で人間を捉えていると言われるのですが、必ずしもそれだけではない。もし単なる悪人なら、我々は仏法のないところに生まれるはずですよね。ところが、実際には仏法があるところに生まれている。これは、善や功徳を積んでいなければ、まずあり得ない話です。だから、親鸞においても、人間を善と見る側面がある。つまり、親鸞の人間観に二重の論理があって、これは日蓮と同じなのです。

松岡　親鸞本人は、仏法上の正統意識が強かったと言われていますね。

末木　そうです。

松岡　自分こそは正義なのだと。

末木　そうなのです。だから、日蓮と同じような自己認識があったと思うわけです。たぶん、悪の自覚は、社会的身分とか幸不幸の問題とかではなくて、いわば主体的な捉え方の問題になると思うのです。

松岡　はい。

末木　それは、自分の中に常にあるものだったでしょう。救われるはずのない自分が、もう一つの大きな力によって、じつはまさに救われている。常に仏の力が働いてくるからこそ、自分は菩薩でありうる。その自覚があったはずです。

松岡　日蓮教学に引きつけて考えると、一念三千における十界互具を想起させますね。一念の心には地獄から仏までの十界があって互いに具え合っている。地獄界に仏界があり、仏界にも地獄界がある。地獄界で苦しむ自分の心に、じつは仏界の仏の心が具わっている。すると、自力と他力の区別もなくなり、救われている側の自分が救う側にもいる、という話になる。

そこで、大事なのは瞬間の一念です。自分は人々を救う側の菩薩なのだと一念を定めれば、その人は前世からの菩薩です。でも、その一念の自覚を失うと、前世からの悪業の衆生になってしまう。このことは、一念における因果倶時（原因と結果が同時であること）という捉え方からも説明できます。

要するに、瞬間瞬間の一念で自己のアイデンティティが定まっていく、という教えなのです。だから「あなたは悪業の衆生ですよ」「あなたは菩薩ですよ」などと固定的に立て分けることはできない。菩薩であると気づいたら、もう菩薩だし、気づかなければ悪業の衆生のままだし。我々の場合は、たぶん、こういう理解になっているのではないかと思います。

末木　そうした理解は正しいと思います。我々の自己認識というのは、じつは一念三千の問題と絡んでくるわけです。一念の中に、仏から地獄まであるわけですから、どれが表に出るかというのは、本当にわからない。その点で、一念三千、とりわけその中の十界互具の問題は、他者論の問題ともなります。自分は人間としてアイデンティティを保証されるかというと、そうではない。私の中に、仏や菩薩の要素もあれば、地獄や餓鬼の要素もある。それがいつ、どのように現れるか、自分にもわからない。それは自分の中に他者がいるということです。だから、自己のアイデンティティは成り立たない。自分と同じように、他者もまた十界を持っている。自分の中の地獄が他者の地獄と感応して、とんでもない悪事をするかもしれないし、相互の憎しみが増幅されるかもしれない。しかし、逆に相互に影響して上へと進む可能性も持っているわけです。

松岡　おっしゃるとおりですね。他者論として一念三千を論じることは、非常に重要だと私も思います。日蓮仏法にはそれがあります。

末木　一念三千は、時間があれば、さらに詳しく論じなければならない重要な問題です。一念の心に十界があるなら、放っておけばそれでよいというわけにはいきません。放っておけば、もしかしたら地獄界が出てくるかもしれないし、あるいは修羅が出てくるかもしれないし。やはり、それを自分でどれだけコントロールできるのかが重要でしょう。あるいは、そこでたぶん、他力というものも注目される。真宗系と違って日蓮系の教団の場合、そのあたり、つまり他力の自覚が弱いと思うのです。自分だけでは、どうにもならないものを救い上げていく。この他者としての仏の力がたしかに働いている。私はそう思います。

松岡　私は、日蓮系の場合でも他力は認めていると思います。法華経本門の釈尊は、超越的な他者とも言えます。この仏の力は、衆生にとっては他力でしょう。ただ、その他力とは結局、自力ではないのかと。つまり、自力と他力とは本来、不二の関係ではないかと。十界互具の理論に立って、こう説くわけですね。

末木　まあ、それはそうですが、不二というような言い方は、便利ではあるけれども、要注意です。

松岡　そこは同意します。だから、不二とか即は、単なるイコールでなく信仰の逆説として理解しなければなりません。その点、創価学会の信仰は、「師弟不二」を目指す実践を基軸に置いています。厳格な師弟の道が弁証法的な緊張を生み、他者としての師への絶対の依存が弟子である自分の根源的な自立につながっていく。十界互具を信じ抜くゆえに、他力を他力のままで自力にしていく。そのような逆説的な自立の思想があるように思うのです。

戸田第二代会長の悟達

松岡　さて、ここからは創価学会の信仰を取り上げながら、広く学問と宗教の関係について論じていければと思います。

創価学会第二代会長の戸田城聖先生は、戦時中、初代会長の牧口常三郎先生と共に軍部政府に対し、宗教的、道徳的な抵抗をしました。そのため、二人は官憲に捕らえられて投獄されます。獄中で、老齢の牧口先生は獄死しました。一方、四十代だった戸田先生は、獄中で一人法華経と格闘し、「南無妙法蓮華経」の題目を唱え続けながら「仏とは何か」「自分とは何か」を思索し抜きます。その結果、「仏とは生命なり」「我は地涌の菩薩なり」と悟達（ごだつ）したのです。この悟達を胸に、戸田先生は生きて獄門を出て、創価学会を再建しました。

このうち、「仏とは生命なり」との悟達について、少し説明したいと思います。

戸田先生は、法華経の開経とされる無量義経を読むうちに、一つの難所に差し掛かりました。そこには「〇〇に非ず」という否定の言葉が三十四回も繰り返されています。

其身非有亦非無（其の身は有に非ず　亦た無に非ず）
非因非縁非自他（因に非ず　縁に非ず　自他に非ず）
非方非円非短長（方に非ず　円に非ず　短長に非ず）
非出非没非生滅（出に非ず　没に非ず　生滅に非ず）
非造非起非為作（造に非ず　起に非ず　為作に非ず）
非坐非臥非行住（坐に非ず　臥に非ず　行住に非ず）
非動非転非閑静（動に非ず　転に非ず　閑静に非ず）
非進非退非安危（進に非ず　退に非ず　安危に非ず）
非是非非非得失（是に非ず　非に非ず　得失に非ず）
非彼非此非去来（彼に非ず　此に非ず　去来に非ず）
非青非黄非赤白（青に非ず　黄に非ず　赤白に非ず）
非紅非紫種種色（紅に非ず　紫種種の色に非ず）

この部分を徹底的に読み込んでいった結果、戸田先生は「仏とは生命なり」と悟りま

した（池田大作著『人間革命』第四巻「生命の庭」、『池田大作全集』第一四五巻、二二四〜二二九頁）。

戦前の戸田先生は実業家であり、教学を専門的に勉強していたわけではありませんでした。ところが、その戸田先生が獄中で南無妙法蓮華経と繰り返し唱えながら「三十四の非」について徹底的に考え抜いた結果、仏とはどんなに否定しても厳として実在するものであり、生命そのものであることがわかった。そして、さらに法華経の真髄を実感として知りたいと苦闘した末に、他ならぬ自分が地涌の菩薩であり、法華経の儀式に立ち会ったことを思い出した。それからの戸田先生は、法華経の文々句々が昔書いた日記を読み返すようにわかったそうです。要するに、法華経を「思い出した」と言っているのです。戦後に法華経講義をしているとき、ビジネス仲間と戸田先生の間でこういうやり取りがあります。


「岩森は、ある夜、戸田に尋ねた。

『いったい、いつ、そんなに勉強したんですか。覚えるだけでも大変だ。なんとも不思議に思っているんだよ』

ほかの三人も、同じことを考えていた。

戸田は、淡々（たんたん）として言った。

『さぁ、なんと言ったらいいか……。八万法蔵といっても、わが身のことだ。難に遭って、牢屋で真剣に唱題し、勉強したら、思い出してきたらしい。それ以前は、金儲けに忙しく、思い出す暇がなかったわけだろう』」

（池田大作著『人間革命』第一巻「胎動」、『池田大作全集』第一四四巻、二一六頁）

末木　それはすごい。

松岡　現代人からすれば「何を変なことを言ってんだ」と受け取られるかもしれませんが。我々は、重大な信仰の出来事として、戸田先生の悟達を受け入れているのです。ただ、ここで「思い出した」と言っているのは、どういう意味なのか。私も、以前から考えてはきたのですが。

末木　仏典だけではなくて、プラトンも「思い出すことは非常に重要だ」と言っています。つまり「人間はもともとイデアの世界にいたのだ。そこからこの世界に下りてきて、イデアの世界のことを忘れてしまっている。それを思い出させるのが哲学なのだ」というわけです。

松岡　ちなみに、プラトンも輪廻を認めていますよね。

末木　ええ。認めています。

松岡　古代ギリシャのプラトンとかピタゴラス学派などは、輪廻転生を認めています。

末木　前世を物理的に捉えて、現世の秩序の延長として過去世や未来世を考えるから、すごく変なことになってしまう。そういうレベルの問題ではないわけです。場合によっては、戸田会長のように法華経を読んだら「忘れていたことを思い出す」こともあるのかもしれません。「霊山同聴（りょうぜんどうちょう）」ということです。「自分は○○で生まれた」と、事実として過去世について思い出すこともないわけではない。

人間が生きている時間軸とは、決して一本ではありません。じつは複数の時間軸がある。先ほど因果と縁起について語り合いましたが、我々が生きているこの世界の時間軸は、必ずしも過去世の時間軸とは一致しないのです。

松岡　たしかに、原始仏教では三世両重の因果（編集部注：十二因縁説において、過去世と現在世の因果、現在世と未来世の因果と、三世にわたって二重の因果が説かれること）を説きますね。過去世と現在世にまたがる因果、現在世と未来性にまたがる因果は、この世界の時間軸にはないものです。

末木　そのとおりです。

大乗経典の世界観と現代の天文学

末木　「この世界の事実と照らし合わせると、過去世なんて科学的に考えてあり得ない」「未来世なんてあり得ませんよ」と人は言います。でも物理的な時間とは違う形での、いわば時間性を考えなければならない。仏教で言うところの三世両重も可能であり、それが物理的な時間と矛盾するわけではない。つまり複数的な時間軸があるのです。

松岡　空間軸を考えても、現代の天文学関係では多元宇宙論が言われたりしていますね。

末木　まさに、そうなのです。

松岡　天文学が仏教の経典の世界に近づいている。

末木　最先端の科学が「宇宙外宇宙」を認めているのです。

松岡　そうですね。

末木　多くの人は科学と宗教を切り離して考えてしまうのです。時間と空間についても、「時間軸と空間軸は別々のものであり、時間軸は動かせない」と考える。ところが、相対性理論では、時間と空間はそもそも切り離せません。

もともとカントの時点では、「宇宙の始まりと終わりなんてことは、これはもう人間の理性ではわからないことだ」と言われてきました。でも最近の物理学や天文学では、宇宙の始まりはちゃんと理論化され、明確に説明されるところまで来ています。

そうした科学の進歩を考えると、古典力学的に時間と空間を切り離して考える発想は、必ずしも通用しなくなっています。

松岡　キリスト教では宇宙の外部に神がいて、外部性によって宇宙が作られるわけですよね。

末木　はい。

松岡　今は銀河系の外に、たくさんの別の銀河があることがわかっています。

末木　この宇宙の外に、さらに「宇宙外宇宙」がありうると考えるほうがよほど自然です。

松岡　地球外生命がいると考えるほうが、可能性として高い。すると、大乗経典で説かれている宇宙観は……。

末木　大乗経典のほうが、一昔前の宇宙科学よりもよほど正しい。

松岡　大乗経典のほうが、科学の先を行っている。末木さんは、無数の仏国土があると思いますか。
末木　大乗経典のレベルから考えると、十分ありうると思います。
松岡　経典だと、私たちが暮らす地球は「娑婆（サハー）世界」という一つの仏国土にすぎないという見方ですよね。
末木　そうなんですよね。実際、科学的にも、そういう見通しがだんだん成り立つようになってきています。

近代が疑われる時代

末木　大乗経典の世界観は、一見するとすごく空想的です。でもその空想が現実のものになりうる。この世界を考えてみてください。世界の森羅万象について、相対論や量子論で全部理論化できるわけではありません。
　科学が解明できるのは、まだ世界の表層にすぎないと思います。日常生活のレベルなら、量子論まで行かなくとも古典力学だけで十分説明が成り立ちます。もっと言えば、太陽が昇ったり、月が満ち欠けしたりというレベルの話は、天動説でも説明が成り立ってしまうのです。もちろん科学的次元で見れば天動説は間違いなんですが、だからと言って日常生活で、「日の出」というのが間違いだとは誰も言いません。
松岡　おっしゃることはわかります。科学を信頼しすぎるのは危険ですね。

ただ、科学の発達は、宗教に考え方の修正を迫る面がありますね。近代ヨーロッパのキリスト教がいい例でしょう。コペルニクスやガリレオらの登場によって、天動説が覆され、地動説になった。地球は球体で、しかも自転を続けていることがわかった。そうした科学的な世界観の進展によって、キリスト教の考え方がだんだん通用しなくなりました。それまで天国があって、天上には神がいたはずなのに、もはや単純に上とか下とか言えなくなった。そのときにキリスト教の神学としてどう対応したのか。私は門外漢ですから、次の説明は佐藤優さんの受け売りですが、結局、キリスト教神学がどうやって近代化に対応したかというと、シュライエルマッハー（ドイツのプロテスタント神学者）が神の居場所を心の問題に限定したのです。

これは近代が宗教を内面の事項にする一つのきっかけになっていくらしいんですけれども、神の居場所を心の中に求めることによって、近代の宇宙論とうまく整合性をとって神学が生き残っていけるようになりました。

仏教の場合、もちろん、内面にも当然仏の存在はあるのですが、宇宙的なものにも広がっています。単に天上の問題ではなく、「宇宙外宇宙」とか近代の天文学とも非常に整合がとれるのです。

末木　そこは世俗化の問題、あるいは近代の問題と密接に関わります。今はむしろ近代が疑われ、近代が全面的に反省される時代です。そんな中で、宗教はどうしていったらいいのか。

キリスト教ではシュライエルマッハーとか、ルナン（フランスの思想家）の『イエス伝』が、キリストを完全に「人間イエス」として捉える方向へ向かいました。R・ブルトマンの「非神話化」の理論などもそうです。ところが『イエス伝』やブルトマン神学の路線でずっと来たかというと、最近のアメリカのキリスト教原理主義では、地動説をもう一度否定する人がいっぱい出てきているのです。

松岡　そんな動きがあるのですか。進化論を否定する人は昔からいますよね。

末木　進化論を否定するだけでなく、地動説までも否定する人がいるのです。

松岡　そんな人たちが増えているのですか。

末木　先ほども言いましたように、日常で考えれば太陽は東から昇るし、日の出の時刻はちゃんと新聞にも出るから、誰だって「太陽は東から昇って夜には西に沈む」とみんな思っていますよね。でも、「地球は自転しているから、太陽が見える時刻は朝六時半から夕方五時半までだ」とか何とか、わざわざそんな言い方はしません。そんな言い方で説明しなくても、日常生活はちゃんと回っていくわけです。

松岡　「生活世界」に立ってコペルニクスの地動説を捉え直したフッサールを思い出させるような話ですね。

末木　アメリカの調査会社が実施した調査によると、アメリカの若者のうち三〇％以上が、地球が球体であることを疑っているか、地球は平らだと考えているそうです。

松岡　いわゆる地球平面説ですね。キリスト教原理主義が関係しているとも言われていますが、アメリカの若者の三〇％以上がそう考えているとは驚きです。

末木　そうなのです。イスラムの原理主義もそうでしょう。「今どき大昔のイスラムの考えなんて通用しないでしょう」と思うかもしれませんが、イスラム原理主義はちゃんと通用しています。近代が築いてきたものとはいったい何だったのか。もう一遍反省されなければならない状況が訪れているのです。

松岡　いわゆる「ポストモダン」の議論などではなくて、近代に対する根本的な反省が必要だということですね。

宗教学とどうつきあうか

松岡　さて、「学としての宗教学」について、末木さんにおうかがいしたいことがあります。ご著書には、こう書かれています。

「宗教を〈人間〉の枠の中の現象として見る限りにおいて、学としての『宗教学』が成り立つのである。したがってそれは、宗教のもっとも根本の課題である〈人間〉を超えた領域との関係をとらえることができない。これは、『宗教学』という『学』の根本的なディレンマである」（『反・仏教学　仏教VS.倫理』ちくま学芸文庫、二四五頁）

ここにあるように、宗教学という学問は、和辻哲郎的な〈人間〉、つまり〈人と人との間〉の枠の中で宗教を論じるものです。では人間を超えた領域で、ある宗教についてどうやって論じられるのか。宗教学が抱えるこのディレンマについて、どう思われますか。我々は宗教学とどうつきあっていけばいいのでしょうか。

末木　宗教学自体が、今難しい問題に突き当たっています。片や「あくまで人間の文化としての宗教を見るのだ」「だから宗教学は宗教の中に入るのではなくて、文化現象として見ていくのだ」という考え方があります。これは岸本英夫さんによって確立されました。たぶん島薗進さんもそれに近いと思います。こうして宗教社会学が成り立ってきた。

でも、果たしてそういうアプローチで宗教が本当にわかるのか。やはりそれは難しいと思うのです。

松岡　前世紀の終わりごろから、宗教学者もポストモダン的になってきています。例えば、密教の呪術性が今は再評価されています。以前なら、啓蒙合理主義的に「これは近代的ではない」などと一蹴していたものです。先ほど触れた、業と輪廻の思想についても、かつては戦後民主主義的な発想から、その差別的な側面だけがクローズアップされがちでした。宗教学者などが〈人間〉の枠の中の現象として見ると、そういう捉え方になってしまうのです。ポストモダン的な思考は非合理的なものも評価しますが、〈人間〉の枠の中で考えるという面では、近代主義とさほど変わらないように思えます。

末木　はい。それだと、いったい宗教そのものが何なのかということ自体が、わからなくなってしまうのです。イスラムの現象を見てもそうですが、これは宗教の領域だ、これは世俗の領域だと簡単に分けられないですね。

松岡　ええ。そう簡単にはわかりません。

末木　むしろイスラムでは、生活の隅々まですべてが宗教だとも言えます。日本の宗教をこれから考えていく上では、神道の問題が非常に大きいと思うのです。戦前の神道が、なぜ国家神道になり得たのか。「神道は宗教ではない」というロジックが、国家神道成立の根拠になりました。これは詭弁かというとそうでもない。宗教というものの定義がいったい何なのかという問題になってくるのです。

近代的な宗教は、その居場所を内心の問題だけに限定してきました。ところが、神道の表向きの課題は、まさしく儀式、儀礼です。「国家神道とはあくまでも儀礼であって、心の問題ではありません。これは信仰ではありませんよ」という言い方をしたわけです。戦後においても三重県津市の「津地鎮祭訴訟」で、最高裁の判決において明らかにされました。「地鎮祭は社会慣習だ。これはちゃんとした宗教ではない」と最高裁が認めてしまった。そのへんの線引きが、ものすごく曖昧なのです。

天皇の即位儀礼、ましてや大嘗祭（だいじょうさい）みたいなものが、いったい宗教儀礼なのかどうか。「即位儀礼は宗教儀礼ではない」という言い方に一応なっちゃっていますが、一部の人は「あれは宗教行事だ」と主張して訴訟を起こしています。だから天皇の即位式に、日本共産党の議員は出席しませんでした。

宗教の定義には曖昧なところがあります。「いったい宗教とは何なのか」という問題は、もう一遍問い直さなければならないのです。

松岡　でもそう定義してしまうこと自体が、宗教を人間の枠の中に入れてしまうことになりますよね。

末木　ええ。常にそういう曖昧なる領域があるわけです。宗教学自体が十九世紀末に生まれた近代的な学問です。その時期から作られた宗教概念なわけですから、当然それでは捉えきれない問題はいろいろあるわけです。

　ここまでが宗教、これは宗教法人という言い方を使って、便宜的な分け方でちゃんと定義しようとすると何が起こるでしょう。例えば、脳死は人の死と言えるのかどうか。医学的に見れば「ここからは脳死です」と線引きができるかもしれない。でも実際上の人間の死を考えると、そんな一瞬間で、生と死が分かれるなんてことは絶対にあり得ません。そういう問題として、近代において作られてきた宗教という概念をもう一度捉え直していく必要があります。

松岡　我々信仰者側とすれば、宗教学の人たちにも理解してもらいたいという思いで交流もしますし、宗教学の世界から学ぶべきことは学んでいきたいと思います。やっぱりそれでも、宗教学が入り込めない部分はある。それはもう自分たちのアイデンティティとして、持っていればいいのですよね。

末木　はい。私も日本宗教学会の会員ではありますけど、いわゆる宗教学とはやや距離を置いています。なぜかというと、宗教学で作られた宗教への固定的なイメージは、ちょっと違うんじゃないのかという思いがあるからです。私が「顕に対する冥という領域がじつはあるのだ」と言っても、それ自体が拒否されてしまえば、対話は成り立たなくなる。

松岡　そういうことですよね。

末木　絶対誰にも通用する公共性は、ものすごく狭い範囲でしか成り立ちません。その他の公共性が成り立たない領域を、それこそ語り得ない領域として放っておいていいのか。そうではないと私は思うのです。

松岡　末木さんがおっしゃっているように、死者との関わりは語り得ないものであるのだけれども、誰もが日常の事実として体験しています。そういう面での普遍性はありますね。

文献学から解釈学へ

松岡　次に、仏教学の現状について、ご意見をうかがいたいと思います。現在の仏教学では、文献学や歴史学が中心を占めています。とりわけ文献学です。私は、これに疑問を持っています。なぜなら、仏教経典は、一般の歴史史料のように意味を解読すればよいわけではなく、その真意を解釈しなければならないからです。

哲学の中に、いわゆる解釈学があります。これは、「解釈する」ということに関する議論であり、哲学のことです。現代では、先にも触れたガダマーの存在論的な解釈学などが知られています。仏教学者は、これまで文献学的に仏教テクストを解釈してきました。しかし、解釈学的にはまた違ったアプローチが考えられます。アメリカの仏教学会では、一部に解釈学的なアプローチをとる人がいると聞きました。一方で、日本の仏教学者の間では、解釈学があまり定着していないようです。ただ、そんな中で末木さんは、およそ解釈学的な問題に取り組んでおられる。日本の他の仏教学者が、文献学ばかりに偏っているのはどうしてなのでしょうか。とにかく史料を文法的に解読して、客観性を追究しようとする文献学的な仏教学者が日本では多いように見受けられます。

末木　ええ。日本の仏教学のベースは、いわゆる文献学でずっと成り立ってきています。私自身もともとは文献学がベースになっているので、文献学のアプローチをはなから否定はしません。

今までの仏教学はどうだったのか。すごく厳密な写本研究があって、それをやっている人が、突然やたらお説教みたいな、わかりやすいけど中身のない本を書いたりする（笑）。それが仏教学の構造になっていました。

松岡　私は、史料の文法的な読み方だけで仏教を判断するのは、どうなのかという気がしているのです。末木さんも著書で書かれていましたけど、「コーヒーがいいですか、紅茶がいいですか」と問われたときに「コーヒーです」と言ったとしましょう。文法的には、その人はコーヒーを望んでいることになる。だが、内心はわかりませんよね。その人は、本当は紅茶を飲みたかったのに、まわりに合わせてコーヒーを選んだのかもしれない。

末木　そういうことはありますね。

松岡　実際、仏教テクストには同じような問題があるのです。「方便」とか「随他意」とか言われる場合がそうです。表向きの言説と真意が違っているから、これは解釈学的に読まないとどうしようもない。創価学会の日蓮仏法でいうと、江戸期の日寛上人（富士大石寺・第二十六世法主）が確立した、御書（日蓮遺文）の「文底」からの読み方などは、まさに解釈学的なアプローチです。もちろん、哲学的な解釈学ではなくて宗教的な解釈学です。ところが、文献学を盲信する人から見ると、「日寛の解釈は文法的にメチャクチャだ」となる。文献学と解釈学とではカテゴリーが違うのに、筋違いも甚だしいと私は思います。

仏教テクストは、文脈だけでは読み取れないところがあります。そこは解釈の問題になってくる。末木さんは解釈学のやり方を取られていますが、仏教学者の中には、いまだに「文法的なものがすべてなのだ」という人が多いですよね。

末木　基本的には、文法的に写本を読み込む研究も、私は大事だと思います。根本においてそこは否定しません。それがなければ研究は始まりませんからね。私もずっと写本の調査をして、それをどう翻刻（ほんこく）するかという仕事をやってきました。文字をどれだけたしかに読めるのか。サンスクリットの写本の問題もありますが、日本の文献に関しても同じです。日蓮の御書の研究にしても、そのレベルの問題が一番基礎にあるわけです。けれども、次の段階で、その文献を時代的な状況、思想史の中へ置いたときに、文献がどう位置づけられるかという問題に突き当たります。さらに哲学の問題として理論化できるのかどうか。解釈学というのは、今言った二番目と三番目の段階です。

松岡　もちろん、文献学的な研究の重要性は、私も否定しません。人間は理性的に考える動物ですから、理性的に見てどうかというのは議論の大前提になります。ただ、信仰者の立場から言うと、理性的な認識としての文献学も、あくまで信仰のためにあるわけです。信仰者が切実に求めているのは主体的な真理であって、理性が認識した「客観的」な真理ではありません。キルケゴールの次の言葉は、このことを説明するのに適切であろうと思います。少し長くなりますが、紹介させていただきます。

「私にとって真理であるような真理を発見し……私がそれのために生きそして死ぬことをねがうようなイデーを発見することが必要なのだ。いわゆる客観的真理などを探し出してみたところで、それが私に何の役に立つだろう。哲学者たちのうちたてた諸体系をあれこれと研究し、求められればそれについて評論を書き、それぞれの体系内に見られる不整合な点を指摘しえたにしたところで、何の役に立とう……キリスト教の意義を説明することができたところで、個々の多くの現象を解明しえたところで、それが私自身と私の生活にとってそれ以上の深い意味をもたないとしたら、それが私に何の役に立つだろう……私に欠けていたのは、完全に人間らしい生活を送るということだった、単に認識の生活を送ることではなかったのだ」

(『キルケゴール全集』第二四巻、筑摩書房、四九六〜四九八頁。傍点は原著)

キルケゴールは実存主義の創始者とされていますが、もとはコペンハーゲン大学で神学を学んだ人です。今日の解釈学やバルト神学などにも、大きな影響を与えています。ですから、信仰者が主体的な真理をつかむには、むしろ解釈学や神学の方法に目を向けなければならないと思うのです。文献学は、その前提の議論として用いるわけです。

松岡　解釈の理論化についてですが、ガダマーの哲学的解釈学だと、「現在と過去の地平の融合」を言っていますよね。現代人は、特に現在という歴史性を帯びた理性で物事を考えている。現在という歴史性、近代的な価値観を持って解釈している。それを自覚した上で、過去の地平と対話をするというのが、ガダマーの理論です。たぶん末木さんも、同じような形で近代を相対化しているんじゃないですか。

末木　そこは逆なのです。過去のほうが強い。つまり、与えられるもののほうが強い。

松岡　過去のほうが強い。ああ、なるほど。

末木　受動性とは、こちらが能動化し得ないくらい、まったく与えられたものです。例えば経典の言葉は、対話して「あんたの言ってることはちょっとおかしい。ここを変えたらどうですか」とは言えません。「絶対的な語り」として与えられています。それが一番強いのは、イスラムの場合です。クルアーン（コーラン）の言葉は、翻訳が許されない言葉ですからね。

松岡　そこまでいくと、立場的に我々の信仰学に近づいてきますね。一種の宗教的な解釈学のような印象を受けます。

末木　私自身は、仏教の中でもかなりの原理主義者かもしれません（笑）。宗派性は持ちませんが。

松岡　宗派性は持たないけれども、信仰から出発する。帰納的に読むのではなくて、演繹的に読むこともあるわけですか。

末木　与えられたものをどこまで読み取れるのか。そこは自分の力が足らないところはあります。

松岡　ただ、帰納的には読まないわけですね。

末木　もちろん自分がわかるように方法論的に読み込んでいくわけですけど、それは自分の力がどこまで到達しているかによる。やはりいつも経典のほうが強いですよ。

松岡　むしろ、テクストの語りかけを……。

末木　それをどこまで自分が読み取れるか。お経を読み返すたびに、いつも「あれ、もしかして自分の今までの読み方が間違ってたのかな？」とか「今までわからなかったけれども、ここがわかるようになった」というところが出てきますよね。やっぱりお経を読むこちら側よりも、経典のほうが圧倒的に強い。

松岡　それは「智解（ちげ）」じゃなくて「信解（しんげ）」ですよ。末木さんの場合、宗派性のない「信解」かもしれません。

末木　「信解」という言葉は、あまり使いたくはないけれども、最終的には、まさに与えられたものを受け入れるしかないと思うのです。日蓮にせよ、親鸞にせよ、いくつかのレベルで一度解釈が入るんだけど、我々が「日蓮さん、ちょっとあんたの読み方はおかしいですよ」とは簡単に言えないですよね。一つの与えられたものになっていくと思うのです。

創価学会員にとっての『御義口伝』

松岡　ところで、日蓮大聖人の相伝書である『御義口伝』を、創価学会では非常に重視しています。しかしながら、文献学的な研究によると、この『御義口伝』は、日蓮大聖人の時代よりも、かなり後に成立したものであろうとされています。

では、我々日蓮仏法の信仰者も、『御義口伝』を一つの史料として扱うべきなのか。創価学会では、そうしていません。創価学会員は、『御義口伝』を紛れもなく日蓮大聖人の直説と拝しています。我々は、日々の信仰実践の中で、『御義口伝』の一文一句に御本仏の大慈悲と偉大な智慧を感じています。なぜそう感じるかというと、創価学会の歴代会長、なかんずく池田先生を通じて『御義口伝』を拝しているからです。池田先生を通して『御義口伝』を読むと、本来、難解な教義書であるにもかかわらず、なぜかその一々が生活の原理となり、人生の指針となる。

例えば、「一念に億劫の辛労を尽くす」とか「桜梅桃李（おうばいとうり）の己己の当体を改めず」とかの深淵な教理が、学会員の人生を切り開くための仏の智慧の言葉となり、学会員一人一人の生活の中で息づくのです。これは私個人の見方ですが、池田先生の手で『御義口伝』に込められた仏の心が顕されたのだと思います。『御義口伝』が持つ教義上の真理は、そこで生きた真理、救済の真理になった。だから、我々信仰者にとっては、もはや『御義口伝』の作者は誰か」といった問題よりも、「仏の心があるかどうか」が死活的に重要なのです。そして、『御義口伝』に仏の心があるかどうかを知るには、優れた仏法の師匠につくしかない。創価学会にあって、その師匠が池田先生です。末木さんの先ほどの言葉を借りるなら、学会員は、池田先生を通じて『御義口伝』にある仏の心に触れ、その一文一句を「絶対的な語り」として与えられているわけです。

末木　なるほど、そうですか。

松岡　今、私が述べたのは、「学者にとっての『御義口伝』」でなく「信仰者にとっての『御義口伝』」の意義です。学者にとって、『御義口伝』は文献学的に日蓮大聖人の直説を記録したものと言えず、後世に成立した文献でしょう。その上で、日興門流の思想的遺産として評価すべきだとの声もあります。一方、信仰者にとっては、そんなことが『御義口伝』の本質ではありません。キリスト教に「霊感説」というのがあります。聖書はすべて神の霊の導きで書かれている、という説です。そうなると、誰が書いたかは本質的な問題ではない。同じように、かりに『御義口伝』の作者が大聖人滅後の弟子だったとしても、宗祖から伝承された法義を踏まえて仏の心を書き留めたものであれば、それは日蓮大聖人の声、思想そのものであると言えないでしょうか。師匠と弟子が不二であり、十界互具であれば、「弟子の己心に具わる師が『御義口伝』を記述した」という見方も成り立つように思います。この点、いかがでしょうか。

末木　基本的にそのとおりだと思います。もしそういう見方を否定したら、それこそ大乗非仏説であって、大乗経典は全部否定されなければならなくなってしまいます。

松岡　それはそうですね。だから、やはり我々信仰者にとって、『御義口伝』は日蓮大聖人の直説なのです。

末木　はい。それでまったく構わないと思います。

松岡　ただし、基礎的な学問として、文献学は重視すべきだと私も思っています。考えてみれば、文献学があるから霊感説的なものも逆に明らかになるわけですよね。

末木　はい。大乗経典はそうです。私も少し座禅をするのですが、禅は釈迦が摩訶迦葉に伝えて、菩提達磨が中国に持ってきて、そこから今までずっとちゃんと続いている。その途中で、途切れがないことを前提としています。

でも歴史的に見たら、途切れがないなんて全然嘘(うそ)なわけです。初期の禅宗史なんて全部作られたものだということがわかっています。釈迦から代々、以心伝心でまったく変わらない方法が伝えられてきているなんて、そんなことはない。それに、釈迦の心と自分の心が同じかどうかなんてわからない。同じだと言う人は嘘でしょうね(笑)。

松岡　でもまったく別かと言うと、それも違うと。

末木　そうやって受け継がれてきたことが、あながち間違いでもないわけです。私たちは一つの時間の流れの中だけで生きているわけではなくて、歴史的に複数の時間の流れの中で生きているのですから。

「体で知る」という認識のレベル

松岡　これまで理性をけなすようなことばかり言ってきましたけど、理性はフィルターとして大事です。宗教者であれ何であれ、人間は理性を中心に考えるものですから、理性を軽視してはいけないと思うのです。理性を包括していくような、宗教的な超越性でなければといけないと私は思っています。

末木　身体が関わってくる心身的なものとして、理性を捉えられるかどうかという問題もあります。比叡山では十二年も山にこもる籠山行(ろうざんぎょう)という修行があります。「あなたは籠山行をやってもよろしい」と資格が認められなければ、この修行をやることはできません。ではその資格とは何なのか。それが「好相行(こうそうぎょう)」です。三千仏名を唱えながら五体投地を繰り返す。それを不眠不休で続けます。

このものすごい苦行をすると、本当に仏が現れるのだそうです。仏立三昧です。仏が現れたら、その修行僧は認められたことになる。もし仏が現れない場合は、何年でもその行を続けなければならない。早ければ何カ月単位で仏が現れるそうです。

松岡　場合によって何年もかかるんですか。それはとんでもない修行です。

末木　「そんなのは嘘を言って『仏が現れた』と言えばいいじゃないか」と思うでしょう？　でもちゃんとベテランの人が見ると、本当か嘘かわかるそうです。いくら嘘を言ったって成り立ちそうなものですが、本物と偽物には区別があります。

そこは、いわゆる知的な意味での理性だけで判断しているのではない。心身的な形で確認されていくのだろうと思うのです。宗教にはそういう言葉では語り得ない領域があります。

松岡　いわゆる「体で知る」という認識のレベルですね。

末木　近代になってきて、レベルが浅いところで、「理屈が合えば宗教の信頼性が確かめられる」という知的レベルでの理解になってきています。でも知性や理性だけでは捉えきれないものがあるのです。どこまで行っても奥が深い世界がある。法身から来る言葉を、どう受け止められるのか。そういう根源的な受動性が問われると思うのです。

学問と宗教の間で思考する

松岡　末木さんがご著書の中で、ウィトゲンシュタイン（オーストリア出身の哲学者）の言葉を紹介して、「語り得ないものについては沈黙しなければいけない」と書かれていました。カントも同じような視点ですよね。
末木　ウィトゲンシュタインは、カント的な論理を究極的に推し進めた学者です。
松岡　私は「語り得ないものについては沈黙しなければいけない」というのは健全な学問人の姿だと思っています。学問には、自分たちの論理で自己完結していく傾向がありますからね。つまり、学問の外側にあるものは認めようとしません。だから、排他的な言説になっていく可能性があります。開かれた学問人であれば、ウィトゲンシュタインやカントみたいになるのでしょうけど、どうしても専門性に凝り固まってしまう。自分の理性が認める世界観に限局して、宗教的な語り得ない部分を排除していく。そういう人が必ず一定数います。
末木　ただ、語り得ないものについても、何らかの言語化は可能ではないのかということとが、今問われてきています。「冥の領域の言葉」がありうるのかどうか。死者との対話はありうるのか。神仏との語りはありうるのか。それは神の声、仏の声を聴けるのかという問題とも関わってきます。

そこで公共的な言語の限界として話を切ってしまったら、そこに入らない問題があまりにも大きすぎるのです。だから、それをどういうふうに含み込んでいくのか。私の出発点はそこにあります。

松岡　すると、学問と宗教の境界は流動化していく。

末木　ええ。流動化したとしても、それも学問なのです。今までは「ここから外は学問では関与しません。あとは宗教の人が勝手にやってください」みたいな感じでしたけど、そうはいかないのではないのか。特に哲学は、そういう曖昧な領域を多く認めた上で成り立つ学問です。言語学にしたって、「公共の言語がすべてですよ」と言うわけにはいかない。じつは公共化できない言語がいくらでもあります。普通は、「それは学問の外の問題ですよ」と言って、自分たちの領域ではないと切っちゃう。だけど私は、哲学はそういうものも含み込んだ形で世界の構造を作っていくことができると思うのです。

学問と宗教を線引きして、「こっちは学問の領域です」「こっちは宗教の領域ですよ」といった領域分けはできない。領域分けをしちゃうと、「宗教はここの領域で小さくなっていなさい。余計なことは言わないでください」となりかねません。

松岡　近代の領域では、宗教は周辺に置かれてきましたよね。

末木　近代は宗教に特定の領域を与えたけど、逆に言うと、宗教がそこから外に出ることは許さなかった。でも、そうじゃないだろうと思うのです。両者がもっと流動化して、相互浸透していくべきじゃないかと思います。

松岡　下の図で言いますと、末木さんが提唱する〈哲学〉とは、学問と宗教の両方にまたがるものと考えてよろしいでしょうか。

末木　そうですね。私は今、そういう意味合いで哲学を構想しています。

松岡　私は右側の宗教（教学・宗学）にいて、末木さんは左側の学問（宗教学・仏教学）にいらっしゃいます。ベクトルが逆のように見えますが、学問と宗教の間で流動的に思考していく、という点では、末木さんも私も同じ場所に立っていると思います。

末木　信仰学（仏陀学・仏教神学）は、宗教学や仏教学と全然違うものとして成り立つわけではなくて、流動的に一体化していると私は思うのです。

松岡　そうですね。切り離すことはできないでしょう。信仰学が、宗教学や仏教学を主体的な形で取り込んでいけるかどうかが、一つのポイントになると

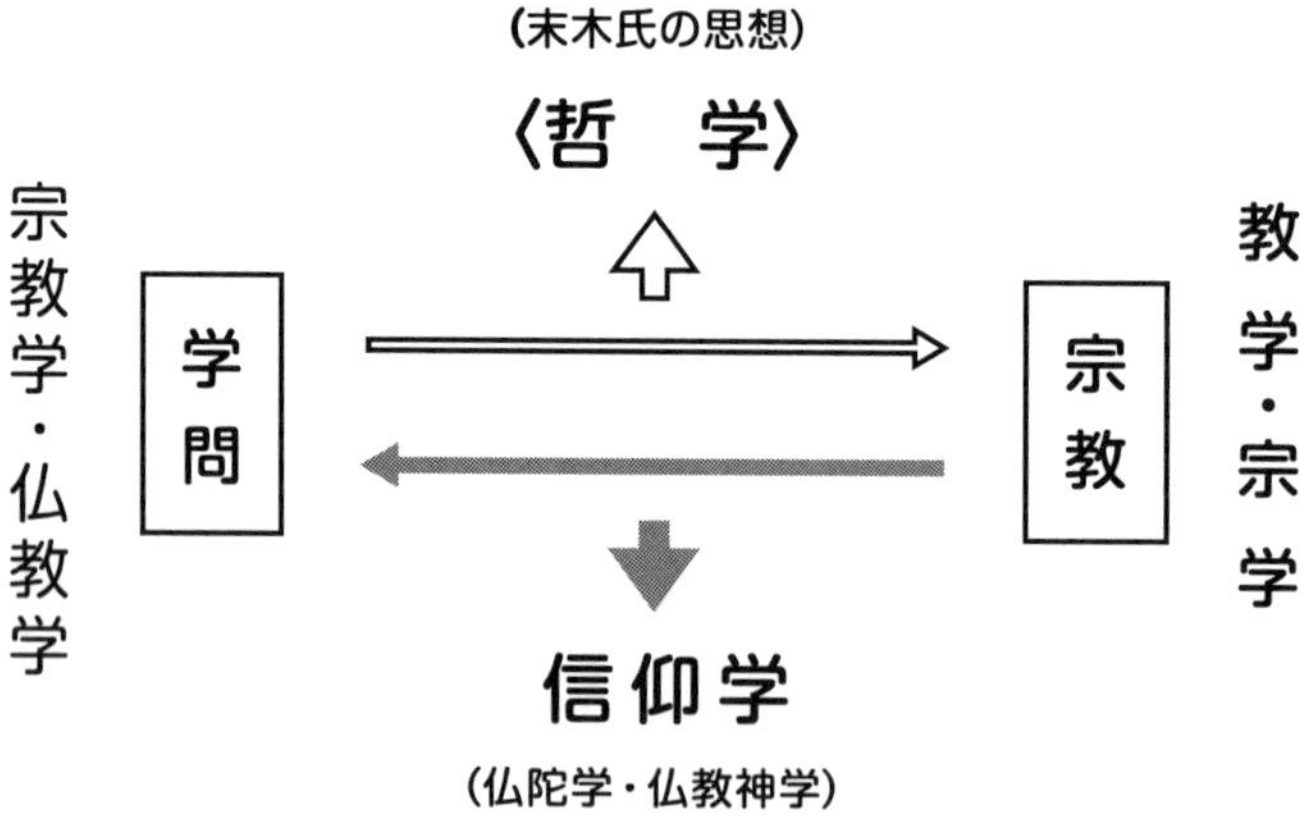

考えています。

「獄中の悟達」の真実性

松岡　創価学会の信仰に戻って、もう少し話を続けたいと思います。学会が日蓮正宗から独立したことで、その宗教的な権威の源泉は何かという問題が、改めてクローズアップされた感があります。この点について、どのような見解をお持ちでしょうか。

末木　かつては日蓮正宗から与えられることによって、曼荼羅の権威が生きていました。その権威がなくなった中で、果たして創価学会が曼荼羅の権威を主張できるのかどうか。そこはけっこう深刻な問題だと思います。

松岡　さっきの禅宗の系譜じゃないですけど、日蓮仏法には霊山の系譜があります。霊山で釈尊から上行菩薩が付属を受けた。創価学会では、そこを教学的にどう展開しているのか。戸田先生は、自分がその場所にいたと獄中で悟達した。そう言っているわけです。

末木　先ほども話題にのぼりましたが、それは本当にすごい話です。

松岡　それこそ外部の人にとっては信じがたい話かもしれませんが、戸田先生本人は本当にその場にいたと悟達したのです。したがって創価学会には、霊山で仏から直接地涌の菩薩として付属を受けたという系譜があるのです。

末木　なるほど。もともと「霊山同聴」は、天台宗の開祖智顗と、その師の慧思との関係から言われるようになったものです。

松岡　そうしたところにどう正統性を見出すべきだというのが、信仰者としての私の意見なのです。

末木　いや、それは成り立たないわけではないけど、ただそれを主張すると、戸田城聖という人は普通の人ではなくなる。特別のカリスマとして認めなければならなくなります。

松岡　じつはそういうことでもなくて、戸田先生は、そこに創価学会員もみんな一緒にいたと言っているのです。

末木　そうなんですか。

松岡　自分だけでなく、創価学会一人一人がそこにみんな一緒にいたと戸田先生は悟達したのです。だから創価学会員はみんな、地涌の菩薩としての付属を受けているのです。さらに究極を言えば、もはや宗教の枠を超えて全人類が本当は地涌の菩薩なのだと。そういう広がりのある霊山の系譜観が、創価学会にはあります。

末木　うん、そうか。なるほど。そういう方向が果たして理論化できるのかどうか。今後そういう方向で理論化していくことは、成り立たないわけではない。天台大師智顗だって、まさに霊山にいたわけですから。

松岡　智顗は、薬王菩薩としてそこにいたわけですよね。

末木　だから、戸田会長の言うこともあり得ないことではない。

松岡　霊山同聴ですね。

末木　ええ。戸田会長による「獄中の悟達」はあり得ないことではない。

松岡　だから、創価学会員は霊山で同聴したことになっているのです。それを思い出していない。気づいてないだけなんだと。
　単に「仏性がみんなにありますよ」と言われるよりも、「皆さんは過去世に地涌の菩薩としての付属を受けているのですよ」と言われるからこそ、強烈な使命感が生まれます。地涌の菩薩としての自覚が強く促されます。「みんな仏だよ」と言われただけでは、やっぱり使命感が生まれませんから。
末木　そうなのです。
松岡　そこに気づいた瞬間、菩薩としての自覚が生まれる。
末木　そうした主張を展開する際、何らかの形での正統性は絶対必要だと思うんですよ。その正統性がどう保証されるのか。そこは創価学会にとって非常に重要な問題です。
松岡　そこは、客観的にはなかなか言えません。
末木　外部の人間から「そんなものは笑い話じゃないのか」と言われないように、いかに客観的に通用する正統性を示すか。それは宗教者であればみんなやってきたことです。例えば法然だって、「夢の中で善導に会って、善導から教えを受けたのだ」と言っているわけです。親鸞だって六角堂で救世観音のお告げを受けて、それで法然の門に入りました。「そういうのはみんな勝手な作り話でしょう」とは、私は言えません。
　ただし、何でもありとフリーハンドにしちゃったら、幸福の科学みたいに誰かの霊が降りてきたと言えちゃいますからね。そこは難しいところです。

松岡　信仰者は、教義の理解とともに、身体的な実践を通しても悟りに迫ろうとしています。これに対し、宗教の研究者は、自ら主体的に実践を行うことはせず、観察者として宗教を調査し、研究している。つまり、信仰者と研究者とでは、宗教に対する認識の位相が異なっています。信仰者の側から言えば、信仰を実践していない研究者が客観的アプローチと称して宗教を解釈し、いろいろと言ってきても、なかなか受け入れがたい。学術と宗教は、永遠に平行線を辿るようにも思います。

私自身は、宗教者として信仰を第一にしながらも、現代の学術的成果を積極的に用いるべきだと考えています。そうしないと、社会的共感が得られないからです。宗教者の側から、近代の学問研究を生かすためには、どういうアプローチがあると思いますか。

末木　近代においては、知的な領域が優越的な形になってしまっています。ただし、そこは今だんだん反省されてきてもいます。

松岡　末木さんは、ご自身で座禅を実践されていますよね。

末木　最近はあまりやっていないですし、実践と言われるほどのものでもありません。

松岡　何十年も座禅されていると聞きました。

末木　いやいや、威張れるほどのものではありませんよ（笑）。知的な表面的なレベルだけで、世界を理解できるものなのか。それでは何も解決にもならない。私はそう思ってきました。知的レベルからもう一歩も二歩も深めたところで、宗教をどう捉えていったらいいのか。その意味で、座禅もやっているのです。

創価学会がずっと評価されてきたのは、まさに現世主義的な社会活動によって評価されてきたわけです。でもこれからは、それだけではない。勤行のような信仰実践によって深められていく世界とは何なのか。そういう世界をきちんと捉え直し、提示してほしい。そうしていかないと、単なる世俗化になってしまいかねない。そうなると、要するに宗教でなくてもいいことになっちゃうのです。

松岡　そうなんですよ。私が「エンゲージド・ブディズム」（社会活動に積極的に参加する「行動する仏教」）に対して感じる不満はそこなのです。「その活動は、別に宗教じゃなくたってできるでしょ」ということなんですよね。

末木　そうなのです。世俗的な問題は、宗教でなくても解決するはずなのです。

松岡　その点、日蓮仏法の「立正安国」は、世俗的な社会活動よりも宗教活動そのものを通じて社会に貢献しようとする思想です。言うなれば、宗教にしかできない社会貢献なのです。その意義が、なかなか一般に理解されないのは残念です。

師弟関係を信仰の中心に置くこと

松岡　今、末木さんは「勤行のような信仰実践によって深められていく世界とは何なのか、そういう世界をきちんと捉え直し、提示してほしい」と話されました。創価学会の存在意義を考える上で、非常に重要な示唆ではないかと思います。創価学会の社会活動だけでなく、その宗教性そのものが、今後は問われてくるでしょう。創価学会の宗教性の核心は、まさに信仰実践、すなわち修行にあります。そして、仏教の修行は師弟関係が根本になります。そうでないと、個人で頑張って勉強すればいいという話になってしまう。ただ勉強して仏教がわかるなら、教団や寺院などなくてもよいでしょう。

末木　禅でも密教でも、師弟関係が非常に重要になってきます。禅の場合は「印可される」という課題がある。ここが非常に弱いのは浄土真宗なのです。浄土真宗の場合、門主（管長）によってちゃんと教えが代々受け継がれているはずなのですが。

松岡　同朋同行ですものね。

末木　つまり、浄土真宗では信心を証明してくれる師匠がいないのです。だから、いったい信心とは何なのかがわからない。そこが浄土真宗の難しい厄介な問題です。

松岡　逆にそれだから、明治維新のころ、島地黙雷なんかが主導して宗門を近代化できたところもあるのでしょうか。

末木　それはあります。非常に近代的になり、一種の無教会的になっていくわけです。あれを突き詰めていけば、「別に本願寺が門主によってつながっていく必要はないでしょう。自分の心だけでいいでしょう」ということになっちゃう。その問いを厳しく突きつけたのが無教会思想です。

松岡　プロテスタント系統ですね。

末木　内村鑑三の無教会主義がそうです。「教会は要らない」と言ったところは、キリスト教の世界では他ではどこもないですよね。徹底するとそこまで行っちゃう。だけどそこまで突き詰めると、継承の正しさとか信心の正しさを証明する場がなくなってしまう。創価学会の場合でも、日蓮正宗との関わりがなくなった時点で、いったい継承の正しさ、信心の正しさをどうやって確立できるのか。ここは大きい問題だと思うのです。

松岡　じつを言いますと、創価学会と日蓮正宗が一緒だったときも、正宗の僧侶が学会員の信仰指導をしていたわけではないんです。会員の信仰指導は、学会幹部が学会組織の中で行っていた。僧侶の役割は、もっぱら授戒や本尊下付、冠婚葬祭等の儀式執行でした。そういう役割分担が確立していたのです。だから、昔も今も、学会員の信心の正しさを証明しているのは学会の組織であり、最終的には最高リーダーの池田先生なのです。学会員は、池田先生を中心とする師弟の組織において、自分の信心の正しさを日々確認しながら活動しています。

そういうわけで、創価学会は一貫して会内の師弟関係を信仰の基軸としてきました。無教会主義的な信仰は、ともすれば親分子分的な人間関係を作りがちだと聞きますが、学会ではそれを厳しく禁じています。どこまでも三代会長が信仰の正統性の源だからです。会の憲法である「創価学会会憲」にも、この点は明記されています。

末木　そうなんですか。

松岡　創価学会では、そのような意味から「師弟」を極めて重視しています。この際、先生にうかがっておきたいのですが、師弟関係を信仰の中心に置くこと、このこと自体は、宗教としてまっとうな姿だと思われますか。

末木　それは基本的に必要な構造です。もちろん、それがある固定化した形に凝り固まってしまうと……。

松岡　権威的になったりすれば……。

末木　そうなると、もちろんマイナス面もあります。しかし、実際上、何らかの形で教えが継承されていく構造は、宗教団体には必要です。その上で、最終的な根拠はどこに求められていくのかという問題はあります。

松岡　本日は、創価学会の宗教性を中心に、多岐にわたって語り合うことができました。私としては、学会の信仰の実像を、もっとメッセージとして社会に伝えていかないといけないなと、改めて感じた次第です。

末木　それは重要です。そこを理論的にも実践的にも深めていくことこそ、これからなされなければいけないだろうと思うのです。

世俗的なレベルで創価学会を評価する一連の流れがあります。労働運動の裏側でこぼれた人たちを、創価学会は救ってきた。そうした評価です。

松岡　「落ち穂拾い」などと言う人もいましたね。

末木　それだったら、学会は労働運動の補完装置でしかない。労働運動がうまくいっていれば、わざわざ創価学会が「落ち穂拾い」をやる必要もない、という話になります。あるいは保守勢力から見ても、「創価学会は左翼に行く人たちを保守的な方向へ引き留めてくれた」といった程度の評価にしかならないわけです。

それは、今日の公明党の問題にも関わってきます。この対談の中では立ち入ることができませんでしたが、学会と公明党との関係は、まさしく政教関係としてきちんと考えていかなければなりません。学会が、選挙のための動員組織としてしか意味を認められなくなり、どれだけ集票活動をしたかが信心の証明になるようになったら、あまりに情けないことです。

だから、社会的な効果の評価どうこうではなくて、仏教的にどういう意味を持つのか。社会的実践と同時に、勤行を含めて宗教的なものをどう実践していくのか。日蓮正宗と分かれた後、創価学会がいろいろな儀礼についてどうしていくのか。これらが今後、重要な課題になると思うのです。そういう方向が、これからむしろ大事になっていきます。

松岡　大切な視点ですね。政治と宗教の関係については、宗教を生活の一部と見るか、それとも生活のすべてと見るか、によって捉え方が違ってくるようにも思えます。ともあれ、本日は多岐にわたって有意義な対話ができ、心から感謝いたします。誠にありがとうございました。

対談を終えた末木文美士氏（右）と松岡幹夫所長

第6章

インタビュー

「世界宗教と創価信仰学」

市川　裕
東京大学名誉教授

――創価学会の信仰の核は、生きた信仰の実感です。皮膚感覚でわかっている実感を言語化するのは、とても難しいことです。この実感を広く一般向けに、また学問の世界に入って伝えていくとなれば、やはりそれは学問の側からも、また他の信仰の側からも納得してもらうことは難しいのではないでしょうか。創価信仰学の探究は、まだまだ始まったばかりです。当然、学問・信仰のどちらの側からも分が悪いということです。ただ、やはりこれから創価学会が、ユダヤ教やキリスト教、イスラームと並ぶ世界宗教として広がっていくために、創価信仰学の構築は必要な作業と考えます。

市川裕　創価学会を研究しようと試みる人は、どちらかというと仏教学や宗教学、もしくは日蓮の時代の研究へと向かっていき、現在の創価学会が持っている思想を体系化して研究することを避けてきたように見えます。また、創価学会としても、学問的なものが先行すると実践的なものが疎（おろそ）かになるということへの警戒感があったのではないでしょうか。

——一般的な学問の手法で研究を進めていくことになれば、必然的に歴史の系譜の中で創価学会が論じられていきます。そうなると、仏教の流れは時間軸と並行していき、釈尊、天台、伝教、日蓮大聖人、日蓮正宗、創価学会となり、創価学会が仏教の中では枝葉の枝葉に位置付けられてしまいます。そうなると池田先生の思想が中心に置かれなくなるということが起こります。

市川　同じようなことが、キリスト教からプロテスタントが生まれたときも起こりました。本来のキリスト教からいえば、プロテスタントは随分と枝分かれした教派になるわけです。しかしルター派は、ルターと聖書原典を中心に据え、ルターからパウロの研究をしていきます。つまりルターから出発して、ルターの著作によって教派が成り立っていくわけです。この「ルターから出発する」ことに価値を置いているのですから、当然、ルターからキリスト教の過去に遡っていきます。もっと言えば、新約聖書の中でルターがどういう思想を取り上げているのか、あるいはルターがどう考えて教えを取り出しているのか——この視点がルター派の研究の原点となるのです。このように明確な出発点と基礎があって、ルター派の神学が作られていったのです。

——創価信仰学では、佐藤優さんが言われていた「信仰の基点」、出発点が池田先生にあるということになります。池田先生から日蓮大聖人、釈尊を見ていく。池田先生が選び取り、語り、残してきた信仰の事実を基盤として研究を進め、深めていくというものです。この超歴史的な側面を持つことで、学会が世界に広がっていく上での現代的かつ現実的な説得力となるものと考えます。

市川　実際に創価信仰学を構築していこうとすれば、恐らくさまざまな方面から「仏教の歴史を踏まえていない」「文献と違うのではないか」などの批判があるに違いありません。しかし、それは時間が経つことによって理解が深まっていくでしょう。そもそも、短期間にこれほど世界に広まった教えを正しく伝えていくために、創価信仰学はぜひとも必要なものだと思います。

――私たち創価学会員は、寺院や経典・書物から生きた信仰を学んだわけではありません。日蓮大聖人のことも、釈尊のこともすべて池田先生によって教えられ、その行動によって具現化された信仰の力を目の当たりにしてきたのです。つまり、先生が読み解いた御書や法華経理解、それを行動によって証明した事実があることによって、他の仏教団体との明確な違いがあるわけです。創価信仰学を打ち立てるという必然性は、この点にあると考えています。

市川　私が若いころに宗教社会学研究会（宗社研）というグループがありました。そこでは宗教社会学の研究者が、今起こっている新宗教の研究を同時並行・リアルタイムで行うという研究手法が好まれていました。歴史的な文献を扱うのではなくて、経験科学として実際の宗教活動を見るという研究者が多かったのですが、その弊害として一方的な数値化された見方や社会学的視点でしか教団を見ることができないということが生まれたのです。この風潮によって、例えば創価学会の信仰を持つ研究者がいたとしても、自らの宗教を宗教学・宗教社会学的に研究していくことが強く求められました。すべてを相対化し、データ化することが研究であるとされていましたから、神学体系みたいな形で自分の信仰の体系を論じていくことが控えられていたのです。言うならば、神学を対象化するのはよいけれども、研究者自身が神学を論じてはいけないと。本来は、自分の持つ信仰は、他の信仰よりもよく知っているはずですから、それをさらに思想的、哲学的に深く掘り下げる方向性も大事なはずです。しかし、そのことは横に置いて他の宗教を研究して比較・相対化することが求められました。そういう客観性思考が強く、自らの信仰を深く研究することに踏み切れないという時代が長く続いたと思います。

――信仰は内在的なものですから、客観的・相対的な形で進められても研究の形として成立するのは難しいのではないでしょうか。最近では、長年創価学会を研究している研究者でさえも、創価学会の基本的な構成要素である「四者」(壮年部、婦人部、男子部、女子部。インタビュー時の呼称)を、「四部」と誤った言い方をしていました。こうした基本的な用語であっても、きちんと掌握・理解できていないという現状があります。客観性が重視されていると言っても、どういう点において客観性があるのかを問わなければなりません。研究者自身が教団の活動を行っていく中で研究を進めているわけではありませんので、基本的な情報の精度が低いように感じます。たとえ長年研究してきた人であっても、創価学会のような巨大な教団の理解や情報に疎(うと)いという現状があります。

市川　研究する人間の側が「思想研究」や「哲学的な研究」を意図してこなかったという点が大きいと思います。例えばですが、実際に宗教活動を行っているグループの研究ではありませんが、京都学派と呼ばれる一群の研究者は日本的な禅の哲学的な意義を西洋哲学の概念を使って比較しながら評価していきました。日本の哲学者が西洋の哲学を通じて研究を進める手法です。宗教と言っても主に禅に限られますが、それ以外でも浄土真宗の研究をする人もいます。浄土真宗を一つの教学あるいは哲学として論じていく人たちがいることはたしかです。宗教社会学的な研究ではなく、道元や親鸞、蓮如らのテキストから宗教哲学的な問題を取り上げて論じるときに、ヨーロッパを比較参照するやり方をしているのです。こうした動きに伍する形で、日蓮仏法・法華経を基盤とした創価学会の信仰体系を論じる研究者が出てきてもいいのではないかと思うのです。松岡さんは、まさにそうした研究に近い視点を持たれているのではないでしょうか。

――創価学会の信仰体系を論じるという研究を進めていくことの困難さを、どのように考えていますか。

市川　さまざまあると思います。一つ挙げるとすれば、①法華経を解釈する②日蓮の著作を解釈する③池田名誉会長の思想を捉える――という三つの異なる時代のテキストをどのように体系的に論じていくのかという難しさです。これは、今のヨーロッパのカトリックもしくはプロテスタントのキリスト教神学者たちが置かれている状況から考えてみたいと思います。それはキリスト教の神学者が創価信仰学の人々と同じ立場にあるからです。彼らは信仰を持ち、その信仰の正しさを哲学的に論証しようとする人たちであり、その営みは千年以上も続いているのです。彼らはキリスト教信仰の基礎として、オリジナルの聖典である①『新約聖書』②『旧約聖書』、それに加えて、③自分たちの宗派の創始者の思想の三つから出発しています。すなわち、現代の置かれた状況を捉えていく際に、超歴史的に最低三つぐらいの違う時代に生まれた思想を見てきたわけです。これは、創価学会においても、十分に参考にはなると思います。私は、創価信仰学を探究するということは、こういうことを深めていくということであり、一人一人が深められる位置にいるという自覚を持ってほしいと願うのです。

——その上で、市川さんは創価学会と他の宗教との比較研究を進めていくことへの期待を折々に話されています。こうした展開をするために、まず思想の基盤であり原点であるものを、もう一度確認しなければいけないと思うのです。池田先生は、自身が語り、綴ってきた著作の中で、自分の思想・哲学を研究していきなさい、と言われているわけではありません。しかし、池田先生が発信し、残してきたことを踏まえて、どのように世界の宗教を見て、対話を広げていくのか。この点を考える必要があると思います。仏教、日蓮大聖人は当然として、キリスト教、ユダヤ教、イスラームをどのように池田先生が捉えていたのか、という点を深めていく作業です。

市川さんのお話を聞いて、私たちは創価学会の信仰を持つ者として、信仰を持たない研究者と違う視点での探究が必要である、ということを教えていただいた気がします。

池田名誉会長の対談集を研究の端緒に

市川　これまで、創価学会からの発信を見ている中で、そうした角度の探究があまり進められていないないと思ったからです。池田名誉会長は世界の知識人・政治家と対談をされていますし、その多くが異なる文明・宗教的背景を有している方々です。例えば、インドネシアのアブドゥルラフマン・ワヒド元大統領や、マジッド・テヘラニアンさんはイスラームを信奉されている方ですね。こうした方々との対談集を読むと、名誉会長が異なる宗教文化の人たちの考え方を常に意識しながら話をされているということがわかります。ですから、創価信仰学の探究を進めるには、名誉会長の対談集の研究から始めるのがいいのではないでしょうか。どこから始めていいのかわからないのではなくて、もうすでにテキスト・資料は盛りだくさんにあるわけです。それを深く読み通したときに出てくるであろう「創価学会の精神」「宗教的な捉え方」が、諸宗教・諸文明との対話の中にあるはずです。これが比較思想になるわけです。比較思想によって、自分たちと相手との違いや共通点が浮かび上がるのです。生命倫理をはじめ現代的な価値の問題も随分論じられていますけれど、もう書物にしても数十冊になるわけです。さらには、書物になっていない対話もたくさんありますね。ユダヤ関係だと比較的に少ないと思うのですが、それでもユダヤ系の人たちやイスラエルの駐日大使との語らいもありました。その語らいには、名誉会長の考えが随所に出ていると思います。こうした世界宗教との比較の中で、創価学会の日蓮仏法とはどういうものかという特徴が出てくると思います。

——池田先生が対談集も含めて多くの異なる文明・宗教的背景を持った方と対話されてきたことによって、私たちには豊富な材料があるというのは、とても大事な視点だと思います。おそらく、書物になっているだけでも、これほど多様な宗教、多様な人と仏教の指導者として語られた方はいないと思います。この池田先生が語り、残された思想の種を活かしていくのは誰なのかと。まさに市川さんからのご指摘を、私たち自身が肝に銘じなければならないと思います。

市川　そのような行動は期待されているし、また期待する人たちがいると思うのです。池田名誉会長の書物が次々と出版されているけれども、ある意味で出たままになっているのではないかと。私はそうであってはいけないと感じているのです。もちろん、「聖教新聞」などでは常に対談が行われた事実を振り返り、何度となく企画を組んでいることは知っています。これから求められるのは、そこから一歩踏み込んだ哲学的な視点であり、思想の深みを見つけ出すことです。このコロナ禍にあって、私も名誉会長の書物を手に取る機会が増えました。

作家の金庸さんとの対談集『旭日の世紀を求めて』を読んだときには、中国の人たちの物の考え方の中には、今の日本を考える上で文学面のみならず思想の面で大事な視点がたくさん含まれていることを知りました。また、ゴルバチョフさんとの対談集も読む中で、彼の宗教観のようなものが記されていた部分もありました。ソ連・ロシアとかいっても共産主義だけではなくて、人々の基盤になる生き方を知るには、深いところで宗教を見る必要があるということがよくわかるのです。創価学会が世界宗教として飛躍していくために、こうした対談集を基として、一人では到底難しいでしょうから、皆さんが分担して研究を進めていくという手法があってもいいのではないでしょうか。それには、まず名誉会長の多くの対談から、物の考え方をあらゆる角度から検証して、世界を、また人間をどう見ているのかという思想体系を出していくことです。

あとは、現代思想への挑戦のようなものですね。特に日本では創価学会を「新宗教」という固定観念で見てしまいがちです。しかし、創価学会の思想を現代思想の一つとして論じていけば、学会をまったく知らない哲学者とか、哲学研究や思想研究やヨーロッパとか海外、イスラーム研究とかをやっている人たちに、「あ、学会はこんなにおもしろい宗教なんだ」「池田大作という人の思想をもっと知りたい」と思ってもらえるし、興味を喚起させることができます。そうすると、一つの宗教として、例えばキリスト教と比較してみたくなるような思いになっていくに違いありません。そういう普遍的意義のある比較思想が出てくれれば、関心が向くはずです。松岡さんの書物にいろいろな比較思想の試みがありますが、やはり仏教の特徴は他の宗教と比較したときに出てくるわけです。創価思想の特徴というのはどこにあるのかというときに、何と比較するかによって出てくるものが違うと思います。それをぜひ、学会の信仰をよく知っている人が、他の宗教と比較したときに「ここが比較できる」「ここに普遍的価値がある」とどんどん出してもらえると、それこそ創価学会が世界宗教として位置づけられていくわけです。一人でできなければ、ある問題を前に、「名誉会長がこう言ってました」「ここにこう書いてありました」という議論を積み重ねて、その議論の中で矛盾はないかを検証し、比較の対象にしたくなるようなものを皆さんが出し合ってほしいし、捻出してほしいのです。どんどん思想を探ってほしいのです。今、どういう問題が目の前にあるのかという気づきと、研究をするメンバー同士で信仰を基盤として真摯に議論し切磋琢磨していくことが必要です。

——創学研究所の研究手法について、大変に具体的な提案だと思います。こうした活動を進めていく上で、私たちは当然、創価学会員として、なにより池田先生の弟子としての自覚を持って行っていくことになります。この自覚には、信仰者として理不尽な攻撃や困難に耐えうる力が含まれるものと考えます。市川さんは、宗教や思想の持つ力について、どのように考えていますか。

市川　人間が生きていく上で宗教や思想の持つ力は非常に重要であると考えます。どのような時代の変遷があっても、人間は思想や宗教によって、その行動の仕方が変わっていきます。思想・宗教は、その意味では人間にとって一番重要なものであり大事なものですから、そこを蔑ろ（ないがし）にしてしまっては、自分も社会も軸を失い混乱がもたらされるでしょう。これを深く追究していくことが、研究活動のみならず、今現在、最も求められているといえます。

池田名誉会長が対談集だけでなく、その行動の原点に持っているのは、目の前の一人を幸福にしていくということです。この原点があるから、深く考え、行動している。だからこそ、その言動は説得力を帯びているのです。さまざまな違いを超えて結び合うために必要なのが思想・宗教の力です。一人の人生の悩みから地球規模の課題の解決に至るまで、思想・宗教は人類によく生きる方向づけを与えていく意義があります。世界の指導的立場の人々が何を考え、どう行動してきたかを知ることは、人類の未来を考える上で極めて重要です。だからこそ名誉会長は世界のさまざまな分野の指導者との対話を通して、あるべき思想とは何かを語り、相互理解を深めてきました。皆さんは名誉会長の創価思想をひきついで、忍耐強く使命を果たしていっていただきたいと思います。

法華経を基盤に置く意味

――創価学会には、法華経なかんずく日蓮仏法の強固な思想基盤があります。市川さんは、ご自身の著作『ユダヤ教の精神構造』において、法華経とタルムードの比較をされています。これまで研究を進めてきた中で、法華経や日蓮仏法の文献的な面と信仰的な面について市川さんはどのように捉えているのでしょうか。

日蓮大聖人は法華経を基盤として、御本尊を顕し、題目を流布しました。しかし、その大聖人ご自身も「信心の血脈なくんば、法華経を持つとも無益なり」（新一七七七頁・全一三三八頁）と仰せになられています。法華経であっても信仰の上で正しく用いていかなければ、同じ法華経でも無益であるというのです。大聖人が「一念三千の法門は、ただ法華経の本門寿量品の文の底にしずめたり」（新五四頁・全一八九頁）と仰せのとおり、釈尊の法華経は文上であって、大聖人は法華経の本義は文の底にあるとされています。文の底とは、学術的な視点で見れば書かれていないということになります。それは大聖人が覚知された法華経であり、実践の仕方ということになると思います。その意味からすれば、大聖人の法華経観と釈尊の法華経観は表現が異なります。そして、さらに現代は、池田先生の法華経観によって大聖人の法華経観を捉えていかないといけないと思うのです。私たちは、池田先生の思想・哲学・行動から日蓮大聖人に迫っていかなければ、大聖人の拝し方を誤ってしまうと考えています。それは、偉大な仏法指導者を持たなかった戦前の日蓮宗や日蓮正宗などが戦争に加担していった歴史からも十分にわかる話です。

中国の季羨林（きせんりん）氏・蔣忠新（しょうちゅうしん）氏との鼎談『東洋の智慧を語る』の中で池田先生は、創価学会第二代会長の戸田城聖先生が言われた「同じ法華経にも、仏と、時と、衆生の機根とによって、その表現が違うのである。その極理は一つであっても、その時代の衆生の仏縁の浅深厚薄によって、種々の差別があるのである」との法華経観を紹介した上で、「最も真剣に、最も責任感をもって、万人の幸福を願い求めた人が、先行する『法華経』に出合い、それを自身の生きる時代に展開し、新たな『法華経』を語っていったのです」と言われました（『池田大作全集』第一一一巻、四九三頁）。池田先生が語るとおり、まさに現代は創価学会、池田先生が新たな法華経を展開しているものと考えますし、このことを学会員は強く実感していると思います。

市川　私は創価学会の基本に法華経があるのが、すごく大事だと思っています。つまり、法華経は日蓮仏法の最も基本的なものですから、常に世界の宗教と語り合っていく上で必要です。また、信仰とは別に学術面から見ても同じことが言えると思います。法華経についていえば、日本ではほとんどの宗派が何らかの関係を持っている経典です。しかし日蓮もその生涯の最初のころから、法華経に対して誰も悪く言わないけれども、法華経を最高の経典であるとは言わないと指摘しています。つまり他の経典と同じだと言っているのです。法華最勝だといって法華経に価値を置いているのは、日本では日蓮と最澄しかいなかったのですね。ではまさに今、現代にあって法華最勝の持つ意義や価値をどう位置づければよいのか。法華経そのものは、仏法や法華経の考え方を持たない人にとっても、その歴史性や写本などの文物的な視点において重宝がる人はいると思いますが、本来はそれだけではないはずです。日蓮そして創価学会の持つ思想は、法華経に対して特別の価値を見ているわけですから、このことを現代的に意味づけていくことが、今後においてもさらに重要な活動や研究の方針となると思います。

——今言われた本来の法華経の価値を追究することは、とても重要な視点であると思います。小説『人間革命』第四巻の中で、一九五〇（昭和二十五）年の学会の状況が述べられています。そのころは戸田先生が理事長を辞任されて一番苦しい時期でしたが、その年の十月に戸田先生が勤行をしている際の心情が次のように綴られています。

「戸田城聖は、ひとまず価値論を捨てて、大聖人の仏法それ自体を理解させようと願った。しかし、現代の科学的知識を学問の基礎とすることに慣らされてきた学会員たちにとっては、大聖人の仏法が、超論理的なものであることを、なかなか理解できなかったのである。戸田は、そのために、法華経の優れた解説書であった『摩訶止観』の精密な論理的追究を借りて補足しようとした。ところが、人びとは、この補足部分を理解するのが精いっぱいであった。ひとえに機根の未熟のためである。戸田が、一身にその罰を受けて、今、翻然（ほんぜん）と悟ったものは、久遠の法理に基づく『御義口伝』に回帰することであった」（『池田大作全集』第一四五巻、四二一頁）

戦後、創価学会を再建するときに、戸田先生は法華経の講義から始めましたが、受講者はなかなか理解をしなかった。そこで、天台の『摩訶止観』を使って講義をしたが、それでも理解できなかった。結局、天台のように論理的なものではなくて信仰の本義を語った『御義口伝』を通して会員の育成をしていこうと思い直されたというのです。ここから、学会は「御書根本」という運動により大きく切り替わっていきます。大聖人の信仰の本義が書かれている『御義口伝』によらなければ、戦後の学会員が信仰の確信を得ていくことはできなかったわけです。

『御義口伝』は口伝形式、講義形式ですから、体系立っているというより、まさに大聖人の悟りの法門と言ってもいい内容になっています。理論を超越した表現・内容が随所に見られます。池田先生は、この『御義口伝』をはじめとする御書の拝し方について、「まず〝真実、真実、全くその通りでございます〟との深い思いで、すなわち、信心で拝し、信心で求め、信心で受けとめていこうとすることが大事です。西洋哲学は〝懐疑〟から出発するといえるかもしれない。しかし、仏法を学ぶには、〝信〟をもって入らなければならない。あの智慧第一といわれた舎利弗でさえ、知識や知能で仏法を解(げ)了(りょう)したのではなく、信心によって解脱(げだつ)したのです」(『新・人間革命』第六巻、三三八頁)と教えていています。

市川さんが言われたように、すでに本質的な価値はあるので、それをどのように理解しながら弘めていくのかということであると思います。そこから、私たちの目の前の課題が何かと考えたときに、ある意味で戸田先生の戦後の状況と似たようなものがあるのではないか、と感じることもあります。多くの人々が科学的な思考形態に慣らされているので、客観的な言葉や科学的な論拠を持った表現で信仰を説明したほうがいいのではないか、という風潮がなきにしもあらずです。

もちろん、それが必要なときもあるとは思います。しかし、何もしないまま自然にやり過ごしていると、次第に客観的・科学的な流れが優勢になって信仰が矮小化される気もするわけです。現代は、言葉にできない信仰の世界のようなものが弱まりやすい時代環境ではないでしょうか。すべてをはっきりと説明できなければいけない、という傾向が非常に強まっている気がします。生命倫理や環境問題などに○×の判断を求められることがありますが、はっきりさせることが困難な問題は無数にあります。それを無責任という意味ではなく、より良い選択を目指して時に応じて検討する余地を残したり、あえて曖昧にしたりすることも大事でしょう。そういう智慧の力を養うのが信仰ではないかと思います。言葉を変えれば、不条理や理不尽の中でも希望を貫いていけるのが本当の信仰の力ではないでしょうか。これを言語化するのは難しいです。しかし、言語化しなければ、心の持ちようだとか、倫理だとか道徳、名言やモラル、良心といったものに信仰が変わってしまうような危惧を抱いています。本物の信仰を持つからこそ、答えの出ない問題に取り組み、矛盾、不条理、理不尽を超えた力強さを発信していかなければならないと感じる次第です。

市川　キリスト教を今日から見た場合、神学的で体系化されたと思われる書物は、平時の語らいの中ではなく、むしろ論争の中から多く出てきています。組織神学的な体系立てた書物が必要だから書かれた、というわけではないのです。その代表例としては、アウグスティヌスの『神の国』があります。これは、ローマ帝国が北から来た蛮族に征服されてしまったのはキリスト教のせいだ、という批判に対する反論です。自分たちの存亡が懸かっていますから、ものすごく切羽詰まっています。トマス・アクィナスの『神学大全』も、トマスが生きている時代にカトリックの教科書として使われた信仰の書が間違いだらけで、それを一字一句直していくという作業が積もり積もって一つの大きな書物になっています。こうしたことから考えると、無理に体系化された書物を作ろうとか、そういうことをする必要はないと思います。おそらく、今やらなければいけないと思われることや、向き合わざるを得ない問題と必死に格闘する中で、信仰の言語化は行われていくでしょう。そして、のちの時代からそれを見たとき、結果としてそれが論として形となり、信仰を言語化した思想になるということではないかと思います。

だから、まず自分たちの課題を見つけることが大事なのではないでしょうか。私としては、創価学会を思想面で支えていく役割を、皆さんにぜひ実行してもらいたい。言い換えれば、創価信仰学がないと先に進めないと言われるぐらいの研究活動をお願いしたいのです。

(聞き手：蔦木栄一)

第7章 書評

佐藤優著（朝日新聞出版）『池田大作研究 世界宗教への道を追う』

はじめに

元外交官で作家の佐藤優氏による『ＡＥＲＡ』連載「池田大作研究――世界宗教への道を追う」が二〇二〇年十月に連載四十三回をもって完結し、単行本として発刊されました。キリスト教プロテスタントの信徒として客観的な視点を持つ佐藤優氏の池田大作先生に対する理解の深さは驚嘆に値するものであり、創価信仰学のあり方にも大きな示唆をもたらすものと考え、ここに読後記を記すこととしました。以下、本書に合わせた敬称略の書評スタイルで記させていただきますことをご了承ください。

序章

創価学会の内在的論理とは何か

従来の創価学会関連記事は組織論や政治論など外面的なアプローチが多いのに対して、本書は創価学会を知るためには池田大作名誉会長の人と思想を知らなければならないとして、その心の内面を探究している点が大きな特徴だ。

佐藤の池田大作理解におけるキーワードの一つが序章で記されている「内在的論理」である。長い年月と世界への伝道を通じて多くの分派を生んだキリスト教が再び一つの原理のもとに再統一しようとするエキュメニズム運動において不可欠の方法論が「他宗派の内在的論理を知る」ことだと佐藤は述べている（一八頁）。

　宗教教派の言葉は往々にしてその教派の内側で閉じていて、その中で自派の正統性を構築するため、A派の言葉をB派の論理で読み取ろうとしてもそのままでは相容れない。しかし、A派の言葉そのものに内在する論理、言い換えればA派の言葉がその信徒を納得させるだけの固有の世界観があるはずで、それを読み取って自派の言葉あるいは普遍的な言葉に置き換えることが相互理解のためには不可欠である。つまり、「内在的論理」とは、異宗派間の翻訳原理と言える。佐藤はキリスト教内部で行われてきたこの翻訳作業を他宗教である仏教教派の創価学会にも応用したのである。彼の諸著作を見ると、宗教のみならずマルキシズムや特定の国家指導者らの諸思想に対してもその「内在的論理」を読み取る方法が採られている。

　もっとも、よく考えてみると、じつはこれまで池田が世界の識者との間で行ってきた文明間対話、宗教間対話においても常にこの「内在的論理」の探究が行われてきたと言えるのではないだろうか。思い出されるのは、一九九五年に創価大学を訪問したデルガード駐日キューバ大使（当時）が、その数年前に都内で池田と会見した際のことを述懐してくれたことだ。大使曰く「会見のその日、私はキューバ革命の英雄ホセ・マルティの話をしようと思っていたら、池田先生のほうからホセ・マルティのことを切り出され、マルティの言論が当時のキューバの人々にいかに共感され、勇気を与えたかについて語られて、その理解があまりにも的確だったので本当に驚きました」と。それを聞いた我々も驚いたものだった。池田は大使と会う前にホセ・マルティの「内在的論理」を理解していたのだ。

　池田大作理解のもう一つのキーワードとして佐藤

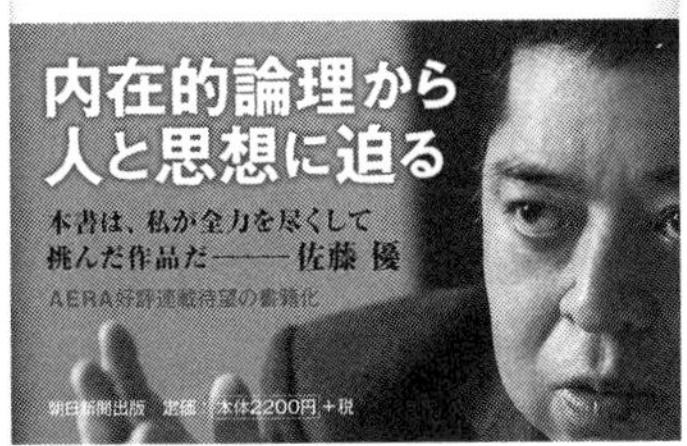

佐藤 優
『池田大作研究　世界宗教への道を追う』
（朝日新聞出版）

は「オシント」（Open Source Intelligence）を挙げている（二二頁）。これは佐藤が外交官時代に情報分析のために取った手法の一つ「公開情報諜報」のことだ。これに対して、個人が有する秘密情報を聴き出す手法を「ヒュミント（Human Intelligence, 人間諜報）」と言う。いわゆるスパイ活動もこれに当たる。佐藤は外交官時代にヒュミントを得意としたそうだが、結果として秘密情報の不正確さ、情報とノイズ（雑音）の混在を、身をもって知り、オシントこそより確実な分析方法であるとの認識に至ったようだ。

池田は多くの学会員を個々に激励もし、さまざまな場面で発言もしているから、その言説の総量はおびただしいが、佐藤はあえて公刊されている『池田大作全集』全百五十巻と小説『新・人間革命』全三十巻などの公開情報だけを資料としている。「だけ」と言っても相当な量ではあるが。

佐藤は二〇一四年の創価大学での講演の中で、「その人と直接会ったかどうかが重要ではない。会っていなくてもその人の言葉を通して深く知ることができるし、師弟関係を結ぶこともできる。イエスとパウロの関係もそうだった」と述べて、創立者と直接会う機会が少なくなった創大生を励ましてくれた。直接会った人だけに発された言葉ではなく、時間と空間を超えて普遍性を持ち得る公開資料に依拠することは、創価の師弟のあり方にも適う方法論であると思う。

第一章
幼少時代の思い出、戦争時代に塗り込められた青年時代

幼少期の人格形成と問題意識

第一章では戦前から戦中・戦後に至る池田の少年期から青年期までを、『池田大作全集』に収録されている『私の履歴書』、『若き日の読書』、小説『人間革命』の三つの資料をもとに丹念に追う。単にどういう経験をしたかということだけなら『私の履歴書』からの引用で終わるが、そこから後年の創価学会第三代会長として数々の偉業をなすに至る「内在的論理」を読み取るところに佐藤の独自の視点がある。例えば、池田の出生時には父・子之吉（ねのきち）の前厄の迷信があり、厄除けのためにわざと一度は捨て子にされたエピソードが紹介されている。ここから佐藤は、池田の両親が迷信

を信じたとは言え、自らの手でその運命を換えようとした発想があり、そのことを人間革命による宿命転換を目指す創価学会の価値観の萌芽と見ている。

父も相当に頑固だが、それは祖先の血を引いている。江戸時代末期の大飢饉の際、池田の祖先は幕府の救助米を断ったという。この国家に依存しない自立心は、池田が後年、国家に依存しない中間団体としての創価学会を指導する価値観につながっていると佐藤は分析する。

池田の幼少期は病弱であった。さらに、父がリウマチで倒れたことによる困窮、長兄の出征、新聞配達の開始などが記される。強い向学心を持ちながら十分な教育が受けられなかったこの時期の経験が、後年の池田が教育に力を入れるようになった動機になっていると推測している。

小学校の修学旅行では、お土産が買えなかった池田を担任の桧山先生がそっと物陰に呼んで小遣いをくれたエピソードに触れ、このように教師から受けた恩恵が、将来与えることのできる力の蓄えとなったと佐藤は見る。

そして池田は少年航空兵を志願するようになるが、父に猛反対されたことなどに触れ、少年時代の池田が一時は国家主義イデオロギーの影響を受けていたことに言及する。これに際して佐藤は沖縄で育った実母安枝が戦中の沖縄で米軍との戦いを経験した回想談に言及し、母もまた国家主義イデオロギーの影響を受け、天皇のために死ぬ覚悟だったと述べる。当時の日本人の誰もが皇民化教育の影響から免れなかった。池田も自身の母もその例外ではなかったことを率直に記している。

続いて、池田が工場労働に従事したことに言及している。労働者の勤務環境を体験したことが、のちに池田が創価学会を指導するときに役立ったとしている。そして工場での激務の中、池田は血痰（けったん）を吐く。結核が進行していたのだという。そのことが自身の死を意識させ、実存的関心をもたらしたとしている。

戦中においては東京がたびたび空襲を受ける中、池田は戦争への問題意識を強めていく。その後、馬込のおばの家への疎開も経験している。そして迎える敗戦によって、価値観も配給システムも崩壊していく。そして、池田家にとって最大の出来事は長兄が戦死したことであった。池田は戦死の公報を受け取った母の深い悲しみを目の当たりにする。自身の病弱と長兄の死とが、池田に生死という人生の根本問題への探求心を強める動機づけとなったとしている。

戦前・戦中のこれらの経験の蓄積が、そのまま戦後の池田の魂の飢餓感となり、探求への動機づけとなっていく。これらは池田が仏法に巡り合ったことの必然性を示す上で不可欠な文脈なのである。佐藤が池田の『私の履歴書』に一貫する「内在的論理」を整理して見せてくれることで、それが虚飾のない誠実な自叙伝であったことを証明してくれているようにも思える。

戦後価値観の転換

第二次世界大戦の敗戦を池田は十七歳の青年期に迎える。国家主義イデオロギーの崩壊とともに池田も佐藤の母も魂の飢餓感に苦しむ。そして池田は師となる戸田城聖と出会い、創価学会に入会する。佐藤の母もまた同時期にキリスト教プロテスタントの道に入ることになる。

一九四五年八月の敗戦によってそれまで大日本帝国を支えていた価値観が崩壊する中、それに代わる新たな価値観を模索する池田の心情、そして学びへの渇仰を示す文言を、ここでも『私の履歴書』から抽出していく。池田は働きながら夜学に通う。そしてなけなしの小遣いをはたいて読書に熱中する。池田はその後、知識の習得のために、読書ノートをつけること、その内容を友人と語り合うこと、この二つの方法論を採るが、これを佐藤は集合知(collective intelligence)と呼んでいる(九六頁)。

当時池田が読んだ数多くの本の書名が『私の履歴書』に記されているが、その中から特に内村鑑三の『代表的日本人』に影響を受けた長文の感想が紹介されている。内村の「死のあるところ宗教はあらねばならぬ」との文言に惹かれながら、死と生命について友人と議論を重ねたことも綴られている。やがて関心は「人間にとって宗教は必要か。必要とすればいかなる宗教が求められるべきか」の一点に絞られていく。

第二章

運命の師との出会い

内村鑑三を通して日蓮を知る

第二章では、池田が内村鑑三を通して宗教への探求を深化させていく軌跡を『若き日の読書』から読み取っていく。内村は堕落したキリスト教徒であったが、アメリカに留学した内村はキリスト教会の姿に失望し、無教会主義の旗を掲げるに至る。そして、内村が『代表的日本人』の中で日本の誇るべき宗教改革者として日蓮の名を挙げたことに池田は共鳴する。内村が日蓮を称えたのは、伊豆・佐渡流罪、竜の口法難に見られる国家からの自立であり、その日蓮の姿に内村はキリスト教におけるマルティン・ルターにも比肩する宗教改革者の生き方を見たのである。それは池田が戦時中に接した国粋（こくすい）的な日蓮主義者とは真逆な日蓮観であることに驚き、従前の日蓮観を刷新したことを池田は吐露する。

ここで佐藤は国粋的な日蓮主義者の例として、日本の帝国主義政策を推進するために日蓮の教えを利用した田中智学の事例を挙げている。こうして見ると、信じるべきはキリスト教なのか仏教なのかということよりも、それを実践する人の生き方がどうであるかという信仰の内実の重要性を池田は内村から学んでいた。佐藤はそのことを的確に捉えて示している。

師・戸田城聖との出会い

ただし、学ぶということと自ら信仰することとはイコールではない。そうした下地を作りつつも、信仰者の道を歩む決断をさせたのはあくまでも戸田城聖という人との出会いであったと池田は『若き日の読書』で述懐している。小学時代の友人に「生命哲学」の勉強会があると誘われて参加した座談会で池田は戸田城聖との出会いを果たす。そこで池田は戸田に三つの質問をする。「正しい人生とはどういう人生か」、「本当の愛国者とはどういう人か」、「天皇をどう考えるか」。いずれも池田にとって戦後の魂の飢餓感が端的に集約された問いであった。

第一の問い「正しい人生とはどういう人生か」に対する戸田の回答が小説『人間革命』第二巻より引用される。ここでは池田は山本伸一の名前で登場する。戸田は伸一の問いに「難問中の難問だな」と言いつつも「ぼくには答えることができる」、「ぼくは福運あって、日蓮大聖人の仏法の大生命哲理を、いささかでも、身で読むことができたからです」と大確信を述べた後、人生にはさまざまな苦悩があるが、根本的な悩みは生死の問題であるとし、その根本の難問を日蓮大聖人は解決されていると力強く語る。そして、「正しい人生とは何ぞやと考える暇に、大聖人の仏法を実践してごらんなさい」「いつか、自然に、自分が正しい人生を歩んでいることを発見するでしょう」と。まさに生死の問題に悩んでいた池田の心にこの答えがストレートに響く。佐藤は戸田のユーモアとウィットに富んだ仏法論の展開をありのまま紹介している。

伸一の第二の質問「本当の愛国者とはどういう人か」に対して、戸田は愛国者の概念が時代によって変化することに言及した上で、時代を超越した真の愛国者は妙法の実践者だと結論する。その理由は、妙法の実践者こそが一人の人を永遠に救いきり、そのことが国家を救い、真の幸福社会を築く基礎となるからだと戸田は断言する。これもまた、時代の変化に翻弄されかけていた池田の心に響く答えであった。前述の飢餓感の文脈のもとで戸田のこれらの言説に触れると、それを受けた池田の感動がよりいっそう強く伝わってくるようである。続いて、戸田の第一の答えにあった「妙法の実践」がいかなるものであるかを説明するため、「南無妙法蓮華経」についての創価学会の公式な解釈を紹介する。

そして、第三の問い「天皇をどう考えるか」に対しても戸田の答えは淀みない。戸田は、天皇制は破壊する必要も特別扱いする必要もないとして新憲法の象徴天皇制への賛意を示す。ここで「天皇も、仏様から見るならば、同じ人間です」と述べているのは、前年の昭和天皇の「人間宣言」の趣旨に添いつつ、一切衆生を平等であるとする仏法の生命観において天皇も例外ではないことを述べられたものと言える。そして戸田は、天皇を含めて日本民族が敗戦の苦悩から立ち上がり、平和な文化国家を建設すべきことを訴える。

ここで佐藤は、戦時中に天皇制権力のもとで師匠牧口常三郎と共に弾圧を受けた戸田が天皇や天皇家に対して恨みを抱いていないことに注目し、未来志向の建設的態度であると述べている。

そして、三つの質疑応答を終えたとき、山本伸一の心に「この人の指導は信じられそうだ」との思いが去来したところまでを小説『人間革命』から引用している。そこから再度『私の履歴書』に戻り、座談会後に、戸田が国家権力の弾圧に屈せず逮捕投獄されながら信念を貫いた人であったことを知り、戸田の言動と行動の一致を確信し、この人と同じ信仰に入ろうと決意したことを付け加えている。内村鑑三が称えた日蓮と同じ生き方をした人を目の当たりに見た思いだったのではないだろうか。そして、一九四七年八月二十四日、池田は創価学会に入信する。

池田大作がなぜ戸田城聖の弟子となったのか、そこに至るまでに池田が置かれた家庭環境、父親の人となり、自身の病気、戦争への直面、社会の価値観の混乱、読書で得た人物観といった文脈を抽出し、そこから戸田との出会いを読むことによって、池田大作の「内在的論理」を理解しようとしたものと言えよう。

小説『（新・）人間革命』に表現された宗教的真実

本書における佐藤優の態度は二つの点で一貫している。一つは池田大作の内在的論理を、公開されている池田の著述から徹底的に読み取ろうとする態度。もう一つはそれを佐藤自身のキリスト教プロテスタントの信仰に照らしてそこからアナロジー（類比）を読み取ろうとする態度だ。この二つの態度は一見すると逆方向のベクトルのようにも見えるが、佐藤はこの二つの態度をもって一つの真実を導き出そうとしているように思う。僭越ながら推し量るに、世界宗教としての広がりと普遍性を持つ宗教は必ず融合し、世界平和に貢献するという信念ではないかと思う。

池田と戸田との出会いを主題とした第二章からは考察の対象を小説『人間革命』にシフトしている。佐藤は、池田大作研究において小説『人間革命』（全十二巻）、『新・人間革命』（全三十巻）を重視する理由を明確にする。まず、内在的論理の探究において、新聞記事や関係者の証言などによる事実関係の調査よりも、フィクションである小説こそがより重要となる趣旨を説明する。信仰者の主観世界はむしろフィクションによって表現されるからである。佐藤は、「歴史的事実」と「宗教的真実」とは必ずしも一致しないことの例として「マルコによる福音書」にイエスの復活が加筆されていることを引き合いに出し、歴史的事実とは違っても教団において共有された共同主観という意味において宗教的真実であると述べている。歴史的事実は考古学的発見など物質面からも探究できるが、宗教的真実は心の中にのみ存在するがゆえに、文学によって表現され、読み取られる以外にないのである。

学問にも事実と真実の立場の違いがある。宗教学は近代科学的な手法により客観的事実の確定を重視するのに対し、神学は聖書に表現され、キリスト教教団が共有するところの宗教的真実の探求を重視する。佐藤が宗教学ではなく神学の立場に立っていることは明らかである。仏教の探究においても文献学的な仏教学とは違って、キリスト教の神学に相当する仏教の信仰学が必要であることを佐藤は示唆している。文献学的な仏教学においては歴史的事実の観点から大乗経典は仏説でないとする学説があるが、大乗経典の多くは釈尊の弟子たちが師の教えを継承していく中で共有された共同主観を文字に書き留めたものであるから宗教的真実と言うべきなのである。

「小説『人間革命』は、創価学会の精神の正史である」とは、『池田大作全集』への収録にあたって記された文章からの引用である（一四三頁）。それは一面から言えば創価学会の歴史の記録でもあるが、それ以上に、戸田と池田の師弟の精神史を未来に続く弟子たちの指針として示すという意味合いが圧倒的にまさっている。過去ではなく未来のための指針。そしてそれは小説という文学的文章で記す以外になかったのだ。

戸田もまたかつて『小説　人間革命』を著し、牧口常三郎との師弟の壮絶な獄中闘争を小説に書き残している。佐藤は、戸田の小説をめぐる師弟の会話の中から、池田が師匠の真実を小説に書き残す決意をしたことも、小説『人間革命』の「はじめに」から引用している。戸田も池田も歴史的事実と宗教的真実の違いをよくよく弁えていたことの証しとして、二人がゲーテの『詩と真実』について語り合ったことも同じく「はじめに」から引用している。ゲーテは心の真実を語るために詩という表現手段を選んだのだ。

第三章
香峯子夫人との出会い、第三代会長就任へ
小説『人間革命』の改訂と世界宗教への飛躍

第三章では冒頭に、小説『人間革命』が『池田大作全集』への収録を機に第二版に改訂されたことを取り上げている。一九九〇年に日蓮正宗宗門の策謀により惹起した宗門事件を経て、初版の内容を修正する必要が生じたからである。

『人間革命』初版では牧口と戸田が神札を拒否して信仰を貫いたがゆえに軍部権力に逮捕投獄された事実についても、二人を見捨てた宗門に関する記述はかなり抑制的であった。神本仏迹論を唱えた僧侶に学会青年部が謝罪を要求した件をめぐって当時の宗門が戸田を処分した不明に対しても、敢えて批判は記されていなかった。それらもすべて宗門と別離したことにより、「宗教的真実」がありのままに記せるようになったのである。

つまり、都合が悪くなったからこっそり改訂したとかいうようなものではまったくなく、真実が堂々と記せるようになったからこそ、後世に残す決定版として池田自身の意思で第二版が作成されたのである。また、そのことは『池田大作全集』第百四十四巻の「小説『人間革命』収録にあたって」に詳しく明言されており、佐藤はその重要性を踏まえて長文を引用している。

これに関連して、宗門と訣別したことが、創価学会が世界宗教へと飛躍した条件の一つであることに言及する。ベートーベンの「歓喜の歌」を異教の礼賛であるとして否定するような宗門に隷属(れいぞく)した状態では、仏教を世界精神にしていくことなどとても覚束(おぼつか)なかったであろう。佐藤はここで、キリスト教ももともとはユダヤ教ファリサイ派であったが、戒律の強い民族宗教だったユダヤ教と訣別したことによって欧州はじめ世界で受容されるようになり、世界宗教への道を歩んだこととのアナロジーを述べている。

戸田大学の個人授業

続いて、池田が戸田のもとで戸田の事業を支えてきたことに言及している。一九四九年一月からは日本正学館で少年雑誌『冒険少年』の編集に従事するが、このころのペンネーム「山本伸一郎」が、のちに小説『人間革命』に登場する山本伸一のもとになっているという。戸田が「なかなかいいじゃないか、山に一本の大樹が、一直線に天に向かって伸びてゆく」(傍点原著)と認めたことも池田の随筆から引用されている(二六三頁)。

同年十二月から池田は東京建設信用組合に移り、苦手な金融の仕事に従事するようになるが、ますます事業が逼迫(ひっぱく)し、通っていた夜学も断念せざるを得なくなった。戸田は池田に「苦労をかけてすまぬ」、「そのかわり、私が責任をもって個人授業しよう」と提案し、毎朝の始業前に行う一対一の「戸田大学」が始まる。その内容は「人文、社会、自然科学、経済」、「礼儀作法、情勢分析、判断の仕方、組織運営の問題」、「古今東西の名著」等、万般にわたったことを、『私の履歴書』から再録している。

佐藤はここでも戸田の講義とキリスト教主義大学神学部の授業との類似を述べている。どちらも万般の教養を宗教的真実へと結びつけて解説する志向性があるというのである。また、戸田は「読んだ本の粗筋（あらすじ）を言ってみよ」と求めることがあったというが、佐藤はこれを「アクティブラーニング」と評している。もともと学習者の自発性・能動性を重視するのが、牧口常三郎が提唱した創価教育であり、今日で言うアクティブラーニングとの親和性が高い。戸田は牧口から継承した創価教育を、愛弟子の池田への個人授業において実践していたことがわかる。

佐藤はこの個人授業から深い師弟愛を感じ取っている。その象徴が、戸田が池田の胸に挿した一輪の花だ。「この講義を修了した優等生への勲章だ」と。池田はこの花を「世界中のいかなるものにも勝る、最高に栄誉ある勲章」と述べ、「自分は最大の幸福者であると感じた」と述懐している。この一輪の花が卒業証書や博士号よりも尊いのは、師匠の学知を身体化したことの意味を池田がよく理解していたからだとしている。戸田と池田の師弟愛への共鳴はさらにその後のエピソードにも続く。事業の苦境の打開のため二人で歩き回って苦心する中、池田が終戦直後の流行歌の「こんな女に誰がした」をもじって、「こんな男に誰がした」と歌うと、前を歩く戸田が振り返って、「おれだよ」と答えたという。この「おれだよ」から「おまえと俺とは、宗教観、価値観、生命観、人生観のすべてが共通する。真の師弟だ」とのメッセージだと佐藤は解釈している（一七八頁）。

「折伏」と「対話」

池田は戸田のもとで「折伏」に邁進した。折伏とは「相手の邪義・邪法を破折して正法に伏させる化導法」を指す仏法用語だ。攻撃性や排他性の誤解を引き起こすことのある言葉でもある。一方、「対話」とは異なる価値観の人とも胸襟を開いて話し合うことができ、互いへの尊敬と信頼を深めていくことだ。一見すると、「折伏」と「対話」は正反対の概念のようにも見える。

しかし、佐藤は「池田大作は対話の人だ」とも述べている。たしかに、池田ほど生涯を通じて宗教間対話を実践してきた宗教指導者も稀（まれ）である。深い対話を結んだ歴史学者アーノルド・トインビーもキリスト教徒だった。プロテスタント神学者のハーヴェイ・コックスとも対談集を発刊している。マジッド・テヘラニアンやワヒド元インドネシア大統領らイスラムの指導者とも対談している。池田における「折伏」と「対話」の両立を、佐藤は本質的次元から捉えようとしている。

佐藤は「自らの信仰に忠実な人ほど、他者の信仰を尊重する」と主張する（一七九頁）。つまり、自分の信念を揺るがすことなく、相手の立場を尊重するのが「対話」なのである。その態度を「寛容」という言葉で置き換えることも可能だ。そして、自らの信仰が揺るぎない人は、他宗教の人と対話しても「宗教混交」（syncretism）が起きないとしている。「宗教混交」とは中途半端に相手の信仰を受容して、例えばキリスト教と仏教を部分的に取り交ぜて信仰するような行為のことである。それは「迎合」という言葉で置き換えることもできよう。「寛容」と「迎合」はまったく異なる態度なのである。

現代社会における基本的人権も個人を尊重するヒューマニズムが基底にあるが、それは人類の平等と個人の尊厳を謳う普遍的宗教性によって支えられるべきものである。「信教の自由」も基本的人権の重要な要素である。つまり、真実の宗教は必ず他者の「信教の自由」を尊重する。古代インドのアショーカ王は仏教の精神をもとに国を統治したことで知られているが、仏教を国教化することはなかった。国民の「信教の自由」を守ったのである。近代トルコ共和国の初代大統領であるケマル・アタテュルクもイスラムの精神を尊重しつつ、聖職者カリフが国を統治していたオスマン・トルコ帝国の体制を改め、「信教の自由」を宣言している。

宗教には必ず布教・宣教という行為が伴うが、それは権力によって行われるべきものではなく、一人一人の自由意思で選び取っていくものでなくてはならない。ゆえに、それは相手を尊重する対等な立場の「対話」を通じて行われていくべきものである。例えば、大学で教壇に立つ信仰者は留意しなければならない。大学で自分から学生に信仰を奨めることは避けるべきである。自分がどんなに対等になろうとしても教授と学生の関係は対等ではない権力関係だからだ。学生であっても自立した一人の人間として尊重しなければならない。それを大前提として人間同士の触発となるような有意義な対話を行えばよいのである。

対等な「対話」に話を戻す。対話の中で仮に相手の考えに誤りがあるのであれば、妥協せずにあえて指摘することが誠意である。誤りがあっても正さないのは「迎合」である。佐藤は池田が歴史家トインビーとの対談の中で、トインビーの意見に反論した箇所があることに注目している。それはトインビーが日本の民族宗教である神道の自然観を是認する発言をしたことに対して、池田は、民族宗教は自民族中心主義に陥りやすく、ナショナリズムに利用される危険性を持っていることを指摘したのだ。トインビーはこの対話を経て自身の神道観を修正している。これこそが池田の「折伏」であった。「折伏」とはこのように、互いの立場を尊重し、敬意に満ちた「対話」の中で誠実に行われる行為なのだ。

例えば、誤解や偏見によって我が信仰を批判してきた人がいるとする。それを正さないとすれば、それは「迎合」であり、結果として自らの信仰を毀損することになる。鎌倉時代の日蓮はまさに法華経信仰に対する誤解と偏見により幕府から迫害された。日蓮の「折伏」の闘争はその誤りを正すために一切武器を持たずに言葉の力で戦い、仏法の真実を守り抜いたのだ。

佐藤自身もこのように池田の内在的論理を深く探究し、共鳴しているが、自身のプロテスタントの信仰を一切揺るがせてはいない。今日においてキリスト教と仏教との「対話」を先駆的に実践する一人と言えよう。本書も宗教間対話の可能性を示す貴重な著述であると思う。

香峯子夫人との結婚と第三代会長就任

戸田を事業と信仰の両面で支える池田の姿にも注目する。戸田をめぐる客観情勢はどんどん悪化していく。一九五〇年、信用組合は業務停止に追い込まれ、戸田は学会の理事長を辞任する。事業では給料の遅配もあって従業員はどんどん去っていくが、池田は戸田のもとに残る。その思いは池田の「人は変れど　われは変らじ」、戸田の「死すとも残すは　君が冠」との和歌のやり取りに表現される。

一九五一年に状況が徐々に好転すると、四月には「聖教新聞」を創刊する。これも戸田と池田の共同作業であった。創価学会において池田の存在がどんどん大きくなっていく経過を、佐藤は池田と白木香峯子との出会いと結婚という独自の視点から注視する。

池田と香峯子との出会いは一九五一年夏、池田の知己であった香峯子の兄から紹介される。やがて二人は会合での出会いを契機に文通を始める。『私の履歴書』からの引用では、夕焼け空の多摩川の堤を共に歩いたこと、一艘の舟や小鳥たちの戯れなど、美しい情景が描写されているが、しかしそこに遊戯的な安易さはなかったという。「二人とも幾多の苦難の坂も励まし合って進もうと語り合った」と。池田は香峯子に問う。「生活が困窮していても、進まねばならぬときがあるかもしれない。早く死んで、子どもと取り残されるかもしれない。それでもいいのかどうか」。彼女は「結構です」と。

このやり取りを引用した佐藤は、香峯子の「結構です」は池田のプロポーズに対する受諾であるとともに、香峯子の信仰告白でもあるとしている。香峯子は池田が恩師戸田に身を捧げる生き方をしていることがわかっていたから、プロポーズの受諾はその人生を共に生き抜く覚悟でもあったのだ。だから二人の交際が単なる恋愛の次元を超えて生涯を懸けた真剣なものであったと述べている。

二人の心中を訊いた戸田は結婚の承諾を得るために池田の実家を訪れ、父に「息子さんを私に下さらんか」と求めた。頑固だった父が戸田の人格に触れて言下に「差し上げましょう」と応じると、それから戸田は縁談の話を切り出したという。二人の結婚が広宣流布のために必要だと確信した戸田の思いが現れたエピソードである。

そして二人は一九五二年五月三日に中野の寺院でささやかな結婚式を挙げる。ちょうどその二日前の五月一日にいわゆる「血のメーデー事件」が起きていたことは、厳しい世情の中での結婚であったことを物語っている。結婚式で戸田は「どんな不愉快なことがあっても、にっこりと笑顔で（＝主人の）送り迎えをしなさい」との祝辞を送ったという。

戸田の逝去後、一九六〇年、池田は会長への推戴を受け、何度も固辞するがとうとう承認し、五月三日に会長に就任する。その日、帰宅すると香峯子は「きょうからわが家には主人はいなくなったと思っています。きょうは池田家の葬式です」と言ったエピソードも『私の履歴書』から引用されている（二〇四頁）。佐藤は、香峯子が家族の団欒を楽しむことはできなくても、信仰の同志として創価学会第三代会長を支える使命を喜んで引き受けたのだと述べている。

三十二歳にして重責を担った池田の陰にそれを支えた香峯子夫人の存在があり、それが結婚前からの決心を貫いたものであったことを佐藤は丁寧に記述している。そのことも池田の内在的論理を知るために欠かせない一つの要素だと佐藤は考えたのだ。

第四章
創価学会と公明党
――「政教分離」のあり方をめぐって

公明党は宗教的信念を
堂々と表明すべき

創価学会は戸田城聖第二代会長時代の一九五〇年代に積極的な政治参加を開始し、その後、池田大作第三代会長時代の一九六四年に、池田の手によって正式に公明党として結党された。その結果、創価学会は社会の毀誉褒貶に晒されることとなった。自ら苦難の道を選んだのである。

その一つのターニングポイントとなったのが、政治評論家・藤原弘達の著書『創価学会を斬る』（一九六九年）をめぐるいわゆる「言論問題」である。同氏は宗教団体が政治活動を行うこと自体を「政教一致」として批判したのだ。

そもそも「政教一致」とは何か。日本国憲法第二十条は基本的人権の一つである「信教の自由」を謳った条文だ。これを保障するのが「政教分離」の原則であり、これに反するのが「政教一致」だ。

佐藤はこの「政教分離」の原則をわかりやすく、「国家が特定の宗教を優遇したり忌避したりしてはいけないという意味だ」と表現している。国家が特定の宗教への信仰を国民に強制してはならないし、国家が特定の宗教の信仰を禁じることもあってはならない。それが「信教の自由」を守るということだ。

戦前までの日本は神道を国教とし、神道以外の宗教を弾圧した。仏教の寺院にも神札を祀ることを強要した。これこそが日本が二度と繰り返してはならない「政教一致」の実態であった。そのことへの反省と、未来に向けての防止が憲法第二十条の根幹にある。つまり、「政教一致」「政教分離」の「政」は政治権力、国家に向けられた言葉であるから、本来は「国教分離」と言うべきだと佐藤は述べている（二一三頁）。

しかし、藤原弘達はそうした「政教分離」の理念を議論することなく、宗教団体が急激に政界に進出することの脅威を煽ることに終始した。そこにはそもそもの宗教蔑視に加えて、創価学会が低所得層の庶民に浸透していることを蔑視し、そうした〝無知な庶民〟が力を持つことを警戒する論調も含まれていた。それも言論の自由の範囲内だと言うなら、その不十分な取材や一方的な論調に対して学会側が行った改善要求もまた言論の自由の範囲内だったはずだ。しかし、藤原弘達はそうした学会側の働きかけを言論弾圧だと喧伝し、それによって学会に対する社会全体を巻き込んだ批判は急激に高まっていった。

この熾烈な批判の下で公明党は政界進出の目的が宗教的な目的のためでないことを社会に示す必要に迫られた。そこで、公明党と創価学会の組織を完全に分離し、両方の役職を兼務しないことを宣言した。これがいわゆる「政教分離宣言」である。

しかし、これも今にして思えば「党宗分離宣言」とでも言うべきものであった。

このことをめぐる本章の論調で最大に目を引くのは、言論問題における熾烈な「政教一致批判」が創価学会員の心にトラウマ（心的外傷）を刻み込んだとしている点である。当時を知る学会員ならばこのトラウマという言葉が的確な指摘であることを認めざるを得ないだろう。そしてそれは創価学会を外から客観的に見ていて、なおかつ学会員の心情を熟知する佐藤だからこそできる指摘だと思う。

佐藤がなぜここでトラウマというネガティブな表現を用いるかというと、創価学会にそれを克服してもらいたいとの思いがあるからである。彼は「創価学会と公明党は行き過ぎた政教分離（党宗分離）を是正すべきだ」とかねがね主張している。つまり、公明党はその政治理念の底流に仏教の平和主義があることをもっと堂々と語るべきだし、創価学会も自らの宗教的信念に基づいてもっと堂々と公明党支援を表明すべきだと主張しているのである。

宗教政党の存在と「信教の自由」

たしかに世界的に見るとキリスト教に基づく宗教政党は数多く存在する。その代表格は、ドイツのメルケル首相（執筆当時）が所属する政権与党のドイツキリスト教民主同盟（CDU）であろう。当然のことながらドイツにおいても信教の自由は保障されている。CDUはキリスト教の理念をもとに人間の尊厳、自由、平等といった政治理念を確立した政党であるから、信教の自由を守ることも彼らにとっては宗教的信念の一部なのである。

　古代インドのアショーカ王やトルコ共和国初代大統領を務めたケマル・アタテュルクが、宗教的信念に基づきつつも信教の自由を認める善政を行ったことは先にも述べた通りである。アタテュルク自身はイスラム教の信仰があつく、むしろ本来のイスラムの精神に基づいて寛容で自由な国家を築いたというのである。

　政治における宗教的信念は他者貢献や社会貢献といった利他の精神や平和主義へと昇華するときに生きる。もちろん宗教にも高低浅深がある。他宗教に対して非寛容な独善的宗教は自由と人権を保障する近代国家の精神基盤とはなり得ない。まさに協調的か独善的か、寛容か非寛容か、もっと言えば政治理念にまで昇華できるか宗教の次元に留まるかが、高等宗教（＝世界宗教）たり得るかどうかの試金石となるのではないだろうか。

　以前、佐藤と懇談した折、創価学会の活動に共感と賛同を示しつつも、唯一不満があるとすれば、自分たちの活動に自信を持っていないように見えることだと述懐したことがある。その一つが公明党の支援活動だ。学会員は特に選挙において公明党の候補を全面的に支援しているが、建て前としてはそう見えないように気を遣っているように伝わってくるという。それこそ、かつて受けた「政教一致批判」によって刻み込まれたトラウマのせいではないかと。宗教的信念をもとに政治に貢献することは何ら恥じるものではないどころか、むしろ胸を張って誇りを持って堂々と主張すべきことだと佐藤は言う。戸田と池田の師弟が示した政治貢献の道に、佐藤はある意味では創価学会員が思っている以上に共感と理解を示し、エールを送ってくれていると言える。

　戸田城聖が政治参加を決意した理念については、戸田が会内に文化部を創設して政治参加を表明した当時を描いた小説『人間革命』第九巻「展開」の章をもとに考察している。宗教とは生活の一部なのではなく、生活のすべてなのだと戸田は訴える。信仰によって自身の人間革命を目指すことは、人間が営む政治、経済、教育、文化、科学、哲学のあらゆる分野で社会の変革をもたらす波動となると語る戸田の言葉が引用されている。

佐藤が信奉するキリスト教プロテスタント・カルバン派もまた生活のすべてが信仰だとする教派だという。プロテスタントにもカルバン派（改革・長老派）、メソジスト派、会衆派等の諸教派があるが、その中で宗教的信念を社会改革へと展開していく思想的傾向が顕著なのがカルバン派であり、佐藤はその価値観をもって講義や著述を行っているという。ゆえに創価学会の政治観と佐藤自身の信仰に基づく政治観とは親和性が高い。このような自身のキリスト教信仰と創価学会のアナロジーを通して、佐藤は宗教の政治参加には普遍的な必然性があると主張しているのである。

政治家の自己鍛錬を信仰に求める

もう一つ驚いたのは、佐藤が「戸田城聖は、政治を広宣流布（宣教）の一環と考えている。政治活動に人間が従事するとしても、究極的には本尊の仕事なのである」（二二九頁）と述べていることである。「政教分離宣言」以降の創価学会・公明党はこのような政治と信仰を直結させる表現を一切封印してきたわけだが、前述の通り、佐藤は「創価学会・公明党は行き過ぎた政教分離を是正すべき」との信念から、あえて意図的にタブーをぶち破ろうとしているように見える。それはとりもなおさず佐藤自身の信念だからである。

念のため補足すると、戸田がそこまでストレートに政治と本尊を直結させた表現が『人間革命』にあるわけではない。戸田はさまざまな文脈で「広宣流布は単に布教を指すのではなく（政治を含む）社会全体の改革を通して世界平和、人類の幸福を実現することだ」と述べている。その文脈の上に佐藤は、戸田の「広宣流布は、どこまでいっても、結局は御本尊様の仕事です」との言葉を引用している。

「本尊」は宗派性の強い言葉だが、普遍的な表現に展開するとすれば、「広宣流布の諸活動は表面的な利害打算や表層的な人物観で動くのではなく、信仰の実践によって私心のない浄化された目的観や公平で本質的な人物観を会得しながら、その高い境涯で成し遂げていくべきだ」ということだ。そして戸田は、創価学会が政治活動に進出するとしても、そうした私心のない公平な境涯の中で取り組んでいくべきであることを訴えているのが前ページの引用の文言である。さまざまな意味で誤解されやすかったり、批判の的になりやすい宗教的な表現をあえて用いて述べたところに、佐藤が本章に投入した挑戦的な意図があるように思う。

そうまでして佐藤が政治家における信仰の価値を強調するのは、政治の世界は権力の魔性が棲みついた世界だという、外交官時代からの経験に基づく実感があるからだ。本来、政治権力は国民・市民に奉仕するために行使されるべきものだ。民主主義社会の政治制度はそれを保障しているように見える。しかしながら、この民主主義社会においてもなお、自らを特権階級のように勘違いして傲慢にも庶民を見下す政治家や、私利私欲に溺れて汚職に手を染める政治家たちは枚挙に暇がない。高邁な理想を掲げて市民の信任を得た政治家も、自身の生命が弱ければ初心を貫くことはできない。そうなると、政治家には、豊富な知識や高邁な主義主張だけではなく、庶民のために貢献し続けていけるための人格的要素もまた求められる。

そして、それは人間の凡庸な知恵だけでコントロールしていける代物ではないというのが佐藤の主張だ。佐藤はそのことを新約聖書のパウロの言葉から語る。人間は善をなそうという意志があっても、原罪のゆえに望まない悪を行ってしまう。この原罪から救済されるにはイエスへの純粋な信仰に従うほかないのだという。

これに引き続いて佐藤は仏法の十界論に言及する。十界論は人間の生命境涯を地獄界から仏界までの十種に区分し、いかなる人も平等に十種の境涯を潜在的に備えていて、縁に触れてそれら十界の間を揺れ動くものであるとする。人々のために貢献したいと願う菩薩界の生命も、権力という縁に触れて私欲に堕する餓鬼界の生命も、一人の人間の中に同居していてどの境涯も消すことはできないが、どんな境涯をも自らの意志で律し、善の方向に向けていく力強い境涯が仏界であり、それを目に見える形に表し出したものが本尊である。

仏法にはキリスト教の原罪に当たる概念はないが、

誰の生命にも四悪趣と言われる地獄界・餓鬼界・畜生界・修羅界の生命が内在しているとする点を、佐藤は原罪とのアナロジーとして読み取っている。そして、人が自身の力を過大評価せず、自己を超えた超越的な祈りの実践を通して、自身に忍び寄る権力の魔性を打ち破り、初心の謙虚さを保ち続けて成長し続けていく道を政治家に求めているのである。

一九五五年二月、地方選挙への態勢を整えつつあった文化部会で、戸田が部員を激励した言葉が小説『人間革命』第九巻「展開」の章から引用されている。

「名聞名利を捨て去った真の政治家の出現を、現代の民衆は渇望しているんだ。諸君こそ、やがて、この要望に応え得る人材だと、私は諸君を信頼している」（『人間革命』第九巻「展開」、『池田大作全集』一四八巻、一一八頁）

さらに続いて、佐藤は戸田の言葉を長文で断続的に引用する。それ自体、佐藤が戸田と池田の師弟の思いに深く共感していることの表れである。ここでその一部を再引用しておきたい。

「十九世紀から二十世紀にかけ、世界では、さまざまな政治体制の国々が生まれた。しかし、依然として民衆は、政治権力の魔性から解放されたとは言いがたい。どう政治体制が変わっても、いつしか民衆を苦しめる魔性に支配されていく。その愚かな権力の流転の歴史を、戸田は思わずにはいられなかった。この途方もない愚劣さからの脱出——それこそ、民衆が心底から渇望しているものであろう。それは、もはや政治の次元で解決のつく問題ではないのだ」

「すべての人間は、十界を具しているとする仏法の真理に照らす時、魔の正体は初めて明らかになる。政治権力の魔性も、人間生命に焦点を合わせた時、発生の根拠を初めて知ることができる」

（同前、一二七〜一二八頁）

創価学会・公明党の来し方と行く末

いわゆる言論問題が起きた当時、政治に進出する者はたいてい自己目的の野心を持っているという、経験から来る先入観が社会全体の背景にあったと思う。そこに加えて、当時の学会員が行っていた草の根的な折伏行は勢いがあり、時に過激で排他的とも映っていた。その結果、創価学会が布教目的の野心のために日本の政治を乗っ取ろうとしているかのような脅威が言論問題を象徴的に生み出した面もあるように思う。

しかし、結党時からも言論問題からも五十年が経過した今、公明党の目的が決して創価学会の利害のためではなく、純粋に地域社会の人々に貢献する目的で献身してきたことは明らかになってきている。教科書の無償配布、児童手当の実現、水俣病・イタイイタイ病の公害認定などをはじめとする、数多くの庶民目線の実績がそれを物語っている。創価学会員が懸命に公明党候補者への支援の拡大を訴えるのも、決して創価学会のためではなく、それが地域貢献であり、社会貢献の活動だと信じているからだ。

それらの実績を積み重ねてきた公明党議員たちの背景には、表には出さなくとも信仰による自己鍛錬があったことだろう。もっとも、その途上で残念ながら転落した者もいた。それも権力の魔性に破れた厳しい現実でもある。しかし、創価学会員は公明党議員に対して非常に厳しい。自分たちの理想を貫けない者ならば支持はしない。この自浄作用も健全な民主主義の一つの形ではないだろうか。

本章の主張から見えてくるのは、公明党は決して言論問題の批判を浴びたことで社会との融和路線に舵を切ったのではなく、戸田が掲げた当初の理想そのものが宗教的信念に基づく社会貢献の道だったのであり、池田もそれを引き継ぎ、実行に移してきたということを文献をもとに考察している点だ。そうであるならば、その批判に対応するために宗教的信念の部分を分離させたのはあくまでも誤解や偏見を払拭（ふっしょく）するためだった。もうここからは再び公明党の宗教的信念を社会に対してより積極的に主張してもよい段階に入っている。そのように佐藤からハッパをかけられているように感じる。

もう一言、創学の立場から付け加えるならば、佐藤が言うように公明党の宗教的な精神基盤を隠さずに表明していくことには賛成だが、それと同時に、そうした宗教性が決して閉鎖的なものではなく普遍性をもって多くの人々と共有し得るものであることをセットにして訴えていく必要があると思う。キリスト教神学者でもある佐藤が創価学会の宗教性に共鳴している事実そのものが普遍性を物語ってはいるのだが、さらに積極的にそれを推進するには、公明党の支持母体として、創価学会だけでなく、理念を共有できる他の平和推進団体やさらには他の宗教団体にも支持母体に加わってもらえることが理想ではないだろうか。

公明党の議員も、高邁な理想を持って自己鍛錬できる人ならば必ずしも創価学会員でなくてもよいし、他宗教の教徒でもよいと思う。これまでも故・草川昭三元副代表のように、学会員ではなくても、公明党の政策と公明党議員の生き方に共鳴して、最後まで高潔な政治家として生き抜いた人は厳然といる。そのような方は実質的には信仰を共有していたのに等しい。そうはっきりと言えるようになったのも、佐藤優という人と出会ったからである。

※「本尊」、「十界論」などの宗派性の強い用語については改めて別稿にて詳細を論じることとする。

第五章　夕張炭鉱労働組合問題の思想的意味
創価学会の政界進出と夕張炭労問題

前章（第四章）では創価学会第二代会長戸田城聖が政治進出を決断した際の宗教的信念を内在的論理として描き出し、第三代会長池田大作が恩師戸田の信念を継承していることが語られた。この政治進出が創価学会にもたらした苦難の一つが言論問題だったが、もう一つの大きな苦難が夕張炭労問題であった。第五章ではそこにフォーカスを当てることで信仰とマルクス主義との間の緊張関係を集中的に考察している。

一九五六年七月の参議院選挙で創価学会は候補者を擁立。三名が当選して国政進出を果たした。このとき、北海道の夕張では、学会員が炭鉱労働組合（炭労）の支持決定に従わず、創価学会推薦の候補を支援したことが問題となった。炭労は、学会員の行為は労働者の団結を破壊するものであるとして、誹謗中傷を繰り返し、学会員を徹底的に弾圧して締め出そうとした。

当時の炭労はマルクス主義思想の色濃い日本社会党の影響下にあった。夕張炭労が創価学会員を弾圧したのは明らかに炭労の中にマルクス主義の反宗教イデオロギーに基づく宗教信仰者への差別意識があったからだ。小説『人間革命』第十一巻「夕張」の章には、こうした炭労の動きに激怒した戸田城聖が「炭労が、そ

書評

こまで学会員に圧力をかけようというなら、断固、受けて立とうじゃないか！　いよいよ戦闘開始だ！」と宣言する姿が描かれている（『池田大作全集』第一四九巻、一二二〜一二三頁）。

戸田が闘いの思想的根拠としたのは、第一に「信教の自由」を守ること。「信教の自由」は日本国憲法が謳う基本的人権の根幹を成す理念である。第二にはマルクス主義の宗教観と対峙して、人間にとってより本源的な宗教観を討究（とうきゅう）すること。池田はその精神を正しく継承した証しとして、そのことを小説『人間革命』に書き記した。佐藤もまたそれを思想的次元から考察することで、戸田と池田の内在的論理を探究しようとしている。

「信教の自由」をめぐる闘争

労働組合は国家や経営陣といった権力と対峙して労働者の権利を守るために作られた組織であるから、本来、弱者の側に立ち、労働者の基本的人権の守り手でなくてはならなかったはずだ。しかし当時の炭労は創価学会の信仰を否定し、弾圧した。当時の炭労は会社とユニオンショップ協定を結んでいたため、組合から排除されることは即解雇を意味した。権力から弱者を守るべき組合がもはや権力となって「信教の自由」を奪ったのだ。当時、炭労に所属する学会員は勤務状態も良好で、会社にも組合にも貢献する姿勢は際立っていたという。ただ選挙の支持決定に従わないことと、そして創価学会員であることだけを理由に炭労は弾圧したのだ。

これに対して創価学会は仏法の人間尊重の理念に基づき、「信教の自由」を守り抜くことを公式に表明している。「信教の自由」を守るというのは、自己の信仰を守ること以上に、他者の信仰を守るという寛容の観点こそ重視されるべきものである。池田は会長就任直後から、他者の「信教の自由」を守り抜く意思をたびたび表明している。二カ所から引用する。

「信教の自由の本源は、人間精神の自由の基本をなすものとしてとらえるべきだと考えます。私は、信教の自由は、いかなる時代がこようとも、またいかなる国においても、厳守されるべき原理であると信じます。また、それはいかなる信仰をもつ人であっても——仮に自分がその信仰をいかに正しいと確信していても——他人に対する場合には、あくまで厳守すべき原則であると考えます」（アーノルド・トインビーとの対談『二十一世紀への対話』、『池田大作全集』第三巻、二六八頁）

「次に、私どもの信教の自由を守りぬくことは当然として、さらにたとえ私どもと異なった思想、意見をもった人々であったとしても、もしその人たちが暴虐なる権力によってその権利を奪われ、抑圧されそうな時代に立ちいたったときには『人間の尊厳の危機』を憂えて、断固、それらの人々を擁護しゆくことを決意しなければならないということでありますす」（第三十六回本部総会〈一九七三年十二月十六日〉、『池田会長講演集』第六巻、一〇～一一頁）

このように見ると、信教の自由を抑圧する非寛容の炭労と、信教の自由を守ろうとする寛容の創価学会の闘争は決して対等ではなく、攻撃と防御の関係が定まった一方的な闘争だったとも言える。しかし、それは自由と人権を守り抜く重要な意味を持った思想戦であったがゆえに、戸田は一歩も退くことなくこの戦いを受けて立った。そして、佐藤もそのことを見逃さなかったのである。

創価学会を母体として発足した公明党もまた結党以来、「信教の自由」を守り抜くことを党是として掲げている。このことは、ドイツキリスト教民主同盟に代表されるように、政教分離を掲げた近代国家における宗教政党には当然求められる共通の特性とも言うべきである。

マルクス主義への評価と理解

佐藤は夕張炭労問題を、単なる炭労と創価学会の利害衝突の次元ではなく、思想と思想との競合として捉えようとする。そこで、この問題を池田が小説『人間革命』第九巻にどのように描いたかに注目し、そこから戸田城聖と池田大作のマルクス主義観を読み取ろうとする。そして意外なことに、戸田は決してマルクスを否定してはおらず、むしろ資本主義社会に対するマルクスの精緻な経済分析を称揚していたとする池田の記述を引用する。佐藤はこれを評して、戸田と池田はマルクス主義の内在的論理を理解していたと解釈している（二五八頁）。思想の競合はマルクスの宗教批判の部分に集約されることになるが、それにさえも池田は一定の評価を与えている。

マルクスの宗教批判の対象はキリスト教プロテスタンティズムであった。この点でマルクスがヘーゲルの影響を受けていたとするのは佐藤の見立てだ。ヘーゲルは有史以来の宗教の最も進歩した形態とされたプロテスタンティズムに失望して無神論を主張した。マルクスもまた、マルティン・ルターの宗教改革は理論的な変革に過ぎず、真の意味で教会の権威主義を打破するものとはならず、真に人間を解放する力がなかったとして、宗教批判を掲げるに至った。池田はこのマルクスの宗教批判にも理解を示しているのである。

戸田にとっても池田にとっても惜しむらくはマルクスが仏教を視野に入れていなかったことだと。ここで佐藤はプロテスタント神学者としての論評はあえて加えずに、純粋に池田の内在的論理にアプローチすることに専心している。それは単に宗派間の優劣を論じる議論ではなく、宗教をどの次元にまで深めて見るかにかかっているからに他ならない。

マルクスは、宗教を国家社会の次元から見ている。例えば、ブルジョア階級による労働者の搾取。そうした国家社会の矛盾が人間の不幸を生み出す。人間はその矛盾と戦うことなく、宗教というため息として吐き出してしまう。だから宗教とは現実の不幸の表現だとする。マルクス主義の宗教アヘン説もここから来ている。池田のマルクス批判はこの部分に集中していく。

マルクス主義という名の宗教

仏法は人間を生命の次元から捉える。池田によるマルクス批判も生命次元からなされていくことを、佐藤は小説『人間革命』から引用によって示す。

「生命の実在は、決して空想ではない。人間存在の現実性は、この生命の働きそのものであることを忘れてはならない」

「人間の生命、そして生命の働きこそ、現実を生み出している本源なのである。国家・社会の成立以前から、宇宙的規模で実在した生命の世界を無視しては、人間の全き理解はない。このような生命の実在を無視して、何が、いったい科学的であるか、はなはだ疑わしい」(『人間革命』第九巻、『池田大作全集』第一四八巻一四五〜一四七頁)

近代の国家社会が出現するより遥か以前から人間は生老病死について苦悩し、自身の存在の意味を問い、生命という不思議な存在として生きる自己の尊厳を宗教という形で表現してきた。自己を遥かに超える大きな存在である宇宙、自己の生存を遥かに超える長大な時間、そうした超越的な時間空間に対する自然の発露としての畏敬の念こそ、我々が宗教と呼んでいるものの実態ではないだろうか。人間学者シェーラーは人間存在を規定するに当たって最も原初的な次元の人間をhomo religiosus（宗教人）と規定した。人間という存在から宗教性を取り除くことなどできないのだ。

例えば、科学の見地から宗教を否定する考え方があるが、現代人の中にある科学を無批判に信じる傾向を哲学者カール・ポパーは「科学信仰」と呼んでいる。社会主義も一つの優れた理論ではあるが、それを正義として信じるのは「社会主義信仰」とも言える。池田がその本質を捉えた小説『人間革命』の箇所を佐藤はいくつも引用しているが、ここでも二箇所を再掲する。

「宗教を好ましからざるものとした政治体制の社会では、それを強行する政治思想そのものに、宗教的機能をもたせ、いつか、その思想を絶対化せざるを得なくなっている。いわゆる〝相対的なるもの〟の絶対化であり、不自然なことである。人間精神の偏在化、歪曲化、硬直化に通じるだろう」（『人間革命』第九巻、『池田大作全集』一四八巻、一四八～一四九頁）

「宗教に関する現代の無知は、あらゆる現代の無知のなかで、最大のものの一つではなかろうか。碩学（せきがく）マルクスでさえ、はなはだ杜撰（ずさん）であった。さまざまな宗教の功罪について、また、その高低浅深について、深く思いをいたす現代の識者は、まことに皆無に等しい。この事実は、現代社会における、最大の不幸の一つといってよい。現代の人間の不幸の根が、実は、このような無知にあることを、人びとは、ほとんど気がついていないのである」（『人間革命』第九巻、『池田大作全集』第一四八巻、一四九頁）

佐藤は、池田がマルクス主義を「マルクスやレーニンというカリスマに対する信仰」「宗教を否定する形の宗教」と考えていたと指摘する。結局のところ、夕張炭労問題とは、マルクス主義という名の宗教を無自覚に信じ、その結果、本来宗教によって見つめるべき生命次元の人間の可能性や人間の真の自由と平等を見失っていることにある。たしかにその闘争は、炭労の攻撃からの防御ではあったが、戸田と池田の師弟は現代社会の宗教に対する無知がもたらす過ちや不幸を断ち切る先陣として、断固たる姿勢で戦ったのだ。

第六章 大阪事件における権力との闘い

大阪事件と小説『人間革命』

本書の中でこの第六章は最も長い。他の章は長くても『AERA』連載の六回分だが、本章には連載十回分をかけている。それは佐藤が大阪事件の意義を重視していることの表れでもあるが、引用の長さもまた際立っている。

本章は、池田が大阪事件の詳細を克明に記した小説『人間革命』第十一巻「大阪」、「裁判」の二章から長文を引用している。特に「大阪」の章の引用は原文の半分近くに及ぶ。創価学会にとって負の歴史とも取られかねない大阪事件の真実を、池田はあえて未来の創価学会のために克明に書き残そうとした。佐藤もまたその池田の意思を汲んで、ここに力を入れて考察している。

大阪事件は一九五七年に起きた。この年の四月に行われた参議院選挙大阪地方区補欠選挙で、創価学会は候補を擁立して支援活動を行ったが、その際に学会員から選挙違反容疑（買収と戸別訪問）で逮捕者が出たのだ。当時の青年室長・池田大作（小説『人間革命』での人物名は山本伸一）は弱冠二十九歳ながら、恩師である会長・戸田城聖の命を受けて大阪で選挙戦の総指揮を執っていた。検察と警察はこのときの選挙違反が幹部の指示により組織的に行われたものと決めつけて伸一を逮捕し、二週間にわたり拘留した。この出来事の真実と、そこに展開される戸田と池田の師弟の絆、池田と大阪の学会員の絆を描いたのが「大阪」の章である。

裁判はその後、戸田が逝去し（一九五八年四月）、池田が創価学会会長に就任した（一九六〇年五月）後も続くが、最終的に一九六二年一月に無罪判決を勝ち取る。小説『人間革命』は戸田を主人公としてその生涯を描いたものであるが、「大阪」の章に続く「裁判」の章は唯一、戸田逝去後の一九六二年の無罪判決を亡き恩師・戸田に報告するところまでを描いている。佐藤はこの二つの章の引用を中心に、大阪事件の宗教的意義を考察している。

戸田と池田の師弟の絆

一九五七年七月三日、池田は炭労問題の決着を見た夕張を発ち、羽田空港に到着するが、すでに大阪府警から出頭命令が出ていたため、大阪行きの飛行機に乗り換えなければならなかった。この強行軍の短い滞在時間に、控室で池田を出迎えた戸田が、「伸一(大作)、もしも、もしも、おまえが死ぬようなことになったら、私も、すぐに駆けつけて、お前の上にうつぶして一緒に死ぬからな」と語ったことは、小説『人間革命』における師弟の名場面としてもよく知られている。

逮捕の手が自らに及ぶときに人がどのような心境に陥るかは経験した者でなければわからない。戦時中に特高警察に逮捕されて二年間の獄中生活を経験した戸田には、逮捕直前の弟子の心境が手に取るようにわかったはずだと佐藤は記す。佐藤自身も外務省勤務時代に鈴木宗男事件で逮捕・投獄されているからだ。その極限状況を共有する戸田と池田が、師弟一体で難局に臨もうとする光景、その絆の深さを、佐藤は共感をもって描写している。ある種の感動さえ伝わってくるようだ。

その日七月三日が、かつて戸田が終戦間近に出獄した一九四五年七月三日と同じ日であることにも不思議な縁があった。さらに、この七月三日には戸田が妙悟空のペンネームで著した『小説　人間革命』を上梓したことも不思議な一致だった。その初版の一冊を戸田は控室で伸一に渡す。この小説には戸田自身の獄中闘争のすべてが主人公・巖九十翁を通して描かれている。伸一は大阪に向かう機中でこれを読み、自身の使命を自覚し、覚悟を固めていく。

このように、大阪事件という一つの法難を我が身で受けきることを通して、戸田と伸一の師弟不二は決定的に強固な絆で結ばれていった。そのことが創価学会の広宣流布の歴史上に重大な意義があることを佐藤は考察している。

崇高な目的は
崇高な手段によって達成すべし

大阪事件は一部の学会員が個人として犯した選挙違反に対して幹部が指示してやらせたという嫌疑をかけ、虚偽の供述を引き出した検察の暴挙であり、その誤りは裁判を通して明白になった。この裁判を通して池田は無罪判決を勝ち取り、創価学会全体に向けられた予断と偏見と断固として戦い、勝負を決したことに大きな意味がある。それと同時に、個人の行為とは言え、学会員の中からそのような違反行為が出たこともまた事実であった。

小説『人間革命』第十一巻「大阪」の章では決してそのことを軽視せずに、なぜそのような違反行為を犯してしまったのかを、当事者の心理分析を含めて示していることに、佐藤は注目している。買収は金銭に余裕のある一部の学会員が金という権力の魔性に溺れ、功名心にかられて犯したのであり、戸別訪問は法律をよく知らない未熟さと熱心さが相まって犯したのだとしている。佐藤は、池田がこのことを、過去の反省と未来の発展のために小説『人間革命』にあえて記した姿勢を評価している。以下の言葉を再掲する。

「崇高な目的は、崇高な手段によらなければ、真の達成はあり得ない。目的は、おのずから手段を決定づけるのである。民衆が幸福を享受できる、真実の民主政治を築くために、同志を政界に送ろうというのであれば、その運動もまた、民主主義の鉄則を、一歩たりとも踏み外してはならないことは明白である」(『人間革命』第一一巻「大阪」、『池田大作全集』第一四九巻、一六七頁)

当時の創価学会は急速に会員を拡大する中で多様な庶民層を糾合していた。その過程で、このような事案が必然的に発生したとも言える。全力で会内教育を行ったとしても、大勢の人が動く中で完璧に隅々まで選挙のモラルを行き渡らせることは決して容易ではない。しかし、小説『人間革命』に規範を明記することで、学会員が自発的にモラルをもって活動できるように、そして、このような違反行為が今後一切起きないように呼びかけているのである。

一歩後退、二歩前進

小説『人間革命』「大阪」の章からの引用に対する佐藤の論評の中で特に印象深いのは、いかなる不当な追及にも屈しない堅固な意思を持っていた池田が、あえて一旦容疑を認める供述をするに至った経緯について、池田の判断を正しかったと評価している点である。

池田が否認を貫き通すことは可能だったが、検察が予断と偏見のゆえに幹部の指示を認めさせる供述を引き出すことに目標設定を置いていることは明らかだった。ゆえに、池田が否認を続ければ、いよいよ会長戸田を逮捕して追及を加えていくことは不可避であり、決して脅しではなく現実的に予見できる段階まで来ていた。

「大阪」の章では、山本伸一が蒸し暑い独房の夜に眠れずに悩んだ葛藤と逡巡が包み隠さず描かれている。激しい呻吟（しんぎん）の末に、自分が一旦罪をかぶることを決断したのは、ただただ師匠戸田の身を守るため、その一点だった。

仮に戸田が逮捕されても、絶対に屈服しないであろうことは池田もよくわかっていた。しかし、当時戸田はすでにかなり衰弱していたので、それは戸田に殉教を強いることに等しかった。「あってはならない。牧口先生に続いて、戸田先生まで獄死させるようなことが、あってはならない。戸田先生を、逮捕などさせてなるものか。絶対に逮捕させてはならない！」との山本伸一の叫びが決断の意味を表現している。無実はいずれ裁判を経て必ず証明される確信がある。しかし、戸田先生を獄死させてからでは、いくら後で無実が証明されても取り返しがつかない。それなら自分が一旦罪をかぶって裁判を通じて必ず無罪を勝ち取ると池田は決断したのだ。

これに対して佐藤は、池田がもし否認を続けたとしたら、戸田が逮捕され、命に関わる事態に陥るのみならず、マスメディアは検察のリーク情報をもとに創価学会を邪教とする大キャンペーンが展開されていたと予想する。つまり、池田は獄中という極限状態で、師匠の健康と学会の未来を展望し、その時点での最善の判断を選択したと評価している（三八六頁）。そして、そのように自分を捨てて師匠と学会を守ったのは、池田の信仰による決断だったとしている（四一一頁）。

佐藤は、池田の小説『人間革命』には創価学会の国家観が表れていると述べている（三九二頁）。創価学会は反国家的宗教ではない。常に各国の善き国民たるべきと指導している。佐藤はこの点でキリスト教と同じと見ている。ただし、このようにも述べている。「国家が宗教の領域に侵犯してくることがある。そのときは創価学会もキリスト教も抵抗する」と（同）。

創価学会は他者、他宗教、国家をはじめとするあらゆる組織に対して寛容である。それは日蓮仏法、そしてその基盤となる法華経が、すべてを包摂する寛容の哲学を有しているからである。それにもかかわらず、日蓮にしても創価学会にも激しく国家権力と戦ってきた印象を持つ人は多い。その事情を考察する上で、右記の佐藤の但し書きは非常にわかりやすい。

日蓮による国家諫暁（かんぎょう）も幕府と他宗派からの法華誹謗に対する抵抗であった。牧口と戸田が国家権力と戦って獄中闘争をしたのも国家神道による信教の自由の侵犯への抵抗だった。夕張炭労問題も組合員の信教の自由を守るための抵抗だった。そして、大阪事件もまた、国家権力が宗教団体に不当な圧力を加えようとすることに対する徹底抗戦だった。

第五章への読後記で、夕張炭労事件を「信教の自由を抑圧する非寛容の炭労と、信教の自由を守ろうとする寛容の創価学会の闘争」と評した。両者の関係は対等ではなく、攻撃と防御の関係が定まった一方的な闘争だった。非寛容の者は権力と暴力をもって他者の抹殺を企てるのに対し、寛容の者は言論の力で他者に変革を促す。ここで、非寛容の者の横暴さ、残虐さの前に、寛容の者がその慈悲深さのゆえに隷属してしまってはならない。どこまでも断固たる覚悟で正義の言論戦を貫かねばならない。そこに少しでも妥協があれば、寛容の者は非寛容の者の軍門に下ってしまうのである。

日蓮の強靱な折伏精神も法華誹謗に対抗して法華経の正義を守り抜くためであった。創価学会は心清らかで闘争を好まない穏やかな人々の集団であるが、仏法を誹謗し、学会を誹謗する者とは断固として戦いなさい、お人好しであってはならないというのが歴代会長の指導である。本書に触れて、そのことの本質を極めて正確に捉えている佐藤の慧眼に心からの賛同を覚える。

創価学会は国家社会のあらゆる非寛容、不正義と真っ向から対決してきた。一切の暴力を否定して言論の力で戦い、国家社会の変革を促してきた。そして、本書第七章のテーマである「言論・出版問題」も、第八章のテーマである「宗門事件」もその本質は同じである。

第七章 創られたスキャンダル ——「言論・出版問題」の真相

「言論・出版問題」の一般的な認識

一九七〇年、創価学会は「言論・出版問題」に直面した。「言論・出版問題」とは、政治評論家・藤原弘達の著書『創価学会を斬る』の出版を、学会が妨害しようと圧力をかけたことが社会問題化したとされるものである。この問題は創価学会に二つのターニングポイントをもたらしたとされている。一つは公明党と創価学会のいわゆる政教分離をもたらしたこと、もう一つは創価学会が平和・文化・教育路線に転換したことだ。このことは百科事典にも記載されて一般的な認識となっている。

この一般的な認識を整理すると、「言論・出版問題」は次のような経過を辿ったことになる。①創価学会の反社会的な行動➡②藤原がそれを糾弾するために『創価学会を斬る』を執筆➡③創価学会が圧力をかけて『創価学会を斬る』の出版を妨害➡④創価学会が社会の批判を浴びて方向転換を図る、と。しかし、この第七章で佐藤は当事者ではない客観的な立場から、①②③④のすべてにおいて実態が違っていたと主張している。

藤原は何を問題にしたのか

そもそも藤原が『創価学会を斬る』(以下、『斬る』と略称)を著した動機づけは何だったのか。①創価学会の反社会的な行動——があったのだとすれば自然だ。しかし、この事実がそもそも薄弱だと佐藤は見ている。ここで佐藤は『斬る』から約二千七百字に及ぶ長文を引用して検証している。五十代以上の学会員ならたいてい本のタイトルぐらいは知っているはずだが、実際に中味の文章を読んだという人は意外に少ない。本書の引用で初めて目にした学会員は衝撃を受けたのではないだろうか。

『斬る』は創価学会に反社会性や非人道性があると批判しているわけではない。批判の的はただ「創価学会の折伏は排他的だ」という一点だ。例えば、以下のような記述が見られる。

「創価学会の折伏方式にみられる能動性、行動性は、他を排除することのみ急であり、ネガティブで、それ自体の価値は曖昧であり、能動的ニヒリズムの要素を非常にもっているといえる」

これも具体的な創価学会の行動や池田会長の文言を挙げての指摘ではない。「能動的ニヒリズム」とは、ナチズムの排他的行動が自己目的化していたことに対してなされた批判であり、それを自動的に創価学会に当てはめただけのものだ。実際の創価学会は「それ自体の価値」として、法華経に説かれた一切衆生の平等や永遠の生命といった絶対的価値を高く標榜し、信仰の対象としていたから、「曖昧」との指摘も当たらない。要するに、藤原は創価学会の信仰がいかなるものであるのかを調査も探究も分析もしないまま、『斬る』を著したと見られるのである。

言説を引用しない印象操作

藤原の池田個人に対する批判はさらに侮蔑的である。「彼の著書そのものは、叙述が冗漫であるにもかかわらず、それほどの内容をもっていない」「せいぜいいってテレビの総合司会者タイプの男」「銀行の支店長クラスに毛のはえたような存在」「彼はその平凡な持味の故に狂信者の群れの頂点に立っている」

佐藤が指摘するように、藤原は池田の言説を一つも引用しておらず、どこがどう冗漫なのか、どんなふうに無内容なのか、具体例を一つも示さない。これでは印象操作と言われてもしかたがないだろう。そして、「テレビの総合司会」「銀行の支店長」といった職業を引き合いにして侮辱すること自体がそもそも差別的である点も佐藤の指摘どおりだ。

藤原が本心から創価学会の排他性を問題視するのであれば、まず会長である池田の指導性の中にある排他性を具体的に指摘して論じるべきである。実際のところ池田は、他宗教を信じる人々の信教の自由も命を懸けて守ると本部総会等の公式の場で表明するなど（第五章を参照）、寛容の精神をたびたび示しているのが実態であり、そこから排他性を論証することは難しい。

このように『斬る』は、具体的な問題の指摘を行うことなく、侮蔑的で印象操作的な文言を散りばめさせていることから、創価学会に対する「ためにする批判」の書であったと解釈できる。つまり、批判すること自体を目的として、侮蔑や罵倒の言辞を羅列しただけなのである。必然的に、②藤原が具体的な学会の問題行動を糾弾しようとして『斬る』を執筆した――わけではないことになる。

言論弾圧はあったのか

③創価学会が圧力をかけて『創価学会を斬る』の出版を妨害――本書ではこの部分にもメスが入る。このような批判本が出版されようとしているときに、創価学会側が「もっと事実に基づいた客観的な評価をしてほしい」と要望するのも自然なことだ。公明党の公式党史『大衆とともに――公明党50年の歩み』(二〇一九年)によると、藤原弘達と親交のあった公明党の藤原行正都議と創価学会の秋谷栄之助総務が直接面談して要望を伝えたという。「話し合いは終始友好的に行われ、脅迫的な言辞はひとつもなかった」と同書に記されている。しかし、藤原弘達はこの面談を創価学会と公明党からの出版妨害として喧伝したのだ。
批判本に対して距離を取って、反論本を用意したり、抗議活動をさかんに行ったりするよりも、著者に直接会って要望を伝えるというのは最も誠実な態度だ。国家間の首脳会談に象徴されるように、直接会うという行為は、そこで話す内容以上にそれ自体が友好の証しである。立場も常識もある大人が罵倒し合うために会うようなことはしないのが普通だ。

そもそも創価学会は民間の団体であり、国家や自治体などの公的機関ではないから、同じく民間人である藤原の言論を制限する権利などどこにもない。仮に脅迫的な言辞、つまり、このまま出版したら危害を加えるとか、損害を与えるといった類の言辞があれば、藤原はもっと騒いだはずだが、その形跡もまったくない。対等な立場でただ「お願い」しただけのことだった。

藤原は姑息にも当日の面談を隠しマイクで録音し、その録音の存在をもとに出版の妨害があったと喧伝した。しかし、その録音が後日、『週刊朝日』で誌上公開されたことで、実際の面談が友好的なものであったことが却って明らかになっている。結局、藤原が学会側の面談申し入れに応じたのも、その面談を妨害行為として煽情的に利用しようと最初から計画していた罠だったと解釈するしかないのではないか。結局、学会側の行動は言論弾圧と呼べるようなものではなかったというのが本章の見解である。

行き過ぎた「党宗分離」は過剰対応

最後の④創価学会が社会の批判を浴びて方向転換を図る――これすらも佐藤は異論を唱えている。佐藤はこう記している。「創価学会と党の組織的・機能的分化は、1961年11月27日に公明政治連盟が創設された時点から始まっている」（四五一頁）と。池田は会長就任の翌年には、すでに学会と党の機能的分化に着手していた。政治家には高度の専門性が要求されるため、この時点で議員に当選した者は創価学会組織の要職からは外れて、政治活動に専念できるようにしたのだ。「言論・出版問題」を機にいわゆる「政教分離宣言」と言われる改革を行い、公明党の議員は地方議会から国会に至るまで創価学会の役職を、副役職を含めて一切返上することとなった。

創価学会は会員を一人も漏れなく激励できるよう、各地域に網の目のような細かいブロック組織を有している。例えば、八王子市内には九十を超える支部があり、そのもとに地区があり、さらに町内会規模のブロックへと細分化されている。そして、各階層に支部長、地区部長、ブロック長がいて、副役職や女性部・青年部の役職者もいる。創価学会はおびただしい人数の草の根の庶民が役職者となって組織を主体的に支えているのだ。なかには、大会社の社長が学会組織ではブロック長を務め、休日に近隣の会員への訪問激励を嬉々として行っている事例もある。職業に貴賤もないし、学会役職が上下関係であるわけでもない。公務員、農家、技術者、主婦、学生、ありとあらゆる職業・立場の人が学会組織の役職を持っている中で、公明党議員だけが学会役職を一切持たない。政治家にも信教の自由があるわけだから、よく考えれば不自然である。

結局これも、党と学会の関係はすでに十分に機能分離されていたにもかかわらず、「出版・言論問題」における熾烈な「政教一致批判」に対応して、過剰な政教分離（党宗分離）を行った結果だと佐藤は見ている。こうした過剰意識について、第四章で佐藤が「言論・出版問題」のトラウマ（心的外傷）と評したのは、少なくとも学会員の意識において、このトラウマを克服してもらいたいと考えているからである。

藤原を創価学会批判に駆り立てた力

以上のように佐藤は、「言論・出版問題」の経過の一般的理解①②③④をすべて修正すべきだと主張している。藤原の『斬る』は「ためにする批判」にしか見えない。「ためにする批判」というのは何らかの利害関係に基づいて相手を貶（おとし）めたい目的が先行し、批判のための批判を行うことだ。ならば藤原に創価学会を貶めたい何の目的があったのか。学会との間に何らかの利害関係があったのか。その疑問に答える鍵として佐藤は、藤原が内閣調査室のエージェント（協力者）だった事実を提示している。

内閣調査室（現在の内閣情報調査室）とは、内閣総理大臣直轄の諜報機関である。この内閣調査室の内情を報告する興味深い回想録が二〇一九年に出版されたのを佐藤は見逃さなかった。かつて内閣調査室の主幹を務めた志垣民郎の日記をもとに毎日新聞記者岸俊光が編集した『内閣調査室秘録――戦後思想を動かした男』（文春新書）である。

この本によると、当時の内閣調査室は日本の共産化の防止に腐心していたという。志垣は、左翼の理論的リーダーとなる可能性のあった藤原に働きかけ、内閣調査室のエージェントとして取り込むことに成功し、その結果、藤原は保守系論客へと変貌していったという。志垣は東大法学部の同期生だった藤原に徹底的に接待攻勢をかけたらしく、料亭や高級料理店で接待した回数まで克明に記録している。藤原は情報収集能力以上に情報発信能力に長（た）けていたことから、政府にとって都合のよい情報を煽情的に発信する保守系論客として重宝されたのだ。

そこから佐藤は、「藤原が中立的な評論家ではなく、政府の意向を体現する工作に組み込まれた有識者であったことは、言論問題を考察する際に無視できない要因だ」（四七七頁）と考察する。

当時、創価学会の存在を最も苦々しく思っていたのは既存の宗教界と既存政党だった。江戸時代以来の檀家制度に守られた既存仏教は、葬儀や法事などの儀礼執行を司（つかさど）る存在になりきっていた。そこへ人々に勇気と希望をもたらす生きた宗教として折伏を実践したのが創価学会だった。学会員は目の前の一人の人と共に幸福の人生を歩むために自身の歓喜や確信を伝える菩薩行として折伏を実践した。その結果として、多くの人が檀家を離れ、所属教団を離脱して創価学会に入会したことを、既存宗教が逆恨みしたのだった。既存宗教にとって檀徒、信徒を奪われることには経済基盤を奪われるという危機感があったことだろう。

そして、創価学会の政界進出をさらに恐れた既存の宗教団体関係者がこれに対抗するため、既存政党から選挙に立候補あるいは支持表明することが相次いだ。既存政党もまた、公明党の進出により自らの地盤を脅(おびや)かされたため、既存宗教との利害が一致したわけだ。ここに創価学会の発展を恐れ、そのことを利害関係とする勢力の存在が見える。

そして、『斬る』が発刊されたのは一九六九年十一月。翌月の十二月には衆議院が解散、総選挙となった。既存政党は相次いで『斬る』を取り上げてシンポジウム、機関紙インタビュー等を行い、反創価学会、反公明党の大キャンペーンを展開した。実に絶好のタイミングの出版だったと言えるだろう。

藤原が問題視した創価学会の排他性にしても、既存宗教の目に映ったものがここに投影されていると考えれば合点が行く。池田の以下の述懐が本書にも引用されている。

「伸一は、ほとんどの政党が、学会を憎悪する宗教団体の支援を受けるなど、各教団と濃密に関わっていることを思うと、学会を襲う波の背後に、政治権力と宗教とが絡んだ、巨大な闇の力を感じるのであった」（『新・人間革命』第一四巻「烈風」、二六九頁）

しかしながら一九七〇年の創価学会は言論問題の逆風の中でも拡大を続け、一月には七百五十万世帯の達成も宣言している。この問題を仏法上の法難として受け止めた学会員は、よりいっそう正義と真実を語る覚悟で折伏に打ち込んでいったのである。このように、創価学会と池田が「言論・出版問題」を乗り越えるまでを記して第七章は閉じている。

第八章
宗門との訣別
――日蓮正宗宗門というくびき

宗門事件を「誓願」の章から読み取る

　創価学会は長年にわたり日蓮正宗（以下、宗門）の信徒団体として、宗門との僧俗和合の姿勢を貫き、寺院の寄進などの赤誠（せきせい）を尽くしてきた。しかし、一九七七年ごろから惹起した第一次宗門事件で学会と宗門との間に軋轢（あつれき）が生じ、そのことの責任を取る形で池田は一九七九年に創価学会会長を勇退した。さらに一九九〇年の年末には宗門が池田を総講頭罷免し、一九九一年十一月二十九日には学会に対して破門を通告。学会と宗門は完全に訣別するに至った。池田はこの日を「魂の独立記念日」として、「大勝利宣言」を行う。

　池田はライフワークと定めた小説『新・人間革命』を二〇一八年九月に完結させるに当たり、その最終章「誓願」の章（第三十巻下）のトピックに二つの柱を置いた。一つは世界広布への飛翔であり、もう一つは宗門との訣別であった。『新・人間革命』は池田にとって自伝的記録書でもあるが、同時に未来の広宣流布の方程式を示した指南書でもあった。だからこそこの宗門事件については事実経過だけでなく、より本質的な真実を書き残そうとしたのだ。

　本書『池田大作研究』の執筆に全力を尽くしてきた佐藤優もまた、これに呼応する形で、本書の掉尾を飾る第八章および終章のテーマにこの宗門事件を選んだ。そこに表れた池田の内在的論理こそ創価学会が世界宗教の条件を充たしていることの証しだと佐藤は考えている。必然的に本章では「誓願」の章から長文を引用している。それは、佐藤の「誓願」の章に対する敬意の表れでもあり、本書の読者にも池田の内在的論理に直接触れさせようとしたものではないだろうか。

権威をかざす者と
それに服従しない者の闘い

　夕張炭労問題、大阪事件、言論・出版問題と、どれを取っても創価学会を誹謗・攻撃する非寛容の勢力に対して学会側が寛容の言論戦で抵抗し抜いた闘争であったが、宗門事件もまた同じ図式であった。第一次宗門事件もまた宗門僧による学会攻撃から始まっている。

　本書では、一九七八年当時の第一次宗門事件について小説『新・人間革命』からの引用をもとに考察しているが、次の文章はその抜粋である。

「このころ、またもや各地で、宗門僧による学会攻撃が繰り返されるようになっていた」「宗門僧たちは学会攻撃の材料探しに血眼になっていた」「(全国檀徒総会に)二百三十人の僧、五千人ほどの檀徒が集い、学会を謗法と決めつけ、謗法に対しては、和解も手打ち式もないなどと、対決姿勢を打ち出したのだ」

(『新・人間革命』第三十巻上「大山」、一八〜一九頁)

当時、創価学会員は池田会長の指導のもと、日蓮仏法の法華経の精神を現代に蘇らせ、人々の生きる希望へと転換し、その歓喜が波動となって会員も急激に増加していた。それに伴って各地の会館建設も進んだ。会員が会員を指導激励する組織体制も整備されていった。在家信徒である創価学会員が自ら勤行・唱題し、日蓮の御書も読み、指導激励もしていくという体制が築かれていく中で、宗門の存在意義が軽視されていると感じた僧侶たちが、僧侶の権威をかざして学会員を隷属させようとしたのが学会攻撃の発端だった。それでも学会側は誠意をもって対応し、寺院の寄進をはじめとする外護(げご)の赤誠は尽くし続けた。「大山」の章の続きに池田は「学会は、和合のために、どこまでも忍(にん)と寛容で臨み、神経をすり減らすようにして宗門に対応し続けた」(同前、一九頁)と記している。

しかし、副会長・福島源次郎の不規則発言が宗門に学会への攻撃材料を与えてしまうなど、状況が悪化する中、池田は事態の収拾のため会長を勇退した。その後の池田は創価学会インタナショナル会長として、世界広布に奔走すると共に、ゴルバチョフをはじめとする海外要人との友好交流にも力を注いでいく。

第二次宗門事件は一九九〇年に惹起するが、今度は公式に宗門側から学会への攻撃が始まっている。学会の本部幹部会での池田のスピーチに問題があるとして、宗門側から「質問書」を寄こしてきたのだ。これに対して学会側は面談での対話を求めたが、宗門はこれを拒否。やむなく学会側は僧俗和合を目指すために思い悩んでいた事柄や疑問を「お伺い文書」として提出。その後、宗門側は池田の総講頭罷免などの懲罰的な措置を通告。対立は決定的となった。

これら一連の経過のどれを見ても宗門側の学会に対

する態度は高圧的で、その所作や言動からは権威主義が溢れ出ていた。それに対して学会は、池田の人柄そのままに、常に誠意を尽くして忍耐強く謙虚に対応してきた。しかし、宗門がその誤りに気づいて不当な攻撃をやめない以上、学会がその権威主義に服従してしまうことは日蓮仏法の本義に照らしてどうしてもできなかった。ゆえに学会は宗門と訣別する選択しかなかった。

佐藤は宗門事件を単なる教団内の意見対立やトラブルといった次元では捉えず、信仰の本質の次元から考察している。本章では、日蓮仏法が信奉する法華経が、二乗作仏や女人成仏を説いて、一切衆生の絶対平等を説いた経典であることを創価学会公式サイトから引用している。日蓮仏法の本義に照らせば、学会が権威主義に従わないのは必然だということである。佐藤は「僧侶が『上』、一般信徒は『下』とする宗門の宗教観と、そのようなヒエラルキーを認めない民衆宗教である創価学会の基本的価値観の対立」（五〇六頁）と総括する。

そしてここにキリスト教が辿った歴史とのアナロジーを見る。キリスト教もまた中世において教会が権威主義化し、司祭が「上」、信徒は「下」とする差別主義に陥っており、十六世紀のマルティン・ルターの宗教改革によって「万人祭司」という平等の価値観が生まれたという（五三五頁）。佐藤は「創価学会は、仏教ルネサンス（宗教改革）に舵を切ったのである」（五四八頁）としている。聖職者が権威主義に陥ることも、民衆主体の宗教改革が起きることも、歴史の必然なのかもしれない。

師から受け継いだ判断基準

池田は宗門に対して誠意を尽くしつつも、信仰の本義に関わる部分では一切妥協しなかった。佐藤は、池田がその精神を師匠である戸田城聖から受け継いだと捉えている。ここでは、それに関連する池田の文言を少し補足したい。

まず、戸田が宗門僧侶に対して無条件の権威を認めることはせず、その行動によって尊敬にも軽蔑にも値するとする是々非々の態度であったことを、戸田の言葉の回想として記している。左記はその抜粋である。

「折伏もしないで折伏する信者にケチをつける坊主

は糞坊主だ。尊敬される資格もないくせして大聖人の御袖の下にかくれて尊敬されたがって居る坊主は狐坊主だ。御布施ばかりほしがる坊主は乞食坊主だ」
「御僧侶を尊び、悪侶はいましめ、悪坊主を破り、宗団を外敵より守って、僧俗一体たらんと願い、日蓮正宗教団を命がけで守らなくてはならぬ」
（『新・人間革命』第八巻「宝剣」、一八二～一八三頁）

戸田は宗門の真の興隆のためには、僧侶らが学会員と同じ心で広宣流布に闘い、同じように折伏にも取り組み、上下関係ではなく、共に支え合っていく姿を望んでいた。しかし、仏法の法理に照らして、必ずしもそのようにはならないことを予見もしていた。戸田は会長就任後の御書講義で次のように述べている。

「釈尊の時代の六師外道が、大聖人様が三大秘法を広宣流布するにあたって、僧侶になって生まれてきて敵対しているのであると。いま、わが創価学会が広宣流布をして、日本民衆を救わんと立つにあたって、それを邪魔するのは大聖人様の時に邪魔した僧侶が、いま日蓮宗等の仮面をかぶって生まれてきているのです。（中略）こんど、それではどうなるのかというと、あのような連中が死ぬと、こんどは日蓮正宗のなかに生まれてくるのです」（「佐渡御書講義」、『戸田城聖全集』第六巻、五六二～五六三頁、『池田大作全集』第七四巻「第二十回全国青年部幹部会スピーチ」二〇〇頁に引用）

池田は恩師のこれらの言葉を未来への指針として胸に刻んでいたがゆえに、宗門に徹底的に追い詰められても妥協しなかったのである。第一次宗門事件の際に池田が会長を勇退し、一旦妥協したように見えたのは、宗門に対する誠実で謙虚な姿勢を限界まで貫こうとしたゆえでもあり、同時に限界を超えんとするときには迷いなく決断するとの確信があったからでもある。佐藤は、池田のこの姿勢を「一歩後退、二歩前進」（五五三頁）と評している。大阪事件の際に一旦罪を認めたことに対して評したのと同じ言葉だった。

宗門と学会の道はすでに戦時中に分かれていた

戸田の僧侶に対する厳しく辛辣な文言は枚挙に暇

がないが、その原点となっているのは、間違いなく戦時中の神札問題であった。創価学会初代会長牧口常三郎とその弟子戸田は、戦時中に軍部から神札を祀るようにとの命令を拒否したことで治安維持法違反と不敬罪により逮捕投獄され、牧口は獄中で殉死した。弾圧の首謀者は軍部だったが、宗門はその場に居合わせながら牧口と戸田に妥協を勧め、結局見殺しにしている。それればかりか、軍部から宗門が同類に見られることを恐れて二人に登山禁止処分まで下している。関連個所を『人間革命』から引用する。

「日恭猊下、日亨御隠尊猊下の前で、宗門の庶務部長から、こう言い渡されたのだ。『学会も、一応、神札を受けるようにしてはどうか』私は、一瞬、わが耳を疑った。先生は、深く頭(こうべ)を垂れて聞いておられた。そして、最後に威儀を正して、決然と、こう言われた。『承服いたしかねます。神札は、絶対に受けません』その言葉は、今も私の耳朶(じだ)に焼き付いている。この一言が、学会の命運を分け、殉難の道へ、死身弘法の大聖人門下の誉れある正道へと、学会を導いたのだ」

「程なく、牧口先生も、私も、特高警察に逮捕され、宗門からは、学会は登山を禁じられた。日蓮大聖人の御遺命を守り、神札を受けなかったがために だ。権力の威嚇が、どれほどの恐怖となるか、このことからもわかるだろう。しかし、先生は、その権力に敢然と立ち向かわれ、獄死された。先生なくば、学会なくば、大聖人の御精神は、富士の清流は、途絶えたのだ。これは、どうしようもない事実だ。学会が、仏意仏勅の団体であるゆえんもここにある」(『人間革命』十一巻「大阪」、『池田大作全集』第一四九巻、一五三〜一五四頁)

このように牧口と戸田にとっては宗門や法主が行動規範ではなく、たとえ法主に逆らってでも信仰の本義に基づく選択を、この時点ですでにしていたのである。しかも、それは命懸けの真剣勝負の選択だった。だからこそ戸田は、精神において富士の清流(日蓮正宗の本山大石寺は富士山麓にあり、かつては日蓮宗富士派とも称された)は途絶えたと、すでに生前に述べていたのだ。

それでも戦後の戸田が宗門との僧俗和合への希望を捨てなかったのは、権威主義を捨てて自らの過ちを自覚し、創価学会と共に歩む宗門像を目指す人が宗門にもいたからである。その一人が、戸田の発願に応じて『日蓮大聖人御書全集』の編纂に尽力した碩学の堀日亨元法主であった。右の引用にもあったように日亨は神札の場に同席し、牧口と戸田を見殺しにした一人であったが、戦後にそのことを心から悔い、牧口と戸田に助けられたと語り、創価学会への感謝と敬意を隠さなかった。

「この堀日亨上人が、次のようにおっしゃっている。『御本尊様も本当に日の目を見たのは、学会が出現してからだ。学会のお陰で御本尊様の本当の力が出るようになったことは誠にありがたい』と」(「創立七十五周年記念各部代表協議会」スピーチ、『池田大作全集』第九九巻、二二八頁)

「この日亨上人が、しみじみと戸田先生に『あなたがいなかったら、日蓮正宗はつぶれてましたよ』と言われていたことが私たちの心に深く焼きついている」(「記念関西支部長会」スピーチ、『池田大作全集』第七二巻、二一九頁)

同じことは戸田会長在任中に宗務総監・法主を務めた堀米日淳にも当てはまった。戦後の宗門が財政難で苦しみ、本山大石寺の観光地化を計画した際に、それに猛反対したのが戸田だった。戸田はそれを契機に学会員が大石寺に参拝する登山会を計画し、本山の財政を支えた。日淳は観光地化計画の過ちを認め、戸田への感謝と尊敬を隠さず、終生学会を賛嘆し続けた。

「『戸田先生には、また創価学会には大恩があるのです。……登山会もそうでした。そのおかげで、総本山は、観光地化せずにすんだのです』振り絞るような声が、伸一の胸を貫いた。

戦後、宗門は、農地改革によって土地の多くを失い、財政難に陥っていた。その窮地を脱するために、総本山大石寺を観光地にしようという話がもち上がったのである。(中略)

これには当時、宗務総監だった日淳も出席している。席上、観光地化に同意する旨を述べているが、その心中は、断腸の思いであったにちがいない。

この計画を聞き、『総本山を絶対に観光地にしてはならない』と、断固、反対したのが戸田城聖だった。彼は、日興上人の『謗法の供養を請く可からざる事』(御書一六一八頁)との御遺誡のうえから、なんとしても、これに同意するわけにはいかなかった」(『新・人間革命』第二巻「勇舞」、二四八〜二四九頁)

「日淳上人は明言されている。『大本尊より師弟の道は生じ、その法水は流れて学会の上に伝わりつつあると信ずるのであります。それでありますから、そこに種々なる利益功徳を生ずるのであります』」(「秋季彼岸勤行法要」スピーチ、「聖教新聞」二〇〇八年九月二十三日付)

このように見ると、日蓮正宗宗門と創価学会の歴史は、宗門の指示や方針に学会が従わなかったことによって信仰の命脈が保たれてきた事案の繰り返しだったとも言える。そして、日亨や日淳のように、そのことの意義を自覚し、権威主義を捨てて学会と共に歩む法主の存在によって、辛うじて僧俗和合は保たれていたのだ。しかし、そうではない権威主義を振りかざす法主が出現する可能性も戸田は十分に予見していたことは、先述の「佐渡御書講義」での言葉に表れている。

戸田が会長に就任した翌年(一九五二年)に、創価学会は日蓮正宗とは別の独自の宗教法人格を取得している。戸田は創価学会が広宣流布へ前進していく中でいかなる未来にも対応していけるように、先手を打っていたとも言える。今、戸田が存命であったならば、どうしていたか。池田にはそれがありありと見えていたはずだ。池田は師弟不二であるがゆえに一切の迷いなく、妥協を排して訣別の道に進んだのである。

終章 世界宗教への道を歩む

宗門の排外主義と創価学会の世界宗教化

佐藤が、宗門事件においてもう一つ注目したのは、第二次宗門事件に際して宗門がキリスト教と敵対する姿勢を鮮明にしたことだ。キリスト教徒であり、プロテスタント神学者でもある佐藤が創価学会に共鳴できて日蓮正宗宗門にまったく共鳴できないのは、至極当然のことであった。

宗門が学会に送った質問書には、学会がベートーベンの第九「歓喜の歌」を歌うのは、キリスト教の神を賛嘆する行為であり、「外道礼賛」ではないかとの詰問が記されていた。さらに、池田が受章したガーター勲章が十字の紋章であったことも非難の対象とした。

そもそもあらゆる民族のあらゆる文化において宗教的基盤を一切抜きに語ることは不可能だ。「西暦」も日曜日を休日とする文化もキリスト教由来である。ベートーベンの「歓喜の歌」もまた、宗教性を帯びつつも宗派性を超えて全人類普遍の芸術文化へと昇華している。宗教否定の共産主義国だったソ連や東ドイツですら「歓喜の歌」を禁止していないのに、宗門のキリスト教観はそれ以上に偏狭だと佐藤は述べている。佐藤は言及していないが、「言論・出版問題」で藤原弘達が創価学会に投げかけた「排他性」批判は、本来、宗門に対して投げかけられるべきであった。

芸術文化に昇華した次元でなく、純粋に他宗教として見た場合でも、日蓮仏法は他宗教を一律に邪教と決めつける排他的宗教ではない。日蓮が鎌倉時代の既存の他宗派と戦ったのは、それら他宗派における排他的な法華誹謗に抵抗し抜いて法華経の真実を打ち立てるためにほかならなかった。非寛容に対する寛容の戦いだったのである。創価学会三代会長の不服従の闘争も日蓮に学んでいるのである。

日蓮仏法が信奉する法華経はすべてを包摂する円教である。ゆえに日蓮は既存宗派が依経とした観無量寿経や大日経などの爾前経（釈尊が法華経以前に説いた経典）もまた、法華経の一分を説いたものとして、法華経を賛嘆する文脈でたびたび引用している。

現代の創価学会においても、他宗教に接するとき、日蓮仏法の信仰の本義に照らして、法華経が説く一切衆生の絶対平等と共鳴し得るのか、生命の絶対的な尊厳を謳う精神と共鳴し得るのかを見定めていけばよいはずだ。平和・文化・教育の普遍性の領域において協調し得るのかどうかが明確な判断基準となるはずだ。そして、そうした普遍的精神を共有し得るのが世界宗教とも言える。互いに世界宗教と認められる宗教間においても宗教混交は避けるべきで、各宗教の自律性は厳格に保たれなければならない。あくまでも他宗教として共存し、いい意味での「人道的競争」を健全に競っていけばよいのである。

第二次宗門事件を契機に偏狭で排他的な宗門と訣別した創価学会は、その結果として日蓮仏法の本義に基づく純粋な信仰の道を邁進できることとなった。一九九五年には創価学会インタナショナルとして「SGI憲章」を制定するが、その第七項には次の条文がある。

「SGIは仏法の寛容の精神を根本に、他の宗教を尊重して、人類の基本的問題について対話し、その解決のために協力していく」（創価学会公式サイトより）

宗門との訣別によって日蓮仏法本来の寛容の精神を存分に発揮できるようになった創価学会は、世界宗教として飛躍的な発展を遂げることとなった。日本の学会員が各地へ離散してディアスポラができたのではなく、各地域の風俗や習慣を尊重する「随方毘尼（ずいほうびに）」の教えに基づく寛容の弘教実践により、現地の人々の信仰として受け入れられていったのである。その結果、創価学会インタナショナルは世界の百九十二カ国・地域に及んでおり（二〇二一年五月現在）、民族・国家・文化を超えた連帯を築き上げている。この事実が佐藤の眼には、キリスト教がユダヤ教と訣別することで世界宗教へと発展した歴史とだぶって見えている。そして過去から未来へと眼を転じると、池田が第七の「七つの鐘」を展望する二十三世紀には創価学会がキリスト教、イスラム教と並ぶ三大世界宗教となっている光景が見えるという（五六九頁）。

さいごに

佐藤優氏が全力を尽くして挑まれた大著『池田大作研究』の読後記を記しました。キリスト教徒である佐藤氏が公開資料だけをもとに池田大作先生の内在的論理を深く理解され、考察されていることに、改めて感動と驚嘆を覚えます。本書前半では『私の履歴書』や『若き日の読書』など、公開されているとは言え、必ずしも十分に読まれていない資料をもとに池田先生の内面を深く探究されていることが印象的でした。

本書後半では、夕張炭労問題、大阪事件、言論・出版問題、宗門事件と、創価学会にとって苦難と言うべき事案をテーマに、常にその先頭で指揮を執ってきた池田先生の内在的論理を探究することで、それらの問題の宗教的意義に肉薄しようとされる姿勢が明確でした。法華経の理念を現実社会に実現し、平和と共生の社会を築いていこうとするときに必然的に起きた問題を見つめることの中に創価学会の創価学会らしさがあり、池田大作先生の先生たる所以があります。まさに佐藤氏が「創価学会は闘う教団だ」と評している通りです。

佐藤氏を指して「創価学会を擁護する御用学者」であるかのように批判する人物がいます。しかし本書における佐藤氏の主張は擁護どころか、創価学会の公式見解よりもっと先を行っており、「創価学会さん、もっと自信を持ってこう主張してはどうですか」と学会にハッパをかけるような分析・考察となっています。そこには佐藤氏自身の価値観や信念が表現されており、創価学会に頼まれて書いているようなものではまったくあり得ないと言うべきです。また、いくつかの著書で日本における「創価学会タブー」（創価学会を評価すると叩かれる）の存在に言及されており、それを承知で本書の執筆を敢行し、予想通りの批判を実際に浴びられているわけですから、利害や損得を超越したところに言論人としての矜持を置いて本書に取り組まれたことが伝わってきます。

これまでも学会シンパと言われる知識人はいましたが、佐藤氏を心から信頼できる理由は、池田先生のことを学会員に向けて語るときも、広く社会やメディアに向けて語るときも語り口がまったく同じであるところにあります。相手に歓迎されようと批判されようと、そんなことは一顧だにせずただひたすら自分の信念を淡々と語る佐藤氏に、心からの感謝と敬意を述べて、この読後記の結語としたいと思います。

（執筆者：山岡政紀）

〈主な参考文献〉


【本書全体を通して】

『日蓮大聖人御書全集　新版』創価学会、二〇二一年。

堀日亨編『日蓮大聖人御書全集』創価学会、一九五二年。

『牧口常三郎全集』全一〇巻、第三文明社、一九八一〜一九九六年。

『戸田城聖全集』全九巻、聖教新聞社、一九八一〜一九九〇年。

『池田大作全集』全一五〇巻、聖教新聞社、一九八八〜二〇一五年。

池田大作『新・人間革命』全三〇巻、聖教新聞社、一九九八〜二〇一八年。

創価学会教学部編『教学入門――世界宗教の仏法を学ぶ』聖教新聞社、二〇一五年。

カール・バルト『ローマ書講解（上・下）』小川圭治・岩波哲男訳、平凡社ライブラリー、二〇〇一年。


【発刊の辞】

フリードリヒ・シュライアマハー『宗教論――宗教を侮蔑する教養人のための講話』深井智朗訳、春秋社、二〇一三年。


【第2章】

パウル・ティリッヒ『生きる勇気』大木英夫訳、平凡社ライブラリー、一九九五年。

ラインホールド・ニーバー『光の子と闇の子――デモクラシーの批判と擁護』武田清子訳、聖学院大学出版会、一九九四年。

キェルケゴール『死に至る病』斎藤信治訳、岩波文庫、一九五七年。

比叡山専修院附属叡山学院編『伝教大師全集』第一巻、比叡山図書刊行所、一九二六年。

池田大作『広布と人生を語る』第七巻、聖教新聞社、一九八六年。

【第3章】


浅井要麟『日蓮聖人教学の研究』平楽寺書店、一九六五年。

智山勧学会編、元山公寿監修『日本仏教を問う――宗学のこれから』春秋社、二〇一八年。

R・ブルトマン『新約聖書と神話論』山岡喜久男訳、新教出版社、一九九九年。

望月歓厚『日蓮教学の研究』平楽寺書店、一九五八年。

カール・バルト『和解論』I／4、井上良雄訳、新教出版社、一九六二年。

島田裕巳『「人間革命」の読み方』ベスト新書、二〇一七年。

創価学会教学部・小平芳平編『小樽問答誌』宗教法人創価学会内小樽問答誌刊行会、一九五五年。

A・E・マクグラス『キリスト教神学入門』神代真砂実訳、教文館、二〇〇二年。

『法華仏教研究』第二十八号、法華仏教研究会、二〇一九年。

創価学会教学部編『妙法蓮華経並開結』創価学会、二〇〇二年。

佐藤弘夫『偽書の精神史』講談社選書メチエ、二〇〇二年。

『昭和新定日蓮大聖人御書』全三巻、大石寺、一九六六年。

米田淳雄『平成新修日蓮聖人遺文集』日蓮宗連紹寺不軽庵、一九九四年。

末木文美士『増補　日蓮入門』ちくま学芸文庫、二〇一〇年。

『現代宗教研究』三十二号、一九九八年。


【第4章】


『文藝春秋』二〇二〇年五月号、文藝春秋。

『池田大作　名言100選』中央公論新社、二〇一〇年。

『岩波仏教辞典』第二版、岩波書店、二〇〇二年。

佐藤優『神学の思考――キリスト教とは何か』平凡社、二〇一五年。

佐藤優『神学の技法――キリスト教は役に立つ』平凡社、二〇一八年。

黒住真『文科形成史と日本』東京大学出版会、二〇一九年。

『ブッダのことば――スッタニパータ』中村元訳、岩波文庫、一九八四年。

黒住真『複数性の日本思想』ぺりかん社、二〇〇六年。


【第5章】

末木文美士『冥顕の哲学1　死者と菩薩の倫理学』ぷねうま舎、二〇一八年。

末木文美士『現代仏教論』新潮新書、二〇一二年。

末木文美士『反・仏教学　仏教vs.倫理』ちくま学芸文庫、二〇一三年。

『キルケゴール全集』第二四巻、筑摩書房、一九六三年。


【第6章】

市川裕『増補新装版　ユダヤ教の精神構造』東京大学出版会、二〇二〇年。


【第7章】

佐藤優『池田大作研究　世界宗教への道を追う』朝日新聞出版、二〇二〇年。

内村鑑三『代表的日本人』鈴木範久訳、岩波文庫、一九九五年（新版）。

『池田会長講演集』第六巻、聖教新聞社、一九七六年。

藤原弘達『この日本をどうする・2――創価学会を斬る』日新報道、一九六九年。

公明党史編纂委員会『大衆とともに――公明党50年の歩み　増補版』公明党機関紙委員会、二〇一九年。

志垣民郎著・岸俊光編『内閣調査室秘録――戦後思想を動かした男』文春新書、二〇一九年。

【略歴一覧】（登場順）

桐ケ谷　章（きりがや・あきら）

一九四二年、神奈川県生まれ。東京大学法学部卒。同大学院法学政治研究科修士課程修了。七〇年、弁護士登録（東京弁護士会）。創価大学法学部・法科大学院教授、同大学副学長等を歴任。同大学名誉教授。公益財団法人東洋哲学研究所代表理事・所長。著書に『宗教団体の政治活動』（第三文明社）、『政教分離の日米比較』（共著、第三文明社）など。

佐藤　優（さとう・まさる）

一九六〇年、東京都生まれ。同志社大学神学部卒。同大学院神学研究科修了。外務省に入省し、在露日本大使館勤務等を経て、主任分析官として活躍。二〇〇二年、背任と偽計業務妨害容疑で逮捕され、執行猶予付き有罪判決を受けた。一三年、執行猶予期間を満了し刑の言い渡しが効力を失う。著書に『自壊する帝国』（新潮社）、『池田大作研究』（朝日新聞出版）など。

黒住　真（くろずみ・まこと）

一九五〇年、岡山県生まれ。東京大学文学部倫理学科卒。同大学院博士課程満期退学。東京理科大学助教授、東京大学大学院総合文化研究科・教養学部教授などを歴任。東京大学名誉教授。著書に『複数性の日本思想』（ぺりかん社）、『文化形成史と日本』（東京大学出版会）など。

末木　文美士（すえき・ふみひこ）

一九四九年、山梨県生まれ。東京大学文学部印度哲学科卒。同大学院人文科学研究科博士課程修了。東京大学文学部人文社会系研究科教授などを歴任。東京大学名誉教授、国際日本文化研究センター名誉教授。著書に『日本仏教史』（新潮社）、『日蓮入門　現世を撃つ思想』（筑摩書房）など。

市川　裕（いちかわ・ひろし）
一九五三年、埼玉県生まれ。東京大学法学部卒。東京大学大学院人文科学研究科博士課程満期退学。東京大学大学院人文社会系研究科教授などを歴任。東京大学名誉教授。著書に『ユダヤ教の精神構造』（東京大学出版会）、『ユダヤ人とユダヤ教』（岩波新書）など。

◇　◇　◇

松岡幹夫（まつおか・みきお）　創学研究所所長。

一九六二年、長崎県生まれ。創価大学教育学部卒。東京大学大学院総合文化研究科博士課程修了。東日本国際大学東洋思想研究所教授・所長。公益財団法人東洋哲学研究所研究員。著書に『日蓮仏教の思想的展開』（東京大学出版会）、『［新版］日蓮仏法と池田大作の思想』（第三文明社）など。


山岡政紀（やまおか・まさき）　創学研究所研究員。

一九六二年、京都府生まれ。筑波大学第一学群卒。筑波大学大学院文芸言語研究科博士課程単位取得。創価大学文学部教授。公益財団法人東洋哲学研究所委嘱研究員。著書に『ヒューマニティーズの復興をめざして』（共編著、勁草書房）、『日本語配慮表現の原理と諸相』（編著、くろしお出版）など。


蔦木栄一（つたき・えいいち）　創学研究所研究員。

一九七八年、山梨県生まれ。東京外国語大学外国語学部卒。放送大学大学院文化科学研究科文化科学専攻修士課程修了。公益財団法人東洋哲学研究所研究事業部副部長・委嘱研究員。


三浦健一（みうら・けんいち）　創学研究所研究員。

一九九〇年、東京都生まれ。創価大学文学部卒。北海道大学公共政策大学院を経て、同大学院国際広報メディア・観光学院博士後期課程単位取得満期退学。東日本国際大学東洋思想研究所准教授・主任研究員。

創学研究所とは

創学研究所とは信仰と理性の統合を目的に掲げ、創価学会の信仰の学を探究する研究機関です。

所長挨拶

創学研究所は、創価学会の信仰に基づく研究を行う場として2019年4月1日に設立されました。

現代の社会では、学問が大きな権威を持っています。その中で、学問で説明できない宗教の世界は、どうしても異質に見えてしまいます。宗教が市民権を得るには、その信仰が学問を介する必要があります。

創価学会の初代から三代に至る会長は、いずれも信仰を根本に置いて学問を生かそうとしました。当研究所は、その精神を受け継ぎ、信仰中心の学問研究、言うなれば「信仰学」を展望し、形成していきたいと考えています。

第三代会長の池田大作先生は、あらゆる学問が仏法の証明になると洞察しました。ゆえに、仏法の智慧で学問を指導し、生かして使うべきだ、と述べています。あらゆる学問を生かして使う、という宗教的な積極性は、キリスト教の神学などにはないものです。

このように、創価学会の学問論は、新たな信仰の学の地平を切り開く可能性を秘めています。私たちの研究所は小さな組織です。それでも、創価信仰学の構築に向けて、微力ながら前進を続けてまいります。賛同して下さる皆様のご支援とご協力を心よりお願い申し上げます。

2020年1月26日

創学研究所所長　松岡幹夫

「創学研究所ホームページ」https://www.sogakuken.com/

研究所の活動報告や研究員による下記の論文（本書未収録）も掲載しています。

山岡政紀「創価信仰学を考える」
蔦木栄一「創価学会に脈動する信仰の学と未来」
三浦健一「創価信仰学の継承と発展」

創学研究Ⅰ――信仰学とは何か

2021年12月20日　初版第1刷発行
2023年 8 月24日　初版第2刷発行

編　者　創学研究所
発行者　大島光明
発行所　株式会社　第三文明社
東京都新宿区新宿1-23-5
郵便番号　160-0022
電話番号　03（5269）7144（営業代表）
03（5269）7145（注文専用）
03（5269）7154（編集代表）
振替口座　00150-3-117823
URL　https://www.daisanbunmei.co.jp
印刷・製本　中央精版印刷株式会社

ISBN 978-4-476-03401-1